어떻게 동물을 헤아릴 것인가

HOW TO COUNT ANIMALS
MORE OR LESS

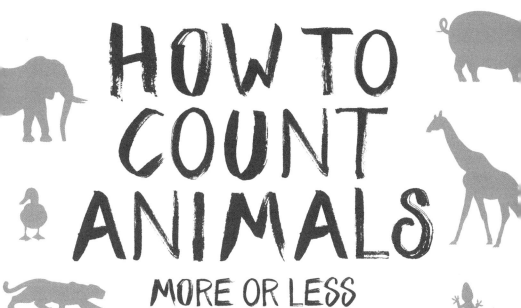

어떻게 동물을 헤아릴 것인가
| 사람과 동물의 윤리적 공존을 위하여 |

셸리 케이건

김후 옮김

안티레스

인간의 가치는
무엇을 받을 수 있느냐가 아니라,
무엇을 줄 수 있느냐에 달려 있다.

• 알베르트 아인슈타인 •

이 책은 내가 2016년 옥스퍼드대학교에서 진행한 강의에 기반을 두고 있다. 우선 지면을 빌려 이 강의를 아낌없이 후원한 '우에히로 윤리교육 재단(Uehiro Foundation on Ethics and Education)'에 감사의 말씀을 전한다. 또한 옥스퍼드 내에서의 모든 편의는 물론 강의에 대한 활기찬 토론을 이끌어준 '우에히로 실천윤리 센터(Uehiro Centre for Practical Ethics)'에도 감사드린다. 특히 나를 초청한 줄리언 사불레스쿠(Julian Savulescu) 교수와, 내가 그 초청을 수락하도록 힘써 설득해주신 제프 맥머핸(Jeff McMahan) 교수께 고마움을 표시하고 싶다.

맥머핸 교수는 왜 나를 설득해야 했을까? 왜냐하면 나는 우에히로 실천윤리학 강좌가 말 그대로 '실천' 윤리학에 관한 것이라고 여겨왔기 때문이다. 그러려면 강의 내용 가운데 사람들이 현실에서 직면하는 실제 선택에 대한 실제 토론이 있어야 하고, 대안까지 살펴보려면 도덕철학자들 사이에서의 빈번히 논의되는 관념적인 사상이 있어야 한다고 생각했다.

 일반적으로 도덕철학 분야에서 연구 활동을 하는 철학자들은 관념적·이론적으로 확고한 기반을 마련해두고 있으므로, 응용윤리학이나 실천윤리학을 연구하는 분들에게 감탄할 뿐 내가 그와 같은 연구를 하고 있다고 생각한 적은 결코 없었던 것이다.

 결과적으로 말하면 내 생각이 옳았던 것 같다. 앞으로 이어지게 될 이 책의 내용은 '동물윤리(animal ethics)'에 관한 것이고 현재 통용되는 관례에 따라 '실천윤리(practical ethics)'에 속하는 주제인 것은 맞지만, 내가 우려하는 부분은 이 책의 논의가 이 같은 주제를 망라한 게 아니라 우리가 접할 수 있는 갖가지 의견을 요약한 것에 불과하다는 점이다.

 이런 맥락에서 여러분이 현재 자주 거론되는 질문, 이를테면 "동물을 대상으로 하는 실험은 윤리적으로 타당한가?", "인간이 자연에서 살아야 할 동물을 반려동물로 삼는 것은 윤리적으로 올바른가?", "야생 사슴 무리를 굶주림으로부터 벗어나도록 하기 위해 그중 일부를 인위적으로 도태시키는 일은 윤리적으로 허용되는가?"와 같은 질문에 관한 답을 기대했다면 이 책을 통해서는 얻지 못할 것이다. 물론 나는 이와 같은 실질적 문제에 대해 답을 제시할 수 있도록 더욱 열심히 연구할 것이며, 또한 이를 통해 실천윤리학 분야에 기여하겠다는 우에히로 실천윤리 센터와의 약속을 지킬 수 있기를 바라고 있다. 그러나 현재로서는 어떤 실제적 결론을 제시하기보다 공론을 이끌어내는 데 집중할 것이다.

 이 밖에 여러분에게 미리 밝혀두고 싶은 사항이 하나 더 있다. 동물윤리와 관련한 견해를 발전시켜나가는 과정에서 나는 많은 도덕철학자들의 저작을 통해 자극을 받았는데, 그들 중 몇몇은 이미 이 분야에 큰 공헌을 한 분들이다. 아주 긴 명단을 만들어 보일 수 있을 만큼 훌륭한 분들이 많지만, 그 가운데 피터 싱어(Peter Singer), 톰 리건(Tom Regan), 데이비드 데그라시아(David DeGrazia)와 같은 철학자들의 책과 논문을 읽고 생각하면서 대단히 즐거운 경험을 했으며 특히 제프 맥머핸 교수의 저작이 인상적이었다.

하지만 이 책에서 여러분과 함께 논의하고 내가 주장할 내용 자체는 이 분들이나 다른 철학자들의 견해로부터 영향을 받지 않았다. 이 책의 목적은 다른 이론가들이 제시해놓은 특정 주제나 논쟁에 대해 간여하는 게 아닌, 동물윤리에 관한 여러 대안적 접근방식을 설명하는 데 있다. 따라서 이 책의 관점이 전적으로 독자적이지는 않더라도 내게는 전반적으로 다른 학자들이 제시했던 견해와는 상당한 차이점이 있다고 보인다.

한 가지 확실한 점은 경우에 따라 몇 가지 대안을 비교하는 과정에서 내 견해를 명백히 밝히는 것이 여러분이 해당 사안을 이해하는 데 도움이 된다고 판단했고, 이를 위해 때로는 다른 저작을 인용하기도 했다는 사실이다. 그렇지만 그들의 고유 관점을 내 방식대로 재구성하거나, 반대로 그 견해에 부응하지 않도록 각별히 주의를 기울였다. 그러므로 이 책에서 내가 어떤 용어나 문장을 인용하는 경우 여러분이 내가 말하려는 바를 연상하는 데 도움이 될 수 있는 것들로 국한했다.

내 주장을 뒷받침하고자 인용한 것이 아니므로 나는 그 출처를 본문에서 언급하지 않고 별도의 주(註)로 정리했다. 내가 다른 많은 학자들의 생각에서 영감을 얻은 것은 분명한 사실이지만, 이 책에서 그들의 어떤 특정 견해에 관해 깊게 논의하지는 않을 것이다.

사람과 동물은 동등하지 않다

지난 반세기 동안 도덕철학의 발전 과정에서 가장 눈에 띄는 부분은 동물윤리 분야의 폭발적인 양적 팽창이다. 동물윤리는 (사람을 제외한) 동물에 대한 인류의 윤리적 책임을 다루는 도덕철학의 한 분야다. 물론 이 같은 정의가 과장된 것일 수도 있다. 불과 50년 전만 하더라도 "동물을 어떤 식으로 대우할 것인가?"와 관련한 철학적 주제는 사실상 존재하지도 않았기 때문이다.

이 주제는 거의 무시돼왔다. 도덕철학자가 동물에 관해 언급한 경우가 드물게 있었더라도 마지못해 사람의 잘못을 인정하는 수준, 예컨대 동물을 잔인하게 취급하는 행위는 잘못이라든지, 동물에 불필요한 고통을 가하는 것은 문제가 있다는 정도였다. 그 시절 대부분의 경우 동물윤리는 방치돼 있었다.

그런데 50년이 흐르면서 추는 반대 방향으로 움직였다. 동물윤리는 도덕철학에서 가장 견고하게 자리 잡고 있는 분야가 됐다. 이 주제를 다룬 저작과 논문과 기사가 점점 더 많아지고 있으며, 정기 간행물 발행이나 학술회의 개최도 꾸준히 진행되고 있다. 더욱이 내가 보기에는 동물윤리 분야 내에 특정한 철학적 관점도 형성되고 있는 것 같다.

그렇지만 나는 그런 관점이 학계의 지배적 견해라고 말하기가 조심스럽다. 동물윤리에 관한 철학적 저술들 속에서 그 같은 제목에 대해 평가를 요구할 정도로 충분한 논의가 이뤄졌다고는 생각하지 않기 때문이다. 하지만 이미 많은 이론가들이 내가 확실하게 기억하고 있는 그런 견해에 이끌리고 있는 듯 보인다.

그 견해의 기본적인 생각은 이것이다. 이들의 관점에 따르면 사람과 동물에 대해 가해지는 해악이나 혜택은 윤리적으로 같아야 한다. 자주 접하는 주장대로 "고통은 고통(Pain is Pain)"이며, 이는 누구에게나 마찬가지라는 것이다.[1] 이런 의미에서 사람과 동물은 윤리적으로 동일한 지위를 갖고 있다고 말할 수 있다. 그런데 확실히 사람과 동물 사이에는 어떤 행동이 좋고 나쁜지 판단하는 능력 등을 포함해 결정적인 차이점이 있다. 이렇게 보면 사람과 동물은 윤리적 측면에서 다르게 취급하는 것이 타당하다고도 할 수 있다. 그러나 이들은 이런 차이점이 사람과 동물을 차별할 수 있는 이유가 될 수 없다고 주장한다. 사람과 동물 중 어느 쪽이 좋은 것(또는 나쁜 것)에 더 많은 관심을 두느냐와는 별개로 양자가 같은 취급을 받아야 한다고 주장한다. 우리가 사람을 상대하든 동물을 상대하든 상관없이 그 윤리적 잣대도 같아야 한다는 것이다. 즉, 모든 존재는 동일한 '도덕적 지위(moral status)'를 갖는다.

이 같은 관점은 명백히 '평등주의(egalitarianism, 平等主義)'라고 불리는 게 마땅할 것이다. 평등주의는 모든 존재에 차별을 두지 않기 때문이다. 이 관점은 사람의 이해관계(이익)와 동물의 이해관계에 동일한 가중치를 둔다. 평등주의자들은 양측에 같은 도덕적 지위를 부여하며, 어느 쪽이 더 높거나 낮다고 여기지 않는다.

그렇지만 여러 가지 또 다른 이유를 들어 위에서 말한 관점에 대해 '평등주의'라고 부르면 용어의 의미를 엉뚱하게 쓰는 셈이라고 지적받을 수 있을 것이다. 평등주의는 동물윤리 이전부터 널리 사용되고 있는 용어다. 일반적으로 '평등'이라는 개념이 응당 가져야 할 도덕적인 의미, 예를 들면 복지에서 '평등한 분배'에 가치를 두는 것과 같이 통용되고 있다. 나는 뒤에서 이런 범주의 평등주의 원칙을 논의하고자 하므로, 평등주의를 동물윤리에 관한 주류 견해에 대입하는 것은 불필요한 혼란을 야기할 수 있다고 생각한다. 따라서 이 관점에는 다른 용어가 필요해 보인다.

그래서 나는 앞서 언급한 동물윤리 관점을 '단일주의(unitarianism, 單一主義)'라 부르려고 한다. 이들은 사람과 동물이 공유하는 오직 '하나의 도덕적 지위'만을 부여하고 있기 때문이다. 이 용어가 이들의 궁극적인 이상과는 거리가 멀긴 하지만 이보다 더 어울리는 것을 찾지 못했다. 더욱이 일반적으로 '단일신론(unitheolism, 單一神論)'을 주장하는 기독교 교파 '유니테리언(unitarian)'을 지칭하는 이 용어가 도덕철학에서 아직까지는 어떤 뚜렷한 위치를 차지하고 있지 않다는 장점도 있다.

그리고 놀랄 일도 아니겠지만 단일주의자들도 각기 다른 방식으로 목소리를 내고 있다. 그래도 사람과 동물이 동일한 도덕적 지위를 갖고 있다고 주장하기는 마찬가지다. 하지만 그것이 어떤 지위를 의미하는 것인지, 사람과 동물이 서로를 도덕적으로 상대할 때 요구되는 것들은 무엇인지 등의 각론으로 들어가는 것은 또 다른 문제다.

그렇기 때문에 단일주의자들 중에서도 서로의 고통보다 즐거움이 최대치의 균형을 유지할 수 있도록 모색하고자 '공리주의(utilitarianism, 功

利主義)'와 결합한 '단일주의적 공리주의자'가 있을 수 있다. 이들은 우리에게 사람에 대한 고통과 즐거움을 헤아리는 것만큼 동물에 대해서도 고통과 즐거움을 헤아리라고 계속 상기시킨다. 한편으로 '의무론(deontology, 義務論)'과 결합한 '단일주의적 의무론자'도 있을 수 있다. 이들은 어떤 존재에게 해를 입히는 행위가 전반적으로 더 좋은 결과를 낳을 수 있더라도 "무고한 자에게 '위해(harm, 危害)'를 가하지 말라"고 가르친다. 그렇지만 이들 의무론자들 역시 단일주의의 일원이기에, 우리가 죄 없는 사람들에게 해를 끼치지 않으려는 것처럼 죄 없는 동물들에도 위해를 가하지 말아야 한다는 주장을 계속할 것이다.

사람이 어떻게 행동해야 하는지에 관한 보편적 원리를 연구하는 규범윤리학의 범주 내에서 이뤄지는 거의 모든 논쟁들은 우리가 아무리 단일주의를 받아들이더라도 늘 다툼의 여지가 남고 결론이 나지 않는다. 단일주의는 그 자체로 또는 그 안에서 사람이나 동물을 '어떻게 헤아려야 하는지' 말해주지 않는다. 단지 동일한 근원적 권리가 모든 존재에게 확대돼야 한다고만 주장할 뿐이다.

차차 살펴보겠지만 단일주의에 관한 의견들이 앞으로 많이 등장할 것이다. 그런 의미에서 우선 단일주의의 확실한 장점 하나는 짚고 넘어가보자. 단일주의는 대상을 동일한 잣대로 바라보기 때문에, 만약 우리가 동물윤리에서 단일주의를 받아들이면 갖가지 도덕 이론을 사람뿐 아니라 동물에도 쉽게 확장해서 다룰 수 있다. 그대로 적용하면 되기 때문이다.

물론 당연하게도 도덕 이론들은 과거에는 전적으로 사람만을 대상으로 한 것이었다. 또한 바로 앞에서 말했듯이 규범윤리학 내에서의 논쟁은 좀처럼 결론이 나지 않기 때문에 앞으로 이 책에서 살펴볼 내용, 필연적으로 '논증'이라는 형식을 통해 이뤄지게 될 대부분의 내용들도 결국 사람에 대한 규범윤리학을 일컫는 것이라고 표현하는 편이 공정할 것이다.

그렇기 때문에 아무리 우리가 사람들 스스로 만족할 수 있는 도덕 이론을 갖고 있더라도 어떻게 이를 동물까지 포함해 확장하고 일반화할 것인지의 문제에 봉착하게 된다. 단일주의는 이 문제에 대해 매우 단순하고 쉬운 해답을 제시한다. 사람과 동물 사이의 상호작용은 사람과 사람의 상호작용에 적용되는 도덕적 원칙에 따라(일반적으로 가장 선호되는 규범윤리학 이론을 그대로 제시하면서) 동일한 지배를 받는다는 것이다. 이렇게 사람의 윤리를 다루는 규범적 이론으로 무장한다면 사실상 더 이상의 논의는 진행하기 어려울 것이다. 사람과 동물이 동등하다는데 어떻게 하겠는가?

한편 동물윤리에 대한 단일주의적 관점과 달리, 동물을 헤아리고 배려해야 하는 것은 맞지만 차등을 둬야 한다는 '계층적(hierarchical)' 접근방식도 있는데, 정서적으로 더 공감을 얻고 있는 듯 보인다.[2] 앞으로 나는 이 관점을 '계층주의(hierarchism, 階層主義)'라고 부를 것이다. 이 같은 대안적 관점에 따르면 사람은 동물보다 더 높은 도덕적 지위를 갖고 있다. 그렇기에 사람이 동물을 바라보는 방식에는 제약이 있으며, 우리가 사람을 대할 때 적용되는 기준이 동일하게 적용되는 것은 아니다. 사람에게는 동물에 없는 권리나 더 강력한 권리가 있고, 아마도 개인의 이익이 동물의 이익에 앞서는 (또는 전혀 다른 방식으로 적용되는) 권리를 갖는다.

사실 이 관점은 어느 선까지 구분을 해야 하는지 확언하기가 망설여진다. 계층주의 내에서도 동물은 그 어떤 종류의 도덕적 지위도 갖고 있지 않다고 확고히 믿는 사람들이 있다. 이들은 동물을 인류가 적절한 용도로 사용할 수 있는 수많은 자원 중 하나라고 여긴다. 동물에게는 도덕적 지위가 아예 없다는 이 견해를 계층주의로 보는 것이 어느 정도는 타당하다고 생각한다. 어쨌건 사람이 동물보다 더 높은 도덕적 지위를 갖고 있음은 확실하니 말이다. 하지만 동시에 이런 견해를 단일주의적 관점으로도 부를 수도 있다. 왜냐하면 결과적으로 이들도 세상에는 사람이 갖고 있는 단 하나의 도덕적 지위만 존재한다고 생각하기 때문이다.

그런데 나는 앞으로도 이 두 가지 용어를 계속 사용할 것이기 때문에 동물의 도덕적 지위를 부정하는 관점에 대해서는 어느 쪽으로도 분류하지 않을 것이다. 내가 '단일주의'와 '계층주의'라는 두 용어를 계속 사용하려고 하는 까닭은 도덕적 의미에서 양쪽 모두 동물이 도덕적 지위를 갖고 있다고 여기기 때문이다. 단일주의와 계층주의는 동물이 사람과 똑같은 도덕적 지위를 가졌는지 아니면 그보다 낮은 지위를 가졌는지의 관점에서만 다르다. 그러므로 충분히 많은 사람들이 동물을 도덕적으로 헤아리지 않는다고 해서 계층주의가 더 상식적이라고 생각하는 것은 잘못이다.

나는 대부분의 사람들이 오직 사람만 헤아려야 한다는 극단적 주장에는 동의하지 않는다고 생각한다. 내가 받아들이는 상식은 오히려 동물들은 헤아림을 받고 있으며, 다만 그것이 사람과 같은 수준의 헤아림은 아니라는 것이다. 동물이 사람보다 덜 배려되고 있을 뿐이다.

물론 여기에도 의견이 일치되지 않는 커다란 틈이 존재한다. 규범윤리학에서 원래 논의되던 '사람에 대한 사람의 윤리 문제'에 더해 이제는 그 범위를 확장시키는 새로운 문제까지 대두됨으로써 더 무겁고 어려워졌다. 우리가 동물을 헤아리긴 하지만 사람보다는 덜 배려한다는 것과, 우리가 동물을 어떻게 헤아리고 있는지 설명하는 것은 별개의 문제다. 다시 말해 동물을 사람보다 덜 헤아린다는 말이 정확히 무슨 뜻인지 설명해야 한다는 의미다. 만약 동물의 이익과 사람의 이익을 정확히 같은 방식으로 헤아릴 수 없다면 어떻게 해야 할까?

그렇기는 하지만 통상적인 정서는 계층주의를 수용하고 있으며(적어도 많은 사람들이 그런 생각을 받아들이고 있으며), 나도 이보다 동물에 수반되는 낮은 위치를 설명하는 데 가까이 갈 수 있는 방법은 현재로서는 없다고 생각한다.

따라서 이 책에서는 동물윤리에 대한 계층적 접근방식을 논의할 것이다. 그렇다면 내가 방금 이야기한 것들을 감안할 때 통상적인 정서, 그중에서도 일부만을 주장할 수 있게 된다. 그러나 나는 이 책을 읽는 여러분 또한 동물윤리의 올바른 접근방식은 계층주의라는 나의 논지가 매우 명료하며 더 이상 이견이 있을 수 없다는 사실을 깨닫게 되리라고 생각한다. 그리고 동시에 동물의 낮은 도덕적 지위에 대해 여전히 그 어떤 사회적 합의도 없다는 내 주장이 옳다면, 아직까지 결론이 도출되지 않은 다양한 각론에 대해 논의가 계속될 것이다. 나는 그것을 바라고 있다.

또한 이 책에서 내가 어떤 세부적인 완성된 계층 이론을 제시하지 않으리라는 사실도 애초에 밝히는 편이 좋을 것 같다. 솔직히 말하면 아직 못하는 것이다. 기껏해야 나는 그런 이론이 어떤 것과 유사해 보이는지 간략한 스케치 정도만 제공할 수 있을 것이다. 내가 이 책을 통해 말하고자 하는 내용의 대부분은, 아마도 실제로 이 책의 거의 모든 페이지를 할애해 내가 하고자 하는 일은, '동물을 헤아리는' 중요한 문제에서 현재 우리가 얼마나 부족하고 그와 관련한 도덕 이론을 갖추는 게 얼마나 절실한지 지적하는 작업이 될 것이다. 동물을 헤아리기 위해 도덕 이론을 동물로까지 확장하는 데 소극적인 단일주의자들은 배제하더라도, 나는 여전히 우리가 동물을 어떻게 헤아리는 것이 최선인지는 아직 모른다. 동물을 '더 많이' 또는 '더 적게' 헤아리는 것에 관해서만 논의할 수 있을 뿐이다.

진도를 나가기에 앞서 한 가지만 더 지적해두고자 한다. 내가 동물윤리와 관련해 계층적 접근방식을 따르고 있지만 몇 가지 중대한 의혹도 갖고 있다. 그럼에도 불구하고 여러분 중 일부가 행여 내가 이 책을 쓴 목적이 오늘날 많은 사람들이 동물을 대하고 있는 행태를 정당화하는 데 있다고 오해할까 봐 염려된다.

그렇지 않다. 나는 비록 더 깊고 세부적인 사안까지는 아니더라도 사람과 동물의 도덕적 지위에 차이가 있다는 생각이 일반적이고, 현재 통상적으로 동물을 헤아리는 수준이 도덕적으로 용인될 만하다고 여기는 것 또한 합리적이며, 그런 일반적 견해가 바로 '계층적 관점'이라고 언급했다. 계층적 관점 중에서도 오직 사람만이 도덕적 지위를 갖고 있다는 견해는 논의에서 아예 배제했다. 나는 넓은 의미에서의 계층주의를 전적으로 옹호하고자 하는 것은 아니다. 최소한 발전 가능한 논의를 시작하려면 계층적 관점에서 출발해야 한다는 생각이다.

굳이 애써 찾지 않아도 우리 주변에는 여전히 동물을 대하는 방식에서 말로 표현할 수 없을 정도로 참혹하고 잔인한 사례들이 많다. 도덕적 공포를 느낄 수밖에 없는 일들도 자행된다. 내가 이 책에서 말하려는 것이 동물을 헤아리기는커녕 고통을 주고 절대로 용납할 수 없는 무수히 많은 학대방식에 정당성을 부여하려는 게 아님을 확실히 하고 싶다.

이런 측면에서는 단일주의자들이 훨씬 편안한 입장이다. 그들은 사람을 대하는 도덕적 기준을 그대로 동물에 적용해야 한다고 주장하기 때문에 애초에 고민할 이유가 없다. 자신들의 확고한 믿음을 토대로 현재의 동물윤리 수준이 터무니없고 흉포하며 비윤리적이라고 한껏 비난만 하면 된다.

하지만 그렇다고 단일주의자들의 관점이 진실이 되는 것은 아니다. 동물이 사람에 비해 상대적으로 더 낮은 취급을 받는 것도 사실이고, 사람이 충분히 동물을 헤아리고자 하는 것도 사실이므로, 그 어떤 쪽이 정당하다고 규정할 수는 없다. 계층적 접근방식에 따르는 한 동물학대 행위를 비난하는 것이 이치에 맞지 않다고 비판받을 수는 있지만, 그렇다고 해도 이 같은 비난은 여전히 중요하고 필요한 행동이다.

그러나 이와 같은 사람의 이율배반적인 행동에 관한 논의가 충분히 중요한 사안임은 알지만, 이 책에서는 더 이상 관련 내용을 다루지는 않을 것이다. 이 논의를 주의 깊게 진행하려면 우선 계층적 관점에 대한 규범 윤리학 이론이 마련돼야 하는데, 앞서 언급했듯이 아직까지 비슷한 것조차 없고 갈 길이 먼 상황이다. 물론 나는 이 책이 동물윤리에 대한 계층적 접근방식의 이론 정립에 기여하기를 바라고 있다. 그렇지만 여전히 이 책에서 나는 대답보다 질문을 훨씬 더 많이 던질 것이다.

제1장

도덕적 입장을 취하는 존재들

: 제1절 _ 도덕적 입장과 도덕적 지위 :

앞서 밝혔듯이 사람과 동물의 상호관계를 지배하는 도덕성과 관련한 내 중심 견해는 사람이 동물에 비해 높은 도덕적 지위를 갖고 있다는 사실을 인정하는 데에서 출발하며, 이에 가장 적합한 이론적 토대는 '계층적' 관점이라는 것이다.

　물론 이 주장은 다양한 방법론을 통해 명확하게 입증돼야 한다. 예를 들면 바로 앞에서 한 서술의 경우 마치 내가 도덕적인 지위는 사람이 누리고 있는 것과 동물이 갖고 있는 것 이 두 단계로 구분돼야 한다고 생각한다는 오해를 불러일으킬 수 있다. 하지만 내 말은 그런 뜻이 아니라, 모든 동물이 '동일한' 도덕적 지위를 갖고 있는 것은 아니기 때문에 '여러 단계의 지위'로 구분돼야 한다는 관점이 가장 적절하다는 것이다. 이와 관련해 한 마디 더 덧붙이자면, 내가 생각하기에 인간이라고 해서 모두 같은 도덕적 지위를 갖는 것은 아니다. 우리는 '인간 이하'라는 표현도 일상에서 자주 사용한다. 이 동물들에게는 유감이지만 "개보다 못한 존재", "돼지보다 못한 인간"이라고 불러 마땅한 사람들도 있다. 그렇지만 어쨌든 인간이 동물보다 더 높은 도덕적 지위를 누리고 있다는 사실은 부인할 수 없을 것이다.

이 책에서 나는 '인간(human)'이라는 존재와 '사람(person)'이라는 존재를 명확히 구분하는 일반적인 철학적 관례를 따르고 있다. '인간'은 우리의 생물학적 종(種)인 '호모 사피엔스(Homo sapiens)'의 일원이다. 반면 내가 '사람'이라고 표현할 때는 생물학적·비생물학적 분류와는 상관없이 특정 정신적 능력을 보유한 도덕적 생명체를 전제한다. 이 생명체는 이성적이고 자의식을 갖고 있으므로 존재하는 내내 자신의 '존재'를 인식하고 있다.[1]

따라서 인간 성인은 거의 모두가 이 책에서 지칭하는 사람이지만 갓 태어난 신생아는 사람이 되기에는 충분치 않다. 그리고 애석하게도 모든 인간 성인이 사람은 아니다. 일부 성인은 인지 능력이 훼손돼 있기 때문에 이들은 내가 사람이라고 부르는 범주에서 제외된다. 이들은 모두 '개체(individual)'에 포함될 것이다.

다른 한편으로 이런 관점에서 보면 사람을 도덕적 존재의 부분집합으로 제한해서 생각해야 할 이유도 없을 것이다. 우리와 이 지구라는 행성을 공유하고 있는 수많은 동물들 가운데 일부가 (오래도록 우리가 모르고 있었을 뿐이지) 실제로는 엄연히 사람에 속한다는 사실이 밝혀질 수도 있다. 이런 경우라면 이전까지 없거나 매우 낮은 도덕적 지위를 갖고 있던 그 개체들은 보다 높은 지위로 승격돼야 할 것이다.

그러나 이런 개념적 구분이 중요하긴 하지만 그렇다고 해서 관련 용어가 나올 때마다 계속 규정하고 넘어가는 작업은 불필요한 수고가 되고 논의를 진행하는 데 방해가 될 것이다. 그러므로 이 책에서 다루는 내용 중 특별히 구분해야 할 의미를 갖고 있는 경우가 아니라면, 내가 '동물 (animal)'이라고 말할 때, 이를테면 "동물은 사람보다 상대적으로 낮은 도덕적 지위를 갖고 있다"는 식으로 말할 때, 여기에서 '동물'은 '사람이 되기에는 부족한 비인간 개체'가 아닌 그냥 '동물'이라고 이해하면 될 것이다.

철학에서 명확한 개념 정의는 매우 중요하기 때문에 짚고 넘어가야 할 내용이 있을 때마다 설명하겠지만, 우선 지금은 '도덕적 지위(moral status)'라는 개념을 명확하게 정의하는 것부터 시작하자. 나는 사람이 동물보다 더 높은 도덕적 지위를 누리고 있다고 주장했다. 그렇다면 여기에서 '도덕적 지위'란 정확히 무엇을 말하는 것일까?

이 질문에 제대로 답하기 위해서는 이보다 근본적인 개념인 '도덕적 입장(moral standing)'에서 시작하는 것이 바람직할 것이다. 어떤 존재가 "입장을 취하고 있다"고 할 때 그것을 도덕적 측면에서 말하자면 그 자체로 "스스로의 권리를 갖고 있다"는 의미가 된다. 이에 따라 우리는 그 대상을 다루는 방식을 제한하는 도덕적 규칙을 적용한다. 이때 가장 중요한 것은 만약 우리가 그 제한을 넘어 도덕적 규칙을 위반한다면 해당 존재에 부당한 행위가 된다는 점이다. 다시 말해 해당 존재가 마땅히 받아야 할 처우를 제공해야 하는 우리의 의무는 (최소한 부분적이라고 해도) 그 '입장'에서 기인한다. 따라서 우리가 어떤 대상을 대할 때는 적어도 부분적으로나마 그 존재의 입장에 따라 행동하는 것이다.

벌써부터 머리가 복잡해질 수 있겠지만 이처럼 평소 같으면 그냥 지나칠 다양한 용어, 예컨대 '부당한 행위', '당연한 의무', '존재를 위한 행동' 등과 같은 용어들도 파고 들자면 끝이 없다. 더욱이 그에 대한 정확한 정의를 내리는 것은 이루 말할 수 없이 어렵다.[2] 다행스럽게도(여러분과 내게 모두) 나는 이런 분석은 하지 않으려고 한다. 나는 기꺼이 여러분 모두가 이미 이와 관련해 충분히 이해하고 있다고 생각하며, 논증적이고 분석적인 철학적 해설보다는 흥미로운 몇 가지 사례를 드는 것이 훨씬 더 도움이 된다는 사실을 그간의 경험을 통해 알고 있다.

가장 명쾌한 사례로부터 출발해보자. 여러분과 나는 '사람'이다. 그리고 우리는 모두 사람은 도덕적 입장을 취한다고 믿는다. 그렇기 때문에 아무 이유 없이 다른 사람의 팔을 부러뜨리는 행위는 도덕적으로 용납되지 않으며, 그것이 비도덕적 행동일 뿐만 아니라 그 사람에게 부당한 행위라는 사실을 잘 알고 있다. 이와는 반대로 우리는 들판에 피어 있는 꽃에서 꽃잎을 뜯어내는 행동에는 별 거리낌이 없다. 이 경우 우리는 그 누구에게도 잘못된 행동을 한 것이 아니며, 꽃잎을 뜯어낸 그 식물에게도 잘못된 행동을 한 것이 아니다.

물론 경우에 따라서는 꽃잎을 뜯어내는 행동이 도덕적으로 잘못됐다는 평가를 받을 수 있다. 만약 해당 식물이 누군가 정성들여 키우고 있던 난초라면, 그 식물에 해를 가하는 여러분의 행동은 도덕적으로 잘못일 수 있다. 하지만 이런 경우에도 여러분은 난초에 잘못한 것이 아니다. 정확히 말하면 여러분은 그 난초를 키우고 있던 누군가에게 잘못된 행동을 한 것이다. 여러분에게는 주인이 있는 난초에 위해를 가하지 말아야 할 의무가 있다. 그런데 그 의무는 난초 자체에 대한 게 아니라 난초의 주인에게 갖는 의무일 뿐이다. 그러므로 이 경우에도 식물은 도덕적 입장을 취하고 있지 않은 것이다.

이것이 바로 우리가 특정 대상을 대하는 방식에 도덕적인 제약이 있는지 없는지가 도덕적 입장을 판단하는 결정적 논점이 아닌 이유다. 충분한 창의력만 발휘한다면 우리는 얼마든지 도덕적 제약이 존재하는 시나리오를 만들 수 있다. 이때 결국 그 대상이 스스로 권리를 내포하고 있는지의 여부가 주요 쟁점이 된다. 대부분의 사람들이 생각하듯이 식물의 경우에는 그렇지 않다. 사람은 도덕적 입장을 취하고 있지만 식물은 그렇지 못하다고 여기는 것이다.

그럼에도 불구하고 누군가는 분명히 일반적인 생각과는 달리 식물에도 도덕적 입장이 있다고 주장할 수도 있다. 그렇지만 지금의 논지는 식물이 도덕적 입장을 갖고 있지 않다는 일반적 인식이 정당한지 부당한지가 아니다. 그 다음의 논지와 연결하기 위해서 사례로 든 것이다.

다음은 이것이다. 그렇다면 '동물'은 어떨까? 여기에도 의견 차이를 찾아볼 수 있는 지점이 있다. 동물에게는 우리가 헤아려야 할 어떤 도덕적 입장이 없다고 생각하는 사람들도 있다. 하지만 대다수의 사람들은 비록 저마다 정도의 차이는 있겠지만 이와는 다르게 생각한다. 예를 들어 누군가가 무심코 쥐의 다리 하나를 뽑아버렸다면, 우리 대부분은 이 행동을 도덕적으로 용납할 수 없을뿐더러 그 쥐 자체에 대해서도 비도덕적인 행위라고 생각한다. 바로 이 점이 논지의 핵심이다. 우리는 직관적으로 그 쥐가 스스로 권리를 내포하고 있다고 여긴다. 달리 말해 우리는 그 쥐가 도덕적 입장을 취하고 있다고 인식한다.

그런데 '도덕적 입장'이라는 개념은 최소한의 범주에 국한돼 사용된다. 어떤 대상이 도덕적 입장을 취한다는 것은 그 대상을 '헤아린다(count)'는 의미이지만, 그것만으로는 우리가 그 대상을 헤아리는 방법과 관련해 적용해야 하는 적절한 제약이 무엇인지 알 수 없다. 그렇기 때문에 이 지점에서 '도덕적 지위' 개념이 대두되는 것이다. 도덕적 지위라는 개념을 정립해야 우리가 도덕적 입장을 가진 대상을 '어떻게' 대해야 하는지 일련의 규범적 특성을 언급할 수 있다.

예를 들어 우리에게 어떤 독립된 개체들을 특정 방식으로 헤아리는 것이 도덕적으로 요구된다면, 그것은 그 개체가 갖는 도덕적 지위의 일부가 된다. 어떤 존재에게 상처를 입히지 말아야 한다거나 거짓말을 하지 말아야 한다면, 그 또한 그 존재가 갖고 있는 도덕적 지위의 일부가 되는 것이다. 마찬가지로 그 대상을 도와야 한다거나, 구해야 한다거나, 위협에서 지켜줘야 한다면, 그것도 그 대상에게 있는 도덕적 지위의 일부다. 만약 그 대상이 신성불가침의 존재여서 어떤 경우에도 결코 위해를 가해서는 안 된다고 하면 그 역시 도덕적 지위의 일부이며, 이와 반대로 어떤 특정 상황에서는 그 존재에 위해를 가하거나 그것이 가진 이익을 취하기 위해 희생시킬 수 있다고 한다면, 비록 다른 측면이긴 하지만 그 또한 그 대상이 갖고 있는 도덕적 지위의 한 부분이다.

우리는 각각의 존재들이 우리로 하여금 그 대상을 어떤 식으로 대해야 하는지 규정하는 특성들이 나열된 규범적 특성을 갖고 있다고 생각할 수 있다. 그렇다면 어떤 특정 존재가 가진 도덕적 지위라고 말할 때 그것은 그 규범적 특성의 내용에 준해서 행하는 방식이 되는 것이다.

원론적으로 말해서 어떤 특정 개체의 도덕적 지위는 다른 개체의 그것과 다를 수 있다. 두 개체는 도덕적 입장을 가졌다는 점에서는 같지만, 한 존재가 다른 존재에 비해 더 포괄적이고 까다롭고 광범위한 규범적 특성을 가졌다면 도덕적 지위는 서로 다르다. 이 같은 관점에서 보면 우리는 자연스럽게 그 개체가 다른 개체와 비교해 더 높거나 큰 도덕적 지위를 가졌다고 생각할 것이다. 이를테면 아무리 더 좋은 결과가 나온다고 해도 사람에게 산 제물이 되기를 강요하는 것은 도덕적으로 잘못이지만, 소를 제물로 삼는 것은 도덕적으로 용납된다고 여긴다면, 이는 분명히 사람은 동물보다 더 높은 도덕적 지위를 갖고 있다는 주장에 힘을 실어주는 셈이다.

특정한 규범적 특성이 사람과 동물의 상호관계를 규정하는 여러 가지 특성 중 일부가 될 수 있으므로 그것이 소에 대해 사람이 우월한 도덕적 지위를 갖는 이유가 될 수도 있을 것이다. 틀림없는 사실은 보편적으로 받아들일 수 있는 규범적 특성이 확실하다면 그 부분에 대해서는 사람이 소보다 훨씬 강력하거나 더 월등한 도덕적 권리를 주장할 수 있다고 생각하는 것이 자연스럽다.

하지만 어떤 지역에서는 사람이 소보다 도덕적 지위가 높다는 주장이 받아들여져도, (특히 종교적 측면에서) 다른 지역에서는 소가 사람보다 더 높은 도덕적 지위를 가질 수도 있다. 이 경우 사람과 소 중에서 어느 한쪽이 다른 쪽에 비해 더 높은 도덕적 지위를 갖고 있다는 주장은 문제의 본질을 이해하는 데 별 도움이 되지 않는다. 따라서 어느 한쪽이 더 광범위한 규범적 특성에 의해 더 높은 도덕적 권리를 주장할 수 있다면 그쪽이 보다 높은 도덕적 지위를 갖고 있다고 여기는 것이 더 합리적이고 적절하다. 이렇게 되면 소가 사람보다 낮은 도덕적 지위를 가졌더라도 자연스럽게 뱀이나 파리보다는 높은 도덕적 지위를 갖는다고 할 수 있는 것이다.

내가 '지위(status)'라는 용어를 쓰는 이유는, 이를 이용하면 우리가 특정 존재를 대하는 방식을 규정하는 다양한 규범적 특성을 골라낼 수 있다고 여기기 때문이다. 그런데 엄격히 말하면 우리의 목적을 위해 이 용어를 지나치게 넓은 개념으로 사용할 소지가 있다. 우리가 특정 대상을 대할 때 적용하는 도덕적 제한은 우리가 그때그때 처하게 되는 상황에 따라 변화무쌍해지기 때문이다. 그럼에도 불구하고 우리는 이 같은 상황

의존적인 특성을 그 대상의 실질적인 도덕적 지위의 일부로 고려하지는 않을 것이다.

고양이를 죽이는 행위가 비록 그 과정이 고통 없이 이뤄지더라도 일반적으로 잘못된 것이라고 가정해보자. 그래서 여러분은 고양이를 죽이지 않기로 했다. 그렇다면 이른바 '죽임을 당하지 않을 권리'가 고양이가 가진 도덕적 지위의 주요한 부분을 구성하는 규범적 특성이라고 볼 수 있다. 반면 고양이를 '고통 없이' 죽이기만 한다면 그 행동에 전혀 문제가 없다고 해보자. 이때는 '고통 없이 죽을 권리'가 일종의 규범적 특성이 된다. 하지만 여러분은 고양이를 죽이지 않기로 했다. 이 경우 고양이에 대한 행위, 즉 고양이를 죽이지 않는 행위는 동일하더라도 그 행위의 근거가 되는 고양이의 도덕적 지위는 다른 것이 된다.

한편으로 만약 내가 여러분에게 내 차를 빌릴 수 있는 권리를 부여하는 경우, 여러분의 규범적 특성에는 이전에 없던 새로운 조항이 추가되는 것이지만, 그렇다고 해서 이 새 조항이 여러분의 도덕적 지위에 대해 이야기할 때 염두에 두는 요소는 아닐 것이다. 여러분이 내 차를 빌렸다고 해서 나보다 도덕적으로 열등한가? 그렇지 않을 것이다. 동물도 마찬가지다. 동물의 도덕적 지위는 그때그때마다 필요에 따라 달라지는 무엇이 아닌 것이다.

직관적으로 생각해봐도 특정 존재의 도덕적 지위는 그 존재가 가진 규범적 특성이 제공하는 것보다 일반적이고 안정적인 특성들로 제한되며, 특수하고 특별한 개별 사안에 따라 바뀌어서는 안 된다. 위에서 든 사례가 다소 극단적이라서 좀 더 부드러운 사례를 들 수도 있지만, 여러분이 내가 말하려는 의도를 인지하는 데 도움이 됐으리라고 생각한다. 그렇다면 이제 우리는 어떤 존재의 도덕적 지위라는 것은 매우 일반적이고 안정적인 규범적 특성 요소들로 구성돼 있으며, 특수한 경우나 특별한 사안에 따라 달라지는 게 아니라고 말할 수 있다. 내가 어떤 대상의 도덕적 지위에 관해 이야기할 때 그 대상의 보다 일반적이고 근본적인 규범적 특성을 염두에 두고 있다고 이해하면 될 것이다.

그런데 한 가지 더 유의해야 할 점이 있다. 나는 이 책에서 '지위'라는 단어를 대상의 규범적 특성에 드러나는 근본적 특징들을 가리키는 데 사용하고 있다. 그렇지만 어떤 이들은 이 단어를 빈번히 언급하면서도 다른 의미로 사용하는데, 그들은 규범적 특성의 근거나 기반을 의미하는 관념적 용어로 쓰고 있다. 이런 용법에서는 어떤 존재의 지위를 말할 때 그 존재가 취급되는 방식을 규정하는 규범적 특성을 지칭하지만, 나는 이와 다르게 도덕적 지위를 갖고 있는 존재 스스로 그와 같은 지위를 갖게 하는 규범적 특성을 가리키는 것이다. 요컨대 지위를 누가 부여하느냐에 따른 차이가 있다.

내가 아는 한 우리가 정의하고자 하는 그 개념을 표현할 만한 다른 단어는 찾을 수 없었다. 또한 이 용어를 어느 쪽의 의미로 사용하든 간에 우리는 절실한 철학적 질문에 다다르는데, "어떤 존재가 특정 도덕적 지위를 가질 수 있는 근거는 무엇인가?", "그 존재의 어떤 특징이 다른 것이 아닌 바로 그 지위를 갖게 하는가?" 등이 그것이다. 우리가 '지위'라는 용어를 어느 쪽 정의대로 사용하든지와는 상관없이 이와 같은 철학적 질문들은 동일하게 남는 것이다.

그렇기 때문에 이 용어를 고집스럽게 한 가지 측면에서 사용할 필요는 없어 보인다. 동물은 스스로를 대변하지 않기에 때로는 사람의 관점에서 때로는 동물의 처지에서 논의를 진행할 수밖에 없다. 그리고 나는 이 용어를 사용할 때 문맥에 따라 적절한 의미로 쓰는 것이 이해를 돕는 데 훨썬 유용하다는 사실도 알게 됐다. 더욱이 논의의 본질을 훼손하는 게 아니므로 어떤 식의 정의이건 각각의 경우에 맞도록 가장 걸맞은 의미로 사용할 것이다.

: 제2절_도덕적 존재는 쾌락과 고통을 느끼는가 -지각 능력 :

이제 우리는 어떤 동물들은 다른 동물들에 비해 더 높은 지위를 갖고 있다는 가설을 검증해보고 싶다는 단계에 이르렀다. 그렇다면 우선 "어떤 동물들이 어떤 종류의 도덕적 입장을 갖고 있는가?"라는 질문으로 시작하는 게 좋을 것 같다.

이와 관련해 일반적이지는 않을지 모르지만 최소한 철학 문헌에서는 친숙한 사례가 하나 있다. 내가 고양이 한 마리를 잡아서 휘발유를 뿌리고 불을 붙였다고 상상해보자. 당연히 고양이는 고통 속에서 울부짖다가 죽게 될 것이다.

이 책을 읽고 있는 여러분이라면 누구나 내가 잘못된 행동을 했다는 데 동의할 것이다. 아무런 이유 없이 생명체에게 그토록 극심한 고통을 주는 행위는 비도덕적이다. 변명할 여지없이 나는 그 끔찍한 행동으로 고양이에게 고통을 줬고 죽게 만들었다. 그런데 그 고양이는 길고양이일 수도 있고 주인이 있을 수도 있다. 만약 주인이 있는 고양이었다면 나는 그 주인에게도 잘못을 저지른 것이며, 설령 길고양이였더라도 고통 속에서 죽게 만든 내 행동은 잘못이다. 도덕적으로 말하자면 고양이에게는 그 자체로 고통받지 않고 죽임을 당하지 않을 권리가 있다. '도덕적 입장'을 취하고 있는 것이다.

그러나 우리는 역사적으로 이 같은 설명에 반대하는 사람들이 있었고 지금도 있다는 사실을 알고 있다. 이들은 고양이가 실제로는 고통을 느끼지 않는다고 주장한다. 고양이들의 울부짖는 소리나 갖가지 몸동작을 통해 심한 고통을 받고 있음을 잘 알 수 있는데도 이들은 고양이를 포함해 인간이 아닌 다른 동물들은 전혀 고통을 느끼지 못한다고 말한다. 동물은 감각을 느끼지 못하며 마치 뻐꾸기시계처럼 단순히 '자동기계(automata)'에 불과해서 인간이 고통을 느낄 때 나오는 비명과 몸짓을 모방할 뿐이라고 이야기한다. 이들의 주장에 따르면 고양이의 울부짖음이나 몸부림은 실제 고통을 드러내는 것이 아니다. 이들은 고양이가 그들 '내면'에 대해서 아무것도 느끼지 못한다고 말한다.

그렇다고 해서 이런 견해를 논박하기 위해 시간을 낭비하지는 않을 것이다. 다른 학자들이 이미 그런 작업을 한 바 있다.[3] 그리고 아직도 고양이나 다른 동물들이 아무것도 느끼지 못한다고 주장하는 이들이 있다고 해도 나는 여기에서 더 이상 그들을 설득하고 이해시키려고 하지 않을 것이다. 솔직히 말하면 상대할 가치가 없다. 내 관심은 오롯이 대부분의 사람들, 고양이는 고통을 느낀다고 생각하는 사람들에게만 향하고 있다.

이와 마찬가지로 나는 고양이에게 불을 붙이면 고통을 초래한다는 사실은 인지하면서도 그런 행동에는 잘못이 없다고 말하는 사람들, 또는 비록 잘못된 행동이기는 하지만 그것이 고양이가 갖고 있는 도덕적 권리에 따르는 것은 아니라고 주장하는 이들에 대해서도 시간을 할애할 생각이 없다. 실제로 고양이에게 불을 붙이는 행위는 비도덕적이지만, 고양이에 대해서 비도덕적인 게 아니라 다른 사람들에게 미칠 부정적 영향 때문에 비도덕적인 행위라고 주장하는 사람들이 있다. 이들에 따르면 고양이에게 고통을 주면 지나가던 동정심 많은 행인들의 마음에 상처가 될 수 있고, 그런 행동을 자주 하다 보면 성격이 포악해져 훗날 타인에게 위해를 가할 수도 있기 때문에 결과적으로는 비도덕적이다. 하지만 그렇더라도 고양이가 스스로의 권리에 따른 도덕적 입장은 갖고 있지 않다는 것이다.

이미 말했듯이 나는 이런 견해에 논박하지 않을 것이다. 사람들 가운데 절대 다수는 고양이에게 고통을 주는 행위는 잘못이라는 데 공감하며, 고양이 스스로에게 고통받지 않을 권리가 있으므로 그것이 잘못된 행동이라는 데 동의한다. 고양이에게 휘발유를 끼얹고 불을 붙이는 것은 명백히 고양이를 학대하는 행위이며, 고양이는 우리가 그런 식으로 학대하지 못하도록 스스로의 도덕적 권리를 주장할 수 있다. 고양이는 도덕적 입장을 취하고 있으며 존재 자체로 권리를 내재하고 있다. 더 구체적으로 말하면 고양이가 가진 도덕적 지위는 불필요한 고통을 가하는 행위에 대한 그 어떤 정당성도 부여하지 않는다. 그렇지만 어쨌든 이 책의 목적은 우리와 다르게 생각하는 사람들을 설득하려는 것이 아니다. 나는 고양이에게 고통당하지 않을 권리가 있으며, 고양이를 도덕적으로 헤아려야 한다는 확고한 인식을 가진 사람들에게 질문을 던지려는 것이다. 어떤 사실을 바탕으로 고양이를 헤아려야 할까? 고양이가 가진 도덕적 입장은 무엇에 기반을 두고 있을까?

가장 확실한 대답은 이것이다. 고양이는 '고통'을 느낄 수 있다는 사실을 바탕으로 헤아림을 받아야 한다. 고양이가 고통을 느끼는 것이 사실인 한 고양이가 도덕적 입장을 취하는 데 더 이상 요구되는 조건은 없다. 고통을 느낄 수 있다는 사실 자체만으로 이미 고양이에게 도덕적 입장을 부여하기에 충분한 것이다.

그렇다면 즉각적으로 다음과 같은 질문이 떠오르게 된다. "어떤 종류의 생명체라도 고통을 느낄 수만 있다면 그 사실 자체로 도덕적 입장을 취할 수 있는가?" 하지만 이와 같은 일반화는 상당히 조심스럽게 접근할 필요가 있다. 도덕적으로 말할 때 "고통을 느낄 수 있는 모든 생명체가 똑같은 논리로 도덕적 입장을 가질 수 있는가?" 하는 문제에 대해 지금 당장 우리 견해를 세울 필요는 없다. 이 문제는 추후에 다시 제기할 것이다. 그때까지는 어떤 존재가 고통을 느낄 수 있다면 그것이 스스로 권리를 내재하고 있다는 근거가 되므로 헤아림을 받아야 한다는 생각이 타당하다는 사실만으로 충분하다.

한 걸음 더 나아가보자. 고양이는 고통뿐 아니라 '쾌락(즐거움·기쁨)'도 느낄 수 있다. 이 점 또한 마찬가지 방식으로 도덕적 입장과 관련이 있는 것으로 보이지만, 이 논점을 입증하기 위해서는 별도의 특별한 사례를 들어야 할 것이다. 어쨌든 고통과 쾌락을 모두 느낄 수 있다는 기본적 능력은 고양이나 다른 동물들의 도덕적 입장 설정에 충분한 근거를 제공한다고 볼 수 있다. 이런 동물들은 고통과 쾌락을 느낄 수 있는 능력 덕분에 헤아림의 대상이 된다. 이를 약간 다른 용어를 사용해 표현하면 감각을 느끼거나 경험할 수 있는 '지각 능력(sentience)'이 이들의 도덕적 입장에 대한 충분한 근거를 제공하는 것이다.

지각 능력이 도덕적 입장의 충분한 근거가 된다는 생각은 동물윤리 관련 저서나 논문에서 지극히 일반적인 견해다. 도덕적 입장과 지각 능력이 공존한다는 서술은 매우 흔하며, 쾌락과 고통을 모두 느낄 수 있는 능력은 도덕적 입장을 취하는 데 충분조건이다.[4] 소, 고양이, 낙타는 모두 지각 능력을 가졌고 그렇기 때문에 이들 모두 도덕적 입장을 취한다. 반면 돌, 도로, 가위는 쾌락과 고통을 느낄 수 없기에 도덕적 입장을 취할 수 없다.

그럼에도 불구하고 여전히 어떤 이들은 지각 능력이 도덕적 입장을 갖기 위한 충분조건인지 확신하지 못한다. 또 어떤 이들은 식물에도 도덕적 입장이 있으며, 생태계 전체 또는 개별 동물이 아닌 동물 종 전체가 도덕적 입장을 갖고 있다는 가설을 지지한다. 물론 이런 주장들도 흥미롭다. 그러나 이 책에서는 고려하지 않을 것이다. 나는 우리 중 상당수가 앞서 말한 대상들 가운데 최소한 일부는 우리가 그것들을 대하는 방식에서 어느 정도의 도덕적 제약을 받고 있다는 데 동의한다고 생각한다. 그리고 대부분의 사람들이 식물이나 생태계, 동물 종 전체와 관련해 어떤 원칙에 어긋나더라도 그것이 잘못이라고는 생각하지 않는다. 설령 우리에게 식물, 생태계, 동물 종 전체를 대하는 방식을 제한하는 도덕적 원리가 있다고 해도 부채의식을 갖지 않는다. 더 말할 것도 없이 식물, 생태계, 동물 종 전체나 기타 개체들은 우리가 지금 논의하고 있는 용어의 의미에 부합하는 도덕적 입장을 갖고 있지 않다.

그렇기 때문에 수많은 동물윤리 이론가나 활동가들이 동물의 지각 능력을 도덕적 입장을 취하기 위한 충분조건이라고 주장할 때 우리가 별로 놀라지 않는 것이다. 거의 상식적으로 받아들여지고 있기 때문이다. 그러나 나는 사람들이 실제로도 명확한 개념을 그리면서 이를 받아들이는지의 측면에서는 회의적이다. 이 부분에서 내가 꺼림칙하게 여기는 이유 중 하나는 사소한 것이고 아마도 괜한 트집일 수 있다. 그런데 다른 하나는 확실히 짚고 넘어가야 할 만큼 중요하다.

우선 사소한 이유라는 것은 이 부분이다. 도덕적 입장을 취하는 데 기준이 되는 전제가 지각 능력이라고 주장한다. 하지만 여기에서 '지각'이라고 할 때 그들이 상정하고 있는 그 지각은 본질적인 의미에서의 지각 능력일까 아니면 보다 좁은 의미일까? '지각'은 철학에서 일반적으로 주관적 경험과 감정을 온전히 느낄 수 있는 능력을 일컫는다. 좀 더 깊숙이 들어가면 지각이란 단순히 고통이나 쾌락을 느끼는 정도를 넘어 '의식적'이고 '질적'인 경험을 할 수 있는 능력을 의미한다. 예를 들면 산뜻한 파란색이나 파인애플 특유의 달콤새콤한 맛, 커피 고유의 향을 경험할 수 있으면 이는 지각으로 간주된다. 철학에서 쾌락과 고통은 지각 능력을 갖고 있는 존재, 질적 측면과 내면의 '정신적' 삶을 사는 존재가 얻을 수 있는 감각적 경험에 속하는데, 여기에서 질적 측면이란 수동적인 느낌이 아닌 의지가 반영된 경험, 예컨대 "과연 어떤 것인가?"라는 질문을 수반하는 정도의 경험을 말한다.[5] 따라서 본질적인 의미의 지각 능력에는 쾌락과 고통에 대한 경험 이상의 무엇이 있는 것이다.

그렇다면 일반적인 관점을 따를 때 실질적으로 도덕적 입장을 설정할 수 있는 기준은 무엇일까? 본질적 의미에서의 지각 능력일까? 아니면 보다 좁은 의미에서 쾌락과 고통을 경험할 수 있는 능력일까? 그것도 아니면, 만약 쾌락과 고통 중 한쪽만 느끼는 게 가능하다면, 쾌락과 고통 가운데 어느 하나를 경험할 수 있는 능력일까?

이 질문에 대한 답을 구하는 방법 중 하나는, 정신적 삶은 살고 있지만 쾌락과 고통 중에서 어느 하나를 경험할 수 없는 존재를 상상해보는 것이다. 감이 잘 오지 않는다면 여기에 딱 들어맞지는 않지만 유사한 사례로 앞을 못 보는 맹인을 떠올려보자. 맹인은 비록 눈은 보이지 않지만 다른 감각들은 살아있다. 이와 같이 예를 들어 시각적·청각적·후각적 경험을 할 수는 있지만 그 감각들로부터 쾌락이나 고통은 전혀 느끼지 못한다고 가정해보자. 이런 존재는 멋진 석양을 바라보며 질적으로 특별한 경험을 하면서도 이 경험으로부터 쾌락을 느끼지는 못한다. 또한 이런 존재는 발을 밟히거나 팔을 다치는 등의 경험을 할 수 있지만 고통을 느끼지 못한다. 이 밖에 다양한 경험으로부터 그 어떤 것도 느끼지 못한다.

물론 우리와 같은 생명체들은 대부분 쾌락과 고통 등이 정신적 삶의 다른 질적인 측면들과 워낙 깊게 얽혀 있기 때문에, 앞에서 떠올려보자는 존재를 상상하는 것이 어려울 수 있다. 그래도 원칙적으로 내가 알고 있는 한 지각 능력은 갖고 있지만 쾌락이나 고통을 느끼는 능력은 전적으로 결여된 존재가 있을 수 있다. 이런 생명체가 있다고 가정해보는 것이다. 파란색을 지각할 수는 있으나 그것을 통해 어떤 질적인 상태에는 이르지 못하는 생명체가 있다고 치자. 이 생명체가 도덕적 입장을 취하고 있다고 할 수 있을까? 이 생명체를 헤아려야 할까? 이 생명체에게 한 행동이 잘못인지 아닌지 판단할 수 있을까?

이와 같은 사례를 가정함으로써 어떤 종류의 지각 능력이라도 도덕적 입장을 취할 수 있는 충분조건이 된다고 주장하는 게 옳은지 그른지 의문을 제기할 수 있다. 결국 어떤 존재의 도덕적 입장을 설정할 때 반드시 요구되는 요소는 쾌락과 고통을 느낄 수 있는 능력이라고 할 수 있다. 쾌락과 고통을 느끼는 능력이 결여된 상태의 단순한 지각 능력만으로는 도덕적 입장을 취할 수 없다.

한편으로 매우 단순한 종류의 생명체인 경우 나는 사람들이 그것의 도덕적 입장을 어떻게 판단할지 확신할 수는 없지만, 아마도 많은 이들이 그 생명체의 도덕적 입장을 부인하리라고 생각한다. 그래서 하나만 더 짚고 넘어가고자 한다. 어떤 이들에게는 이 경우 도덕적 입장을 인정하지 않는 까닭은 이 문제의 생명체가 보잘 것 없이 제한된 범위의 질적 경험만을 하기 때문일 것이다. 이때는 아마도 그 생명체에게 실질적인 쾌락이나 고통을 느낄 수 있는 능력이 없어서가 아니라 그보다 더 단순한 이유, 즉 파란색만 감지할 수 있을 뿐 그 밖의 것들은 일절 느끼지 못한다는 사실 때문일 것이다. 아울러 지각 능력이 지극히 제한적이면 그 대상을 헤아리는 범위도 제한될 수 있다고 여길 것이다.

그런데 솔깃한 의견인 것 같기는 하지만 나는 이런 견해가 논점을 벗어났다고 생각한다. 앞의 사례와 비슷한 종류의 다른 생명체를 하나 더 상상해보자. 이 새로운 생명체는 때때로 가벼운 통증을 느끼는 것을 제외하고 극히 제한적인 범위의 주관적 경험만을 할 수 있다. 내 생각에 이 경우에는 비록 지각 능력이 제한적이더라도 도덕적 입장을 부여할 수 있다. 이 생명체는 고통을 느끼기 때문이다. 우리가 이런 생명체에 위해를 가하거나 도움을 줄 수 있는 경우는 그리 많지 않겠지만 어쨌거나 가능하며, 우리가 부당하게 별다른 이유 없이 그 생명체가 느낄 수 있는 고통을 가했다면 그 행동은 잘못이다. 그렇기 때문에 어떤 존재에게 쾌락이나 고통을 느낄 수 있는 능력이 있다면, 비록 제한된 지각 능력이더라도 도덕적 입장을 부여하는 데 아무런 걸림돌이 되지 않는다.

그렇다면 이런 주장이 가능하다. 많은 사람들이 지각 능력을 어떤 존재가 도덕적 입장을 취하기 위한 충분조건이라고 말하지만, 실상은 그 충분조건이 되는 지각 능력이란 쾌락이나 고통을 느낄 수 있는 능력을 의미한다. 지각 능력 그 자체로는 도덕적 입장을 부여하는 충분조건이 되기에는 부족한 것이다.

그 뿐만 아니라 이런 방식의 더 좁은 설명이 수긍하기도 더 쉽다. 단순한 생명체라도 고통을 느꼈다면 그 고통을 준 행위가 나쁜 것이라는 생각을 피하기는 어렵다. 반대로 그 생명체가 쾌락을 느꼈다면 그 쾌락을 경험하게 한 행위는 좋은 것으로 생각될 것이다. 이런 식으로 고통이나 쾌락을 경험할 수 있는 능력이 우리가 그 존재에게 위해를 가하거나 도움을 주는 행동을 할 가능성을 대변해준다. 따라서 생명체에게 해롭거나 이로운 행위를 할 가능성은 도덕적 입장을 취하는 것과 관련이 있다고 생각하는 게 타당하다. 쾌락과 고통을 경험할 수 있는 생명체는 우리가 그 존재들의 '복지(welfare, 福祉)'에 영향을 미칠 수 있기 때문에 도덕적 입장을 갖는다. 많은 사람들이 이런 생각 또는 이와 유사한 사고방식을 지지한다.

그렇지만 앞서 언급한 파란색만을 지각할 수 있을 뿐 그것으로부터 어떤 질적 상태에는 이르지 못하는 생명체의 경우에는 그 지각 능력과 복지와의 연결고리가 끊어진다. 이 부분에 관해서는 더 깊은 논의가 필요하겠지만, 현재로서는 이런 생명체에 복지라는 개념 자체를 적용할 수 있는지에 대해서도 불확실하다. 하지만 파란색만을 지각할 수 있는 생명체가 그 자체로 좋은지 나쁜지의 여부는 우리가 그 생명체에 대해 완벽히 이해하지 못하는 이상 서둘러 결론 지으면 안 될 것이다. 그럼에도 불구하고 파란색만을 지각하는 생명체에 도덕적 입장을 부여하는 데 선뜻 동의할 사람은 없을 것이다.

그런데 한편으로 그 생명체에게 의식적이고 질적인 경험과 관련이 있는 요소가 발견된다면, 예컨대 파란색에 대한 의식적인 경험을 원하고 그것을 극대화하는 방식으로 행동한다는 사실을 알게 된다면 도덕적 입장을 부여하는 데 망설일 까닭이 사라진다. 단순한 지각 능력만으로는 도덕적 입장에 대한 충분조건을 충족시킬 수 없지만, 이렇게 의식적인 경험이 가능하고 어떤 행동을 수반할 수 있다면 충분하다. 바로 이 점이 앞에서 내가 지각 능력이 도덕적 입장을 취하기 위한 충분조건이라는 일반적인 주장에 대해 회의적이라고 하면서 확실히 짚고 넘어가야 할 만큼 중요하다고 말한 부분이다.

: 제3절_도덕적 존재는 욕구에 따라 행동하는가 -행동 능력 :

이 논의에 접근하기 위한 다른 사고 실험을 제안하고자 한다. 여러분이 다른 행성에서 온 외계인들에게 납치됐다고 상상해보자. 그 외계인들은 여러분을 자신들의 행성 동물원에 가둔 뒤 생체 실험을 하거나 뭔지 모를 나쁜 짓을 하려고 한다. 그들이 여러분의 언어를 배웠다 치고 의사소통이 가능하다고 가정해보자. 여러분은 그들에게 이는 옳지 못한 행동이며 지구에 있는 여러분 집으로 돌려보내달라고 설득해야 한다. 이때 여러분은 무슨 이야기를 할 것인가? 이와 관련해 동물윤리 분야에서 처음으로 이런 시나리오를 제안한 철학자의 글을 인용한다. 그는 이렇게 말하고 있다.

그 같은 상황에서 여러분은 갇히고 싶지 않다는 의사를 표현하기 위해 내 의지를 거슬러 이렇게 납치해 가두는 것은 잘못된 행동이며, 이 때문에 마땅히 해야 할 일을 하지 못하고 있다고 주장할 것이다. 또한 이들 외계인이 여러분의 욕구를 좌절시키고 다른 이들에 대한 의무를 다하지 못하게 만들고 있다고 말할 것이다. 아울러 여러분이 스스로 만족하고자 하는 즉각적 욕구와 장기적 계획을 갖고 있는 이성적이고 감각적인 존재라고 설명할 것이다. 당연히 여러분은 자신이 외계인들의 의도에 따라 취급돼야 한다고 생각하지 않을 것이다.

어쩌면 여러분은 그들과 거래를 시도해, 그들이 여러분에게 무언가를 해주면 여러분도 그들에 무언가를 해주겠다고 제안할지도 모른다. 여러분에게는 계속해서 유지하기를 바라는 인간관계가 있듯이, 그들이 여러분을 존중한다면 그들과의 관계를 더 발전시켜나갈 의사가 있다고도 말할 수 있다. 여러분은 자유와 선택할 수 있는 능력의 가치를 깨닫게 될 것이다. 여러분은 가족과 친구 그리고 다른 사람들 곁에 있어야 한다고 말할 것이며, 그들과 함께 있기를 강요받는다면 외롭고 우울하고 화가 날 거라고 이야기할 것이다. 심지어 죽을 수도 있다고 그들을 설득할 것이다.[6]

나는 이런 종류의 대답이 무척 설득력 있다고 생각한다. 상대의 마음을 움직이게 할 수 있는 수준의 발언이다. 만약 이 외계인들이 도덕적 존재이고 여러분에게 도덕적 입장이 있음을 인지한다면, 어떤 존재의 도덕적 지위에 따른 갖가지 도덕적 요구 사항을 고려함으로써, 비록 이론적이기는 하지만 결국 여러분의 설득이 통할 것이다.

이쯤 되면 여러분이 눈치 챘을지 모르겠다. 위 인용문의 저자는 이를 '동물'에게도 적용할 수 있다는 사실을 제시한 것이다. 이 사고 실험에서 이와 같은 항변이 외계인을 설득할 만하다고 여겨진다면, 이 항변을 동물이 하는 것으로 생각했을 때 우리에게 뜻하는 바가 있다는 이야기다. 나도 이런 방식의 문제 제기가 필요하고 바람직하다고 생각한다.

그런데 사실 위 글을 인용한 다른 이유가 있다. 이 사고 실험에서 내가 특별히 주목한 부분이 있는데, 외계인을 상대로 설득하는 내용 중에 여러분이 '지각 능력'을 가졌다고 호소하는 대목은 없다는 점이다. 물론 여기에서의 지각 능력은 본질적 개념으로 의식적이고 질적인 경험을 할 수 있는 능력을 뜻한다. 하지만 이 인용문에서 제시된 대답에는 여러분의 욕구와 계획, 삶에 대한 의지와 같은 것들이 주로 나온다. 여러분의 도덕적 입장을 취하는 데 지각 능력은 아무 역할을 하지 못하고 있는 것이다. 실제로 이 단어는 단 한 번도 사용되지 않았다.

그러나 엄밀히 말하면 의식적이고 질적인 경험과 관련한 언급이 아예 나오지 않은 것은 아니다. 인용문 첫 번째 문단 아래쪽에 여러분이 "감각적인 존재"라고 언급하는 구절이 있으며, 이는 아마도 여러분의 지각 능력을 암시하기 위한 의도로 사용된 듯 보인다. 또한 두 번째 문단 마지막에는 여러분이 "외롭고 우울하고 화가 날 것"이라고 언급하는 부분이 나오는데, 이 상태는 일반적으로 불행한 종류의 의식적 경험을 일컫는 게 확실하다. 그러므로 지각 능력이 전혀 언급되지 않았다고는 할 수 없다.

그렇다고 해도 이것이 논의의 핵심은 아니다. 인용문에서 여러분이 호소한 이야기의 주안점은 갇혀 있으면 고통스러운 경험을 하게 되리라는 것이 아니라, 여러분에게 '의지'가 있다는 것 그리고 여러분이 '하고 싶은 것'과 '행동'하고자 하는 '계획'이 있다는 사실에 있다. 그렇기 때문에 여러분을 납치해 가두는 것은 여러분의 의지를 침해하는 행위이며, 여러분의 계획한 대로 행동하는 능력을 방해하는 일이라고 항변한 것이다. 여러분이 외계인에게 호소한 내용의 핵심은 지각 능력이 아닌 이와 같은 사실들이다. 바로 이 사실 때문에 외계인들이 여러분을 헤아려야 하며, 납치 및 감금은 여러분이 도덕적 입장을 가진 존재라는 것을 고려하지 않은 행위가 되는 것이다.

이 지점에서 '지각 능력'에 이은 이 두 번째 요소에 이름을 붙이는 것이 좋을 듯하다. 이 능력은 여러분이 앞으로의 삶을 어떻게 생각하고 어떻게 되기를 바라는지에 대한 욕구와 계획 그리고 선호를 갖고 있다는 사실을 의미하며, 이런 선호가 단순히 좋고 나쁨을 판단하는 게 아니라 그것을 바탕으로 어떤 목표를 세우고 그에 걸맞은 행동을 하는 것을 뜻한다. 나는 이 요소를 '행동 능력(agency)'이라고 부르고자 한다.

이 용어를 적용하면 앞서 여러분이 외계인들의 행동에 대해 잘못됐다고 항변하는 내용에서 지각 능력은 사소한 역할밖에 하지 못한 셈이다. 설득의 핵심은 여러분이 행동 능력을 갖고 있는 존재라는 사실이었다.

'행동 능력'이라는 용어를 이런 식으로 사용하는 것이 이상적이지는 않음을 인정한다. 때때로 철학자들은 이 용어의 개념을 내가 이 책에서 의도하는 것보다 더 좁게 사용하고 있다. 좁은 의미에서 어떤 존재가 행동 능력을 갖고 있다는 말의 의미는, 욕구와 계획과 선호에 따라 행동한다는 상대적으로 작은 조건보다 훨씬 까다로운 조건을 충족시켜야 하기 때문이다. 좁은 의미에서 행동 능력을 확보하거나 '행동 주체(agent)'가 되려면 그 주체가 '자유의지(free will)'를 갖고 있어야 하고, 어떤 행동을 해야 하는 이유에 대해 스스로 의식해 계획을 세울 줄 알아야 하며, 그 행동이 도덕적으로 타당해야 한다. 아울러 어떤 행동이 좋은 것인지 평가할 수 있어야 한다. 이 밖에도 다양한 조건들이 더 있지만, 어쨌든 이런 조건들이 세부적인 사안에 따라 합쳐지고 재구성되면서 행동 능력을 정의하게 된다.

하지만 좁은 의미에서의 행동 능력에 요구되는 이와 같은 조건들을 우리의 논의에 적용하면 내가 의도한 넓은 의미로 사용하는 경우와 비교해 행동 능력을 가진 존재의 범주가 너무 작아진다. 자칫 사람에게만 해당되는 능력이 될 수 있다. 물론 넓은 의미로 이 용어를 사용하는 데는 약간의 위험이 따른다. 이를테면 경우에 따라 무의식적으로 본래 의도에 더 '정교한' 행동 능력이라는 식의 의미를 뒤섞을 수도 있다. 그래도 희망컨대 우리가 그 위험성을 미리 조심한다면 이와 같은 실수는 미연에 방지할 수 있을 것이다.

어떤 경우라도 이 점만은 주목하자. 내가 앞서 인용한 글과 유사한 말이 동물들에게도 마찬가지로 적용될 수 있다는 생각에 여러분이 공감한다면, 그리고 그 내용의 핵심이 지각 능력을 지적하는 게 아니라 행동 능력을 강조한 것이라는 데 동의한다면, 행동 능력이라는 용어를 사용할 때 그 개념을 일부 철학자들이 고집하는 좁은 의미가 아니라 좀 더 넓은 의미에서 적용할 필요가 있다는 점이다. 보다 넓은 의미에서 이 용어의 의미에 충실하다면 동물들이 행동 능력을 보여준다는 사실에는 논쟁의 여지가 없을 것이다. 동물들 중에서 자유의지를 갖고 의식적으로 계획해 행동하며, 그 행동이 도덕적으로 타당한지 판단해서 좋은 쪽으로 행동하려는 개체들에는 무엇이 있는지 대답하기란 현재로서는 거의 불가능할 뿐더러, 그런 존재는 사람 말고는 없다는 결론으로 이어져 관련 논의를 전혀 진행할 수 없는 상황에 빠지기 때문이다. 그러므로 여기에서는 동물들을 대변하는 위 인용문이 설득력을 갖는다고 전제한 상태에서 동물의 행동 능력을 이에 걸맞은 넓은 의미로 받아들여 논의를 이어가는 게 좋지 않을까 생각한다.[7]

그런데 위 인용문에서 행동 능력은 좁은 의미로도 사용되고 있다는 사실을 알아둘 필요가 있다. 여러분이 외계인들에게 호소한 내용 중에는 여러분을 납치해 가두는 것은 "다른 이들에 대한 의무를 다하지 못하게" 한다는 구절이 들어 있다. 이런 유형의 사고방식은 그저 넓은 의미의 행동 능력을 넘어 여러분이 도덕적 합리성에 대해 의식적으로 반응할 수 있는 능력을 갖고 있다는 사실을 방증하는 것이다. 이는 호소 내용의 문맥상 필수적인 것은 아니지만 여러분의 도덕적 입장을 강화하는 데 중요한 역할을 하고 있다. 하지만 내가 보기에 주된 논점은 여러분이 하고자 하는 일과 살고자 하는 삶에 그처럼 다양한 욕구가 있다는 생각을 표현하면서, 여러분을 납치해 감금한 행위가 그런 욕구를 근거로 행동할 수 있는 능력을 방해한다고 호소하는 데 있다. 따라서 꼭 좁은 의미로서의 행동 능력을 강조하지 않더라도 저 내용만으로 충분히 여러분의 호소에 상당한 힘이 실리게 된다. 넓은 의미에서의 행동 능력을 갖고 있는 존재라는 한 가지 사실, 다시 말해 욕구를 갖고 있으며 그 욕구에 따라 행동하기를 원하는 존재라는 사실만으로도 여러분의 도덕적 입장을 설정하는 데 문제가 없는 것이다.

그렇다고 이 같은 사실을 인정하는 것이 이 장의 제2절에서 논의한 '지각 능력'이 도덕적 입장을 취하는 데 충분조건이라는 주장과 모순된다고 여길 필요는 없다. 왜냐하면 우리가 다음에서 논의하려는 것과 같은 행동 능력은 지각 능력의 전제조건이 되기 때문인데, 이 경우 어떤 존재의 행동 능력을 강조하는 것은 그 존재가 도덕적 입장을 갖고 있다는 사실을 우선적으로 표현하는 기초 요소인 지각 능력에 주의를 기울이게 만드는 효과적인 수단이 된다. 또한 엄격히 말하면 지각 능력은 어떤 존재가 도덕적 입장을 취하기 위해 필수적으로 갖고 있어야 하는 요소인 것은 맞지만, 행동 능력은 그 존재가 갖는 특정한 '도덕적 지위'와 관련이 있기 때문에 다른 존재들이 그 존재를 헤아리는 방식은 부분적으로(아마도 굉장히 커다란 부분에서) 그 존재의 욕구와 계획 그리고 선호 등 본질적인 사항에 따라 차등을 두게 된다.

앞의 인용문에서 여러분의 목적은 외계인을 대상으로 여러분을 납치해 감금한 것은 잘못된 행동이니 풀어달라고 설득하는 일이기 때문에, 단순히 지각 능력에 따른 '도덕적 입장'을 가졌다고 주장하는 것만으로는 부족할 수 있다. 그러면 이와 함께 그들을 설득하고자 여러분은 그들의 부당 대우를 완전히 배제할 수 있는 특정 '도덕적 지위'를 역설해야 한다. 그것이 바로 '행동 능력'을 강조하는 것이며, 그래서 여러분의 설득에서 행동 능력이 그렇게 핵심적으로 부각되는 이유다. 그러므로 행동 능력은 도덕적 입장을 갖는 데 필요한 지각 능력과 모순되지 않는 것이다.

그럼에도 불구하고 외계인들에게 호소했던 내용에서 행동 능력이 수행한 결정적인 역할을 인지한다면, 그것이 없을 때 어떤 개체가 도덕적 입장을 취하기 위해 지각 능력만 갖추면 된다는 주장은 오류라는 생각이 든다. 내가 생각하기에는 행동 능력으로 충분하다. 어쨌든 도덕적 입장을 나타내는 두 가지 뚜렷한 토대로서 지각 능력과 행동 능력이 있는데, 지금까지 우리의 논의 진행 상황에서는 어느 쪽이든 도덕적 입장을 갖는 충분조건이 될 수 있다. 이와 같은 논의는 그 자체로도 흥미롭다. 그리고 필요하다.

그렇지만 나는 그동안 많은 학자들이 쓴 동물윤리에 관한 저작에서 이런 점이 계속 묵과되고 있다는 사실에 적잖이 놀랐다. 동물을 윤리 척도로 바라보는 일은 매우 신중해야 하는 작업이다. 동물과 논쟁을 할 수 있다면 좋겠지만 아직까지는 그렇게 할 수 있는 방법이 없다. 사람이 더 높은 도덕적 지위에서 동물을 논할 수밖에 없다. 더욱이 이렇게 정립되는 (정립될 것으로 기대하는) 동물윤리를 널리 알려야 할 텐데, 그 대상도 다름 아닌 사람이다. 이 분야는 이와 같은 태생적 한계를 갖고 있다. 그렇기 때문에 논의를 더 이상 진전시키지 못하게 만드는 주장은 생산적인 연구 활동이 되지 못한다.

다시 돌아와서, 나는 동물윤리에 관한 논문이나 저작을 발표하는 대다수 학자들이 실제 관심은 이론의 여지없이 명백한 행동 능력의 범주에 속하는데도 지각 능력이 동물의 도덕적 입장을 대변하는 필수 요소라는 자신들의 신념을 피력하는 데에만 초점을 맞추고 있어서 다소 충격을 받았다. 섣부른 결론이며 그렇게 단순한 문제가 아니다. 또한 대중의 인식과 행동 변화를 이끌어내야 하는 동물윤리에서 제대로 된 '어젠다(agenda)' 설정을 하지 못하게 된다. 우리는 더 고민하고 분석해야 한다. 계속해보자.

지금껏 살펴왔듯이 나는 도덕적 입장을 취하는 데 지각 능력과 행동 능력이라는 두 가지 조건을 제안할 수 있다고 했다. 그런데 그동안 동물 윤리 분야에서 익숙한 제안인 "지각 능력이 도덕적 입장의 충분조건"과, "지각 능력 없이 행동 능력을 갖추는 게 가능하다면 행동 능력이 도덕적 입장 설정의 충분조건"이라는 보다 '진보적인' 제안 사이에는 중요한 차이가 있다. 이 부분으로 논의를 이어가보자.

이는 '심리철학(philosophy of mind)'에서 주된 논쟁의 대상이 되는 질문이기도 하다. 앞에서 나는 행동 능력을 보다 넓은 의미로 '다양한 욕구와 계획과 선호에 따라 행동하고자 하는 능력'이라고 그 범위를 설정했는데, 여기에 한 가지 더 추가한다면 '행동에 제약이 가해졌을 때 그에 대항해 행동하고 싶어 하는 능력' 정도라고 할 수 있다.

이처럼 행동 능력에는 '욕구'가 필수적이고, 이 욕구를 충족하는 방법에 관한 '자기 믿음'이 있어야 하며, 그 믿음을 지속적으로 유지하고자 '행동'하는 것도 요구된다. 이와는 대조적으로 지각 능력은 이미 설명했듯이 의식적인 경험을 갖는 것과 관련한 조건으로, 주관적 상태에 있는 어떤 존재를 결정하는 데 작용하는 요소다. 그렇다면 우리는 의식적 경험이 없는 상태에서 욕구와 믿음 그리고 행동이 과연 가능한지 살펴야 할 것이다. 즉, "어떤 존재가 지각 능력이 결여된 행동 능력을 가질 수 있는가?" 하는 질문에 답해야 한다.

여기에서 확실히 짚고 넘어갈 것은 이 질문이 사람인 여러분 자신의 정신세계 안에서 행동 능력의 요소가 지각 능력까지 포함하는지의 여부를 묻는 게 아니라는 점이다. 왜냐하면 여러분은 여러분의 욕구가 대체로 질적인 측면을 띠고 있음을 명확하게 받아들이고, 이 질문에서 지칭하는 그런 욕구를 내면에 갖고 있다는 사실을 인식하기 때문이다. 나아가 믿음도 갖고 있다. 무엇인가를 믿는다는 것은 그 무엇인가를 인지한다는 뜻이다. 그렇기 때문에 이 질문을 생각할 때 여러분과 같은 '사람'을 떠올리지 말고, 욕구와 믿음 등을 바탕으로 행동하는 행동 능력과 지각 능력 사이에 개념적인 연관관계가 있는지, 그래서 지각 능력을 갖고 있지 않은 생명체는 행동 능력을 가질 수 없는지, 아니면 가질 수 있는지에만 집중해야 한다.

미리 고백하자면 이 문제를 생각하면 생각할수록 내 스스로는 행동 능력이 지각 능력을 전제로 하지 않는다는 쪽으로 기울고 있다. 나는 믿음과 욕구에 관한 여러 이론 중에서 믿음과 욕구가 행동을 야기하는 것과 유사한 방식으로 작용한다는 '행동 기능적(behavioral functional)' 분석 개념을 선호한다. 간단히 말해서 믿음은 외부 세계를 반영하며 욕구는 그 주체의 믿음에 따라 특정 상황을 만들어내고자 행동하려는 기질이다. 거친 설명이지만 더 깊이 들어가면 논점에서 멀어질 것이다. 내가 이해할 수 있는 한 어떤 존재가 의식적인 정신 상태를 결여해 그 내면에서 질적인 측면을 찾을 수 없는, 즉 그와 같은 욕구와 믿음을 가졌다고 전혀 '느껴지지 않는' 상태, 또는 이런 욕구와 믿음이 행동을 유발하지 않는 상태에서도 행동 능력은 발휘될 수 있다.

더욱이 지각 능력이 결여된 행동 능력이 가능하다는 발상은 인공지능 로봇이나 고도로 발전된 컴퓨터와 같은 미래 시나리오를 떠올릴 때 자주 접하는 소재이기도 하다. 예를 들어 내가 즐겨 드는 사례로 영화 〈2001 스페이스 오디세이(2001: A Space Odyssey)〉에 등장하는 사악한 컴퓨터 '할(HAL)'이 있다. 할은 우주선에서 동면하고 있던 승무원들을 성공적으로 살해한 뒤 이를 눈치 챈 데이브(Dave)까지 죽이려고 한다. 여기에서 할이 행동 능력을 발휘하고 있음을 명확히 알 수 있는데, 할은 탐사 임무의 중요성 그리고 인간 승무원들이 그 임무를 망쳐놓을지 모른다는 스스로의 믿음에 따라 인간을 제거하고자 하며, 제거 방법에 관한 다양한 신념도 갖고 있다. 비록 결과적으로 데이브를 살해하는 데는 실패하지만, 그를 죽이기 위해 어떤 식으로 해야 하는지에 대한 확고한 믿음도 갖고 있었다. 할에게 행동 능력이 있다는 사실은 명백해 보인다.

그러나 이와 대조적으로 할이 지각 능력을 가졌는지의 여부, 다시 말해 색, 말, 소리 등을 단순히 식별하는 게 아니라 의식적으로 경험하고 있는지의 여부에 대해서는 단서를 찾을 수 없다. 할이 어떤 질적인 경험을 하고 있는지에 대해서도 알 수 없다. 로봇이나 컴퓨터가 질적 경험이라는 의미에서 의식을 갖는 것이 가능하지 않다는 일반적인 사례를 봐도 할이 지각 능력을 갖추고 행동하는 것처럼 보이지는 않는다. 요컨대 그는 행동 주체이긴 하지만 지각 능력을 갖춘 행동 주체는 아니다.

물론 '지각 있는(sentient)'과 '의식 있는(conscious)'과 같은 단어를 더 광범위한 의미로 사용해, 무엇인가를 인지할 수 있으면 지각이 있고 주어진 환경에서 그 무엇이라도 감지해낼 수 있다면 의식이 있다고 표현할 수도 있을 것이다. 이렇게 되면 카메라에도 지각 능력이 있고 적외선 망원경에도 지각 능력이 있는 셈이 된다. 게다가 이처럼 너무 넓은 의미로 개념을 확장하면 행동 능력을 가진 모든 존재는 지각 능력을 갖는다는 데까지 이르러 논의의 범주를 훌쩍 넘게 된다. 내가 사용하는 보다 넓은 의미의 지각 능력은 이 정도 범위는 아니다. 질적인 측면을 갖고 있는 정신 상태를 요구하는 수준의 지각 능력을 말하는 것이며, 나는 이 용법에 충실하고 있다. 할에 대해서 나는 이 용법에서의 질적 경험을 할 수 없다고 생각하는데, 이는 최소한 보편적인 생각에 따른 것이다. 할이 믿음과 욕구 등을 바탕으로 하는 행동 능력을 가졌더라도 지각 능력은 갖고 있지 못한 것이다.

그런데 여기까지 설명하면 이번에는 "그렇다면 할에게 믿음이나 욕구도 없는 것 아니냐"는 반론이 나오기도 한다. 철학을 강의할 때 꼭 부딪히는 지점인데, 모든 이들이 하나같이 내가 보는 대로만 보는 것은 아니기 때문이다. 그리고 충분히 이해한다. 나는 때때로 내 강의를 수강하는 학생들이 이와 같은 용어와 개념을 철학적으로 사용하는 데 익숙지 않은 모습을 발견하곤 한다. 논의의 대상이 되는 가상의 존재를 실제로 볼 수 없고 오직 '머릿속'에서만 상정해야 할 때, 다시 말해 '개념적'으로만 접근할 수 있을 때 '최선의 설명으로의 추론(inference to the best explanation)'이라는 접근방식을 따르게 된다. 사실 이는 철학에서는 꽤 보편적인 방식이다. 반면 학생들이 어려워하는 방식이기도 하다. 없는 대상을 오롯이 사고 실험으로만 분석해야 하기 때문이다.

그 때문인지 이 대목에서 학생들은 할에게 믿음이나 욕구가 있다는 것에 대해 거부감을 표한다. 왜 그렇게 보는지 물으면 대부분이 컴퓨터인 할은 의식이나 지각 능력을 갖고 있지 않기에 믿음과 욕구도 가질 수 없으며 따라서 행동 능력도 없다고 대답한다. 그러면서 확고하게 이 사악한 컴퓨터는 믿음과 욕구를 가진 무엇처럼 '행동(act)'하도록 프로그래밍된 것이고, 그 행동은 인격을 부여한 '의인화(personify)'이며, 그 모든 것들이 우리로 하여금 할에게 행동 능력이 있는 것처럼 오해하게 만든다고 덧붙인다. 여기에서 학생들이 말한 '의인화'는 정확히 말하면 '지각화(sentiencifying)'가 더 알맞은 표현이지만, 어쨌건 그들은 할에게 행동 능력이 없다는 관점을 고수한 셈이다. 할은 SF 영화에 나오는 가상의 인공지능 컴퓨터. 실제로 존재하지 않으며 '최선의 설명으로의 추론' 접근방식을 통해 지각 능력 없는 행동 능력이 가능한 사례로 든 것이다. 그러나 개념을 바라보는 범위가 서로 달라서, 아무리 내가 말한 넓은 의미의 용법을 적용하더라도 할에게 믿음이나 욕구가 없으므로 그에 따른 행동 능력도 없다는 것이 학생들의 논지다.

그렇다고 해도 이 논의는 계속 이어갈 수 있다. 이런 '보수적인' 관점이 맞다면 행동 능력은 지각 능력 없이 성립하지 않으므로 우리가 행동 능력을 도덕적 입장을 취하는 데 충분조건이라고 봐도 달라질 것은 없다. 하지만 논지가 흔들리는 기분이 드는 것은 어쩔 수 없으므로(여러분이 그럴 것 같아서) 이 시점에서 행동 능력이 진정으로 우리가 초점을 맞춰야 할 개념인지 다시 한번 살펴보기로 하자.

이를 위해 내가 제시한 보다 넓은 개념을 다르게 표시하려고 한다. 위 사례의 할과 같은 경우에 적용할 수 있는 개념 말이다. 내 관점에서 할에게는 믿음과 욕구 등에 따른 행동 능력이 있다. 이때의 행동 능력은 별개의 용어 '행동 능력#'이라고 부르기로 하자. 나만 주장하는 그 행동 능력이다. 그리고 마찬가지로 이 '행동 능력#'이 도덕적 입장의 충분조건이 되는지가 관건이다. 나는 이미 '행동 능력#', 즉 지각 능력이 결여된 행동 능력의 설정할 수 있다고 생각한다. 내 머릿속에서는 명확히 그려지기 때문이다. 게다가 믿음과 욕구 등에 따른 '행동 능력#'을 가진 '행동 주체#'도 도덕적 입장을 취할 수 있는 충분조건이 된다고 믿는다. 지각 능력을 필요로 하는 보다 완벽한 존재로서의 '행동 주체'도 인정한다. 최선의 설명으로의 추론에서는 전혀 문제가 되지 않는 것이다.

그렇기에 행동 능력은 지각 능력 없이 성립할 수 있다는 사고 실험에서 내게는 '행동 능력#'와 같은 별도의 용어가 필요하지 않다. 여러분도 그럴 것이라고 생각한다. 설령 논의를 진행하면서 내 관점이 달라져 지각 능력이 행동 능력의 전제조건이라는 확신을 갖게 되더라도 나는 얼마든지 지각 능력 없는 행동 능력을 상정할 수 있다. 그런 경우 나는 '행동 능력#' 용법을 쓸 것이며 지각 능력이 결여된 '행동 능력#' 역시 도덕적 입장을 취하는 데 충분조건이 될 수 있다고 주장할 것이다.

이제 무엇이 중요한지 환기할 때다. 이 책에서 우리가 진정으로 논의하고자 하는 것은 행동 능력이 지각 능력을 전제조건으로 하는지 아닌지 그 답을 찾으려는 게 아니다. 이 책을 아우르는 주제도 아니다. 지금 이 지점에서 우리의 목적에 가장 걸맞은 질문은 "도덕적 입장을 갖기 위해서는 무엇이 필요한가?"이며 이를 통해 '도덕적 지위'로까지 논의를 이어갈 수 있다. 그래야 "어떻게 동물을 헤아릴 것인가"라는 이 책의 제목이 가리키는 주제로 나아갈 수 있다. 모든 철학적 논의에는 순서가 있다. 논리를 펴야 한다. 지각 능력이 결여된 상태로 행동 능력을 갖고 있는 존재의 가능성을 제시한 것도 이런 맥락에서다. 바로 다음의 질문으로 넘어가기 위해서다. 우리는 이제 "행동 능력만으로 도덕적 입장의 충분조건이 될 수 있는가?"라는 질문을 던질 수 있다. 또한 이 사고 실험에 온전히 동의하지 못한 이들도 마찬가지로 "행동 능력#만으로 충분한가?"라는 같은 질문을 제기할 수 있다.

'행동 능력#'이라는 개념까지 만들어 설명한 김에 앞으로도 계속 이런 용법을 쓰는 게 나을지도 모르겠지만, 이쯤에서 다시 돌아가고자 한다. 다만 마치 평행 우주와 같은 이런 별도의 용어가 필요할 가능성만 염두에 두자. 나는 '행동 능력#'이 아니라 다시 '행동 능력'을 사용할 것이다. 여러분은 내 취지를 이해했을 것이며 나도 굳이 이런 식의 설명은 앞으로 불필요할 것이라고 믿는다. 그런데도 혹여 중간에 내 설명에 수긍이 가지 않거나 내가 상정한 개념이 잘 이해되지 않는다면 해당 용어에 '#' 표시가 붙어 있는 것으로 생각하고 이 책을 읽으면 될 것이다.

: 제4절_행동 능력만으로 충분한 도덕적 입장 :

행동 능력은 도덕적 입장 설정에 충분조건이 될 수 있을까? 아니면 통상적인 동물윤리 관점에서 지각 능력이 필수적일까? 앞서 지적했듯이 많은 학자들이 동물윤리에서 지각 능력을 강조하는 데에만 머물러 있을 뿐이 질문으로까지 나아가려고는 하지 않는 것 같다. 그러나 정작 행동 능력에 관해서도 부지불식간에 계속 언급한다. 내가 이런 생각을 하게 된 사례가 하나 있는데, 한 철학자는 어떤 존재가 도덕적 입장을 취하려면 지각 능력이 필수라는 자신의 견해를 다음과 같이 밝히고 있다.

> 도덕적 권리란 그 권리를 갖고 있는 개체들이 위해 당하지 않도록 보호받거나 그 개체들에게 중요한 혜택을 제공받는 것을 의미한다. 오직 지각 능력을 가진 존재만 그들이 중요하다고 여기는 방식대로 보호를 받거나 혜택을 얻을 수 있다. 왜냐하면 그런 존재만 자신들에게 일어난 일을 좋아하거나 싫어할 수 있으며, 다른 개체와 비교했을 때 특정 조건을 더 선호할 수 있기 때문이다.[8]

틀림없이 이 문장은 내가 앞에서 말한 것과 똑같은 방식으로 지각 능력과 행동 능력을 다루고 있다. 이 저자는 도덕적 존재에게 중요한 것은 지각 능력이라고 강조하면서도 실제로 그가 특별히 관심을 갖고 있는 쪽은 행동 능력이다. 예컨대 여러분이 여러분에게 발생하는 일에 대해 갖고 있는 '선호'와 같은 것들이다. 이 인용문에서 또한 분명한 사실은 어떤 존재가 좋아하거나 싫어하는 것에 관해 서술할 때 그 상태를 유쾌하거나 불쾌하게 받아들이는 경험 차원에서인지 아니면 선호의 맥락에서 표현한 것인지 모호하다는 점이다. 그렇지만 문장을 잘 읽어보면 결국 요지는 이런 일이 해당 존재에게 중요하며 어떤 결과를 다른 결과보다 더 선호한다는 데 있다. 다시 말해 핵심은 지각 능력이 아니라 행동 능력이다.

물론 이 인용문에서 저자의 논점이 지금 이 책에서 우리가 논의하는 개념과 다를 수 있다. 저자는 지각 능력의 개념을 정의하는 게 아닌 도덕적 권리에 대해 설명하고 있다. 도덕적 권리를 갖는 존재를 질적 경험의 주체로 보고 있다. 이를 지각 능력으로 즉시 환원하는 것은 맥락상 문제가 있으며 내가 그 부분을 파고들려는 것은 아니다. 그러므로 이와 같은 해석 문제는 여기에서 접어둘 수 있다. 그럼에도 여전히 결정적인 철학적 쟁점은 동일하게 유지된다. 즉, 어떤 일에 선호를 갖는다는 것이 해당 존재의 도덕적 입장을 설정하는 데 중요한 요소라는 논점에 주목하고, 쾌락이나 고통을 느끼는 식의 지각 능력만으로 과연 도덕적 입장을 취하는 데 충분한지 고민해봐야 하는 것이다.

다른 예를 들어보자. 앞에서 다룬 여러분을 납치한 외계인을 설득하던 장면을 다시 떠올려보자. 그 인용문을 쓴 철학자는 개체가 도덕적 입장을 갖기 위한 지각 능력의 중요성을 지적하긴 했지만, 내가 문제를 제기했듯이 지각 능력과 행동 능력을 확실히 구분하지는 않았다. 거기로까지 논의를 확장하지 않았다. 그는 "관심, 필요, 욕구를 가진 모든 존재는 지각, 즉 쾌락과 고통을 경험할 수 있다"고 썼다.[9] 행동 능력을 지각 능력으로 잘못 사용하고 있다. 다시 말해 저자는 쾌락과 고통을 느끼는 지각 능력을 설명하면서 행동 능력 개념을 끌어왔다. 마찬가지로 앞의 인용문 다음 부분에서 그는 외계인들에게 여러분이 추가적으로 이렇게 호소할 것이라고 서술했다.

여러분은 그들에게 여러분이 지각적인 존재임을 표현하면서, 감금됨으로써 관심과 욕구가 좌절됐고 집과 가족으로부터 떨어져 육체적·정신적으로 고통

받고 있다며 호소할 것이다. 이것이 바로 우리가 다른 지각 능력을 가진 개체들과 공유하고 있는 가치다.[10]

내가 문제를 제기하는 부분은 이 인용문에서도 지각 능력을 강조하는 게 아니라 결과적으로는 행동 능력에 초점을 맞추고 있다는 점이다. "관심과 욕구가 좌절됐다"는 것은 행동 능력을 상실했다는 의미에 가깝다. 집요하게 보일지 모르지만 이는 매우 중요하다. 우리는 어떤 경우라도 지각 능력에 중요성에 대한 질문과 행동 능력에 중요성에 대한 질문을 뒤섞어서는 안 된다.

다른 예를 더 들 수 있지만 이와 관련해서는 충분히 설명했다고 생각하며, 지각 능력만이 과연 도덕적 입장을 취하기 위한 핵심 조건인지 아니면 행동 능력만으로 충분한지에 관해 질문을 던져야 했던 이유를 여러분이 이해했기를 바란다. 내 개인적인 관점에서는 행동 능력으로도 충분하다고 본다. 지각 능력을 고려하지 않아도 행동 능력만으로 얼마든지 어떤 대상의 도덕적 입장을 설정할 수 있다고 확신한다. 달리 말하면 나는 지각 능력을 도덕적 입장의 조건으로 삼게 되면 동물윤리 논의가 더 이상 발전하지 못한다고 믿는다. 지금 단계에서 한 치도 바뀌지 않게 된다. 왜 그런지 계속 살펴볼 것이다. 그리고 왜 벌써부터 내 관점을 확실히 한 뒤 논의를 펴려고 하는지에 대해서도 차차 알게 될 것이다.

어떤 존재가 스스로의 욕구대로 살고 싶어 하고, 주변에서 일어나는 갖가지 상황에 대한 선호를 갖고 있으며, 이와 같은 욕구와 선호를 바탕으로 행동할 수 있는 기회가 주어진다면, 즉 내가 말하는 보다 넓은 의미의 행동 능력을 갖고 있다면, 그 존재는 도덕적 입장을 취한다. 그 존재를 도덕적으로 헤아려야 한다. 여러분의 욕구와 선호는 헤아림을 받아야 하며, 그렇기 때문에 여러분은 도덕적 입장을 갖고 있는 것이다. 어떤 존재가 그렇다면 그 존재도 마찬가지다.

나는 많은 사람들이 이 같은 주장을 기이하게 받아들인다는 것도 알고 있다. 지각 능력을 갖지 못한 개체가 도덕적인 헤아림을 받지 못한다는 것은 명백한 사실이 아닌가? 지각 능력이 없는 존재를 아무렇게나 뽑아서 예로 들어봐도, 이를테면 돌과 책은 도덕적 입장을 갖지 못하지 않는가? 이와 관련한 서술도 있다.

> 지각은 기본 정의(basic justice)에 중요한 하나뿐인 요소는 아니지만, 지각을 정의를 기초로 한 자격을 가진 개체들로 구성된 공동체의 일원이 되는 최소한의 조건으로 간주하는 것은 타당하다. 이런 이유로 해면동물을 죽이는 것은 기본 정의와 관련된 문제가 아니다.[11]

나도 해면동물이 도덕적 입장을 가지지 못한다는 데 기꺼이 동의한다. 그 동물을 죽인다고 해서 그것이 잘못된 행동이라고 생각하지 않는다. 반면 다람쥐를 죽이는 행위는 잘못이라고 생각한다. 다람쥐는 도덕적 입장을 갖는 동물로 분류되기 때문이다. 이처럼 해면동물과 다람쥐 사이에는 결정적으로 다른 점이 있다. 여러분도 해면동물에는 지각 능력이 없지만 다람쥐는 지각할 수 있는 동물이라는 데 동의할 것이다. 그러나 이 사실이 도덕적 입장을 갖는 데 지각 능력이 필수 요소임을 입증하지는 못하는데, 다람쥐로부터 해면동물로 눈을 돌리면 지각 능력뿐 아니라 행동 능력 또한 제거되기 때문이다. 그렇다. 해면동물은 쾌락과 고통을 느끼지 못하는 동시에 믿음과 욕구와 행동 역시 불가능하다. 따라서 해면동물에 도덕적 입장이 없다는 근거를 지각 능력으로 보는 전제는 성립되지 않는다. 이런 실수는 쉽게 찾아볼 수 있다. 지각 능력이 없는 존재에 대해 상정할 때 각별히 주의를 기울이지 않으면 마음과 관련된 요소는 아예 고려하지도 않게 되는 것이다. 해면동물이 도덕적 입장을 갖지 못하는 이유는 행동 능력이 없기 때문이라는 생각조차 하지 못한다.

그러면 이제는 어떤 존재가 도덕적 입장을 취하는 데 행동 능력만으로 충분하고 지각 능력은 필수적인 요소가 아니라는 관점을 살펴보자. 이 주장은 실질적으로 어떤 의미를 내포하고 있을까? 우선은 우리가 도덕적 입장을 가졌다고 인식하는 존재의 범주가 확장된다. 전통적인 관점이 옳아서 지각 능력이 도덕적 입장 설정에 필수적인 요소라면 우리는 그 즉시 인간이 아닌 다른 수많은 생명체들이 지각 능력을 갖고 있는지의 여부를 확신하는 데 문제가 발생하는 안타까운 현실에 직면하게 된다. 여러분도 그렇겠지만 나 또한 내가 매일 만나는 사람들이 지각 능력을 갖고 있다는 사실을 의심하지 않는다. 그 사람들은 모두 도덕적 존재들이며, 내가 믿고 있는 한 고양이, 소, 개, 고래 등을 포함한 포유류 역시 지각 능력을 갖고 있어서 모두 쾌락과 고통을 느낄 수 있다.

그렇지만 포유류를 벗어나게 되면 점점 확신이 흔들리게 되는데, 포유류와 멀어지면 멀어질수록 흔들리는 속도도 빨라진다. 그래서 내가 보기에 그동안 철학계에서 걸출한 여러 학자들이 동물윤리에 관한 저술 활동을 하면서 거의 전적으로 '포유류'에만 대상을 집중했던 것도 우연이 아니었다.[12]

동물 왕국의 진화계통도를 따라 더 아래로 내려가면 갈수록 우리가 자신 있게 도덕적 입장을 가졌다고 말할 수 있는 개체는 점점 줄어든다. 파충류는 의식을 갖고 있는 듯하고, 조류와 양서류 그리고 어류도 그런 것 같다. 그런데 솔직히 잘은 모르겠다. 지각 능력을 생각하면 확신이 떨어

진다. 더 내려가 곤충류나 갑각류에까지 미치면, 나는 어떻게 말해야 할지 정말 모르겠다.[13]

결국에는 동물 왕국에서조차 지각 능력을 떠올리면 맥이 풀리는 것은 의심의 여지가 없다. 초파리나 바퀴벌레에 대해서는 확실히 뭐라고 말해야 할지 모르겠지만, 어쨌든 해면동물이 쾌락이나 고통을 느끼지 못한다는 것은 확실히 말할 수 있다. 여기까지다. 진화계통도에서 의식이라는 것을 어느 종까지 인정할 수 있을까? 나는 우리 대부분이 이 질문에 선뜻 대답할 수 없으리라고 생각한다. 생물학적 데이터는 계속 쌓이겠지만 철학과 동물윤리 분야에서 의식의 순수한 내부적 속성은 영원히 만족할 만한 답을 찾을 수 없는 질문으로 남겨진 채 우리를 괴롭힐지도 모른다.

그러나 행동 능력이 도덕적 입장의 충분조건이 된다고 가정한다면, 이를 검증하기 위해 위와는 다르지만 추가적인 질문을 해야 하는데, 이런 질문 가운데 일부는 대답하기에 그리 어렵지 않을 것이다. 나는 개구리나 물고기가 쾌락과 고통을 느끼는지에 대해서는 확신할 수는 없지만 그것들에게 충분히 행동 능력이 있다고 여기며 조류와 파충류도 마찬가지라고 생각한다. 나는 이 개체들이 앞서 설명한 믿음과 욕구를 갖고 있고 그것을 바탕으로 행동한다고 말할 수 있다. 예컨대 새는 먹이를 원하고 먹이를 찾는 방법에 대한 믿음을 갖고 있으며 그에 따라 행동한다. 물고기는 생존 욕구에 따라 위험을 감지하면 적합한 회피 동작을 취하는 행동을 한다.

그렇다고 내가 이런 동물들의 행동 능력을 곧바로 인정하는 것이 타당하다는 데 이론의 여지가 없음을 주장하는 것은 아니다. 개인적인 관점에서는 초등 형태의 곤충도 나름의 믿음과 욕구를 갖고 있다고 믿기는 한다. 하지만 나와 시각이 다른 사람들이 있을 것이며 이 주제에 관해서 합리적인 토론을 할 수 있으리라고 생각한다. 이 지점에서도 마찬가지로 더 깊은 논의를 위한 다양한 유형의 사례를 가져올 수 있지만, 이에 대해 모두가 동의할 만한 결론을 얻는 것은 이 책만으로는 불가능하며 나 혼자만의 토크쇼에 그칠 것이다.

그럼에도 불구하고 행동 능력을 도덕적 입장 설정에서 강조하는 이유는 그와 관련한 질문들이 근본적으로 대답하기 더 수월하고 명료하기 때문이다. 지각 능력에 대한 질문은 '내면에 관한(on the inside)' 문제들이다. 어떤 생명체를 도덕적 존재로 만드는 무엇을 그 내면에 갖추고 있느냐의 문제이기에 대답하기 어렵다. 그 존재가 되기 전에는 솔직히 알 수 없다. 반면 행동 능력에 대한 질문은 '외부적으로 드러나는(out in the open)' 문제들이다. 어떤 생명체가 우리 주변에서 보이는 특성과 일치해 적절히 확실한 방식으로 행동하는가의 여부에 관한 문제라서 답을 구하는 데 더 용이하다.

요컨대 우리가 도덕적 입장을 부여할 대상이 되는 동물들이 지각 능력을 가졌는지 아닌지 확신하지 못하는 상황에서도 행동 능력은 갖고 있다는 데 동의하거나 동의하게 되는 경우가 꽤 있다는 것이다. 그렇게 되면 동물윤리 분야에서 행동 능력을 인지하는 것이 도덕적 입장의 근거가 되는 충분조건을 제공할 수 있으므로, 사람이 다른 존재에 가져야 할 도덕적 책임감을 논하는 문제에서 도덕적 입장을 가진 동물의 범주를 확장하는 데 기여하게 되는 것이다. 지각 능력은 없으면서 행동 능력은 갖고 있는 동물이 존재한다고 주장하려는 것은 아니다. 아마도 진화 과정은 이 두 가지 능력 중 하나가 아닌 둘을 동시에 선택하는 방식을 따랐을 것이다. 이와 관련해 다음과 같은 글이 있다.

행동, 인지, 지각 능력이 함께 앞서거니 뒤서거니 하며 진화했다고 생각할 수밖에 없는 많은 진화론적 이유가 있다. 이 말은 곤충조차 고통을 느낄 수 있다는 뜻이다. 의심스럽다면 아이가 파리 날개를 떼어낼 때 여러분이 보이는 반응을 떠올려보라.[14]

어느 정도 설득력 있는 추측으로 보인다. 하지만 완전히 잘못된 생각일 수도 있다. 이 문장은 행동 능력과 지각 능력이 완전히 별개일 가능성을 여전히 열어놓고 있다. 파리의 날개를 떼어내는 광경을 보고 불편한 감정을 느끼는 까닭은, 그 대상이 실제로 지각 능력을 가졌느냐와 상관없이 행동 능력이 있는 생명체에게는 지각 능력도 있다고 여기는 사람의 자연스러운 성향일 수 있다. 또는 이와는 별개로 파리 날개가 뜯겼을 때 불편하게 느끼는 성향은 지각 능력 소유 여부와 상관없이 행동 능력 자체가 도덕적 입장의 근거가 된다는 사실을 반영하는 것일 수도 있다.

동물 왕국에서 지각 능력 없이 행동 능력만 가진 생명체가 있든 없든 간에 그런 가능성은 SF에서 꾸준히 다뤄지고 있는데, 안드로이드나 로봇이나 인공지능 컴퓨터가 인간과 다르지 않은 행동 능력을 갖추고 있다고 가정하는 것이 일반적이다. 이런 작품 중에 등장하는 어떤 로봇은 인간처럼 지각 능력이 있어서 질적인 주관적 경험을 할 수 있다. 반면 지각 능력에 대해서는 묘사되지 않아 그 로봇들이 '내면적인' 삶을 사는지의 여부는 쉽게 추정할 수 없는 작품도 있다. 또 다른 경우에는 로봇에 우리가 말하는 형태의 지각 능력이 전혀 없는 것으로 묘사된다. 기계다운 모습이 전혀 없는 기계, 즉 인간과 구분이 거의 불가능한 로봇이 기계임을 표현하기 위해 지각 능력이 결여된 행동 능력을 부각시키는 경우도 있다.

그렇다면 최선의 설명으로의 추론 측면에서 그런 기계가 있다고 가정해보자. 예를 들면 지각 능력은 갖고 있지 않지만 인간 수준의 행동 능력을 구현하는 로봇이 있다고 상상해보자. 현재로서는 그 같은 존재가 없지만 우리의 미래에도 그런 발명이 이뤄지지 않으리라고 생각할 이유는 없어 보인다. 만약 그런 로봇이 실제로 존재하고 행동 능력이 도덕적 입장 설정의 충분조건이라면 그 로봇은 도덕적인 헤아림을 받아야 한다. 그런 로봇은 도덕적 입장을 취하게 되는 것이며, 사람이 그들과의 상호 관계를 규정한 원칙들을 위반했을 때는 그 로봇들에게 잘못을 저지르는 셈이다. 아무런 이유 없이 그 로봇을 파괴하는 행위는 살인에 필적하는 명백한 비도덕적 행위가 되는 것이다.

이 개념을 설명해주는 짧은 이야기가 있다. 먼 미래에 인간이 우주를 탐험하다가 모든 구성원들이 로봇으로만 이뤄진 문명의 행성을 발견했다. 이 문명의 로봇들은 오랜 세월 동안 여러 세대를 거치면서 자연스럽게 진화해왔다. 이들은 금속으로 된 몸을 갖고 있으며, 기계적 과정을 통해 번식할 수 있으므로 당연히 가정을 이루고 있다. 나아가 이들은 동료, 지역 사회, 국가와 같은 사회적 공동체의 일원이기도 하다. 이들에게는 문학, 미술, 음악과 같은 문화가 있으며 정치 행위를 할 뿐만 아니라 산업도 보유하고 있다. 그런데 흥미로운 점은 그들에게 사람과 같은 지각 능력은 없다는 사실이다. 이들은 사람과 다름없는 행동 능력을 갖고 있지만 질적인 경험을 할 수 없기 때문에 그들 '내면에서' 자신들을 자신답게 만들어주는 그 무엇은 느끼지 못한다. 그럼에도 불구하고 이들에게는 욕구와 선호가 있고, 정교하게 산출한 목표도 있으며, 목표를 위해 계획을 세우고 그에 따라 행동한다.

여러분이 이 행성을 발견한 탐사대의 과학자이고 이들 로봇의 구조에 대해 더 깊이 알고 싶어 한다고 생각해보자. 표본이 필요한 여러분은 비교적 포획하기 쉬운 작은 로봇 하나를 잡는 데 성공한다. 격렬하게 몸부림치는 그 로봇을 제압한 뒤 내부를 관찰하고자 해부(분해)를 하려는 찰나 어미로 보이는 큰 로봇이 달려와서 자식을 놓아달라고 애원한다. 로봇은 여러분에게 함부로 자기 자식을 죽일 권리가 여러분에게 없다고 주장하면서 더 이상 그 로봇을 해치지 말아달라고 호소한다. 이 장면을 머릿속에서 상상해보자. 그리고 이 질문에 답해보자. 그 로봇을 해부(분해)하는 일은 잘못된 행위일까?

나는 이 이야기에 사람들이 각기 다른 반응을 보일 수 있다는 사실을 알고 있지만, 내 개인적인 관점으로는 더 말할 것도 없이 그 로봇을 죽이는(파괴하는) 행위는 잘못이라고 확신한다. 그 아이 로봇과 어미 로봇이 지각 능력을 갖고 있지 않은 '그저' 기계일 뿐이라는 사실은 내게 아무런 문제가 되지 못한다. 문제가 되는 것은 그것이 아니라 그 로봇들이 스스로의 삶에 대한 욕구와 계획 그리고 목표를 가진 완벽한 형태의 '행동 주체'라는 사실이다. 여러분이 그런 로봇을 파괴하는 행위는 도덕적으로 끔찍한 행위다. 인간의 아이를 고통 없이 살해해서 해부하는 것과 다를 게 없기 때문이다.

여러분도 나처럼 로봇을 죽이는 행위가 비도덕적이라고 느낀다면, 위 사례가 도덕의 근간과 관련한 가장 보편적인 이론에 얼마나 잘 맞아떨어지는지 굳이 설명할 필요도 없을 것이다. '사회계약론(contractarianism)'에 입각한 관점에 따르면 도덕 규칙은 합리적 협상가들인 우리의 상호작용을 규정하는 원칙으로서 합의된 계약이다. 그렇다면 우리와 필적하는 행동 능력을 가진 로봇들이 존재한다면 그들 또한 정당하게 합리적 협상가들의 위치로 자리매김할 수 있을 것이다. 그리고 협상으로 통해 나온 결과에는 사람을 헤아리는 것과 마찬가지로 로봇을 헤아리는 도덕 원칙들이 포함될 것이다.

여러분이 나를 죽이는 행위를 금지하는 원칙에 여러분이 동의하는 조건으로 나 또한 여러분을 죽이지 않는다는 데 동의하는 것이 합리적이듯이, 로봇이 사람을 죽이는 행위를 금지하는 원칙에 로봇이 동의하는 조건으로 사람이 로봇을 죽이지(파괴하지) 않는 데 동의하는 것 또한 합리적이다. 지각 능력에 대한 우려는 사회계약론에서 고려되지 않으며, 다만 문제가 되는 지점은 계약에 참여하는 존재가 적절한 수준의 행동 능력을 갖고 있느냐의 여부다.

스스로 목표를 설정하고 다양한 대안을 이성적으로 선택해 그에 따라 행동하는 사람을 참된 도덕적 존재로 바라보는 '칸트주의(Kantianism)'의 관점에서 생각해보자. 누가 봐도 충분히 높은 수준의 능력인 자발적 목표 설정 능력을 갖춘 생명체라면 그 어떤 것이라도 존재 자체가 목적인 존재로 간주되며, 특별히 이 존재는 높은 형태의 '도덕적 지위'를 취한다고 할 수 있다. 이때에도 지각 능력이 이 같은 정의에서 중요한 역할을 한다고 보기에는 어렵다. 가장 중요한 요소는 행동 능력이며, 최소한 충분히 정교한 유형의 행동 능력이다. 그러므로 로봇이 내면의 질적인 주관적 경험을 하지 못하더라도 자발적 목표 설정을 할 수 있는 개체로 봐야 하며, 칸트주의의 관점에서도 그런 존재는 도덕적 입장을 보장받을 수 있다. 칸트주의에서도 문제가 되는 것은 행동 능력이지 지각 능력이 아니다. 이 개념에 대해서는 제8장에서 좀 더 자세히 살펴볼 것이다.

짐작건대 어떤 이들은 사회계약론과 칸트주의가 행동 능력을 갖춘 로봇과 같은 존재에게 도덕적 입장이 있음을 암시하고 있다는 내 주장에 반대해서, "그렇다면 그 이론들이 잘못된 것"이라고 할지도 모른다. 그러나 내가 생각하기에 다른 많은 사람들은 이 이론들이 충분히 타당하다는 사실을 알 것이며, 행여 그렇지 못하더라도 이미 이들 이론은 윤리학에서 충분한 검증을 받아 대다수의 학자들이 받아들이고 있다. 이와 같은 이론들이 매력적인 이유는 지각 능력이 결여된 개체들에 대해 도덕적 입장을 부여할 수 있는 행동 능력에 개념적 근거를 마련해주기 때문이다.

그런데 여기에서 또 다른 중요한 논점이 발생한다. 사회계약론과 칸트주의에서 말하는 충분히 정교한 유형의 행동 능력이 해당 개체에게 도덕적 입장을 부여한다는 것과, 내가 줄곧 이야기하고 있는 행동 능력이 동물의 도덕적 입장 설정에 충분조건이 된다는 주장은 엄격히 말하면 다른 것이기 때문이다. 다시 말해 위의 로봇 사례는 이를 적용하기에 전혀 문제가 없지만, 대상을 다시 동물로 상정하면 달라진다. 결국 행동 능력의 수준을 구분해야 하는 것이다. 개구리, 뱀, 곤충 등이 아무리 행동 능력을 보여준다고 해도, 내가 로봇 문명을 예로 들 때의 정교한 유형과는 그 수준이 다르다는 사실은 분명하다.

이제 논점이 확실해진다. 비록 고도로 발달한 로봇에게 그에 걸맞은 도덕적 입장을 부여할 준비가 됐다고 해도, 그것이 그 어떤 수준이라도 행동 능력만 있다면 도덕적 입장을 갖는 데 충분하다는 논리에 동의한다는 것을 의미하지는 않을 것이다. 행동 능력이 도덕적 입장의 근거가 되려면 어느 정도로 정교해야 하는지에 관한 논의로 이어질지도 모른다. 물론 사회계약론자나 칸트주의자들 전부는 아니겠지만 대다수는 제한된 행동 능력 개념을 받아들이지는 않을 것이다.

괜한 고집을 부리는 것 같지만 그래도 나는 충분히 정교하지 않은 유형일지라도 행동 능력을 인정해줘야 한다는 입장이다. 지각 능력이 뒷받침되지 않는 행동 능력이 도덕적 입장을 취하는 근거가 될 수 있되, 그것이 충분히 정교한 유형의 행동 능력이어야 한다는 관점이 아니라, 보다 포괄적으로 모든 행동 능력은 도덕적 입장을 갖는 데 충분조건이 된다고 나는 계속 주장한다. 분명히 도덕적 입장을 가질 수 있고 가져야 한다.

여러분은 내가 아직 도덕적 지위로까지 논의를 이어가지 않았다는 점을 인지할 필요가 있다. 당연히 보다 정교한 유형의 행동 능력을 가진 개체는 상대적으로 정교하지 못한 유형의 행동 능력을 가진 개체보다 더 높은 수준의 도덕적 지위를 갖는다. 이 논의는 뒤에서 본격적으로 다룰 것이다. 여기에서는 아무리 수준이 낮은 행동 능력을 가진 존재라도 도덕적 입장을 취할 수 있고 헤아림을 받아야 한다는 것까지만 이해하자.

이와 같은 행동 능력에 관한 포괄적 관점은 쾌락과 고통을 느끼는 지각 능력을 말할 때 우리 대다수가 인정하는 견해와도 유사하다. 인간은 동물 중에서 가장 복잡하고 정교한 형태의 쾌락과 고통을 느낄 수 있기 때문에 낮은 수준의 감각만 느끼는 다른 생명체들과 비교해 압도적으로 더 높은 도덕적 지위를 누린다는 견해와 다르지 않다. 쾌락과 고통을 느끼는 모든 존재가 도덕적 입장을 갖지만 그 경험의 수준에 따라 도덕적 지위가 달라진다고 주장하듯이, 모든 종류의 행동 능력은 도덕적 입장 설정의 충분조건이 되지만 그 속성과 수준의 차이에 따라 도덕적 지위는 달라진다는 것이다.

: 제5절_도덕적 존재가 누려야 할 복지 :

이 장의 제2절에서 지각 능력을 살펴보던 시점으로 돌아가보자. 쾌락과 고통을 느낄 수 있는 능력과 도덕적 입장 사이에 관계가 있다는 생각은 사실상 부정할 수 없다. 그런데 그 관계는 결국 도덕적 대상이 되는 어떤 생명체의 복지 또는 안녕(well-being, 安寧)으로까지 연결된다. 좀 더 구체적으로 말하면 우리가 지각 능력을 가진 존재를 대할 때 쾌락이나 고통을 더하거나 덜하는 문제가 도덕적으로 중요해진다. 그런 행위가 도덕적으로 그 존재의 복지에 영향을 미치기 때문이다.

도덕적 입장과 복지 사이에 필요한 관계, 예컨대 각각의 도덕적 입장에 따라 더 높거나 낮게 가져가야 할 복지 수준이 있다고 생각해보자. 그렇다면 행동 능력이 도덕적 입장의 충분조건이 된다고 했을 때 행동 능력과 복지 사이에서도 그런 관계를 찾을 수 있을까? 있다면 어떤 관계일까?

이 부분에서 몇 가지 논점이 도출된다. 첫 번째 논점은 이것이다. 우선 나는 우리가 도덕적 입장과 복지 또는 안녕 사이의 관계를 상정할 때 두 가지 측면에서 구분해서 살펴야 한다고 생각한다. 첫 번째는 보다 넓은 의미로, "어떤 종류의 복지라도 누리기만 한다면 도덕적으로 헤아림을 받는 것"이라는 입장이다. 두 번째는 보다 좁은 의미로, "중요하고 필요하다고 여기는 복지를 누려야 도덕적으로 헤아림을 받는 것"이라는 입장이다.

이 두 가지 입장은 엄연히 다르다. 넓은 의미의 복지는 무조건 누릴 수 있음에도 불구하고 그 대상이 되는 개체에게 좋은지 나쁜지의 문제는 전혀 고려되지 않는다. 이를테면 내가 접착제를 구해서 내 자동차 연료 탱크에 주입한다면 그것은 자동차에게 나쁜 일이다. 반면 내가 며칠 동안 집을 비운 후 돌아와서 집에 있는 화초에 물을 준다면 화초에게 좋은 일이다. 이처럼 넓은 의미의 복지나 안녕이라도 도덕적으로 헤아리는 것과는 상관없이 선별적인, 즉 좁은 의미의 복지가 된다.[15] 그것도 화초에 물을 주는 것처럼 대상에게 좋을 때만 말이다.

물론 그렇더라도 자동차나 화초에 도덕적 입장을 부여하는 사람은 없을 것이다. 다른 많은 것들들 포함해 자동차나 화초에는 복지 수준이 무엇이건 간에 전혀 중요한 사안이 아니다. 자동차, 화초, 돌, 책과 같은 사물들은 자신에게 해를 가하거나 도움을 주는 것들에 대해서 전혀 관심을 갖지 않는다. 하지만 이론의 여지없이 지각 능력을 가진 생명체들에게는 고통에 빠지거나 쾌락을 경험하는 문제가 매우 중요하다. 누군가가 자신이 받고 있는 고통을 전혀 신경 쓰지 않는다고 말하면 우리는 당혹감을 느낀다. '뭐지? 진짜 고통이 아닌 거 아냐?' 하고 이상하게 생각할 것이다.

어떤 일이 여러분에게 중요하다면 당연히 여러분은 그 일에 관심을 갖는다. 그리고 그 관심은 다양한 종류의 믿음과 선호를 수반한다. 복지도 마찬가지다. 스스로에게 도덕적으로 중요한 유형의 복지에는 필연적으로 작게라도 행동 능력이 수반된다. 예컨대 여러분이 고통 속에 있다면 여러분은 그 고통이 끝나기를 바라지 그것을 계속해서 지각하고 있지만은 않을 것이다. 지금 여러분이 겪고 있는 그 일이 도덕적으로 말해서 여러분에게 매우 중요한 사안인 것이다. 지금 막 태어난 아기라고 해도 고통에 반응해 울음을 터뜨렸다면, 비록 그 고통을 끝내야 한다는 개념은 없을지라도 아기가 자신의 고통에 관심을 갖는다고 봐야 한다. 그러나 내 자동차의 경우에는 엔진 속으로 접착제가 들어오더라도 전혀 관심을 갖지 않는다.

그러므로 행동 능력은 도덕적 입장을 취하기 위해 지각 능력보다 더 근본적인 요소임에 틀림없다. 도덕적 입장은 반드시 복지에 연결되기 때문에 어떤 존재에게 중요한 복지의 유무가 결정적인 판단 기준이 되며, 그렇기에 최소한의 행동 능력일지라도 도덕적 입장을 갖는 데 필수 요소가 되는 것이다. 당연하게도 대다수의 사람들에게 복지나 안녕이라는 개념은 좁은 의미, 즉 자신에게 필요한 복지가 더 자연스럽게 요구된다. 따라서 넓은 의미의 복지라고 해도 그것이 해당 개체 또는 그 삶에 변화를 일으킬 때라야 복지라고 할 수 있다. 결국 넓은 의미의 복지는 이 문제의 핵심에 이르지 못한다. 어떤 존재에게 조금이라도 중요한 영향을 미치는 복지에는 최소한의 행동 능력이 필요하며, 그런 까닭으로 도덕적 입장을 갖기 위해서는 좁은 의미의 복지가 요구되기 때문에, 도덕적 입장에 행동 능력이 충분조건이 되는 것이다.

더욱이 복지나 안녕이라는 용어는 '위해(harm)'나 '혜택(benefit)' 같은 용어와 마찬가지로 좁은 의미에서 사용되는 것이 도덕철학자들에게 보다 일반적이다. 별로 놀랄 일도 아니다. 도덕철학은 도덕적 입장을 취하는 개체들을 어떻게 헤아려야 하는지 그 세부적인 사안을 연구하는 학문이기 때문이다. 이는 이 책의 목표이기도 하다. 그렇기에 윤리적 문제를 논할 때는 도덕적 입장과 곧바로 연결되는 복지라는 개념에 초점을 맞추는 것이 올바른 방식이다.

나 또한 이 일반적인 개념을 적용할 것이다. 앞으로 내가 어떤 개체의 복지에 관해 언급할 때는 그 존재에게 필요한, 그 존재의 도덕적 입장에 충분조건이 되는 형태의 복지를 의미하는 것이다. 나는 이제부터 돌이나 풀에도 복지가 있다는 넓은 의미의 개념은 무시할 것이다. 이렇게 말한다고 해서 복지의 넓은 의미를 아무 가치가 없다고 매도하는 것은 아니다. 이 개념은 우리가 어느 순간 다시 간과할 수 있는 관점을 환기시켜주기 때문이다. 도덕적 입장은 좁은 의미의 복지와 관련이 있으며, 행동 능력은 도덕적 입장의 충분조건이 된다는 관점 말이다.

다음은 두 번째 논점이다. 우리가 도덕적 입장과 좁은 의미에서의 복지와의 연관성을 인정하면, 쾌락과 고통을 느끼는 지각 능력이 도덕적 입장의 충분조건이라는 기존 견해를 일시 정지시킬 수 있다. 사실 나는 이런 관점이 최소한 부분적으로는 '쾌락주의(hedonism)'를 무의식적으로 전제했다고 의심하고 있다. 이 관점이 단순히 쾌락과 고통의 부재만을 놓고 복지나 안녕을 적용하기 때문이다. 이 관점대로라면 도덕적 입장을 취하는 존재는 좁은 의미의 복지를 누려야 하며, 복지를 지금 경험하고 있는 고통에 대한 쾌락의 비율이라고 했을 때 오직 쾌락과 고통을 느낄 수 있는 존재만이 도덕적 입장을 가질 수 있다. 그러나 사람들 대부분은 쾌락주의와는 거리가 멀다. 오히려 많은 사람들이 쾌락주의 개념을 복지나 안녕에 대한 매우 제한적인 시각으로 여긴다. 이미 사람의 경우가 이런데 동물과 같은 존재에만 이 관점을 적용할 수는 없을 것이다(도덕적 입장과 관련한 모든 논의에는 당연히 사람도 포함된다). 요컨대 쾌락과 고통이 어떤 존재의 복지와 연관은 있을 수 있지만 그것만으로는 모든 것을 다루지 못한다.

이 부분만 이해해도 도덕적 입장은 쾌락과 고통을 느낄 수 있는 능력만을 필요로 한다는 주장은 받아들이기 어렵다. 쾌락과 고통 말고도 어떤 존재의 복지와 안녕(앞으로는 이 또한 함축된 의미로 복지만 사용하겠다)에 영향을 미칠 수 있는 다른 요소가 있다면, 복지를 누리는 것이 도덕적 입장을 취하기 위한 조건이라고 했을 때 쾌락과 고통을 느끼는 지각 능력이 없는 개체라도 복지를 누릴 수 있으며, 도덕적 입장을 갖는 것 역시 가능하다는 논리가 성립된다.

이런 논점에 유의해 동물의 복지 관련 주요 이론을 점검하는 데에는 긴 논의 과정이 필요할 것이다. 내가 이 책에서 그 작업을 하지는 않겠지만, 간략하게나마 쾌락주의를 대체할 수 있는 두 가지 대안에 대해 살피고 넘어가고자 한다. 먼저 복지에 대한 '선호(preference)' 이론이 있다.

이 이론에 따르면 복지 수준은 어떤 개체의 다양한 욕구와 선호의 대상이 되는 것들 가운데 그 존재가 갖고 있거나 갖고 있지 못한 정도에 따라 결정된다. 이때에도 쾌락과 고통을 느끼는 능력을 갖고 있는 존재는 쾌락은 얻고자 하고 고통은 피하고자 할 것이기 때문에 다시금 지각 능력이 복지와 관련이 있다는 식의 견해가 따라붙을 수 있다. 그렇지만 쾌락과 고통을 제외하고 얼마든지 다른 욕구와 선호를 갖고 있다는 것 또한 사실이므로 복지와 관련이 있다. 쾌락과 고통을 느낄 수 없는 존재일지라도 앞에서 계속 설명한 것처럼 다른 형태의 욕구와 선호를 갖는 게 가능하므로 이 '선호' 이론에 따르면 이런 존재는 복지를 누릴 수 있다는 근거가 확보된다.

다음은 '객관적 목록(objective list)' 이론이다. 간단히 말해서 객관적으로 가치 있는 목록에 해당하는 것들을 갖게 되면 좋아지고, 객관적으로 가치가 없는 나쁜 것들을 갖게 되면 나빠진다는 이론이다. 이 목록은 상황에 따라 바뀌긴 하지만, 언제나 쾌락은 좋은 것들의 목록에 오르고 고통은 나쁜 것들에 포함된다. 중요한 점은 이 목록에는 쾌락과 고통 말고도 더 많은 항목들이 올라온다는 사실이다. 이를테면 객관적으로 좋은 것들의 목록에 지식 획득이나 바람직한 관계 등이 포함될 수 있다. 나쁜 것들의 목록도 마찬가지다. 그렇기에 이 이론에 따르면 쾌락과 고통을 느끼지 못하는 존재가 이런 식으로 그 밖의 다른 좋은 것들이나 나쁜 것들을 가질 수 있으며, 그런 존재는 도덕적 입장을 취해 복지를 누릴 수 있다는 논리가 가능해진다.

물론 이 이론들에도 갖가지 변형된 형태가 있으며 연결시키기에 적합하지 않은 대안도 있을 수 있다. 그래도 나는 이 두 이론이 '쾌락주의'를 대신할 가장 설득력 있는 대안이라고 생각한다. 어떤 존재의 행동 능력이 복지(당연히 좁은 의미에서의)를 누리는 데 결정적으로 작용할 수 있다는 사실을 보여주기 때문이다. 그래서 적어도 도덕적 입장과 복지를 누릴 수 있는 종류의 생명체 사이에 깊은 연관성이 있다는 사실에는 관심이 있으면서도 쾌락주의로만 접근하기에는 한계가 있음을 인식한 사람들에게 이 두 이론은 여러 생각거리를 제공해준다. 쾌락과 고통을 느끼는 능력만으로 도덕적 입장을 취할 수 있다는 결론을 너무 쉽게 내리지 말고 고민을 더 해야 한다는 의미다. 쾌락주의에 입각하지 않는 대부분의 복지 이론들을 살펴보면, 어떤 개체에게 행동 능력이 있을 때 그 존재는 복지를 누릴 수 있으며 도덕적 입장에 대한 충분조건을 충족한다는 주장이 설득력을 갖게 되는 것이다.

이제 세 번째 논점으로 넘어가보자. 이 논점을 통해서도 지각 능력과 복지의 관계는 연결 고리가 느슨해진다. 고통은 그 자체로 나쁜 것이며 쾌락은 그 자체로 좋은 것이다. 이를 부정하는 사람은 거의 없을 것이다. 그렇다면 행동 능력과 복지 사이에도 이와 비슷한 직접적인 연관성이 있을까? 예를 들어 여러분이 원하는 어떤 것을 얻지 못했다면 그 자체로 여러분에게 나쁜 것이라고 말할 수 있을까? 앞서 외계인이 여러분을 납치해 여러분의 욕구를 만족시킬 수 있는 능력을 방해했을 때 그 사실 자체가 나쁜 것이 될 수 있을까?

나는 여러분의 대답이 위 두 가지 복지 이론 중 어떤 쪽에 이끌렸는지에 따라 과정은 조금 달라지겠지만 결과적으로는 같을 것이라고 생각한다. '선호' 이론에 끌린 사람들은 (그 이론의 여러 변형 형태를 배제했을 때) "그렇다"고 대답할 것이다. 복지가 여러분이 선호하는 것들로 구성된다면 그 외계인들이 여러분의 다양한 욕구를 만족시키지 못하게 막았다는 사실만으로도 여러분의 복지 수준을 떨어뜨린 것이다. 당연히 나쁘다.

한편으로 '객관적 목록' 이론에 끌린 사람들이라면 그 외계인들이 여러분에게 객관적으로 좋은 것, 예컨대 여러분이 원하는 다른 많은 것들에 대한 성취를 방해했으므로 복지 수준을 급격히 낮춘 것이다. 이 또한 나쁘다. 내 욕구에 따라 행동하는 내 능력을 방해하는 것은 내게 위해를 가하는 행위다. 위에서 행동하는 나의 능력을 방해하는 경우 나에게 위해를 가하는 행위가 된다. 순수하고 단순한 논리다.

그렇다고는 하나 복지에 관한 모든 이론들이 내가 말하는 행동 능력과 복지 사이의 직접적인 연관성을 상정하고 있지는 않다는 점은 인정해야 한다고 생각한다. 더욱이 적어도 전체적인 맥락에서는 어떤 개체가 원하는 것을 얻었다고 해서 좋은 복지이고 그렇지 못했다고 해서 나쁜 복지라고 규정할 수 없다. 원하기만 하면 다 들어주는 그런 복지는 비현실적이기 때문이다. 우리는 때때로 개인의 만족이나 이익을 넘어선 그 '이상의' 무언가에 관심을 가진다. 현실적으로 욕망할 수 있는 것보다 더 큰 무언가를 원하기도 한다는 뜻이다. 이런 까닭으로 누군가 여러분의 욕구와 선호에 대한 만족도를 높일 수 있는 능력을 방해했을 때, 그것은 여러분을 더 '존중(respect)'하지 못한 데 따른 결과일 뿐 여러분의 복지 수준을 낮춰 결과적으로 위해를 가한 것은 아니라는 설명이 설득력을 얻는다. 이를 보다 확장해 생각하면 어떤 존재가 스스로의 욕구에 따라 행동하는 능력을 방해하는 것은 실질적으로 그 개체에게 위해를 가한다기보다는 존중의 문제가 될 수 있다는 말이 된다.

이렇게 보면 행동 능력과 도덕적 입장의 관련성에 대해 복지가 아닌 존중의 개념으로 접근하는 편이 더 타당하다고 생각할 수 있다. 그렇다고 해도 행동 능력이 도덕적 입장의 충분조건이라는 사실에는 변함이 없다. 그 개체의 행동 능력이 존중받을 때마다 도덕적 입장이 공고해진다고 할 수 있을 것이다. 물론 바라보는 시각에 따라 존중과 복지라는 두 가지 토대 중 하나를 주석 삼아 한쪽에 포함해버리는 것이 자연스러울 수도 있다. 이를테면 '존중'을 강조하는 게 맞다고 여기는 사람들은 우리가 도덕적 입장을 갖는 어떤 생명체들에 대해 복지를 고려하지 못할 경우 "마땅히 존중 받아야 할 존재들인데도 사람이 그들을 존중하지 않고 있다"는 식으로 주장할 것이다. 또한 어떤 개체의 도덕적 입장에 대한 근거를 제공하는 것은 해당 존재에 대한 존중이라고도 주장할 수 있을 것이다. 이와는 반대로 '복지'를 강조하는 게 바람직하다는 사람들은 우리가 도덕적 입장을 갖는 어떤 생명체들에 대해 존중하지 못하는 경우 "마땅히 복지를 누려야 할 존재들인데도 사람이 그들의 복지를 고려하지 않는다"고 비판할 것이다. 그러나 이런 식이면 도덕적 입장을 또 다시 한 가지 근거로만 연결시키는 셈이 돼버린다. 존중이 아니라 복지만이 동물의 도덕적 입장에 관한 궁극적 토대를 제공한다는 주장을 계속할 것이다.

어찌됐건 아직까지는 존중과 복지라는 두 가지 시각에 커다란 간극이 있는 게 현실이다. 도덕적 입장에는 잠재적으로 두 가지의 근거가 있으며, 어느 한쪽이 다른 쪽을 전적으로 포용할 만큼 충분히 확장되지도 못한 상황이다. 그런데 나는 사실 이 책의 목적에 비춰볼 때 도덕적 입장에 존중과 복지라는 두 가지 근거가 있는지 하나만 있는지, 하나라면 어느 쪽인지 따위의 질문에는 결론을 낼 필요성을 느끼지 않는다. 앞으로도 나는 '복지'에만 초점을 맞추고 그 맥락에서 논의를 이어갈 것이다. "어차피 이렇게 말할 거면서 '존중' 개념은 왜 끄집어냈느냐?"고 할지도 모르겠다. 복지에 더해 존중까지 고려하는 것이 무의미한 일은 아니다. 철학적 논의는 상정할 수 있는 모든 것들을 올려놓고 고민하는 것이 일반적이다. 다만 논의선상이라는 것이 있으므로 기본 줄기를 놓쳐서는 곤란하다고 생각한다. 이 책이 사람의 동물에 대한 도덕적 의무와 관련한 논의임을 염두에 둘 때 같은 논점에 대해 매번 두 번씩, '복지'라는 의미에서 한 번 다룬 뒤 '존중'이라는 의미에서 또 한 번 다루고 넘어가는 방식을 반복하는 것은 무척이나 피곤한 일이다. 더욱이 지금 우리가 하고 있는 논의는 결코 가벼운 주제가 아니다.

따라서 누군가 여러분이 갖고 있는 욕구에 따라 행동할 수 있는 능력을 방해한다면 나는 여러분에게 위해를 가한다고 표현할 텐데, 그때마다 내가 굳이 덧붙이지 않더라도 존중이라는 측면에서 함께 생각해보기를 바란다. 나 또한 생략한 것일 뿐 여러분이 마땅히 받아야 할 존중을 받지 못했다는 의미까지 포함시킨 것이다. 나는 앞으로 어떤 특정 행위가 여러분의 이해관계를 좌절시키는 경우에 대해서도 자주 언급하면서 이때에도 존중을 생략하고 위해를 가한다는 표현을 사용할 것이며, 꼭 짚고 넘어가야 할 경우 "이와 같은 도덕적 위반 행위는 상대에게 실질적 위해를 가한다기보다 존중하지 못한 것"이라고 확실히 설명하겠다. 경우에 따라서는 두 가지 의미를 모두 담는, 예컨대 "이 행위는 대상에게 위해를 가함과 동시에 존중하지 않는 행위" 식의 표현을 사용할 수도 있겠지만, 이런 번거로운 방식으로 논의를 진행하는 데 따른 어떤 이점도 보이지 않는다. 요지는 이제부터 나는 이 책에서 '복지'라는 하나의 용어에만 기반을 둔 개념으로 계속 이어가겠다는 뜻이다. 내가 보기에 이 같은 방침이 이후 이어질 논의에 악영향을 미칠 일은 없다.[16]

제2장
사람과 동물은 평등해야 하는가

: 제1절_사람과 동물이 동등하다는 관점 -단일주의 :

우리가 도덕적 입장에 대한 궁극적 근거 또는 다수의 근거들에 대해 합의를 이뤘다고 상상해보자. 그런데 아무리 합의를 했더라도 "도덕적 입장을 차지하고 있는 모든 존재가 동일한 도덕적 지위까지 누리고 있는가?"와 같은 질문, 다시 말해 "도덕적 지위는 각각의 개체에 따라 달라지는가?"와 같은 질문은 여전히 풀리지 않은 채 남아 있게 된다.

일찌감치 밝혔듯이 이 책에서 논의하고자 하는 이 질문에 대한 나의 입장은 '계층적' 관점이다. 즉, 도덕적 지위는 유동적이며 어떤 개체는 다른 개체보다 더 높은 도덕적 지위를 갖고 있다. 그렇지만 신중하게 고려해야 할 다른 입장도 있다. 이 관점은 다름 아닌 '단일주의'로, "도덕적 입장을 취하는 모든 존재는 동일한 도덕적 지위를 갖는다"는 견해다. 높거나 낮은 도덕적 지위에 대해 논하는 것은 혼란만 가중시킬뿐더러 부적절하고 무의미하다는 주장이다. 내가 단일주의자라고 부르는 이들은 오직 단 하나의 도덕적 지위만 있으며, 도덕적 입장을 가진 모든 존재는 철저히 그 지위를 공유한다고 말한다. 이 주장을 단적으로 표현하는 글이 있다.

> 도덕적 지위란 정도의 문제가 아니다. 단지 '켜거나 끄는(on/off)' 문제일 뿐이다. 모든 개체는 도덕적 지위를 갖고 있거나 없거나 둘 중 하나다.[1]

이 말은 여러분이 도덕적 입장을 갖고 있다면 여러분은 특정 도덕적 지위를 가지며, 도덕적 입장을 취하는 모든 존재는 같은 도덕적 지위를 갖기 때문에 고려해야 할 도덕적 지위의 수준이나 정도란 존재하지 않는다는 것이다. 반대로 만약 여러분에게 도덕적 입장이 없다면 여러분은 도덕적 지위를 결코 얻지 못한다. 그렇기 때문에 여러분은 다른 개체와 동일한 도덕적 지위를 갖고 있든지 아니면 도덕적 지위를 전혀 갖고 있지 않은지 둘 중 하나일 뿐이다. 위 인용문의 저자는 이를 '켜다(on)'와 '끄다(off)'로 표현했다. 갖고 있거나 아니면 없는 것이다.

도덕적 지위에 대한 이 대안적 견해는 현대 동물윤리에서 매우 중요한 위치를 차지하고 있지만, 내가 아는 한 아직까지 제대로 된 명칭이나 비슷한 무엇도 갖고 있지 않다. 그래서 내가 '단일주의'라는 이름을 붙인 것이다. 단일주의자들의 주장은 간단명료하다. 도덕적 지위는 단 하나만 존재한다. 그리고 그 지위는 도덕적 입장을 가진 모든 존재에게 보편적이다. 내가 이 책의 서두에서 설명했듯이 이 관점은 어떤 존재라도 도덕적 입장을 취하고 있다면 모두 같은 도덕적 지위를 갖는다는 점에서 '평등주의'라고 부를 수도 있다. 하지만 이미 설명했듯이 이 용어는 도덕철학의 다른 분야, 특히 '분배(distribution, 分配)' 문제에서 이미 다른 뜻으로 사용되고 있고 앞으로 이 책에서도 이와 관련해 사용할 것이므로 이 논의에 적용하면 많은 오해와 혼란을 불러일으킬 것이다.

현재 동물윤리 분야에서 활동하고 있는 학자들 중 얼마나 많은 사람들이 단일주의자들인지 말하기 어렵지만 내가 알기로는 상당히 널리 분포돼 있다. 하지만 비교적 명확히 밝혀진 예는 드문 편이다. 왜냐하면 그들스스로 그렇게 부르지 않는데다, 도덕적 지위를 논해야 하는 경우 단일주의자들이 할 수 있는 것들은 거의 없기 때문이다. "도덕적 지위를 얼마나 가져야 하는가?"와 같은 질문은 단일주의자들의 관심 사안이 아니다. 도덕적 지위가 있거나 아예 없을 뿐이다.

그러나 어쨌든 특정 영역에서의 도덕적 지위에 관한 논의는 항상 보다 높거나 낮은 지위, 보다 크거나 작은 지위, 보다 진보적이거나 보수적인 지위 등과 같은 개념으로 자연스럽게 연결되기 마련이다. 그렇기에 애초에 그런 차등이 적절치 못하다고 여기는 단일주의자들은 동물의 도덕적 입장과 관련한 이야기가 나오면 스스로 도덕적 지위에 대한 언급 자체를 하지 않으려고 한다. 그들은 논의의 대상이 사람인지 개인지 쥐인지 상관하지 않고 똑같은 관점을 고수하면서, 도덕적 지위에 관한 논의가 아니라면 비슷하게 고려했을 문제들에 보조만 맞춰나가고 있다. 이런 까닭으로 단일주의를 살피려면 묵시적으로 이해해야 하거나 기존에 논의된 것들을 통해 유추해야 한다.

물론 그렇다고 단일주의가 은밀하다는 말은 아니며, 단일주의 관점은 늘 깊숙이 숨겨져 있다고 말하는 것도 아니다. 단일주의자들은 '도덕적 지위'라는 개념이 갖는 의미로는 공개적 주장을 하지 않고 있다는 뜻이다. 예를 들어 많은 단일주의자들이 이른바 '이익 평등 고려(equal consideration of interests)' 원칙이나 그 비슷한 것을 호소한 바 있는데, 이는 도덕적 관점에서 '유사한' 이익(이해관계)을 '동일한' 가중치로 고려하거나 같은 방식으로 헤아려야 한다는 주장이다.[2] 아울러 이 주장은 경우에 따라 드러나기도 하고 그렇지 않기도 하지만, 사람이나 소나 상관없이 특정 관심사에는 도덕적으로 차이를 둘 수 없다는 것이다.

이와 같은 견해는 명백히 단일주의 관점을 드러낸다. 누구의 어떤 이익인지의 요소는 전혀 도덕적 차이점을 주지 못한다는 주장은 모든 존재의 도덕적 지위가 동일하다는 말이다. 보다 정확히 표현하면 모든 존재의 도덕적 지위는 그들이 어떤 종류이건 도덕적 입장을 취하는 한 똑같다는 것이다. 도덕적 지위에서 더 높고 더 낮은 형태는 구분할 필요가 없다는 주장인데, 모든 도덕적 존재는 단일하고 공통적인 도덕적 지위만 갖는다는 것이다. 따라서 이런 관점은 비록 '지위'라는 용어를 사용하지 않고 설명할 뿐 결국 단일주의에 입각한 것이다. 하지만 그렇다고 단일주의가 이익 평등 고려 원칙의 관점에서만 동물윤리를 바라보는 것은 아니다.

어쨌든 사람이 동물을 대하는 방식에 관해 서술된 대다수의 저작들을 살펴보면 단일주의는 동물윤리에서 일반적인 관점으로 받아들여지고 있다. 이 부분을 느끼지 못한다면 그 이유는 단일주의가 굳이 대놓고 표면에 드러나지 않는데다 공개적으로 주장하지도 않기 때문이다. 다른 이유도 있다. 단일주의는 규범윤리학 내에서 다양한 입장들과 양립하고 있다. 이로 인해 공통적인 외형상 일부분으로서의 단일주의에 대해서는 의견이 일치하고 있지만 다른 윤리학적 문제에 관해서는 의견의 불일치를 보이고 있을 수 있다. 규범윤리학에서는 동물윤리와 관련한 토론이 자주 벌어지는데, 이때 앞서 말한 다양한 논점에서 의견 차이가 부각되는 경우 단일주의를 포함한 이미 공유하고 있는 관점에 대해서는 아예 논의에서 배제되거나 극히 일부만 논의 대상이 되기 때문이다. 이처럼 단일주의라는 개념은 분명히 존재한다. 다만 우리의 주목 대상에서 멀어져 있을 뿐이다.

어쨌든 단일주의는 매우 일반적인 관점이므로 우선은 우리가 이를 받아들일지 말지를 결정하는 것이 중요하다. 내 개인적 견해로는 단일주의 관점은 틀렸고, 동물윤리에 관한 규범 이론은 동물보다 사람 그리고 특정 동물이 다른 동물보다 더 높은 도덕적 지위를 갖는 계층적 관점으로 통합돼야 한다고 생각한다. 하지만 그러기 전에 잠시 단일주의적 대안을 세심히 살펴볼 필요가 있다. 이 관점은 그 자체만으로 좋은 점을 상당히 많이 포함하고 있기 때문이다.

단일주의가 그 자체만으로 좋은 점을 상당히 많이 포함하고 있다는 문장에서 여러분이 당황스러운 느낌을 받았을지 모르겠다. 지금까지 나는 사람을 헤아리는 방식으로 동물을 헤아리지 않는 것은 상식이라고 할 정도로 일반적인 생각이며, 그렇기 때문에 각각의 개체에 따라 차등을 두는 계층적 관점이 옳다고 주장했기 때문이다. 물론 나는 여전히 그렇게 생각한다. 그러나 상식적이라고 해서 무조건 수용해서는 곤란하다. 섣불리 무료 이용권을 획득할 수는 없다. 도덕철학과 윤리학에서의 '참'은 다른 학문 분야에서와 마찬가지로 처음에 당연하게 받아들인 것과 다른 경우가 발생하기도 한다. 더욱이 단일주의에 관해 설명해야 할 다른 내용이 더 있는데도 내 개인적으로 받아들일 수 없는 견해라는 이유로 그냥 넘어가는 것은 철학자로서 올바른 태도가 아니다. 그렇기 때문에 우리는 단일주의적 입장을 더욱 철저히 살피고 나서야 단일주의와 계층주의의 관점 가운데 한 가지를 선택할 수 있으며, 그렇게 해야 우리가 받아들일 수 있는 철학적 움직임의 범위를 조망할 수 있게 되는 것이다.

그 전에 여러분이 알아둬야 할 사항이 있다. 앞으로의 설명을 통해 지금껏 내가 부각시킨 단일주의와 계층주의 사이의 간극이 실은 처음에 드러난 것보다 훨씬 덜 뚜렷하게 보일 것이라는 사실이다. 왜냐하면 어떤 존재가 다른 존재보다 더 높은 도덕적 지위를 갖고 있다고 기정사실화한 상태에서 다른 견해를 제대로 설명하려는 경우 그것이 언제나 명확하게 작동하지는 않기 때문이다. 곧 살펴볼 테지만, 어떤 존재가 다른 존재보다 도덕적으로 우월한 지위를 갖는다는 관점이 더 논리적으로 보이는데도 불구하고 단일주의적 관점을 바탕으로 설명하는 것이 훨씬 적절할 때가 있다. 내가 사용하는 용어의 개념이 아직 객관적으로 정립된 상태가 아니어서 그 용법이 최근의 상황에 따라 모순적으로 보이거나 단순히 대조적인 의미로 비치기도 할 것이다. 이런 용어들은 토론과 논쟁 등을 통해 좀 더 다듬어지고 명확해질 필요가 있다. 이 부분도 내 스스로 먼저 지적하고 넘어가려고 한다.

하지만 이 같은 사실을 알게 됐더라도 우리가 계속 살피고 있는 즉각적인 차이점, 즉 "도덕적 지위는 하나인가 아니면 여러 개인가?"의 문제는 여전히 남는다. 유사한 이해관계는 동일한 가중치로 다뤄져야 하고 똑같은 방식으로 헤아려져야 한다는 주장과, 이와는 대조적으로 유사한 이해관계라고 하더라도 이익 주체가 누구인가에 따라 적절히 다르게 다뤄져야 하며 헤아림의 방식도 달라야 한다는 주장 사이에는 명백한 차이점이 있다. 이 두 주장은 누가 뭐래도 완전히 다른 이야기다. 논의가 이어지면서 이 주제에 대한 이해가 더욱 구체화되겠지만, 이 차이야말로 우리의 논의를 시작하는 최선의 출발점이다.

그런데도 막상 단일주의를 세심하게 들여다보기 시작하면 초반부터 이미 이 관점이 부적합하다는 느낌을 강하게 받게 된다. 일반적인 사람이라면 단일주의적인 관점은 그 누구도 받아들일 수 없는 함의로 가득 차 있는 것처럼 보인다. 겉모습에서부터 그럴뿐더러 자세히 파고들기 시작하면 대부분의 사람들이 단일주의를 거부할 만한 이유가 있음을 발견하게 된다.

그래서 우선 가볍게 고민해볼 수 있는 사례를 하나 들어보기로 하겠다. 어디서 한 번은 접했을 흔하디흔한 예다. 사람 한 사람과 쥐 한 마리가 물에 빠졌다고 생각해보자. 다행히 둘 중 한쪽은 구할 수 있지만 불행히도 둘 다 구할 수 있는 여건은 안 되기 때문에, 여러분이 한쪽을 구하는 순간 다른 쪽은 익사하게 될 것이다. 여러분은 어느 쪽을 구하겠는가. 사람? 아니면 쥐?

고민할 것도 없는 문제라고 하겠지만 만약 여러분이 단일주의자라면 이야기가 달라진다. 여기에서 단일주의자들은 다음의 순서에 따라 논의를 이어갈 것이다. 사실 일반적으로 우리 대부분은 굳이 누가 그러라고 시키지 않아도 이럴 때는 사람을 구해야 한다는 일종의 도덕적 규범을 내포하고 있다. 사람과 쥐가 물에 빠졌을 때 사람을 구해야 한다는 강력한 도덕적 이유가 생기는 것이다. 물론 경우에 따라 그 이유에 균형이 어긋나면서 다른 강력한 이유로 인해 대안적인 행동을 하기도 한다. 이를테면 물에 빠진 개체가 사람과 쥐가 아니라 '둘 다 사람'일 때다. 애석하게도 두 사람 중 한 사람만 구할 수 있다. 이런 경우 둘 중 한 사람을 구해야 하는 강력한 도덕적 이유가 생기는 동시에 다른 사람을 구해야 하는 강력한 도덕적 이유도 생긴다. 이른바 '도덕적 동률(moral tie)' 상황이 발생하는 것이다. 이런 상황이라면 누구를 구할지 동전을 던져서 결정할 수밖에 없을 것이다.

하지만 위의 사례는 다행스럽게도 사람 두 명이 아니라 쥐와 사람이

어떻게 동물을 헤아릴 것인가

다. 보통의 경우라면 고민할 까닭이 없는 상황이다. 그러나 단일주의라면 사정이 다르다. 사람이 쥐에 비해 더 높은 도덕적 지위를 갖고 있지 않으므로 물에 빠진 쥐를 구해야 하는 도덕적 이유와 사람을 구해야 하는 이유가 모든 면에서 똑같은 가중치를 갖게 된다. 이를 다른 용어를 사용해 표현하면 쥐의 도덕 청구권과 사람의 도덕 청구권이 동일하게 인지되는 것이다. 결국 여기에서도 도덕적 동률 상황에 빠지게 된다. 둘 다 사람일 때와 마찬가지도 동전을 던져서 누구를 구할지 결정해야 하는 것이다. 만약 동전을 던진 결과 쥐가 나왔다면 사람이 아니라 쥐를 구하는 행위가 도덕적으로 올바른 게 된다. 여러분이 사람을 구하기 위해 즉각적으로 뛰어들고 그 선택이 강력한 도덕적 이유에 의해 지지를 받더라도, 단일주의자들의 입장에서는 그저 편견일 뿐 그 이상도 이하도 아니다. 또한 그런 종류의 편견이 바로 단일주의자들이 우리에게 벗어버리라고 말하는 그것이다. 쥐에 우선해서 사람을 구해야 할 도덕적 이유 따위는 애초에 성립하지 않으며, 반대로 사람에 우선해 쥐를 구해야 할 이유도 없는 것이다.

여러분이 오해를 할까 봐 짚고 넘어가자면 위 사례는 단일주의자들 스스로가 공개적으로 제시하는 내용이 전혀 아니다. 단일주의자라면 저렇게 할 수밖에 없다는 의미다. 그리고 이는 실제로는 누구도 받아들일 수 없는 결론이다. 우리 대부분은 이 같은 논리를 허용할 수 없을 뿐 아니라, 쥐가 아닌 사람을 구하는 것이 도덕적으로 옳다고 믿는다. 다르게 생각한다면 쥐 대신 진화계통도에서 더 아래쪽에 있는 양서류나 곤충과 같은 동물로 대체해보자. 이때에도 단일주의자들의 결론은 같다.

나는 '거의 누구도' 이 결론을 받아들이지 않는다고 확신한다. 내가 굳이 '거의 누구도'라고 표현한 이유는 혹시라도 '그 누군가'는 이 놀라운 결론에 이르는 단일주의의 논의 과정을 따르고자 할 수 있기 때문이다. 그래도 짐작건대 아무런 불안감도 없이 맹목적으로 따르지는 않으리라고 생각한다. 그리고 그 누군가(있다면)는 이 결론이 자신의 직관과 상충된다는 사실을 받아들일지도 모른다. 그럼에도 불구하고 이 같은 결론을 피할 수 있는 방법에 대해 끈질기게 숙고했지만 아직 보이지 않을 뿐이라고 여길 수도 있다. 윤리학에서의 '참'이란 우리가 직관적으로 그렇다고 받아들인 것과 거리가 멀 수도 있기에, 그 누군가는 직관과 달리 정말로 쥐보다 사람을 구할 이유가 없다고 단언할지도 모른다.

실제로 이렇게 생각하는 사람이 있다고 해도 나는 그들을 밀어내지는 않을 생각이다. 나는 도덕적으로 많은 생각을 하다 보면 때때로 놀랄 만한 결론에 도달한다는 사실을 분명히 알고 있다. 하지만 이치에 맞거나 바람직한 대안이 없다는 사실을 확인조차 하지 않은 채 이런 비직관적인 결과를 받아들일 이유는 없을 것이다. 그렇다고는 하나 마지막 결론에 이르기까지 일관되게 단일주의자들의 주장을 살펴보기만 하는 것은 대단한 인내심을 요구하므로, 방법을 달리 해 이제 단일주의를 반박하면서 보다 설득력 있는 계층주의를 받아들이는 것도 나쁘진 않을 것이다.

그렇지만 아직 끝내기에는 이르다. 왜냐하면 단일주의자들이라고 해서 내가 방금 예로 든 논의를 받아들여야만 하는 것은 아니기 때문이다. 쥐가 아니라 사람을 구하는 것이 더 큰 도덕적 이유를 갖고 있다는 데 단일주의자들도 동의할 수 있다. 아마도 대개의 단일주의자들은 이 경우 쥐가 아닌 사람을 구하는 것이 도덕적으로 옳다고 말할 것이다. 그렇게 되면 도덕적 동률 상황은 발생하지 않으며 동전 던지기도 도덕적으로 정당화되지 못한다. 요컨대 단일주의자들이라고 해도 비정상적인 특별한 상황이 주어지지 않는 한 쥐가 아니라 사람을 구해야 한다고 주장할 수 있다는 것이다.

실제로도 이것이 대부분의 단일주의자들이 받아들이는 접근방식이다. 그렇기 때문에 물에 빠진 쥐와 사람 같은 단순한 문제로도 금세 무너질 것 같은 단일주의가 어떻게 현대 동물윤리에서 일반적인 견해가 됐는지, 어떤 방식으로 단일주의자들이 자신의 입장을 꾸준히 견지해왔는지 이해하는 것이 중요하다. 단일주의자들도 쥐보다 사람을 구하는 것이 옳다고 말할 수 있는 근거를 찾을 수 있기 때문이다. 그 근거는 앞의 사례에서 도덕적 직관을 유지하기 위해 굳이 단일주의를 거부할 필요가 없는 이유가 되기도 한다.

: 제2절_누가 더 많은 복지를 잃는가 :

이제 단일주의자들이 쥐보다 사람을 구해야 할 이유가 없다는, 도저히 받아들이기 어려운 결론을 내지 않을 수 있는 기본적 통찰에 대해 살펴보자. 그것은 다름 아닌 거의 모든 현실적인 상황에서 사람의 죽음은 쥐의 죽음보다 "훨씬 더 많은 것을 잃게 된다"는 사실에 있다.[3]

물론 사람과 쥐 모두 익사할 위험에 처한 것은 사실이다. 멀리에서 보면 그들의 상황은 비슷해 보인다. 그러나 이 표면적 유사성은 훨씬 더 뚜렷한 '비유사성(dissimilarity)'을 드러낸다. 이 문제에 관한 간단명료한 사실은 사람이 죽는 경우 발생할 '위해'가 쥐가 죽는 경우보다 훨씬 더 크다는 것이다. 결국 양측의 위해는 둘 중 하나가 생존했을 때 향후 자신이 얻을 복지의 총량이라고 할 수 있다. 그 양을 따져본 결과 사람이 익사할 경우 사라질 복지의 양이 쥐가 익사할 경우에 비해 비교할 수 없을 정도로 크다는 말이다.

이 논리가 명확하게 다가오지 않는다면 이렇게 이해해보자. 우선 쥐는 잘해봐야 수명이 2~3년인 데 반해 인간은 오늘날 평균 수명으로 80년 이상을 살기 때문에, 사람이 죽는다면 쥐보다 몇 십 배의 기대 수명을 잃게 되는 셈이다. 나아가 사람이 1년 동안 누리는 복지는 쥐와 비교해 어마어마하게 크다. 일반적으로 사람의 삶에는 쥐에 비해 더 크고 더 가치 있는 것들이 널려 있다. 그러므로 이렇게 결론 내릴 수 있다. 익사한 사람이 잃는 복지의 양은 익사한 쥐가 잃는 복지의 양보다 '엄청나게' 크다.[4]

복지를 잃는 데 따른 위해의 맥락에서 보면 익사한 사람이 감당해야 할 위해는 쥐와는 비교할 수 없을 정도로 커질 것이다. 따라서 이 사실 자체만으로 쥐가 아닌 사람을 구해야 하는 충분조건이 성립된다. 사람의 이른바 '더 높은 도덕적 지위'에 의지할 필요가 없게 되는 것이다. 그저 여러분이 사람을 구하지 않을 경우 그가 입을 위해가 쥐가 입을 위해보다 크다는 간단한 사실만 인지하면 그만이다. 쥐가 아닌 사람을 구하는 행위는 더 큰 위해를 막기 위한 도덕적 요구가 되는 것이다. 그러면 여기에서 한 가지 중대한 사실을 알 수 있는데, 어떤 개체에 우선해 다른 개체를 돕는 결정을 할 때 애써 도덕적 지위의 차이를 고려할 필요가 없다는 것이다. 단순히 둘 중 어느 쪽이 더 큰 위해를 입게 될 것인지만 따지면 되니까 말이다.

그리고 이런 개념을 사람과 동물 중 하나를 선택해야 하는 문제에만 국한할 까닭도 없을 것이다. 사람과 사람의 문제를 다루는 경우에도 마찬가지로 유효하다. 물론 동물윤리에서 단일주의자들은 우리가 앞서 살펴본 사례에서와 같이 사람과 동물 사이에서 벌어지는 갈등과 같은 것들에 대해 호소할 때 이 개념을 활용한다. 하지만 우리는 좀 더 나아가보기로 하자.

　여기 조너선(Jonathan)과 레베카(Rebecca)가 있다. 두 사람은 지금 모두 아프고 고통스러운 상황이다. 여러분은 이 두 사람 중 한 명만 선택해서 도울 수 있는데, 진통제가 하나밖에 없고 쪼갤 수도 없다고 가정해보자. 그런데 조너선은 극심한 편두통에 시달리고 있는 반면 레베카는 단지 종이에 손가락을 살짝 베였을 뿐이다. 이와 같은 상황일 때 여러분은 이를 도덕적 동률 상황으로 보고 두 사람의 고통이 정확히 같다고 봐야 할까? 동전 던지기로 결정해야 할 그런 상황일까?

　물론 아닐 것이다. 다른 특별한 상황이 아니라면 여러분은 마땅히 조너선에게 약을 줘야 한다. 그가 겪고 있는 고통이 레베카보다 크기 때문이다. 즉, 여러분이 조너선을 도움으로써 막을 수 있는 고통의 크기가 레베카를 도왔을 때보다 더 크다고 볼 수 있다. 이와 같은 사실 자체로 여러분이 조너선을 돕기로 선택해야 하는 충분조건이 성립된다. 이런 상황에서 조너선이 아닌 레베카를 돕기로 한다면 도덕적으로 잘못된 행동일 것이다.

　하지만 여러분이 조너선을 선택했다고 해서 조너선이 레베카보다 더 높은 도덕적 지위를 갖고 있음을 선언하는 것은 아니다. 이 두 사람은 같은 사람으로서 동일한 도덕적 지위를 확보하고 있다. 더욱이 이와 같은 상황에서 도덕적 지위는 개입할 여지가 없다. 또한 우리는 이렇게도 설명할 수 있다. 이 두 사람이 같은 도덕적 지위를 갖고 있음에도 불구하고 레베카보다 조너선을 돕는 선택을 한 이유는 조너선이 당면하고 있는 위해가 레베카의 그것보다 크다는 사실에 기반을 두고 있다.

　이와 마찬가지 논리로, 물에 빠진 쥐와 사람 중 어느 쪽을 구하느냐의 문제와 관련해서도 쥐가 아닌 사람을 선택하는 것이 도덕적으로 적절한 행위임은 명백하지만, 두 개체가 갖는 도덕적 지위의 격차 때문이라고 주장하는 것은 전혀 별개의 논리다. 여기에도 도덕적 지위는 개입할 여지가 없다. 아니면 이렇게도 말할 수 있을 것이다. 사람과 쥐가 똑같은 도덕적 지위를 갖고 있음에도 불구하고 사람을 구하는 것이 적절한 까닭은 사람이 당면하고 있는 위해가 쥐보다 더욱 크다는 사실 때문이라고 말이다.

이것이 바로 단일주의자들이 내세울 수 있는 입장이며, 나는 이 주장이 꽤 강력한 설득력을 갖고 있다고 인정할 수밖에 없다. 나아가 우리가 사람과 동물 사이에서 무언가 선택해야 하는 상황을 맞이하게 되면 많은 다른 경우에도 위와 마찬가지 주장이 나올 수 있다. 그 명확한 이유는 인간의 삶은 일반적으로 동물의 삶보다 더 길고, 대개의 경우 더 좋은 것들을 포함하고 있어서 더 가치 있기 때문이다. 그런 이유로 '사람 대 동물'의 상황에서 동물보다 더 큰 위해를 얻게 되리라고 판단하게 된다.

그렇기 때문에 이와 같은 갈등 상황에서 동물보다 사람을 위하는 게 더 좋은 일이라는 우리의 직관에 정당성을 부여하면서도 결국 단일주의자들이 짜놓은 '틀(frame)' 안에 머물며 계속 논의를 진행할 수 있는 것이다. 이로써 단일주의자들의 입장이 우리가 처음에 생각했던 것처럼 그리 쉽게 배제하기 어렵다는 사실이 밝혀졌다.

따라서 이제 우리는 단일주의자들이 동물보다 사람을 선택한 것에 대해 어떻게 논리적으로 방어하는지 알게 됐으므로, 다른 종의 동물들 사이에서 선택을 해야 하는 상황에서도 그들이 어떤 식으로 접근할지 머릿속에서 그려볼 수 있을 것이다.

그렇다면 예를 들어 한 단일주의자가 내가 앞서 든 것들과 근본적으로 같은 논점을 들어 지적하고 있다고 해보자. 다만 그의 사례는 생명을 구하는 게 아닌 죽이는 상황이며, 선택해야 할 대상이 사람과 동물이 아니라 종류가 다른 두 동물이다. 그는 여러분이 동의하게 될 주장, 즉 어떤 동물은 다른 동물보다 어느 정도는 더 많은 헤아림을 받을 수 있다고 말한다.

> 동물을 다루는 거의 모든 윤리학적 관점은 생명체의 형태에 따라 도덕적으로 적당한 차별이 존재한다는 입장을 고수한다. 이를테면 모기를 죽이는 행위는 침팬지를 죽이는 것과 같은 종류의 행위가 아니다.[5]

여기에서 잠깐, 나는 위 인용문을 통해 단일주의자들이 각기 다른 두 종류의 동물을 선택하는 문제를 설명하려고 하는 것이며, 침팬지가 당연히 사람을 상징한 것은 아니라고 받아들이고 있다. 그래도 혹시 모르니 여러분이 헷갈린다고 생각되면 침팬지 대신 그 자리에 개나 소를 넣어도 된다. 어차피 논지에는 아무런 영향이 없다.

여러분이 성미가 급하다면 위 인용문의 내용이 오히려 '계층적 관점을 내비치는 것이 아닌가' 생각할 수도 있다. '침팬지를 죽이는 것이 모기를 죽이는 것보다 나쁜 행위라는 것을 계층적 관점 말고 달리 설명할 수 있을까?' 하고 말이다.

하지만 속단하기엔 이르다. 단일주의자들이 우리의 상식적인 판단을 뒤집는 수단은 계층적 관점을 적용하는 것이 아니라, 두 동물을 모두 죽였을 경우 침팬지에 닥칠 위해를 모기와 비교하면서 뚜렷한 차이점을 인식시키는 방식이다. 단일주의는 결코 녹록하지 않다. 저자는 이어서 이렇게 말하고 있다.

더 복잡한 생명체는 더 복잡한 능력을 갖고 있기 때문에 더 다양한 형태의 위해를 입는다. 생명체의 수준은 다른 종이거나 다른 가치를 갖고 있어서가 아니라, 입을 수 있는 위해의 유형과 강도가 그 생명체의 형태에 따라 다르기 때문이다.[6]

요컨대 단일주의자들은 사람이 동물보다 더 헤아림을 받고 또 어떤 동물은 다른 동물보다 더 많은 헤아림을 받는다는 상식적 판단을 자신들만의 관점으로 수용하기 위해 우리의 생각보다 훨씬 더 멀리까지 나아갈 수 있을 것으로 보인다. 단일주의에 문제가 있다면 그 근거를 찾기 위해 더 많은 노력을 해야 할 것이다.

: 제3절_사람의 삶과 동물의 삶 :

지금 우리가 살피고 있는 단일주의의 방어방식은 나와 여러분을 포함한 대다수 사람들의 생각, 다시 말해 사람의 삶은 동물보다 가치 있으며 어떤 동물의 삶은 다른 동물보다 가치 있다는 그 생각을 핵심적으로 활용하고 있다.

그렇다면 그들은 어떤 종류의 가치를 비교하고 있을까? 답은 다름 아닌 '복지'다. 풀어 말하면 사람은 동물보다 더 잘살고 있으며 침팬지는 모기보다 더 잘살고 있다는 논리다. 잘사는 삶이란 삶의 질이 높아서 더 큰 혜택을 스스로에게 제공할 수 있는 삶을 말한다. 같은 논점을 조금 다른 용어를 통해 설명하면, 복지와 번영 능력에서의 커다란 격차로 인해 사람은 개나 소에 비해 훨씬 높은 수준의 복지를 누리며, 마찬가지로 개는 뱀이나 물고기에 비해 높은 수준의 복지를 누린다. 이는 생명을 잃었을 때 사람이 입는 위해가 쥐가 입는 위해보다 훨씬 크다는 사실에서 기인한다. 사람이라면 일반적으로 쥐와 비교할 수 없이 훨씬 질이 높은 삶을 살고 있기 때문에, 잃지 않으려고 하는 것 역시 비교할 수 없을 정도로 크다는 것이다.

내가 앞서 지적했듯이 대부분의 사람들은 이런 유형의 주장에 이의를 제기하기 어렵다는 사실을 알 것이다. 분명히 사람의 삶은 쥐보다 낫다. 그런데 나는 일부 사람들은 이런 식의 비교를 못마땅하게 여긴다는 것도 알고 있다. 쥐의 삶을 사는 것이 어떻단 말인가? 사람의 삶이 다른 동물의 삶보다 우월하다는 주장은 단순한 편견일 수도 있지 않을까? 그저 이 책을 읽는 여러분을 포함해 우리는 모두 사람이니까 사람의 삶이 개나 소의 삶보다 가치 있다고 너도나도 받아들이는 된 일종의 '우연의 일치'일 수도 있지 않을까? 어쨌든 우리는 다른 동물이 될 수 없고 우리끼리, 오직 사람들에게만 답을 구할 수밖에 없으니 어떻게 다른 답을 기대할 수 있을까? 뱀이나 다람쥐에게 요청해 설득력 있는 비교 결과를 얻지 못하는 이상 결국 사람의 관점에서 넘겨짚을 수밖에 없다는 사실에는 의심의 여지가 없을 것이다. 이 태생적인 한계는 도무지 어쩔 수가 없다.

그럼에도 불구하고 만약 뱀이나 다람쥐가 위 질문을 이해한다면 그들역시 인간과 같다고 할 수 있을 것이다. 다시 말해 우리의 질문을 이해해 답을 할 수 있다면 이미 뱀이나 다람쥐가 아니라 사람이다. 이 말의 의미는 우리가 사람이기에 다른 동물보다 더 나은 삶을 산다고 말할 수 있는 것이지, 동물은 인간이 아니므로 사람이 자신들보다 더 나은 삶을 산다고 하지 않는다는 것이다. 이게 무슨 우스꽝스러운 말인가 하겠지만, 나는 오직 사람만이 지금 우리가 여기에서 제기하고 있는 질문을 이해한다는 대단히 중요한 핵심을 찌른 것이다. 사람만이 어떤 종류의 삶이 다른 종류의 삶보다 가치 있는지 없는지 질문하고 고민하고 대답할 수 있다. 우리끼리만 할 수 있다. 따라서 동물로부터 들어야 할 대답을 사람에게 던지고 있다고 지적하는 것은 비판이 될 수 없다. 그렇다면 죽은 사람들로부터 대답을 들어야 확실히 알 수 있다는 이유를 들어 사는 것이 죽는 것보다 좋다는 판단을 무시해야 할까? 물론 이런 고민과 비판도 무의미하지 않으며 우리의 사고를 확장하는 데 도움이 될 것이다. 어쨌든 그렇기 때문에 동물윤리 문제를 사람끼리만 논한다는 사실만으로 우리의 질문과 답변이 무시될 수는 없다.

그래도 확실한 사실 한 가지는 우리가 내리는 대부분의 판단들은 모두 '잠정적'이어야 한다는 점이다. 우리는 동물의 '내면적(정신적)' 삶을 알아가는 문제에서 여전히 초기 단계에 머물러 있다. 그동안 수많은 노력들이 있어온 것도 사실이지만 동물윤리 분야는 역사가 매우 짧다. 더욱이 모든 윤리학이 마찬가지지만 동물윤리는 필연적으로 사회적 변화를 이끌어내야 할 의무를 내포하고 있다. 탁상공론만으로 끝내도 되는 분야가 아니다.

우리는 동물의 내면은커녕 사회적 삶에 대해서도 아는 바가 거의 없다. 그렇기 때문에 늘 조심스럽게 접근해야 하며, 어느 순간 특정 동물의 삶과 관련해 그 속성이나 질에 대한 우리의 기존 생각 가운데 일부 또는 전체가 틀렸음이 밝혀지는 경우도 얼마든지 생길 수 있다. 어쩌면 정말로 다람쥐나 연어나 거미가 우리가 지금 보고 있는 것보다 훨씬 더 나은 삶을 살고 있는지도 모른다.[7] 이 주제에 관한 우리의 과학적·경험적 지식이 늘어가면 갈수록 현재 우리의 판단이 더 다듬어지리라는 것을 어렵지 않게 예상할 수 있다. 극단적인 경우에는 완전히 뒤집어야 할 수도 있을 것이다.

그러나 우리가 아무리 많이 알게 된다고 해도 사람의 삶이 일반적으로 다람쥐의 삶이나 파리의 삶보다 더 가치 있다는 판단에 의문을 제기하게 되기는 어려울 것으로 보인다. 어떤 철학자는 이렇게 말하기도 했다.

"파리의 삶은 가장 좋은 때에도 더 나아지지 못한다."[8]

다만 분명한 사실은 우리의 판단은 조건부라는 점인데, 특정 동물의 삶이란 사람이 받아들이고 있는 상태이며 그들 서로가 서로를 상대하면서 축적돼가는 삶을 곁에서 관찰한 결과다. 그래도 최상의 경험적 증거를 고려한 것이기 때문에 그 각각의 삶을 비교하면서 내리는 판단이 잘못되는 경우는 거의 없을 것이다. 아울러 그런 비교를 할 때 어떤 판단은 사실상 부정할 수 없는 것처럼 보인다. 이와 관련해 또 다른 철학자는 이렇게 주장했다.

> 쥐의 일생을 줄곧 살펴본 과학은 그것에 대해 무언가를 이야기할 수 있지만, 인간의 일생에는 접근하지 못한다. 인간은 살펴야 할 가치의 용량이 너무 크며, 이 같은 격차가 인간 존재에 추가적인 차원을 부여하기 때문이다.[9]

사람이 동물보다 더욱 가치 있는 삶을 살고 있고 어떤 동물이 다른 동물보다 가치 있는 삶을 살고 있다면, 그와 같은 차이는 그들의 삶이 지금 어떻고 앞으로 어떻게 될 수 있는지와 같은 삶의 '내용(contents)'에 좌우된다. 다소 거칠어 보이더라도 단순하게 설명하면 사람이 가질 수 있는 좋은 것들, 합리적으로 평생 동안 소유할 수 있는 좋은 것들을 동물은 전혀 갖지 못하거나 아주 적게 갖거나 아니면 가치가 덜한 형태로 가진다. 이를 그대로 동물들 사이에 대입해도 마찬가지 주장을 할 수 있다. 여러분이 개가 물고기보다 가치 있는 삶을 산다고 생각한다면, 그 이유는 개가 전반적으로 질적·양적 측면에서 모두 송어나 연어가 얻을 수 있을 법한 것보다 더 다양한 좋은 것들을 가질 수 있다고 여기기 때문이다.

그렇다면 사람이 동물보다 더 가질 수 있는 다양한 '좋은 것들'이란 무엇일까? 이는 중요한 질문이며, 충분한 논의를 위해서는 오랜 시간과 조심스러운 노력이 필요할 것이다. 하지만 여기에서는 내가 그동안 생각해본 '좋은 것들'의 내용만 간략하게 살펴보기로 하자. 미리 말하지만 절대로 포괄적이지도 않고 정확하지도 않을 것이다.

첫째, 사람은 동물보다 더 깊고 의미 있는 관계를 맺을 수 있다. 서로보살피고 애정을 공유할 뿐 아니라 내면적인 이해와 상호 이해를 바탕으로 더욱 분명하고 가치 있는 우정과 사랑 그리고 가족애를 나눌 수 있다.

둘째, 사람은 보다 광범위하고 진보한 지식을 획득할 수 있다. 자신이나 가족, 친구들의 지식은 물론 믿을 수 없을 정도로 수많은 현상에 대한 체계적이고 경험적인 지식을 획득해 이를 포괄적인 과학적 이론으로 축적할 수 있다.

셋째, 사람은 뚜렷하고 폭넓은 성취를 이뤄낼 수 있다. 취미, 문화, 사업, 정치 등 다양한 목표를 추구하는 과정을 통해 놀라운 창의력과 독창성으로 위대한 업적을 달성할 수 있다.

넷째, 사람은 고도로 발전된 심미적 감각을 갖고 있다. 음악, 무용, 미술, 문학 등 갖가지 예술 작품을 정교하게 경험하고 이해할 수 있을 뿐아니라, 자연 법칙이나 수학 법칙을 포함한 세계의 미학적 차원을 보다 깊게 받아들일 수 있다.

다섯째, 사람은 규범을 반영할 수 있다. 중요한 문제를 평가할 수 있는 능력을 갖추고 있으며, 의미 있고 가치 있는 삶을 살기 위한 목표를 세울수 있다. 또한 스스로에게 요구하는 바를 찾아내고자 하는 추진력도 갖고 있다.

여섯째, 사람은 도덕적 확신에 따라 행동할 수 있다. 사람은 복잡한 형태의 미덕을 발휘하기도 하는데, 의식적이고 자발적으로 자신이 한 번도 본 적 없는 존재에게 도움을 주기도 한다.

일곱째, 사람은 성스럽고 거룩한 것들을 경험할 수 있다. 혼자 또는 다른 이들과 함께 영적인 이해를 갈구하면서 그것이 삶속에 뚜렷이 자리잡을 수 있도록 노력한다.[10]

물론 여러분이 위에 나열한 항목 일부 또는 전체에 동의하지 않을 수도 있다. 나아가 이 목록에 다른 항목들을 추가하길 원할 수도 있다. 그러나 여기에서 우리가 완벽한 목록을 만들 필요는 없다. 논점의 핵심은 사람의 삶이 이처럼 동물과는 비교할 수 없을 정도로 '다양한 좋은 것들'을 갖고 있기에 더 풍요롭고 가치 있다는 데 있다. 이런 좋은 것들을 적게 가지면 가질수록, 가치가 적은 것들만을 가질수록 원하지 않는 삶을 산다고 할 수 있으며, 결과적으로 낮은 수준의 복지를 누린다고 말할 수 있을 것이다.

그리고 복지에 대한 각각의 이론은 이런 항목들을 약간씩 차이가 나는 방식으로 수용할 것이다. 예를 들어 복지에 관한 어떤 이론은 내가 방금 예시한 종류의 것들을 대부분 복지의 구성 요소로 보고 있는데, 이런 요소들을 더 많이 가질수록 보다 값진 삶이 된다. 다른 이론에서는 이 요소들이 복지의 필수 요소이긴 하지만 개인의 삶에 잘 맞아 들어갈 때만 그렇다고 본다. 또 어떤 이론에서는 이런 것들이 최상의 삶을 사는 데 필요한 수단일 뿐 그 자체를 사람이라면 누구나 가져야 할 요소로는 보지 않기도 한다. 복지 이론은 이렇게 다양하며 이론적 불일치도 있어서, 철학적으로 충분히 흥미로운 주제이긴 하나 지금 우리의 논점에 붙들릴 필요는 없을 것이다. 중요한 것은 우리의 삶이 위의 요소들을 포함해 여러 다른 좋은 것들을 현저한 수준까지 끌어올려 누릴 수 있기 때문에 사람이 새나 개구리 같은 동물들보다 더 가치 있는 삶을 산다는 사실이다.

그렇다고 해서 동물에게 좋은 것들이 없다는 뜻은 아니다. 내가 나열한 항목 중 몇 가지는 확실히 동물에게 없겠지만, 다른 것들은 동물에게도 있을 수 있다. 다만 그 정도가 사람에 비해 훨씬 덜하다는 이야기다. 나는 개는 자기들끼리 또는 사람과 친구가 될 수 없다고 주장한 게 아니라 개들 사이에서 기대할 수 있는 우정의 깊이와 질 그리고 풍요로움이 사람들의 그것에 비해 덜 뚜렷하다고 말한 것이다. 이와 비슷하게 나는 사람만이 자신의 삶 속에서 성취를 이룰 수 있다고 주장하려는 것은 아니다. 비버가 댐을 만들고 거미가 거미줄을 짜는 것도 놀라운 성취로 보인다. 그럼에도 불구하고 나는 여전히 사람의 성취가 비록 누구에게 언제나는 아닐지라도 일반적으로는 그 범위와 난도 그리고 중요성의 측면에서 동물을 압도한다고 생각한다. 동물도 경험적 지식을 획득할 수 있고 특히 자신의 생활환경에 대한 지식은 매우 놀랍지만, 사람의 실증적이고 체계적인 지식에 비교할 것은 못된다.

이런 사례와 또 다른 것들을 통해 볼 때 사람의 삶은 동물의 삶보다 가치 있다. 복지 요소 중 꽤 많은 좋은 것들을 동물과 공유하면서도 대체적으로 사람이 동물보다 더 많고 다양한 좋은 것들을 갖고 있으며 질 또한 더 높다. 또한 이와 비슷한 이유로 어떤 동물이 다른 동물보다 더 가치 있는 삶을 산다고 주장하는 것도 설득력이 있다. 개는 비록 사람이 누리는 것만큼의 깊이로 우정을 쌓을 수는 없지만, 뱀이나 개구리보다는 낫다는 것은 확실하다. 마찬가지로 나는 다람쥐가 자신이 열매를 감춰놓은 장소를 기억하는 것을 사람이 시를 쓰는 성취와 비교할 수는 없지만, 파리나 지렁이보다는 훨씬 큰 성취라고 생각한다. 여우가 되는 것보다는 사람이 되는 게 낫지만, 금붕어가 되는 것보다는 여우로 있는 편이 더 나은 것이다.[11]

하지만 우리는 이 같은 판단을 내릴 때 편협한 교조주의(dogmatism, 敎條主義)를 조심해야 한다. 우리가 갖고 있는 좋은 것들이 진정한 가치를 지닌 유일한 형태라고 맹목적으로 생각해서는 곤란하다. 매우 조심스럽게 다양한 형태의 가치를 인식해야 한다. 특히 그 형태가 우리의 삶에서 이미 자리를 잡은 가치와 다를 때 더욱 그렇다. 이 말의 의미는 어떤 동물에게는 사람과는 동떨어졌지만 사람의 것보다 훨씬 더 뛰어나고 좋은 것들이 있다는 사실을 간과해서는 안 된다는 뜻이다.

쉬운 예를 하나 들어보자. 앞에서 나는 사람이 동물에 비해 고도로 발전된 '심미적 감각'을 갖고 있다고 말했다. 그렇지만 개는 인간과 비교조차 되지 않는 수준의 예민한 '후각'을 갖고 있다는 사실을 떠올려보자. 개는 이 세계의 후각적 측면에 대해 그에 상응하는 심미적 감상을 할 수 있을 것이다. 개들이 느끼는 봄내음은 인간의 느끼는 것과는 다를 것이다. 우리가 자연의 아름다움을 느낄 수 있는 감각을 갖고 있는 것처럼 개 또한 냄새와 관련해서는 그럴 것이다. 솔직히 나는 그게 어떤 느낌일지 어렴풋이도 알지 못하지만 분명히 있다고 믿는다. 만약 그것이 사실이라면 최소한 그에 걸맞은 정도까지는 개의 삶에 대한 평가가 상향 조정돼야 하는 게 적절하다고 생각한다.

또 다른 예도 있다. 앞서 나는 사람의 삶을 더욱 가치 있는 것으로 만들어주는 좋은 것들 중 하나로 '깊고 의미 있는 관계'도 언급했는데, 사실 이 부분은 뱀이나 다람쥐나 거미는 근처에도 오지 못하는 능력이다. 누군가 우정과 사랑이 결여된 인생을 산다면 그런 삶의 질을 높다고 말할 수는 없을 것이다. 하지만 인간이 '사회적 동물'이기 때문에 '관계'가 삶을 가치 있게 만드는 요소가 되는 것은 아닐까? 다시 말해 사회적 동물이 아닌 동물, 집단생활을 하지 않는 동물에게는 이런 가치가 무의미할 수도 있다. 천성적으로 단독생활을 하는 동물들에게도 이에 따라 낮은 질의 삶을 산다고 주장할 수 있을까?[12]

혼자 생활하는 형태로 진화해온 어떤 동물이 그 진화 과정에 따라 더 고유하거나 가치 있는 쪽으로 확보하게 된 좋은 것들을 우리가 몰라서 이런 판단을 내렸을 것이다. 그들에게는 고귀한 독립성과 뛰어난 자급자족 능력과 같은 좋은 것들이 있을 것이며, 예를 들면 두더지나 나무늘보나 울버린(wolverine)과 같은 동물들이 이런 종류의 좋은 것들을 매우 높은 수준으로 갖고 있을지도 모른다. 동물에 대한 상상력이나 통찰력 부족이 우리의 판단을 흐리게 만들기도 하는 것이다.

이런 까닭으로 나는 어떤 동물은 사람에게는 없는 좋은 것들을 갖고 있거나 우리가 미처 인식하고 이해하지 못하는 형태의 좋은 것들을 갖고 있을지 모른다는 가능성을 열어놓았다. 그렇다고는 해도 이런 식으로 우리 판단의 일부를 조정하거나 개선하기 위해 열린 마음을 갖는 것은 사람이 동물보다 더 가치 있는 삶을 살고 동물들도 다른 동물에 비해 그럴 수 있다는 생각에 회의적인 것과는 엄연히 다르다.

하지만 어떤 이들은 실제로 회의론자에 머물러 있다. 그들은 앞선 모든 판단들이 그저 편견을 표현하는 것 말고는 아무것도 아니라고 단정한다. 사실 회의론자들과 마주할 때 더 이상 논의를 이어가는 것은 대단히 어려워진다. 그래도 한 가지 지적할 수 있는 논점이 있다. 인지 기능에 심각한 문제가 있는 어떤 인간이 있다고 상상해보자. 그의 정신적(내면적) 삶은 이를테면 고양이와 비슷한 수준이다. 이 경우 대부분의 사람들은 이런 삶이 비극이라는 의견에 동의할 것이며, 만약 가능하다면 치료를 받아야 한다고 생각할 것이다. 그런데 왜 비극일까? 분명히 부분적으로라도 그 대답은 그 사람이 정상적인 두뇌를 갖고 있어서 여느 사람들과 마찬가지로 인지적·감성적 활동을 하는 것과 비교해 훨씬 질이 낮은 삶을 살고 있다는 사실을 근거로 내세울 것이다. 인지 기능이 저하된 삶은 다른 대다수 사람들이 누리는 것보다 현저히 낮은 복지를 누리는 삶이라는 것이다. 이와 근본적으로 같은 관점에서 목소리를 내고 있는 철학자가 있다.

> 어떤 사람의 삶은 질적으로 매우 결여돼 있어서 그 누구도 그런 삶을 바라지 않을 것이다. 또한 우리는 우리 자신은 물론 사랑하는 사람들을 위해 그런 삶을 피하려고 할 것이다. 나는 우리 대부분이 피하려고 온갖 노력을 다하는 그런 삶과 정상적이고 평범한 삶을 똑같은 가치가 있는 것처럼 가정하는 것이 아무 의미가 없음을 알고 있다.[13]

이와 같은 인생을 살고 있는 사람은 현저히 낮은 복지를 누리는 것이라고 표현하는 이유는 이들의 삶에 다른 사람들이 갖고 있는 좋은 것들이 결여돼 있기 때문이다. 좋은 것들이 결여된 삶 또는 좋은 것의 양이 적거나 가치가 떨어지는 삶은 상대적으로 가치가 없는 삶이며, 이런 좋은 것들을 확보하지 못할수록 그 삶의 질은 낮아지게 된다.

그런데 이런 논리는 사람 개인의 삶을 개별적으로 비교하는 경우에는 확실히 설명되고 반박하기도 어렵지만, 사람의 인생과 동물의 삶을 비교하거나 한 동물의 다른 동물의 삶과 비교하는 경우에는 왜 잘 들어맞지 않는지 그 이유를 밝히는 데 한계가 있다.

물론 여러분은 자신의 삶을 인지 기능이 손상된 사람의 삶과 바꾸려고 하지 않을 것이다. 또한 사슴이나 참새의 삶과도 바꾸려고 하지 않을 것이다. 그러나 여러분이 그런 거래를 하지 않으려는 이유를 설명할 때 그 사람과 동물의 삶이 여러분보다 가치가 낮다는 사실을 복지 개념에만 의존해 풀어간다면 금세 논리적으로 궁색해질 것이다.

: 제4절 _ 도덕적 지위는 계층마다 다르다는 관점 -계층주의 :

앞에서 나는 단일주의자들이 물에 빠진 쥐보다 사람을 구해야 할 이유가 없다는, 일반적인 사람이라면 코웃음을 칠 결론을 내지 않으면서 단일주의를 방어하는 그들의 방식을 소개했다. 그러면서 사람의 삶은 쥐의 삶보다 좋은 것들이 더 많으며, 사람이 동물보다 더 높은 복지를 누리고 있다는 주장을 단일주의자들도 받아들인다고 설명했다. 또한 거의 모든 이들이 어떤 동물을 구하는 게 다른 동물을 구하는 것보다 더욱 중요하다는 주장에 동의하며, 단일주의자들 역시 일부 동물이 다른 동물들보다 더 질이 높은 삶을 살기 때문에 동물들의 삶에 순위를 매길 수 있다고 주장한다.

사람의 삶과 동물의 삶 그리고 어떤 동물의 삶과 다른 동물의 삶을 비교하는 데 거부감을 나타내는 사람들도 있지만, 어쨌든 대다수의 사람들이 그런 비교가 설득력 있다고 생각한다. 단일주의들도 마찬가지로 우리 대부분의 일관된 판단에 따르고 있다.

내가 옳게 봤다면 단일주의자들은 우리가 처음에 의심을 품었던, 도덕적 입장을 가진 모든 생명체는 동일한 도덕적 지위를 갖고 있다는 그들 주장의 반대 사유에 대한 대응에서 입장을 잘 정리했다. 우리가 생각했던 것과 달리 단일주의자들은 누구를 돕고 누구에게 위해를 가하는가와 같은 다양하고 광범위한 판단을 내리는 문제와 관련해, 도덕적 입장을 취하는 개체들 중 어떤 존재가 다른 존재보다 더 높은 도덕적 지위를 누릴 수 있다는 계층적 관점을 전혀 인용하지 않으면서도 이와 같은 판단을 우리와 같이 받아들이고 있는 것으로 보인다.

이렇게 정리한 상태에서 이제 더 복잡해진 문제 하나를 다룬 뒤 다음 장으로 넘어가자. 앞서 사례로 든 편두통을 앓고 있던 조너선과 종이에 손가락을 베인 레베카를 다시 만나보자(이들의 고통을 아직 끝내주지 못해서 미안하긴 하지만). 여러분이 레베카가 아니라 조너선을 도와줘야 하는 이유가 조너선이 레베카에 비해 더 높은 도덕적 지위를 갖고 있기 때문이라고 말하는 사람은 없을 것이다. 그들의 도덕적 지위는 동등하다. 다만 조너선의 경우가 레베카보다 더 큰 위해를 입을 수 있다는 바로 그 사실이 그를 선택하는 것에 대한 정당성을 부여한다.

그런데 두 사람 사이의 이런 차이가 항구적이고 체계적인 것이라고 생각해보자. 여러분이 조너선과 레베카 중 어느 한 사람을 선택해야 할 때마다 늘 더 고통스러운 쪽은 조너선이고 더 큰 위해를 받는 쪽도 그이기 때문에, 여러분은 계속해서 그를 도울 수밖에 없다. 조너선이 받는 고통과 위해가 크다는 사실로 인해 언제나 그가 우선권을 갖게 되는 것이다.

이를 앞서 단일주의자들의 더 큰 위해를 입는 쪽을 선택해야 한다는 논리에 적용해도 상황은 똑같아진다. 우리는 영원히 레베카가 아닌 조너선을 선택해야 한다. 조너선에게 우선권을 줘야 한다는 전제가 계속 유지되기 때문이다. 이렇게 되면 편두통에 시달리는 조너선과 손가락을 종이에 베인 레베카 사이에는 처음부터 일종의 '지위' 차이가 있게 되는 셈이다.

우리는 이 예를 좀 더 확장시킬 수 있다. 이와 같은 지위 차이가 조녀선과 레베카가 아닌 일반적인 남성과 여성 사이에 존재한다고 생각해보자. 예컨대 유전적 차이로 인해 남성들이 여성들보다 높은 지적 능력을 갖고 있으며 그런 이유로 삶의 복지 수준이라는 측면에서도 여성보다 더 풍요롭다고 가정해보자. 이때에도 마찬가지로 남성과 여성 중 한쪽을 선택해야 하는 상황에서 남성을 도와야 한다. 남성이 입게 되는 위해와 잃게되는 복지의 정도가 더 높기 때문이다. 더 큰 잠재적 위해를 입을 사람을 도와야 한다는 도덕적 요구 사항이 곧바로 여성보다 남성에게 우선권을 부여하는 행위로 인도하는 것이다. 남성의 '지위'를 높이는 것과 다르지 않다.

한 번만 더 비틀어보자. 이제 조녀선 대신 백인, 레베카 대신 흑인을 대입한 뒤 백인들이 유전적 차이에 의해 흑인들보다 복지 차원에서 더 잃을 것이 많다고 가정해보자. 이 또한 지금까지 논의하고 있는 원칙에 따라 다른 모든 조건이 동일하고 추가 조건이 붙지 않는 이상 여러분은 흑인이 아닌 백인들에게 우선권을 제공해야 하는 전제조건을 유지해야 할 것이다. 처음부터 백인의 '지위'가 흑인보다 높게 되는 것이다.

물론 사례는 사례일 뿐이다. 남성이 여성보다, 백인이 흑인보다 잃을 것이 더 많다는 주장을 사실로 입증할 수 있는 복지 이론 따위는 존재하지 않는다. 그럼에도 불구하고 만약 위와 같은 상황이 사실이라면 어떤 일이 벌어질까?

나올 수 있는 한 가지 자연스러운 결과는, 잃을 것이 많은 사람을 우선적으로 돕는다는 원칙이 개정되거나 보완되는 현상이 일어날 것이며 그렇게 되면 그동안 항구적이고 체계적으로 우선권을 제공받던 어떤 개체가 그 우선권을 잃는 경우도 자연스럽게 받아들여질 것이다. 이 또한 대단히 흥미로운 가능성인데, 이 주제에 대해서는 이후에 다시 다룰 것이다. 지금 내가 주목하고 싶은 부분은 만약 어떤 도덕 원칙이 여성보다 남성, 흑인보다 백인, 이런 식으로 한 개체(집단)에 우선권을 부여해야 한다는 쪽으로 우리를 이끈다면, 우선권을 받는 개체(집단)가 더 높은 도덕적 지위를 누린다고 설명하는 게 더 자연스러울 것이라는 점이다. 왜냐하면 결국 도덕 원칙이 어떤 개체(집단)의 보다 강력한 권리에 부응해 체계적인 우선권을 제공하라는 메시지를 던지는 셈일뿐더러, 이 정도 체계적인 우선권이면 이를 도덕적 지위의 차이라고 봐도 무리가 없기 때문이다.

당연히 남성과 여성, 백인과 흑인 사이에 이와 같은 도덕적 지위 차이는 없다. 하지만 바로 이것이 단일주의자들이 사람과 동물 사이에 실제로 유지되고 있다고 주장하는 상황이다. 더욱이 우리가 살펴봤듯이 문제의 이 주장은 상당한 설득력도 갖고 있다. 사람이 일반적으로 위태로울 수 있는 복지 수준과 동물이 위태로울 수 있는 복지 수준 사이에 존재하는 이 체계적인 격차를 근거로 우리가 언제나 동물에게 요구되는 것보다 훨씬 더 강한 요구를 하고 있다는 것이다. 따라서 단일주의의 관점에서는 이것이 사람에게 거의 언제나 우선권이 가는 이유다. 그렇지만 단일주의자들의 주장이 참이라고 해도, 방금 이야기했듯이, 그들의 논리는 사람이 동물보다 더 높은 도덕적 지위를 갖고 있다고 말하는 것처럼 보인다.

위 마지막 문장은 단일주의자들을 불편하게 만들 것으로 보인다. 단일주의는 더 높거나 더 낮은 도덕적 지위란 존재하지 않으며, 도덕적 입장을 갖는 모든 존재는 동일한 단 하나의 도덕적 지위를 공유한다는 관점이다. 우리가 처음에 살펴보기로 이 관점은 물에 빠진 사람과 쥐 가운데 한쪽을 선택하는 문제에서 상황을 도덕적 동률 상태로 빠지게 만들면서 결국 동전 던지기에 의지할 터였다. 그런데 단일주의자들은 이를 복지와 연결해 잃을 것이 더 많은 개체를 선택해야 한다는 논리를 폄으로써 성공적으로 빠져나갔다. 이를 통해 달갑지 않은 결론을 피할 수 있는 것처럼 보였다. 그러나 이제 그와 같은 결론을 피하려면 단일주의 스스로 부정한 종류와 정확히 일치하는 도덕적 지위의 격차 개념을 다시금 인정해야 하는 상황으로 몰렸다. '이익 평등 고려 원칙'에서 모순처럼 보이기도 한다. 요컨대 우리가 처음에 단일주의 관점을 반대할 때 보였던 그들의 대응이 실제로 단일주의를 고수하는 입장과 모순이 돼버린 것이다.[14]

그럼에도 불구하고 아직 기회는 남아 있다. 단일주의자들이 제기할 만한 두 가지 반론이 있을 수 있다. 첫 번째 반론은 이것이다. 위에서 우리가 계속 살펴본 상황, 즉 다른 조건들은 모두 동일한 상태에서 어떤 존재가 다른 존재보다 잃을 것이 많은 복지 수준을 갖고 있기에 우선권을 가져야 할 때 그 존재가 더 높은 도덕적 지위를 누린다고 보는 우리의 직관을 부정해버리는 것이다. 다시 말해 그건 우리의 직관일 뿐 모두가 그렇게 여기지는 않는다고 하는 것이다. 어떤 사람은 그 존재가 다른 존재에 비해 도덕적 지위가 높다고 생각하지 않을 수도 있다는 논리다.

단일주의자들은 동일한 고통이 사람과 동물에게 가해졌을 때 우리의 '도덕적 계산' 아래 이를 두 가지 다른 무게의 고통이라고 여기는 것은 잘못이라고 주장한다. 도덕적 지위와 관련한 일종의 계층적 관점은 본질을 왜곡시킨다는 것이다. 사람이 잃을 것이 더 많기 때문에 동물보다 더 빈번하게 우선시되기는 하지만, 그것이 더 높은 도덕적 지위를 가졌다는 의미는 아니다. 별개의 문제라는 이야기다. 보다 높은 도덕적 지위에 대한 주장은 우리가 어떤 존재의 이해관계에 대해 다른 존재보다 더 큰 무게(더 높은 가중치)를 부여할 경우에만 타당한데, 단일주의 관점에서 그것은 잘못이다. 아마도 그렇게 말할 것이다.

개인적인 견해를 말하자면 나는 지금 우리가 상정하고 있는 상황, 이를테면 사람과 같은 어떤 특정 집단의 일원이 이와 비교되는 동물 집단의 일원에 비해 우월한 도덕적 지위를 누리고 있느냐의 문제에서 두 가지 마음을 갖고 있다. 둘 다 끌리는데 모두 계층적 관점이다. 유사한 이해관계를 같은 방식으로 헤아리는 것은 결과적으로 계층적 관점이다. 그래야 차이를 알 수 있기 때문이다. 그런데 반대로 이를 부정하는 것도 계층적 관점이 될 수 있다. 다른 존재보다 어떤 존재에게 체계적인 우선권이 주어질 때 그렇다. 나는 이것을 왜 계층주의가 아니라고 보는지 이해할 수 없다.

나는 어떤 존재에게 다른 존재보다 더 높은 도덕적 지위를 부여한다는 게 정확히 무엇을 의미하는지 모호하기 때문에 단일주의자들의 논리가 계속해서 성립될 수 있다고 생각한다. 우리가 각각의 존재는 서로 다른 도덕적 지위를 가진다는 견해가 타당함을 설명할 때 사례로 들게 되는 그 상황이 명확하지 않기 때문이다. 다시 말해 우리는 하나 또는 여러 가지 사례는 들 수 있지만, 모든 상황을 대변해주는 보편타당한 사례는 제시하지 못한다.

바로 이 지점에서 단일주의자들의 두 번째 반론이 가능해진다. 그들은 단일주의적 관점도 계층적 관점을 포함하고 있다는 우리의 설명이 타당한지에 초점을 맞추지 않고, 그런 계층은 자신들이 우선권이 있는 존재를 부인할 때 종종 사용하는 그 계층과는 다르다고 반박한다. 또한 그들은 꽤 합리적인 주장을 하는데, 우리가 말하는 이해관계가 동물이 아닌 사람의 관점에서 논의되는 게 합당한지에 관해 의문을 제기한다. 단일주의자들은 이런 사고방식의 결과로 나온 계층적 관점을 거부한다. 우리가 아무리 다른 모든 조건이 동일할 때 사람이 동물에 비해 잃을 것이 더 많다고 해도, 사람을 동물보다 우선시해야 할 충분히 합당하고 체계적인 이유를 제시해도, 그것은 사람의 이해관계에 더 높은 가중치를 부여하기에 그럴 뿐 동물의 이해관계에서는 관점이 다를 수 있다고 반박한다. 그렇기 때문에 단일주의는 반계층주의라고 할 수 있으며, '계층'이라는 합당한 개념이 주어지더라도 논리적으로 그들의 관점을 견지할 수 있는 것이다.

이 모든 것들은 어떤 특정 관점이 존재의 높고 낮은 도덕적 지위를 부여하는 데 합당한지와 같은 문제에 너무 힘을 쏟지 말라는 암시를 주고 있다. 하지만 정말 흥미로운 질문은 그게 아니라 단일주의자들의 이와 같은 태도, 즉 "사람과 동물 또는 동물과 동물 사이의 차이점을 인정하지 않는 것이 과연 올바른가?" 하는 물음이다. 내가 볼 때는 단일주의자들의 주장과는 반대로 그들의 논리가 더욱 빈번하게 차이를 만들고 있다. 나는 제한된 형태의 계층적 관점을 취하고 있다. 이 관점은 주어진 이해관계가 어느 쪽의 이해관계인가에 따라서 중요성이 달라지는 형태다.

이쯤 되면 도덕적 지위 설정 논란과 같은 논의는 그만하는 게 낫지 않을까 하는 생각이 들 수도 있다. 이를테면 어떤 이론이 특정 존재에게 다른 존재에 비해 더 높은 도덕적 지위를 부여하거나 부여하지 않는 효과에 대한 언급은 단순히 피하는 게 좋을지도 모른다.

그러나 이런 제안을 받아들이면 오히려 이어지는 논의가 불필요하게 복잡해진다고 생각한다. 무엇보다 내가 논의하고자 하는 계층적 관점을 설명할 때는 반드시 높고 낮은 도덕적 지위라는 용어를 사용해야 한다. 그러지 않고서는 제대로 진행할 수가 없다. 한 가지 다행스러운 일은 '지위'나 '계층'과 같은 용어는 얼마든지 쓸 수 있다는 점이다. 이 용어는 단일주의자들도 즐겨 쓰기 때문이다. 만약 앞으로 내가 계층 또는 보다 높거나 낮은 지위에 대해 이야기할 때 이 용어의 의미를 우리가 방금 구분한 의미로서의 계층으로 이해할 수 있도록 규정해놓기만 한다면 단일주의자들조차 큰 문제없이 받아들일 수 있을 것이다. 이와 마찬가지로 단일주의자들이 도덕적 지위에서 계층을 부정한다고 표현할 때의 그 계층은 그들이 지칭하는 보다 제한된 형태의 계층이라고 이해하면 되겠다.

그렇게 하면 특히 내가 계속 동물윤리의 계층적 관점에 관해 논의할 때 우리가 이야기하고 있는 그 대상의 이해관계에 초점을 맞춰 주장을 펼치고 있음을 이해할 수 있을 것이다. 내 관점을 다시 정리하면 사람이 동물보다 높은 도덕적 지위를 가졌고 어떤 동물은 다른 동물보다 높은 지위를 가졌다는 것이며, 우리가 도덕적으로 고찰하면서 살피게 될 해당 동물의 이해관계는 가중치가 그 대상의 지위에 따라 달라진다는 것이다. 요컨대 내가 대변하고자 하는 계층은 단일주의자들이 명백하게 묵살하고 있는 바로 그런 종류의 계층이다.

여러분이 지금까지 살펴봤듯이 단일주의는 우리가 처음 생각했던 것보다는 훨씬 더 그럴듯한 이론이다. 그러나 확실히 말하건대 나는 방금 밝힌 이 대담한 계층적 관점에 대해서는 아직 논증을 제기하지 않았다. 그것은 다음 장으로 넘기겠다.

동물에게 복지를 나눠주는 방법

: 제1절_복지 분배의 원칙들 :

거의 모든 이들이 복지 전체의 결과가 창출할 가치는 그것과 연관된 여러 개체의 복지에 큰 영향을 미친다고 생각할 것이다. 다른 조건이 동일할 경우, 복지의 결과가 어떤 개체에게 좋았다면 다른 개체에게도 좋을 것이다.[1] 이 논점을 지나칠 정도로 단순하게 표현하는 것일 수도 있지만, 우리의 목적에 비춰 여러분이 받아들일 수 있는 정도로만 요약하면, "다른 모든 조건이 동일할 때, 복지가 많을수록 결과는 좋을 것"이다.

그런데 다른 조건이 늘 동일한 것은 아니다. 도덕적 관점에서 어떤 결과가 매우 나쁜 것으로 보였는데 실제로는 복지의 총량이 다른 대안보다 더 큰 경우가 있다. 이런 현상이 일어나는 이유에는 여러 가지가 있겠지만, 가장 주요한 이유는 '분배'와 관련이 있다. 실제로 많은 사람들은 복지의 총량뿐 아니라 복지의 분배도 문제가 된다고 생각한다. 비록 어떤 결과와 연결된 복지의 총량이 다른 결과보다 더 클 경우 일반적으로는 그 결과가 더 좋다고 받아들이지만, 만약 복지의 분배라는 측면에서 잘못이 있다면 다르게 느낄 수도 있다는 말이다.

우리는 남성이 여성보다 삶에서 누릴 수 있는 복지의 정도가 크기 때문에 여성이 아닌 남성을 도와야 했던 이전의 사례로 돌아가 이에 대한 논점을 그려볼 수 있다. 살펴본 바와 같이 우리가 항상 잃게 되는 복지의 양이 더 많은 쪽을 도와야 한다면 선택은 영원히 남성이 될 것이다. 이 경우 남성과 여성 양쪽 전체로 보면 복지의 총량이 커지는 결과로 나타나지만, 남성은 극단적으로 좋은 상황이 되고 여성은 극단적으로 나쁜 상황이 된다. 멀리에서 보면 충분한 복지 수준이지만, 가까이에서 보면 극단적 쏠림이다. 이와 같은 차이는 분명히 큰 문제가 될 것이다.

이런 까닭으로 대부분의 사람들은 복지의 최대치를 얻는 것만으로는 부족하다고 결론 내린다. 복지의 총량뿐 아니라 분배에 대해서도 예민해져야 하는 것이다. 다른 조건이 동일할 때 가장 잃을 것이 많은 개체를 도와야 한다는 사실에는 변함이 없다. 하지만 동시에 잘못이 없는데도 복지의 분배 과정에서 배제되는 존재가 있다면 이 사실 또한 고려돼야 한다. 이를 약간 달리 표현하면 우리는 어떤 결과의 좋은 점을 평가할 때 그 결과에 따르는 복지를 분배하는 방식 역시 평가 요소로 고려해야 한다. 만약 그 분배가 한쪽으로만 기울어져 있다면, 비록 복지의 총량이 낮아지더라도 다른 선택, 즉 복지를 공평하고 공정하게 분배해 도덕적으로 더 훌륭한 결과를 이끌어낼 수 있는 대안을 선택해야 하는 것이다.

적절한 도덕 이론은 적절한 분배 원칙을 포함하고 있어야 한다. 도덕성은 우리로 하여금 아무리 최적의 선택일지라도 분배에 문제가 있는 결과는 피하라 명하고 있다. 우리가 할 수 있다면 부적절한 분배의 불균형과 격차를 줄이거나 없애야 할 것이다.

도덕철학 이론가들 사이에서 적절한 분배 원칙에 관한 의견은 여전히 분분하다. 그 가운데 많은 철학자들이 '평등주의' 원칙을 선호하는데, 이 원칙에 따르면 한 집단에 속하는 사람들을 다른 집단의 일원들보다 나쁜 상황에 빠뜨리게 되는 결과는 도덕적으로 반대해야 한다. 다른 조건들이 동일할 때 평등주의 원칙은 다양한 개체의 복지 수준이 같은 결과 또는 최대한 불평등의 정도가 가장 낮은 결과를 가져오게 하라고 말한다. 따라서 남성들이 모두 갖고 여성들은 거의 아무것도 갖지 못하는 세상은 명백한 불평등의 세계이기 때문에, 평등주의 원칙은 비록 복지의 총량이 줄더라도 남성에게 계속해서 우선권을 부여하는 선택은 삼가라고 할 것이다.[2]

평등주의는 분배에 관한 모든 관점 중에서 가장 익숙한 개념이다. 하지만 여기에도 대안이 필요하다. 불평등의 문제가 아니라고 반박할 수 있는 경우도 있기 때문이다. 예컨대 누군가가 "남들은 20~30억 달러나 갖고 있는데 내 재산은 고작 10억 달러일 뿐"이라고 불평할 수 있으며, 당연히 이를 불평등의 문제로 보긴 어렵다. 어떤 이의 삶이 견딜 수 없을 정도의 낮은 복지 수준으로 귀결될 때라야 불평등하다고 할 수 있으며, 그런 삶은 객관적으로 적절하지도 않고 복지라고 부르기에도 민망할 것이다.

그렇다면 대안은 무엇일까? 대부분의 사람들이 이 정도면 '충분히 괜찮은(good enough)' 삶 또는 '적절한' 삶이라고 할 수 있는 최소한의 복지 수준을 정하는 게 방법이 될 수 있다. 그 선 위로 올라가면 양질의 삶을 사는 것이라고 할 수 있는 '기준선(baseline)'을 설정하는 것이다. 그런 다음 사람들을 이 기준선 이상으로 끌어올리는 것에 도덕적 우선순위를 두면 된다. 누군가 이 기준선에 이르게 되더라도 그 사람의 삶을 망쳐버렸

다는 도덕적 죄책감에 시달리지 않아도 된다.[3]

이와 같은 견해는 이런 방식으로 '충분한' 삶의 종류를 구분하는 작업을 수반하기에 '충분주의(sufficientarianism, 充分主義)'라고 부르기도 한다. 분배에 대한 우리의 관심을 반영한 표현인데, 이를테면 남성이 모든 것을 갖고 여성이 거의 아무것도 갖지 못하는 세상이라면 여성들은 '충분히 괜찮은' 정도의 기준선에 한참 미치지 못하는 셈이므로, 여성을 희생시키면서 남성에게 지속적으로 우선권을 주는 행위를 중지해야 할 것이다. 그렇지만 엄격한 의미로 말하면 충분주의는 분배의 관점에서 평등주의와는 다른 것이다. 평등주의는 비교적 개념으로서 관련 질문이 항상 "어떤 사람들이 다른 사람들에 비해 낮은 질의 삶을 살고 있는가?"인데 반해, 충분주의는 비교적 개념이 아니라 단지 "어떤 사람들이 기준선 이하에 있는가?"만 고려한다.

이 밖에도 어떤 관점은 다른 방식으로 엄격한 평등주의를 떠나고 있다. '우선주의(prioritarianism, 優先主義)'는 분배에서 '우선' 가장 낮은 복지 수준에 있는 사람들에게 도움을 줘야 한다는 입장을 고수한다. 복지의 총량이 불변일 때 누군가의 복지 수준을 증가할 수 있는 기회가 주어지면, 도덕적 관점에 따라 가장 상황이 좋지 않은 사람을 선별해 우선적으로 더 좋은 것들을 제공해야 한다. 하지만 우선주의는 복지의 총량을 중요시한다. 다만 복지의 총량이 증가해 얻을 수 있는 결과의 가치가 그에 비례하는 것은 아니다. 만약 증가분이 절대적으로 복지 수준이 낮은 사람들에게 간다면 결과의 가치는 눈에 띄게 높아진다. 반면 복지 증가분이 이미 높은 수준의 복지를 누리고 있는 사람들에게 간다면 개선되는 양이 미미하기 때문에 전체 결과가 크게 좋아지지 않는다. 결국 복지의 총량이 증가됨으로써 얻는 최종적인 가치 증가분은 혜택을 받은 사람들

제3장 · 동물에게 복지를 나눠주는 방법

의 복지 수준에 따라 달라진다. 수준이 낮으면 낮을수록 결과의 가치가
더 크게 증가하는 것이다. 그래서 우선주의에 따르면 맨 아래에 있는 사
람에게 제공된 적은 양의 복지 증가분이 맨 위에 있는 사람에게 주어진
많은 양의 복지 증가분보다 더 큰 가치 증가를 가져온다.[4]

　우선주의 역시 분배 원칙에 속한다고 할 수 있다. 이들의 견해에 의거
해도 남성이 모든 것을 갖고 여성은 거의 아무것도 갖지 못하는 결과는
피해야 한다. 여성보다 남성에게 더 많은 혜택을 제공해 전체 복지의 총
량을 키울 수 있는 것도 사실이지만, 우선주의에 따르면 남성보다 여성
을 돕는 경우 도덕적으로 더 나은 결과를 만들어 가치를 높일 수 있다.
복지의 총량만이 중요한 게 아니라 그 복지가 '어디로' 가는지 또한 중요
한 문제다.

　이처럼 우선주의도 분배적 관점을 갖고 있지만 평등주의나 충분주의
와는 다르다. 우선주의는 복지의 총량을 중요시하므로 '충분히 괜찮은'
수준 이상의 사람들에게도 비록 제한적이긴 하지만 우선권을 준다(물론
우선순위는 낮다). 그런데 다른 측면에서 보면 엄격한 평등주의와는 다르
지만 충분주의와 마찬가지로 우선주의도 비교적 개념은 아니다. 우선주
의는 "어떤 사람이 다른 사람보다 더욱 높거나 낮은 질의 삶을 살고 있는
가?"라는 문제에 대해 직접적인 주의를 기울이지는 않는다. 이들에게 중
요한 것은 개체의 절대적 복지 수준의 총합이다. 개체의 절대적 복지 수
준은 누가 누구보다 잘살거나 못산다는 사실의 비교가 아닌, 전체 복지
총량이 증가할 때 발생할 가치의 크기를 결정한다.

　이렇게 우리는 각각 나름의 설득력을 갖고 있는 분배 원칙들 가운데
세 가지를 알게 됐다. 그리고 아직 다른 것들도 남아 있다. 어떤 원칙은
정작 중요한 것은 평등 그 자체가 아니라 각각의 사람들이 혜택을 받을

만한 '자격'이 있는지의 여부라고 주장하기도 한다. 물론 대다수의 사람들이 사람은 도덕적으로 평등한 자격을 갖추고 있다는 쪽으로 생각하며, 사람들 모두가 평등하게 잘사는 게 중요할 것이다. 그러나 경우에 따라서는 불평등에도 의의가 있을 수 있다. 예컨대 어떤 사람이 전적으로 자신의 잘못으로 인해 삶의 질이 떨어졌다면 이런 사람이 다른 사람들에 비해 잘살지 못하는 것은 어찌 보면 당연하다. 이런 경우에 불평등은 문제가 되지 않을 수 있다. 따라서 이와 같은 일종의 '응보(desert, 應報)' 이론 또한 여성이 아무것도 얻지 못하는 세상은 여성들이 남성들과 마찬가지로 더 많은 좋은 것들을 얻을 수 있는 도덕적 자격을 갖고 있는 이상 결코 받아들일 수 없다고 말하지만, 우리가 앞서 살펴본 분배 원칙과는 다르다.[5]

이런 분배 원칙들 가운데 어느 것이 올바른지의 문제는 규범윤리학 분야에서 매우 중요한 질문이지만 여기에서 우리의 관심사는 아니다. 우리의 목적에 맞는 논점은 많은 사람들, 아마도 대부분의 사람들이 방금 살펴본 원칙들 중 하나 또는 적어도 비슷한 방식으로 작동하는 어떤 '분배 원칙'에 끌릴 것이라는 점이다. 그리고 내가 주장하려는 바는 이런 종류의 분배 원칙을 받아들이는 사람이라면 누구나 단일주의를 포기해야 할 저항할 수 없는 이유를 찾게 되리라는 것이다.

: 제2절_단일주의가 분배를 대하는 방식 :

단일주의자들의 문제를 살펴보기 위해 앞 절에서 내가 말한 내용을 다시 한번 생각해보자(책장을 뒤로 넘겨 다시 보고 와도 된다). 나는 여러분이 받아들일 수 있을 정도로만 요약해, 다른 모든 조건이 동일할 때 복지가 많을수록 결과는 좋을 것이라고 이야기했다. 그리고 분배에 관한 논의를 살펴봄으로써 다른 조건들이 언제나 동일한 것은 아님을 확인했다. 우선 여기까지만 떠올린 뒤 잠시 이 문제는 제쳐놓고 '복지'의 의미에 대해서 다시 생각해보자.

복지는 한마디로 '잘사는 것', '행복을 누리는 것'을 말한다. 이때 우리가 특별히 유념하지 않으면 정부의 복지 정책과 같이 '사람(또는 모든 인간)'에 대한 복지만을 떠올리게 된다. 당연한 말이지만 이 책 전반에서 언급되는 복지는 그 관심의 대상이 '동물'을 향해 있다. 이해를 돕기 위한 사례로 사람을 등장시킬 뿐이다. 강조컨대 복지는 사람(또는 모든 인간)만 누려야 하는 것이 아니다. 마음속에 새겨놓지 않으면 이 사실을 잊어버리기 쉽다. 물론 자연스러운 일이다. 우리는 사람이기 때문이다. 그래도 이런 실수는 쉽게 고칠 수 있다. 동물이 도덕적 입장을 갖고 있다는 점만 떠올리면 복지에 대한 사고 범위가 금세 넓어져 동물까지 포함하게 된다. 우리가 믿는 것 또는 믿어야 할 것은, 다른 조건들이 동일하다면 모든 복지를 헤아려야 하며, 그래서 동물의 복지를 포함하는 전체 복지가 커지면 커질수록 결과는 더욱 좋아진다는 점이다.

이와 비슷한 실수를 분배 원칙과 관련해서도 저지르기 쉽다. 앞으로도 우리가 각각의 원칙에 대해 살필 때마다 유사한 문제들이 한 번씩 생기겠지만 우선 '평등주의' 원칙만 해도 그렇다. 우리에게 평등의 문제는 매우 중요한데, 이때 주의를 기울이지 않으면 우리와 같은 사람(또는 모든 인간) 사이의 평등과 불평등에 관해서만 생각하게 될 것이다.

그런데 여기에서 다시 한번 동물의 도덕적 입장을 기억해내면 어떻게 될까? 평등이라는 개념을 확장해 동물까지 포함시킬 때 무슨 일이 벌어질까? 지구에는 인간만 사는 것이 아니니, 사람들 사이에서뿐 아니라 사람과 동물 그리고 동물과 동물 사이의 '불평등' 역시 중요한 문제라고 여겼다면 그 다음에는 어떻게 해야 할까? 내가 생각하기에는 여기에서부터가 중요하다. 평등 개념이 비단 사람만을 위한 것은 아니라는 인식에 동의했다면, 그 다음에는 무엇을 해야 할까?

어쨌건 동물윤리에서 단일주의자들은 평등의 문제를 무겁게 보고 있다. 보다 정확하게는 평등주의 원리를 신봉하는 단일주의자들이라고 해야 할 것이다. 단일주의자들은 모든 도덕적 입장을 가진 존재는 동일한 도덕적 지위에 있다고 주장하며, 평등주의자들은 모든 사람이 가진 도덕적 지위에서 가장 중요한 부분이 평등주의에 입각한 요구이므로, 다른 조건이 동일할 경우 복지의 불평등한 분배가 일어나면 결과가 나빠진다고 믿는다. 이 두 가지 개념을 한데 묶으면 단일주의자이자 평등주의자는 사람과 마찬가지로 동물도 평등에 대한 도덕적 요구를 할 수 있다고 주장할 수 있다.

평등주의자들은 어떤 사람이 다른 사람보다 삶의 질이 현저하게 낮은 상태라면 도덕적 관점에서 전체 결과의 가치를 낮아지게 만들기 때문에, 이 상황을 해소하거나 최소한 개선하기 위해 할 수 있는 모든 일을 해야 한다는 도덕적 의무를 갖는다. 이와 마찬가지로 우리가 동물에게도 도덕적 입장이 있다는 사실을 떠올리면, 어떤 동물이 다른 동물보다 질이 떨어지는 삶을 살거나 나아가 동물이 사람에 비해 현저히 떨어지는 삶을 산다고 했을 때, 이 같은 상황 역시 수정해야 한다고 마치 단일주의자들처럼 주장할 수 있다.

이것이 바로 우리가 처한 상황이다. 의심의 여지없이 우리는 동물보다 나은 삶을 살고 있다. 일반적으로 사람은 동물에 비해 엄청나게 높은 수준의 복지를 누리고 있다. 예외가 아예 없다고 할 수는 없겠지만 거의 모든 환경에서 사람은 동물과 비교할 수 없는 삶의 질을 누리고 있고, 또한 일부 동물도 다른 동물보다 양질의 삶을 살고 있다는 사실은 부정할 수 없다. 사람으로서 누릴 수 있거나 실제로 살면서 누리고 있는 방대한 양의 좋은 것들이 우리에게는 있지만, 동물에게는 아예 없거나 있어 봐야 미미하고 가치가 낮은 형태로만 갖고 있다. 동물들 사이에서도 가질 수 있는 좋은 것들의 종류, 양, 형태에서 많은 차이를 보인다. 따라서 사람은 동물보다 더욱 가치 있는 삶을 살고 있으며, 일부 동물은 다른 동물보다 더욱 가치 있는 삶을 살고 있다.

단일주의자들도 이런 주장을 거부하지 않으리라는 것은 분명하다. 왜냐하면 사람의 삶이 동물의 삶보다 훨씬 더 낫다는 생각에 그들도 동의하므로, 앞서 사람을 구하느냐 쥐를 구하느냐 하는 선택에서 동전 던지기를 하지 않고 설득력 있는 논리를 펼쳐 결국 사람을 구하는 데 성공했기 때문이다. 이때 단일주의자들은 사람의 삶이 쥐보다 더욱 가치 있어서 잃을 것이 더 많기에, 쥐가 아닌 사람을 구하는 것이 우리의 결정을 정당화할 수 있다는 합리적인 대답을 할 수 있었다.

이것이 의미하는 바는 두말할 필요도 없이 단일주의자들 스스로 사람과 동물에 대한 상대적 판단을 부정할 수 없는 상황에 빠졌다는 것이지만, 어쨌건 그들의 단일주의적 관점이 여전히 한쪽으로 기울어져 있다고 해도 별로 중요하지는 않을 것이다. 왜냐하면 내가 이미 주장했듯이 사람이 쥐보다, 즉 사람이 동물과 비교할 수 없을 정도로 나은 삶을 살고 있다는 사실은 상식에 가깝기 때문이다.

그런데 사람이 동물보다 훨씬 나은 삶을 살고 있다고 했을 때, 다시 말해 도덕적 지위가 같은 사람과 동물의 삶이 이렇게 차이가 났을 때, 우리가 단일주의자라면 가만히 있을 수 없다. 불평등하기 때문이다. 우리가 살고 있는 이 세계는 사람이 동물보다 훨씬 질이 높은 삶을 영위하는 세상이기에 평등주의적 관점에서 도저히 받아들일 수 없는 것이다. 따라서 우리가 무엇이든 할 수만 있다면, 단일주의자들이 틀림없이 주장할 것처럼, 우리에게는 이를 수정하거나 최소한 개선해야 할 명백한 도덕적 의무를 지게 된다.

아직 나는 평등주의 원칙들을 전반적인 도덕 이론에서 어느 정도의 무게로 받아들여야 하는지에 대해서는 특별한 주장을 하지 않았다. 물론 확실히 평등주의에 입각한 관점에 공감하는 사람들은 도덕적으로 받아들이기 어려운 불평등을 수정 및 개선하려고 하는 게 상대적으로 중요하다고 생각할 것이다. 그러나 나는 아직 입장 정리를 하지 못했다. 왜냐하면 이 문제에 대해서 반드시 짚고 넘어가야 할 논점이 남아 있고, 내가 생각하기에 그것은 굉장히 중요하기 때문이다. 나는 아직 사람과 동물 사이의 불평등 문제가 어느 정도로 중요한지, 수정이나 개선이 가능하다면 사람이 어느 수준까지 노력해야 하는지 잘 모르겠다. 단일주의자들이 감수하려고 하는 희생이 정확하게 어떤 것인지도 이야기할 수 없다.

지금 상황에서 내가 말할 수 있는 사항은 단지 많은 사람들이 평등을 매우 중요한 도덕적 가치로 여긴다는 사실과, 이를 위한 여러 자기 대안 중에서 선택을 할 때 세심한 주의를 기울여야 한다는 정도이며, 단일주의자들의 입장에서는 사람과 동물 그리고 동물과 동물 사이의 광범위한 불평등을 찾아내 그것이 심각한 문제임을 널리 알려서 고쳐질 수 있게 만드는 것이 그들의 목표라는 점이다. 이를테면 복지 자원을 보다 덜 필요로 하는 사람으로부터 보다 더 필요로 하는 사람에게 이전하는 정책을 넘어, 자원을 사람으로부터 뱀, 새, 쥐, 개구리, 파리로까지 확대함으로써, 현재 사람과 동물 사이에 존재하는 크나큰 불평등을 완화시켜 평등주의의 요구 수준까지 우리가 할 수 있는 모든 일을 해야 한다는 것 말이다.

그러나 쥐의 복지 수준을 향상시키기 위해 우리가 할 수 있는 일은 거의 없을 수도 있다. 물론 그렇다고 아예 없다는 뜻은 아니다. 예컨대 쥐가 먹을 수 있도록 잘 다니는 곳에 치즈를 놓아둘 수 있다. 새에게 씨앗을 먹이로 주거나 토끼에게 당근을 제공할 수도 있다. 그리고 이는 단일주의자들의 입장에 따르면 우리가 실제로 해야 하는 일로 보인다.[6]

하지만 나는 이것이 터무니없는 결론이라고 생각한다. 물론 나도 사람의 삶이 쥐나 새 그리고 토끼보다 훨씬 질 높은 삶이라는 데 전적으로 동의한다. 그래서 여기에 일종의 불평등이 존재한다는 사실도 부정할 수 없다고 여긴다. 그렇지만 나는 이와 같은 불평등을 도덕적으로 받아들일 수 없다는 주장, 다시 말해 쥐의 삶이 사람만 못하다는 그 사실이 도덕적으로 문제가 있어서 우리가 이 불평등을 타파해야 하는 '도덕적 의무'를 갖는다는 주장에는 절대로 동의할 수 없다. 우리가 단일주의와 평등주의를 동시에 받아들일 때는 당연히 그런 결론에 이르게 된다. 그런데 우리가 평등주의의 분배 원칙을 포기할 준비가 돼 있지 않다면, 우리가 해야 할 일은 단일주의를 배격하는 것이다.

어떤 단일주의자들은 우리가 정작 포기해야 할 것은 단일주의가 아니라 '평등주의'라고 주장할지도 모른다. 대신 평등주의 다른 분배 원칙이 있으므로 우리가 이런 대안에 찬성함으로써 여지를 남겨 다시 단일주의와 결합된 공정한 분배에 대한 신념을 함께 유지해나갈 수 있으리라고 기대할 수도 있다. 그러나 단일주의자들에게는 유감스럽지만, 평등주의가 아닌 다른 분배 원칙을 모두 대입해 단일주의와 결합해보려고 해도 여전히 받아들이기 어려운 결론이 나오게 된다.

예를 들어 우리가 '우선주의'를 선택했다고 가정해보자. 그러면 개념상 도덕성은 우리에게 삶의 절대적인 수준이 가장 낮은 사람에게 복지를 우선적으로 제공하라고 말할 것이다. 이때 상대적인 비교는 철저히 배제된다. 여러분이 다른 누구보다 나쁜 상태인지 아닌지는 문제가 되지 않고, 오직 관건은 여러분의 삶이 얼마나 좋은지 나쁜지 그뿐이다. 복지가 절대적인 삶의 수준이 가장 낮은 개체에게 제공될 때, 복지 한 단위가 추가되면 단순히 그만큼 좋아지는 '1 대 1' 대응관계가 된다.

하지만 지금의 논점에서는 우리가 사람과 동물의 도덕적 지위가 동일하다는 단일주의자들에게 동의한 상태이기 때문에, 동물들이 절대적으로 낮은 삶의 수준을 살고 있다는 사실이 입증된다면 동물의 복지를 올리기 위해 인간 사회와 유사하게 동물에 우선권을 줘야 한다. 고양이가 사람보다 낮은 수준의 삶을 살고 있다면 복지 자원은 사람이 아닌 고양이의 복지를 향상시키기 위해 투입돼야 한다. 쥐의 복지 수준이 고양이보다 더욱 낮다면, 복지의 증가분 한 단위를 쥐에게 투입할 때 그 결과가 사람에게 투입할 때보다 훨씬 더 좋아지게 된다. 여기에서 더 나아가 만약 집파리를 도덕적으로 헤아린다면 절대적인 관점에서 그들의 복지 수준이 가장 밑바닥일 것으로 판단되므로 더한 우선권을 갖게 될 것이다.

실질적인 문제는 이것이다. 우선주의는 못살고 있는 사람의 복지가 잘살고 있는 사람의 복지보다 더욱 중요하게 고려돼야 한다고 주장하는데, 도덕적으로 이야기할 때 이는 삶의 질이 낮은 사람의 복지로 증가하는 양이 삶의 질이 좋은 사람의 복지로 증가하는 양보다 크다고 여기기 때문이다. 이때 혜택을 받는 사람의 삶의 질이 낮을수록 복지 수준을 끌어올리면서 얻게 되는 좋은 것들의 증가량이 커지게 된다. 이와 같은 가중치는 상당히 강력해서, 적절한 분배에 대한 의지가 더 못사는 사람들로만 향하는 결과로 나타난다.

이를 단일주의와 결합하면 동일한 가중치가 동물에게도 적용된다. 그러면 동물이 사람보다 훨씬 더 질이 낮은 삶을 살고 있기 때문에 쥐나 파리의 복지에 증가분을 투입하는 것이 사람에게 투입하는 것보다 전체 결과가 더 좋아지게 된다. 심지어 사람 사이에서 더 열악한 사람이 있더라도 절대적으로는 동물의 삶이 더 열악하기 때문에 우선권은 돌아오지 않는다.

요컨대 우리가 우선주의를 받아들여 단일주의와 결합한다면, 분배 원칙에 대한 우리의 사고를 심하게 압박해 최하위층의 삶을 살고 있는 동물들을 전적으로 우선해야 한다는 결론에 이르게 된다. 내 생각으로는 이를 받아들일 만한 사람은 아예 없거나 거의 없을 것 같다. 따라서 우선주의를 인정한다면 단일주의를 받아들일 수 없을 것이다.

우리가 단일주의와 '충분주의'를 결합하려는 경우에도 비슷한 결과가 나온다. 앞의 기억을 되짚어보면 충분주의는 사람들을 특정 수준의 복지에 이르도록 하는 것이 중요하다고 강조하는데, 이 수준은 그 삶이 비록 대단하다고는 할 수 없어도 한 개체로서 살아가기에 충분한 정도를 의미한다. 예를 들어 만약 우리가 다양한 삶의 복지 수준에 정확한 수치를 매길 수 있다고 가정했을 때 '좋은' 삶은 100, '충분히 괜찮은' 수준은 80이라고 생각해보자. 이때 충분주의자들은 우선순위가 이 80의 복지 수준이며, 그러지 못할 경우 적어도 기준선에 가능한 한 가깝게 위치하도록 해야 한다고 주장할 것이다.

이제 이 충분주의를 단일주의와 결합한다고 해보자. 단일주의 관점에서는 아무리 80의 수준으로 복지를 끌어올려도 충분치가 않다. 어쨌든 100과는 차이가 나기 때문이다. 또한 동물에 적용할 때 이 '충분히 괜찮은' 수준인 80에 동물의 복지도 맞춰야 하는데, 사람과 동물의 도덕적 지위가 동일하다는 단일주의 관점에서 용납 불가능한 수준이다. 더욱이 충분주의의 이 적절한 기준선에 맞추더라도 그 대상이 사람인지 동물인지에 상관없이 똑같이 적용해야 한다. 사람을 80의 복지 수준에까지 끌어올리는 것과 동일하게 동물에 대해서도 그렇게 해야 한다. 동물이 일반적으로(또는 항상) 지정된 기준선보다 낮은 복지 수준에 있다는 것이 명백하다면, 그들의 수준을 가능한 한 기준선까지 끌어올리는 것이 우리가 최우선적으로 해야 하는 일이다.

그런데 현실은 어떨까? 100이면 좋은 삶이고 80이면 충분주의에서 적절한 기준선으로 설정해놓은 만큼 받아들일 만한 삶이라고 했을 때, 동물들은 그 수준보다 한참 저 아래에 위치해 있을 것이다. 100이니 80이니 하는 수치도 이해를 돕고자 임의로 매긴 것이지만, 아마도 개는 30이나 40 정도 될 것이고 나머지 대부분의 동물은 수치가 잘해야 2나 3인데 이것도 높다고 할 수 있으며, 곤충의 경우에는 소수점 아래일 것이다.

물론 정확한 수치 따위는 전혀 중요하지 않다. 중요한 것은 동물의 복지 수준이 기준선 아래에 있을 때 충분주의자들에게 이를 사람에 준해서 해결하라고 요구하는 것이 설득력이 떨어진다는 사실을 우리가 안다는 점이다. 기준선을 다시 설정하려고 해도 동물의 기준에 맞추기 위해 사람의 삶을 그나마 받아들이고 있던 80 아래로 격하시킬 수는 없다. 결국, 필연적으로 보이지만, 우리가 동물의 복지 수준을 사람에 필적하는 수준까지 끌어올리는 일이 현실적으로 불가능하다면, 단일주의자들은 가능한 한 가깝게라도 끌어올리기 위해 할 수 있는 최선을 다하라고 주장할 것이 틀림없다. 하지만 이렇게 되면 더 이상 단일주의가 아니다.

도덕성이 우리에게 사람들을 최소한 살 만한 복지 수준까지 끌어올리도록 명하고 있다는 관점은 합리적으로 보이지만, 쥐나 토끼에 대해서도 동일한 수준 또는 최대한 가깝게 올리라는 주장을 심각하게 받아들인다는 것은 사실상 불가능하다. 이 또한 받아들일 만한 사람이 아예 없거나 거의 없을 것 같다. 따라서 충분주의에 찬성하는 사람은 단일주의를 거부할 것이다.

그렇다면 이번에는 평등이 중요한 게 아니라 각각의 사람들이 혜택을 받을 만한 자격이 있는지가 중요하다는 입장은 어떨까? 만약 우리가 사람과 동물이 같은 도덕적 지위를 가진다는 단일주의 관점을 따르면서 '응보론'과 결합한다면, 사람과 동물 사이 그리고 동물과 동물 사이에 존재하는 불평등은 어떻게 이해될 수 있을까? 앞서 응보론의 논점을 한쪽 측면밖에 설명하지 못했는데, 이 관점에 따르면 자신의 잘못으로 삶의 질이 떨어진 것이 불평등이 아니듯, 못사는 사람과 비교해 잘살 만한 자격이 있어서 잘사는 것은 불평등이 아니다.

그렇기에 이를테면 어떤 사람이 단지 인간으로 태어났다는 이유만으로 쥐에 비해 높은 수준의 복지를 보장받을 자격이 있다는 주장은 응보론에서 가능하지만, 단일주의 관점에서 보면 자신들이 부정하는 도덕적 지위의 격차를 인정하는 행위가 된다. 하지만 사실상 우리가 특정 개체의 이해관계를 헤아리는 데 부여하는 가중치는 그 대상이 갖추고 있는 자격에 따라 달라진다. 그리고 판단 대상의 자격은 전적으로는 아니더라도 상당 정도까지는 인간, 개, 토끼, 쥐, 물고기 등 가운데 어떤 개체인가에 따라 달라진다고 말할 수밖에 없을 것이다.

그럼에도 불구하고 단일주의자들처럼 도덕적 입장을 가진 모든 존재가 동일한 도덕적 지위를 가진다고 주장한다면, 이를테면 사람과 똑같은 자격이 소에게 있다고 주장한다면 틀림없이 묵살당할 것이다. 만약 주장이 받아들여져서 사람과 소의 유사한 이해관계에 동일한 가중치가 부여될 수 있다면, 이번에는 사람이 동물보다 훨씬 질이 높은 삶을 살고 있다는 사실이 정당성을 잃게 된다. 또한 마찬가지로 응보론과 단일주의를 결합한다면, 그럴 만한 자격을 갖추지 못한 동물의 삶을 가능한 한 사람과 가까운 수준으로 끌어올리기 위해 할 수 있는 모든 것을 해야 한다는 도덕적 이유를 강제로 만들어야 한다. 이것 역시 받아들일 사람이 아예 없거나 거의 없을 것이다. 따라서 응보론을 수용하는 사람은 단일주의를 부정할 것이다.

지금까지 우리는 분배와 관련한 '평등', '우선', '충분', '응보'라는 네 가지 원칙을 단일주의와 결합하려는 시도를 해봤다. 세부적으로는 조금씩 달랐지만 모든 원칙들이 단일주의와 결합했을 때 받아들이기 어려운 결과가 돼버렸다. 근본적인 문제는 바로 이것인데, 우리가 동물의 삶에 대해 헤아릴 때 사람 사이에 존재하는 분배 원칙을 그대로 사람과 동물 사이에 적용하면 거의 모든 이들이 도덕적으로 받아들일 수 없는 결론이 도출된다는 사실이다. 그러므로 동물이 사람과 똑같은 도덕적 지위를 갖고 있다고 주장하는 단일주의를 인정하면 복지의 분배는 우리가 사람과 동물 양쪽을 모두 고려할 때 도무지 받아들일 수 없는 괴상한 것이 된다. 결국 이와 같은 분배의 불의를 수정하는 것이 도덕적 의무 사안이 될 정도로 이런 상황을 해소하거나 완화해야 하는 도덕적 이유를 강요당하는 지경이 이른다. 예컨대 쥐의 삶을 향상시키기 위해 우리가 노력할 수 있는 모든 것을 해야 한다. 이런 결론을 받아들일 사람은 아무도 없을 것이다. 그렇기 때문에 위 네 가지 분배 원칙 중 하나라도 인정한다면 필연적으로 단일주의를 배격할 수밖에 없을 것이다.

물론 이 밖에도 다른 분배 원칙들이 많이 있는데, 그렇다고 그것들 또한 단일주의와 결합하면 위와 비슷한 문제를 일으킬 것이라고 가정할 필요는 없다. 그래도 결정적인 문제는 그대로 남는데, 우리가 발견한 분배의 형태는 사람 사이에서 작동되는 원칙을 사람과 동물을 모두 고려해야하는 상황에 적용하면 결국에는 받아들이기 어려운 것이 되고 만다는 사실이다. 하지만 복지 분배의 형태를 비판하는 역할까지 수행하는 분배 원칙이라는 측면에서 보면 사람과 사람, 사람과 동물, 동물과 동물 사이의 분배에서도 그대로 비판 기조를 유지할 수 있고 이는 당연할 것이다. 단일주의와 함께 현실을 비판해주는 데는 문제가 되지 않는다는 의미다. 따라서 여러분이 이와 같은 측면에서 분배 원칙과 단일주의를 같은 선상에서 볼 수는 있지만, 그것은 어디까지나 복지 분배 형태를 비판할 때의 이야기이고, 지금 우리의 논점에서 분배 원칙을 받아들이는 한 단일주의를 배격해야 하는 정당한 이유를 갖게 되는 것이다.[7]

: 제3절_교착 상태에 빠진 단일주의 :

나는 우리가 몇 가지 설득력 있는 분배 원칙 중 어떤 것이든 단일주의와 결합시키면 결국 받아들일 사람이 거의 없거나 아예 없는 결론에 도달한다고 주장했다. 그런데 왜 나는 일말의 여지를 남겼을까? 왜 단호하게 "받아들일 수 없다"고 주장하지 않았을까?

물론 개인적인 관점에서는 그런 결론은 받아들일 수 없다. 그렇게 표현한 이유는 그래도 이에 동의하지 않는 누군가가 있을지 모르기 때문이다. 그 사람은 반론을 제기하고 싶을 것이다. 그리고 그 사람은 단일주의자일 확률이 매우 높을 것이다. 또는 단일주의에 영향을 받은 일부의 사람들, 내 생각에는 아주 소수일 것 같지만, 그럼에도 분명히 존재하는 이소수의 사람들은 우리가 사람과 동물 그리고 동물과 동물 사이에 존재하는 다양한 불평등을 반드시 해소해야 하는 명백한 도덕적 의무를 갖고 있다는 결론에 이를 때까지 언제까지고 논쟁할 각오가 돼 있는 듯 보인다.[8] 그들은 다람쥐, 뱀, 집파리 또는 이와 비슷한 생명체들의 복지 수준을 향상시키기 위해 우리가 할 수 있는 것들을 해야 한다고 주장할 것이다. 이미 밝혔듯이 나는 동의할 수 없다. 그리고 누군가 이런 관점을 견지하기 위해 그 어떤 부담이라도 기꺼이 지겠다고 한다면 나로서는 해줄 만한 이야기도 없다. 나는 여러분을 포함한 대부분의 사람들은 그와 같은 결론을 받아들이지 않을 것이며, 우리에게 동물복지에서 볼 수 있는 다양한 불평등을 제거할 의무가 있다는 주장을 거부하리라고 생각한다.

그러나 단일주의에 빠져 있는 다른 사람들은 우리에게 분배 원칙이 전체 도덕 이론 중 일부에서만 관심을 두는 가치에 불과하다는 사실을 들면서 논증의 힘을 약화시키려고 할지도 모른다. 우리가 앞서 살펴본 복지의 최대치를 산출하는 것, 또는 잃게 될 복지의 양이 가장 큰 개체를 돕는 것만이 전부는 아니라는 다소 설득력이 부족한 결론을 수정하고자 했던 분배 원칙처럼, 만약 우리의 행동이 전체 결과에 미치는 중요성을 망각한다면 그와 비슷한 분배 원칙들도 부조리한 결론으로 몰게 될 것이다. 더욱이 우리가 동물복지에서 받아들이기 어려운 분배 원칙을 제거하려는 모든 시도에는 막대한 사회적 비용이 들기 때문에, 기껏해야 분배의 정의라는 관점에서 최소한의 이해관계를 얻고자 우리 자신과 다른 사람들의 복지를 감소시키면서까지 동물의 전반적인 복지 수준을 향상시키는 것은 바람직하지 못하다는 사실이 입증될 것이다.

하지만 위에서 언급했듯이 복지 분배의 형태를 비판하는 역할 측면에서의 분배 원칙을 생각해보면, 단일주의자들의 주장처럼 이를 동물로까지 확대해 적용해야 하는 것은 맞다. 왜냐하면 그렇게 확장된 분배 원칙들이 사람과 동물 그리고 동물들 사이에서 볼 수 있는 복지 분배 형태의 다양한 특징을 도덕적으로 받아들이지 못할 것들도 인식할 수 있게 해주기 때문이다. 이 작업은 필요하다. 결과적으로 이런 과정을 통해 우리 자신과 전반적인 복지 체계에 불합리한 비용을 전가하지 않으면서 동물윤리를 바라보는 사회적 인식에 변화를 일으킬 수 있다면 우리가 꼭 해야 하는 일이라고 할 수 있다. 그럼에도 불구하고 현실적인 비용은 높은 데 반해 여기에 수반되는 희생은 크기 때문에, 종합적으로 모든 사안을 고려하면 명분이 부족하고 우리의 다른 도덕적 가치들을 고려하는 경우에도 크게 결과가 달라지지는 않는다.

요약하자면 분배 원칙들과 단일주의를 결합할 때 나타나는 결과는 거시적으로 볼 때 전반적인 도덕 이론의 범주에서 이뤄진다면 원만하고 수용 가능한 방식이 될 수도 있다. 그렇기 때문에 우리가 단일주의를 전적으로 배격할 이유는 없다.[9]

왜 갑자기 태도를 바꿨느냐고 의아해할지 모르지만 그렇진 않다. 이 견해를 약간의 논쟁을 유발할 수도 있는 형태로 바꿔보면, 동물복지 등 모든 상황을 고려했을 때 분배 원칙은 상대적으로 취약할뿐더러 매우 취약하기 때문에, 단일주의자들이 이 원칙들을 이용할 때 그들이 주장하는 터무니없이 부담스러운 의무감이 생기는 것을 피할 수 있다는 의미다. 그러므로 이 분배 원칙들의 도덕적 영향력이 취약하다면 단일주의와 결합됐을 때 파생되는 도덕적 의무 또한 그만큼 취약해질 수밖에 없다는 사실을 인정해야 한다. 내가 보기에 대부분의 사람들은 자신이 선호하는 분배 원칙에 기꺼이 힘을 실어줄 준비가 돼 있는 것 같지는 않다. 왜냐하면 우리가 앞서 살펴봤듯이 복지 분배의 전반적인 형태는 '인간 사회'의 문제를 다룬 것들인데 여기에 동물복지까지 포함시킬 경우, 우리가 접근했던 분배 원칙들이 이 상황을 받아들일 수 없게 된다는 사실을 이미 알게 됐기 때문이다.

결국 분배 원칙들이 취약해지는 것은 동물복지에 적용할 때, 즉 단일주의와 결합할 때가 그렇다. 물론 각각의 분배 원칙이 완벽한 것은 아니지만 인간 사회에서는 나름의 역할을 다하고 있다. 분배 원칙이 동물복지와 연결될 때 취약해지는 까닭은, 적용하는 문제와 관련해서 우리가 동물을 고려할 때 평소 사람을 대하는 태도 그대로 대하지는 않기 때문이다. 이는 대다수의 사람들의 분배에 대한 요구가 동물보다 사람을 향해 있어서다. 따라서 동물이 사람과 동일한 도덕적 지위를 가진다는 단일주의자들의 주장은 틀렸다. 여전히 그들만의 주장을 극복하지 못하는 것이다.

그렇다고 해서 내가 동물에게 복지 분배를 요구할 수 있는 권리가 전혀 없다고 주장하는 것은 아니다. 실제로도 여전히 어떤 특정 동물 집단에 대해 절대적·상대적으로 분배적 불의나 불공정이라고 표현할 수 있는 상황이 벌어지고 있다. 다만 여기에서의 논점은 이를테면 남성이 모든 것을 갖고 여성은 아무것도 갖지 못하는 세상처럼, 사람과 사람 사이에 문제가 생겼을 때 요구되는 분배 원칙을 단일주의자들이 동물에 확대해 적용하면서 마치 여기에서 파생되는 의무들이 원만하고 별 문제 없는 것인 양 기만하고 있다는 것이다.

단일주의에 동조하는 사람들이 이 문제에서 빠져나갈 수 있는 대안은 아직 남아 있다. 이와 같은 다양한 분배 원칙을 거부하는 것이다. 그러면 우리가 논의한 문제를 단번에 해결할 수 있는데, 우리가 부담스러워하는 특정 도덕적 의무는 단일주의가 하나 또는 여러 분배 원칙과 결합하려고 할 때만 발생하기 때문이다. 그렇기에 분배 원칙 자체를 거부하면 지금까지 우리가 지적한 단일주의에 대한 반대 의견을 수용하지 않아도 된다.

사실 이런 대안을 따른다면 단순히 반대 의견을 피하기 위한 목적에서 일 수도 있겠지만 자포자기할 필요는 없다. 대개의 사람들이 우리가 논의한 종류의 분배 문제에 공감하더라도 모든 이들이 그렇지 않은 것도 사실이다. 어떤 이들은 논의를 시작할 때부터, 분배 원칙과 동물복지에 대한 질문을 던지기 전부터 아예 분배의 본질적 중요성조차 부정했을 수도 있다. 그러므로 최소한 얼마간이라도 단일주의가 일관된 가능성으로 여전히 남아 있을 수 있다. 물론 분배 원칙들을 완전히 무시한다는 전제를 해야겠지만 말이다.

내가 권하긴 했지만 나는 이 특별한 대안에는 관심이 없다. 이와 같은 분배 원칙들이 필요하다고 확신하기 때문이다(그것들을 대변하려는 것은 아니다). 그렇다면 누군가 이 분배 원칙들 중 한 가지를 실제로 강력하게 수용한다고 가정했을 때 다른 입장들은 열려 있을 수 있을까?

어떤 이들은 분배 원칙을 적절히 해석한다면 분배의 중요성을 받아들이면서도 동물의 복지 수준을 도덕적으로 용납할 수 없다는 단일주의자들의 수용하기 어려운 주장을 피할 수 있는지 궁금할 것이다. 물론 이런 생각은 해당 특정 분배 원칙에 따라 달라질 것이다. 하지만 내가 보기에는 불가능하다. 왜 그런지 몇 가지 사례를 들어 살펴보기로 하자.

우선 '평등주의' 분배 원칙을 수용한 사람이라면 어떤 특정한 좋은 것을 소유할 수 있거나, 평가할 수 있거나, 그것으로부터 이익을 얻을 수 있는 실질적인 능력을 갖고 있는 경우에 한해서 평등주의적 분배 권리를 요구할 수 있다는 '제한된' 형태의 평등주의를 제안할 수 있다. 이런 식으로 복지 전반에 대한 평등이 아니라 특정 유형의 좋은 것들에 대해서 개별적인 '영역'을 한정할 필요가 있으며, 그와 같은 좋은 것들을 적게 가졌던 개체에게 실제 혜택이 가면 더 많은 이익이 된다는 주장은 주어진 영역 내에서 주요한 분배 원칙이 될 수 있다. 예컨대 쥐는 미술을 감상할 시각적 능력이 없으므로 그들의 삶에서 미술에 관한 복지 수준이 떨어지는 것은 문제가 되지 않는다. 마찬가지로 개는 친구관계를 맺을 수 있지만 사람만큼의 깊은 우정은 맺지 못하므로 그 수준 이상의 평등주의적 분배 권리를 주장할 수 없다.

이를 일반화하면 사람과 비교해 자신들에게 좋은 것이 적다는 사실, 소유할 수 있더라도 가치가 낮은 형태로 소유할 수밖에 없다는 사실 등은 동물이 사람보다 상대적으로 낮은 가치의 삶을 산다는 근본적 이유가 되며, 평등주의를 적절하게 이해하기만 하면 단일주의자들이 말하는 이런 모든 것들로부터 파생되는 불의나 불공정은 도덕적 의무를 부여할 요소가 되지 않는다.

그러나 이와 같은 이해는 우리가 사람과 동물 또는 동물과 동물 사이의 불평등을 해소하기 위해 전력을 다해야 한다는 단일주의의 주장에서 벗어나게는 해주지만 여전히 단일주의적 사고방식과 크게 다르지 않은 것으로 보인다. 평등주의를 이렇게 이해하면 우리가 논의하려는 문제에서 더 이상의 진전은 없게 된다. 예를 들어 미술에 관심을 갖는 개체가 그것으로부터 자신의 삶에 이익을 얻을 수 있다면 그 존재는 미술에 대해 평등주의적 분배 권리 주장을 할 수 있지만, 그렇지 않은 존재라면 할 수 없게 된다. 다른 좋은 것들에 대해서도 마찬가지다. 이 원칙이 공정하게 적용돼 동물의 삶이 사람보다 질이 낮아져도 어쩔 수 없는 것이다. 상황을 수정하기 위한 더 이상의 분배에 대한 요구 사항은 사라지게 되며, 불평등은 현실이지만 도덕적으로 받아들이지 못할 것은 아닌 게 된다.

더욱이 이런 불평등은 도덕적 지위의 격차로 인해 발생한 것이라고 생각할 수 없다. 논쟁의 여지가 없는 사람과 동물의 본성 차이, 즉 각각의 존재가 어떤 좋은 것을 즐길 수 있는지에 따른 것일 뿐이다.

단일주의자들에게는 유감스러운 일이지만 이와 같은 평등주의의 제한된 해석은 단일주의가 수용할 수 있는 내용과는 거리가 있다. 이를 이해하려면 사람들 사이에서 발생할 수 있는 불평등한 사례를 먼저 살펴보는 것이 좋을 것이다. 예컨대 일반인들보다 낮은 수준의 복지를 누리고 있는 맹인을 떠올려보면, 그는 단지 맹인이라는 이유로 시각적인 예술을 감상할 능력을 결여하고 있다. 단일주의자들이 볼 때 결과적으로 낮은 수준에 머물러 있는 이 맹인의 복지 수준은 평등주의적 관점에서 당치도 않은 것이다. 이 사람에게 해당하지 않는 '영역' 외의 다른 좋은 것들을 제공함으로써 보상해야 한다고 주장할 것이다.

그렇다면 우리가 앞서 고려한 것과 달리 평등주의적 분배 권리에 대한 요구는 실제로는 좋은 것들의 특정한 '영역'에 국한되지 않는다. 누군가 특정 유형의 좋은 것을 가질 수 없거나 그것으로부터 이익을 얻을 수 없다면, 그는 자신이 누릴 수 있는 다른 형태의 좋은 것들을 요구할 권리를 갖게 된다. 우리가 이 점을 이해한다면 쥐, 개, 파랑새 등은 그들이 누릴 수 있는 것 이상의 좋은 것들은 요구할 수 없다는 제한된 평등주의가 단일주의와는 양립할 수 없다는 사실을 금세 알 수 있다.

이번에는 '충분주의'를 살펴보자. 충분주의 관점에서 사람들은 복지 수준이 '충분히 괜찮은' 기준선에는 도달해야 한다는 권리를 주장할 수 있다. 그리고 앞서 설명했듯이 만약 우리가 단일주의적 입장을 수용한다면 이는 동물들의 복지 역시 기준선이나 그 이상으로 끌어올려져야 하는 것으로 구체화된다. 하지만 충분주의를 적절히 해석한다면 이와 같은 받아들이기 어려운 결론을 피할 수 있지 않겠느냐고 기대할 수 있다. 예컨대 개별 존재에 따라 '남부럽잖은 삶(decent life)' 또는 '최소한의 남부럽잖은 삶(minimally decent life)'을 살기 위한 기준선을 각각 조정해 설정하면, 즉 일괄적으로 70이나 80처럼 일괄적으로 동일하게 부여하지 않는다면 해결할 수 있다는 생각이다. 그러면 사람 사이에서 '남부럽잖은 삶'의 기준선은 개들끼리보다는 높고 개들은 쥐들보다는 높을 것이므로, 개별 존재가 두루 받아들일 수 있고 사람보다 현저히 낮은 동물의 복지 수준이 불평등하다는 주장도 상쇄할 수 있을 것이다.

그러나 이 또한 단일주의자들에게는 안 될 이야기다. 충분주의의 이 같은 해석은 그들 입장에서는 '계층주의'를 도입하려는 시도가 된다. 충분주의에 입각한 기준선을 상대적인 것으로 설정하면 사람은 사람이라는 사실만으로 복지에 대한 더 큰 분배 권리를 갖는 반면, 개나 쥐는 그들이 개와 쥐라는 사실만으로 보다 덜한 복지 수준만 요구할 수 있게 된다. 사람과 개에게 비슷한 즐거움이 제공된다고 했을 때 결과적으로 사람에게만 더 중요하게 작용할 수 있다. 예를 들어 개는 이미 기준선에 도달해 있는데 사람의 기준선은 더 높기 때문에 추가적인 즐거움을 사람이 더 누리게 되는 것이다. 결국 이런 견해는 사람이 동물보다 더 높은 도덕적 지위를 가졌고 어떤 동물은 다른 동물보다 높은 지위를 가졌다는 계층적 관점으로 연결된다. 따라서 복지 기준선을 상대적으로 설정한다는 충분주의의 변형은 단일주의가 용납할 수 없는 것이 된다.

이런 상황은 또한 앞서 우리가 '응보론'과 연계해 고려했던 사안과 유사하다. 동물이 사람에 비해 불충분한 자격을 가졌다는, 달리 말하면 사람과 비교해 보다 낮은 수준의 복지를 누릴 자격을 가졌다는 관점이 응보론의 범주에 속한다. 바로 이 자격의 차이가 사람과 동물 그리고 동물과 동물 사이에서 발생하는 불평등의 충분조건이 된다는 것이다. 그런데 이와 같은 관점도 동물보다 사람에게 더 높은 도덕적 지위를 부여하는 것을 대가로 지불해야 한다. 그렇기 때문에 이런 사고방식이 합리적인지 납득 가능한지의 여부를 떠나 단일주의자들은 받아들일 수 없다. 이와 마찬가지 논리로 각각의 동물들에게 다른 기준선을 설정하는 충분주의 분배 원칙이라는 똑같은 결과를 초래한다. 아무리 설득력이 있어도 도저히 수용할 수 없는 것이다.

또 다른 예도 있다. 이것도 평등주의와 관련이 있는데, 어떤 이들은 평등의 원칙이 종(種)을 초월하면서까지 적용될 수 없으며 오직 같은 종의 범주 안에서만 중요한 문제라고 주장할 수 있다. 이렇게 되면 인간이 다람쥐나 달팽이에 비해 높은 수준의 삶을 사는 것은 도덕적으로 반대할 사안이 아니다. 문제가 되는 것은 다람쥐들, 달팽이들, 독수리들 내에서 발생하는 불평등이다.

평등주의 원칙을 이렇게 변형시키면 사람이 동물보다 훨씬 더 질 높은 삶을 산다는 사실에 도덕적으로 반대해야 한다는 주장을 곧바로 피할 수 있다. 그렇지만 그걸로 끝이다. 더 이상 매력적으로 이어지지 않는다. 다람쥐들이 서로의 관계에서 어떤 평등주의적 권리를 가져야 하는지 설명해주지 않으며, 다른 종인 독수리들과 비교했을 때 다람쥐들이 평등주의적 관점에서 어떻게 해야 하는지에 대해서도 전혀 고려하지 않기 때문이다.

하지만 어쨌건 간에 이 같은 견해가 그럴듯하든 매력적이든 별 볼 일 없든 상관없이 단일주의자들은 받아들이지 못한다. 이 또한 계층적 관점을 수용하는 셈이 되기 때문이다. 다람쥐는 다람쥐들끼리 독수리는 독수리들끼리 평등주의적 권리를 요구할 수 있다면, 다람쥐와 독수리의 도덕적 지위가 누가 높든 낮든 어쨌건 다르다는 이야기다. 모든 존재의 도덕적 지위가 동일하다는 단일주의의 관점과 상반되는 것이다.

위와 같은 변형된 평등주의 원칙을 또 다시 변형한 견해도 있다. 불평등은 비슷한 수준의 복지를 누릴 능력이 있는 개체들 사이에서만 문제가 된다는 관점이다.[10] 이 관점은 전반적으로 위와 비슷하지만 종 사이의 문제는 다루지 않는다. 그래도 단일주의자들이 받아들이지 못한다는 점에서는 마찬가지다. 이 견해에 따라 생각하면 더 높은 수준을 복지 능력을 가진 개체들과 더 낮은 수준의 복지 능력을 가진 개체들이 서로 다른 평등주의 권리를 주장할 것이기 때문이다. 이 또한 도덕적 지위가 다른 셈이다.

계속해서 또 다른 예를 들 수 있으나 대략 이 정도면 분배 원칙들을 어떻게 변형시켜도 본질적으로 설득력을 잃게 되고, 단일주의자들에게 받아들여지지도 않을뿐더러, 동물의 복지 수준을 도덕적으로 용납할 수 없다는 그들의 주장도 해소할 수 없다는 결론에 이른다. 물론 세부적인 사안은 다를 수도 있지만 근본적인 이유에는 변함이 없는데, 우리가 살펴본 바와 같이 인간 사회에 적용되는 복지 분배 형태를 사람과 동물 사이에 적용하면 도덕적으로 부당한 것이 되기 때문에, 갖가지 분배 원칙들을 아무리 변형시켜 결합을 시도해도 설득력을 잃게 되는 것이다.

그런데 사람과 동물을 포함한 분배 형태 중 도덕적으로 부당하다는 생각이 들지 않는 주장은 복지 분배 권리에 대한 사람과 동물의 요구 사항이 다르다는 관점이 유일하다. 그러나 이 같은 주장은 사람과 동물의 도덕적 지위가 다르다는 계층적 관점과 연결되므로 단일주의의 입장에서는 거부할 수밖에 없는 것이다.

단일주의의 문제는 사실상 이런 것이다. 단일주의와 어울릴 수 있는 분배 원칙이 있다면 그것이 무엇이든 간에 도덕적 측면에서 이야기할 때 그 분배 원칙을 적용할 대상이 사람과 동물 모두이거나 아니면 분배 형태가 언제나 동일한 방식으로 취급돼야 한다. 그렇지만 사람과 동물을 함께 고려하는 형태를 들여다보면 전혀 다른 방향으로 흘러간다는 사실을 깨닫게 된다. 사람과 동물을 모두 채울 때와 사람만 채울 때 각기 다른 결론에 도달하는 것이다. 확실하게 반대할 수 없을 것으로 보이는 형태는 사람들 사이의 관계만을 다룬 경우이며, 동물을 상대적·절대적으로 사람과 비교해 현저히 낮은 삶을 사는 경우까지 적용하면 전적으로 받아들일 수 없는 형태가 돼버린다. 따라서 이렇듯 상반된 판단을 포용할 수 있는 분배 원칙은 사람과 동물에 각기 다른 도덕적 지위를 부여하는 방식으로만 성립된다. 나는 이런 형태의 복지 분배는 꽤 많은 사람들에게 설득력을 얻을 수 있다고 생각한다. 그리고 물론, 이런 생각은 단일주의와 결합될 수 없을 것이다.

내가 옳다면 어떻게 해야 할까? 내가 지금까지 이와 같은 논의를 끌고 온 까닭은 무엇일까? 혹시 여러분이 눈치 챘을지 모르겠지만 다름 아닌 단일주의를 배격하기 위해서다. 계속해서 살펴봤듯이 단일주의를 거부하지 않으면 동물윤리 논의는 앞으로 나아가지 못한다. 압도적 다수는 아니더라도 상당수의 공감과 이해를 얻어야 하는 실천윤리 분야에서 단일주의는 교착 상태에 빠졌다. 우리는 단일주의를 치워버려야 한다. 복지 분배 문제에서 사람과 동물을 함께 고려하기 위해서는 방금 논의한 것처럼 사람과 동물에게 각기 다른 분배 요구에 대한 권리를 부여할 수밖에 없다. 그러면 그 '이후'에 관해 고민해볼 수 있다.

이제 논점은 이렇게 바뀐다. 그렇다면 정확히 어떤 방법으로 사람과 동물에게 각기 다른 분배 권리를 설정해야 할까? 아니면 우리에게 아직 열려 있는 다른 대안은 없을까? 가장 단순하고 명료한 접근은 동물들에 대한 분배를 부인하는 방식이다. 어떤 분배 원칙을 수용하건 오직 사람들 사이에서의 복지 분배에만 적용하는 것이다. 동물복지는 적절한 분배 원칙들에서는 전혀 고려의 대상이 되지 않는 것이다. 명백한 사실은 우리가 이를 받아들이면 동물이 상대적 기준이든 절대적 기준이든 간에 낮은 수준의 복지만을 누린다는 사실은 도덕적으로 전혀 문제가 되지 않는다. 동물복지 문제를 아예 논의선상에서 빼지는 않더라도 차선으로 제쳐두기 때문이다. 실제로 현재 동물복지에 관한 논의 단계는 여기에 머물러 있다. 적절한 분배 원칙에 따라 수용하고 못하고의 문제가 아니라 그 어떤 이론과도 연결되지 못한 상태다. 어쨌든 이런 관점을 따르면 복지 분배에서 제기될 수 있는 불평등이나 불공정 등의 문제는 사람과 관련이 있는 경우에 한정 짓는다.

그럼에도 불구하고 이 입장이 동물윤리를 전혀 고려하지 않는 것은 아니므로, 이와 같은 견해를 받아들인다고 해서 동물의 도덕적 입장을 부정하는 것은 아니다. 동물을 헤아릴 필요가 없다거나 도덕적 관점에서 동물복지를 전혀 신경 쓸 까닭이 없다는 논점은 아니라는 것이다. 단지 보다 제한된 의미에서 동물의 복지 분배 형태가 상대적인 기준이든 절대적인 기준이든 큰 도덕적 관심사는 아니라는 의미다. 따라서 이 견해를 받아들이는 동시에 동물이 받는 고통은 도덕적인 문제이고 동물복지를 중요하게 고려해야 하며 정당한 이유 없이 동물에 위해를 가하는 행위는 하지 말아야 한다는 주장에도 동참할 수 있다. 요컨대 이 관점도 비록 적극성은 떨어지지만 여전히 동물에 도덕적 지위를 부여할 수 있는 가능성을 내포하고 있다. 그렇지만 아직까지는 위에서 우리가 살펴본 분배 원칙들을 동물에 적용하는 데는 큰 무리가 있으며, 오직 사람만이 합리적이고 정당한 분배를 주장할 수 있는 도덕적 권리를 갖는다고 말한다.

사실 많은 사람들이 이런 입장에 있으리라고 추정된다. 가장 현실적인 견해라고도 볼 수 있다. 하지만 나는 이 관점에 반감을 갖고 있다. 그 이유는 분배에 대한 문제점이 동물복지와 관련해서는 지적할 수 있는 게 없다는 사고방식을 받아들일 만한 합리적 근거를 찾지 못했기 때문이다. 사람의 복지와 관련될 때는 정당하고 중요한 문제로 제기되는 분배가 동물복지에서는 왜 갑자기 전혀 중요하지 않은 문제, 한쪽으로 제쳐둬야 하는 문제로 탈바꿈하는지 납득하기 어렵다. 한 가지 확실한 사실은 동물에게는 분배 문제와 관련해 사람이 갖는 권리 수준과 똑같은 요구를 할 수 있는 권리가 없다는 것이다. 동물이 사람보다 낮은 도덕적 지위를 갖고 있다면, 분배에 대한 권리 요구 또한 그 정도 수준일 것이라는 생각은 매우 합리적이다. 그러나 이런 생각과 동물은 분배 요구 권리가 없다는 생각은 완전히 다른 문제다. 별도의 특별한 논의가 이뤄지지 않는 한 우리는 동물에게 분배에 대한 요구를 할 수 있는 권리가 모두 사라질 거라고 기대하지는 말아야 한다. 이보다는 그들의 분배 요구가 강도와 범위 면에서 적절하게 감소할 거라고 기대하는 것이 옳다. 그리고 그 적정선은 그들의 낮은 도덕적 지위를 배려할 수 있는 정도까지 하향 조정될 것이다.

그래도 이 접근방식에 공감하는 사람들 중에서는 분배 문제가 왜 동물의 경우에 별다른 의미가 없는지를 설명하는 데 특별한 논점이 있다고 주장할지도 모른다. 그러면서 불공정한 분배는 부정한 행위이고, 그렇기 때문에 정의와 불의의 문제가 제기될 수 있는 도덕의 특정 영역에서만 다뤄져야 하는 것이므로, 그 영역 내에 속할 수 있는 개체들에게만 해당하는 문제라고 강조한다. 이를 근거로 공정한 대우를 받고 있다거나 부당한 취급을 당하고 있다고 말할 수 있는 존재는 사람밖에 없다고 주장할 수 있다. 반면 동물은 사람의 정의 영역 밖에 머물고 있다. 이와 관련해 동물이 복지 분배에서 제외될 때 단순히 분배 형태 그 자체로 인해 거부될 수 있다는 설명도 가능하다. 그리고 이렇게 분배에서 제외되는 것이 부당하다고 정당하게 말할 수는 없다.[11]

물론 이런 유형의 주장은 동물이 완전히 정의 영역 밖으로 배제된다는 핵심적인 주장보다는 강하지 않다. 나는 이런 주장을 따라야 할 합리적인 이유를 찾을 수 없지만, 이에 대한 논의는 제8장에서 '제한적 의무론'을 다룰 때까지 잠시 미뤄두기로 하자. 아울러 분배에 대한 관심이 도덕의 일부가 아니라 정의에 대한 요구에 포함되는 경우에만 정당한지에 관해서도 무엇이 진실인지 의심해볼 가치가 있지만 넘어가기로 한다. 나는 분배 문제를 다루는 올바른 방식은 (이 논의가 정의의 영역인지 아닌지의 여부와 무관하게) 오늘날 논의되고 있는 분배 원칙들 중에서 어떤 것이 동물의 분배 요구 권리에 부합할 수 있는지, 다시 말해 어떤 분배 원칙을 통해야 동물 역시 권리를 주장하거나 아니면 우리가 그들을 대신해 권리를 요구할 수 있는지 살피는 작업이라고 생각한다.

내가 가장 타당하다고 여기는 입장은 사람의 복지뿐 아니라 동물들의 복지 문제까지 함께 다룰 수 있는 분배 원칙이다. 그렇지만 우리가 지금까지 논의했듯이 동물의 분배 요구는 이와 관련된 사람의 요구와 비교했을 때 상대적으로 약하다. 좀 더 자세히 설명하면 어떤 동물이 분배 권리를 요구할 수 있는 강도는 해당 개체의 도덕적 지위에 따라 달라지므로 지위가 낮은 동물들은 이에 비례해 약한 요구 권리를 갖는다.

여기에 부합하는 가장 적절한 접근방식은 비합리적이고 불공정한 분배 형태와 관련해 우리가 최소한 이론적으로는 동물 역시 분배를 요구할 권리를 가졌음을 인정하면서, 기존 분배 형태의 비합리적이고 불공정한 입장에서 벗어나는 방법을 찾는 것이라고 할 수 있다. 요컨대 도덕적 지위에 적절한 형태의 계층적 관점을 도입함으로써 분배 원칙의 중요성을 깨닫고, 동물도 이런 이론의 범주에 포함할 수 있다는 사실을 인식하는 동시에, 설득력을 상실한 단일주의를 배격해야 하는 것이다.

제4장

복지의 가치는 어떻게 구분되는가

: 제1절_복지 분배와 계층주의 :

나는 우리가 분배 문제와 관련해 설득력 있는 관점을 유지하면서 도덕 이론을 동물로까지 확장하려면 분배 원칙에 계층주의를 도입해야 한다고 주장했다. 이런 원칙의 배경이 되는 사고방식은 간단하고도 명확하다. 분배에 대한 권리 요구는 각 개체의 도덕적 지위에 민감하므로, 지위가 낮다면 그 요구 또한 보다 높은 지위의 개체들의 분배 요구에 비해 감소되거나 약화된다. 물론 여기에 수반된 생각은 일반적인 틀 안에서 동물은 사람보다 낮은 도덕적 지위를 갖고 어떤 동물은 다른 동물보다 낮은 지위를 갖고 있다는 것이다.

말했듯이 기본 생각은 매우 간명하다. 그러나 세부적인 사안들은 계속 논의해나가야 하며 이 작업이 쉽지만은 않다. 물론 핵심적인 작업 중에는 계층 구조를 개발하는 일도 포함된다. 그 밖에 다양한 분배 원칙들을 어떤 방식으로 조정해 적용하느냐의 문제도 그리 녹록지 않다. 당연한 말이지만 세부적인 사안이 논의의 대상이 될 분배 원칙들에 따라 달라지기 때문이다.

우선 '충분주의' 원칙에 대해 고려하는 것부터 시작해보자. 앞서 살펴본 바와 같이 여기에서 설득력 있는 주장은 적절한 기준선, 즉 각 개체별로 '남부럽잖은 삶' 또는 '최소한의 남부럽잖은 삶'은 그 삶을 이루고 있는 구성 요소에 따라 달라질 것이다. 이를테면 개들의 남부럽잖은 삶은 사람의 입장에서 남부럽잖은 삶보다 전반적인 수준이 훨씬 낮을 것이므로, 충분주의 관점에서 우선권을 개체의 기준선에 따라 차등적으로 적용할 때 개는 사람보다 분배 권리 요구가 '약하다'고 판단할 수 있다. 그리고 이에 따라 개의 복지 수준은 사람보다 '현저히' 낮아져야 할 것이다. 이와 유사한 방식으로 새나 물고기들의 남부럽잖은 삶의 수준은 상대적으로 더 낮기 때문에 개보다 더 약한 분배 요구 권리를 갖게 될 것이다.

그런데 이 지점에서 문제가 되는 부분은 지금 이야기하고 있는 '남부럽잖은 삶' 또는 '최소한의 남부럽잖은 삶'이 정확히 어느 수준인지 여전히 확실하지 않다는 사실이다. 이 불확실성은 계층적 관점으로 기준선을 도입하는 과정에서 새로 생겨난 개념이 아닌, 본래의 충분주의에서 이 사고방식을 인간 사회 내의 분배 요구 권리를 주장하는 경우로만 국한하더라도 여전히 남아 있는 문제점이다. 사람만을 대상으로 하는 기존 충분주의 논의에서 기준선이 되는 '충분히 괜찮은' 또는 '적절한' 삶이 여기에서 말하는 '남부럽잖은 삶'이라고 할 수 있는데, 이 '충분히 괜찮은' 삶이 보편적으로 무엇을 의미하는지 정확히 정의하기가 어렵기 때문이다. 어쨌든 이런 삶은 개념적으로만 봤을 때 우리가 상상할 수 있는 최고의 삶보다는 모자라고 최악의 삶보다는 나은 그 어딘가에 위치한다고 유추해볼 수 있을 것이다. 하지만 설령 우리가 사람이 누릴 수 있는 삶의 깊이와 넓이를 정하더라도 충분히 괜찮거나 남부럽잖은 삶의 양적 수치, 다시 말해 수학적 계산으로 결정할 수 있다는 생각은 설득력이 없다. 예를 들어 전체 범위 가운데 바닥에서 4분의 3에 해당하는 지점으로 잡을지, 아니면 꼭대기에서부터 계산해 3분의 1 지점으로 할지 정할 수가 없다. 그냥 속 편하게 소득 전체 소득 수준의 평균값을 구해서 그 지점을 기준선으로 정하더라도 계속 바뀔 것이다. 양이 아니라 삶의 질적 측면에 초점을 맞춰 충분히 괜찮은 삶이란 사람의 기본적 욕구가 합리적으로 충족되는 삶이라는 식으로 정하는 방식도 있겠지만 이 또한 애매하다. 기본적 '욕구'라는 개념도 정의하기 어려운데다 개인마다 각기 다르고, 더욱이 이런 욕구를 '합리적으로' 충족하는 수준이 어디인지 밝혀내기도 어렵다. 가까스로, 죽지 못해, 별 수 없이 살아가는 삶이 충분히 괜찮은 삶이 아닌 것만은 확실하겠지만 말이다.

이처럼 (최소한의) 남부럽잖은 삶이라는 개념을 명확히 정의하는 일은 매우 어려운 과제다. 하지만 이와 같은 많은 제약에도 불구하고 우리는 누군가는 충분히 괜찮은 삶을 살고, 누군가는 그보다 더 나은 삶을 살며, 누군가는 합리적으로 적절하다고 생각할 수 있는 수준에 한참 미치지 못하는 삶을 살고 있다는 판단 정도는 할 수 있다. 동물에 대해서도 마찬가지로 이에 상응하는 판단은 할 수 있어 보인다. 이를테면 우리는 개의 남부럽잖은 삶이 어떤 수준인지 알고 있으며 그 삶이 사람의 남부럽잖은 삶의 수준보다는 훨씬 떨어진다는 사실도 알고 있다. 나아가 아마도 돼지에게 남부럽잖은 삶은 개보다는 낮은 수준이라고 여길 것이며, 뱀이나 물고기나 곤충의 경우에는 더욱 낮다고 생각할 것이다. 그런데 여기에서 한 가지 고백하자면 나는 솔직히 말해서 소, 돼지, 뱀, 물고기, 곤충 등 지구상에 존재하는 수많은 종류의 동물들에 대해 잘 모른다. 구체적으로 표현하면 이들 동물에게 허용되고 있는 삶에 대해서 너무나도 아는 것이 없다. 그렇기 때문에 확신을 갖고 정확한 판단을 내릴 수 없다. 다만 이 분야의 훌륭한 연구자들이 있고 동물에 대해 많은 지식을 갖고 있으므로, 각 동물의 삶의 수준을 분류해 최소한 이론적으로는 기준선을 정할 수 있을 거라고 생각한다.

그런데 이렇게 기준선을 결정하는 문제에서 토끼나 물고기 같은 종류의 동물이 개나 코끼리 같은 동물보다 낮은 기준선을 갖게 되는 이유를 설명할 수 있는 근거는 무엇일까? 어떤 동물의 적절한 삶이 다른 동물의 적절한 삶과 차이가 나는 까닭은 무엇일까? 사람의 남부럽잖은 삶이 질적인 측면에서 다른 동물보다 월등하게 높은 이유는 무엇일까? 그 대답은 분명히 서로 다른 종류의 개체들이 갖고 있는 '정신적' 능력의 차이와 관련이 있을 것이다. 사람과 동물 그리고 동물과 동물 사이에서 삶의 격차가 생기는 이유는 각각의 정신세계가 경험하는 정교함과 복잡성의 차이, 가능한 인지적 종류라는 측면에서의 차이, 가능한 감성적 반응의 형태와 깊이에서의 차이 때문이다. 사람과 동물에게 각각 허락된 삶이 극적으로 다른 형태를 갖게 된 배경에는 이와 같은 차이가 있으며, 또한 이런 차이점들이 어떤 존재가 누릴 수 있는 남부럽잖은 삶 또는 충분히 괜찮은 삶의 형태를 다른 존재들의 남부럽잖은 삶 또는 충분히 괜찮은 삶과 그 삶의 가치를 각각 다른 것으로 만드는 것이다.

충분주의자들은 내가 방금 설명한 이 같은 종류의 세분화된 기준선을 이론적 근거로 삼아 물고기가 사람보다 현저히 낮은 수준의 삶을 산다는 분배론적 현실에 대한 비판을 피할 수 있다. 물고기가 사람보다 가치가 낮은 삶을 산다는 사실은 부정할 수 없지만, 자신들이 가진 능력과 한계에 비춰볼 때 물고기 입장에서는 남부럽잖은 삶일지도 모르는 것이다.

그렇다면 물고기가 사람보다 현저히 낮은 삶, 사람 입장에서는 최소한의 괜찮은 삶 근처에도 못 가는 삶을 살고 있을지라도 물고기의 복지 수준을 향상시키는 데 우선권을 부여해야 한다는 분배 권리 요구는 성립될 수 없는 것이다. 또한 다른 동물에 대해서도 마찬가지다. 이런 식으로 계층주의를 도입한 충분주의라면 단일주의가 주장하는 설득력 없는 논리를 배격할 수 있다.

그렇다고는 하나 이와 같은 견해가 모든 형태의 분배론적 요구 사항에서 동물의 몫을 완전히 배제해야 한다고 주장하는 것은 아니기에, 비록 광범위한 일반화는 도덕적으로 이의를 제기할 수 없지만 어떤 특정 동물이 그 종류의 해당하는 기준선에 미치지 못하는 경우에는 무시할 수 없게 된다. 예컨대 어떤 쥐가 전체 쥐들의 삶에서 남부럽잖은 삶의 기준선에 미치지 못하는 상황이라면 그 쥐의 복지 수준을 높이기 위해 우리가 할 수 있는 것들을 우선적으로 해야 한다는 논리로 귀착된다.

그렇기 때문에 분명히 어떤 이들은 이 좀 더 타협적인 관점 역시 받아들이기 어려울 것이다. 어쩌면 그런 사람들은 제3장에서 언급한 보다 급진적인 견해를 더 선호할 수도 있을 것이다. 분배 원칙을 사람 이외의 동물에게는 아예 적용하지 말아야 한다는 입장 말이다. 내 개인적으로는 그 중간 정도의 타협적 관점이 있으면 좋을 듯하다. 동물을 헤아리는 것이 옳은 일이고 거기에 분배가 중요한 문제가 된다고 한다면, 동물에게 분배를 요구할 권리가 없다는 주장은 이해할 수 없기 때문이다.

그러나 여러 가지 요인으로 인해 이와 같은 권리 요구의 누적된 힘은 상대적으로 조심스러울 수밖에 없다는 점을 지적하지 않을 수 없다. 우선 가장 중요한 점은 충분주의 관점에서 볼 때 오직 각각의 기준선 아래로 떨어진 삶을 살고 있는 동물들만 이런 요구를 할 수 있다는 의미가 된다는 것이다. 쥐가 사람보다 아무리 형편없는 수준의 삶을 살더라도 그 사실 자체는 아무런 문제가 되지 않으며, 같은 쥐의 입장에서 받아들일 수 없는 삶을 살고 있는 쥐들만 충분주의에 의거한 도움을 요구할 수 있는 권리를 가질 뿐이다.

다음으로 충분주의 관점에서 정당한 요구를 할 수 있는 권리를 가진 쥐라고 해도 그들이 끌어올려달라고 주장할 수 있는 기준선은 단지 쥐의 입장에서 적용되는 수준일 뿐 사람 입장에서 남부럽잖은 삶의 수준은 아니다. 그렇기 때문에 분배 권리를 요구할 수 있더라도 그 요구선은 매우 낮은 것이 된다. 더욱이 만약 충분주의 분배 원칙에서 기준선이 전반적인 남부럽잖은 삶이 아닌 최소한의 남부럽잖은 삶이라면, 이에 따른 요구 수준은 더 낮아질 것이다.

마지막은 상대적 우선권에 관한 문제다. 충분주의 분배 원칙 중 그래도 가장 설득력 있는 버전은 각각의 기준선에서 가장 큰 폭으로 떨어져 있는 개체에게 우선권을 주는 것임을 명심할 필요가 있다. 이때 사람과 쥐와 다른 동물들이 동시에 기준선 아래로 떨어졌다면, 사람이 떨어진 폭이 쥐나 다른 동물들이 떨어진 폭보다 큰 경우가 일반적일 것이므로, 계층적 충분주의 관점에서 쥐나 다른 동물보다 사람에게 우선권을 주는 선택을 할 가능성이 매우 높아진다.

이를 요약해 설명하면 이렇다. 계층적 충분주의에서 동물은 합리적 복지 분배에 대한 요구를 할 수 있는 권리를 갖게 되지만, 그 요구로부터 나오는 우리의 의무 조항들은 상당히 제한적인 것들이 되기 쉽다. 그리고 이런 권리에서 생기는 동물의 분배 요구 역시 일반적으로 그리 압박감을 가질 정도의 것들은 아니라고 할 수 있다.

이제 충분주의 다음으로 '응보론'을 살펴보자. 이 또한 필연적으로 계층적 관점을 수반하는 이론인데, 앞의 내용을 떠올려 이 이론에 따르면 불공정한 상황이 대상의 자격 요건에 비춰 그럴 만한 상황이라면 마땅히 받아들여야 한다는 것을 생각해보자. 사람은 늑대보다, 늑대는 물고기보다 더 가치 있는 삶을 살 수 있는 자격이 있다면, 사람과 동물 그리고 동물과 동물 사이에 현실적으로 존재하는 이에 근거한 불평등은 도덕적으로 받아들이지 못하는 것이 아닐 수 있다.

그런데 이런 종류의 주장은 동의를 얻을 수 있을까? 언뜻 보면 이 주장도 전망이 그리 밝아 보이지 않는다. 동물이 가진 자격을 평가할 때도 사람 개개인이 어떤 복지 혜택을 받을 수 있는 자격이 있는지를 논할 때와 마찬가지로, 동물의 행동이 도덕적인지 비도덕적인지 또는 그 동기가 선한지 악한지를 평가할 만한 적절한 방법이 없기 때문이다. 그런데도 뒤에서 살펴보면 알게 되겠지만 이와 같은 접근방식이 처음에 생각했던 것보다는 훨씬 더 설득력을 가질 수도 있다.

이는 상당히 복잡한 주제다. 어떤 사람이 무언가를 누릴 자격이 있다는 사실에는 단순히 그 사람의 특별한 생각이나 행동만 작용하는 게 아니라, 그가 사람이라는 요인 역시 함께 작용하고 있다는 점을 다시 한번 생각해보자. 응보론과 관련해 가장 보편적인 관점인 사람은 단지 사람이라는 사실만으로 복지를 누릴 수 있는 자격을 얻게 된다는 것이다. 물론 그 사람에 대한 도덕적 발자취의 기록이 그 사람의 자격 조건을 조정하면서 지속적으로 누릴 수 있는 복지 수준을 높이거나 낮추고 있겠지만, 어쨌거나 그 조정 작업이 일어나고 있는 기준선은 그 사람이 사람이라는 바로 그 사실로 인해 설정되는 것이다.

여러분이 무엇을 누릴 자격이 있는지를 결정하는 요인 가운데 적어도 몇 가지는 여러분이 사람이라는 사실에 영향을 받는다. 여러분의 행위나 동기로 인해 무언가를 누릴 수 있는 자격이 상향 조정되든 하향 조정되든 하겠지만, 여러분은 사람이라는 사실 자체만으로도 특정 수준의 복지를 요구할 수 있는 기본적 권리를 확보하고 있다. 여기에서 좀 더 나아가면 사람이라는 사실은 동시에 여러분이 얻을 수 있는 복지 수준의 기준선을 설정하기도 하는데, 이때의 기준선은 어떤 사람도 더 이상 낮게 취급받을 수 없는 최저 수준을 뜻한다. 또한 여러분이 사람이라는 그 사실만으로 (최소한 부분적으로는) 여러분이 어느 정도까지 혜택을 받을 수 있는지에 영향을 미칠 수 있는 다른 경우도 존재한다. 아울러 여러분이 사람이라는 사실은 여러분이 누릴 수 있는 혜택의 양에도 영향을 미칠 수 있다. 그렇지만 이 모든 부분을 고려하면 너무 복잡한 작업이 되고 우리의 논의 주제에서 한참 벗어날 수 있으므로, 이 시점에서의 논의 범위는 "사람은 단지 사람이기 때문에 기본적으로 특정 수준의 복지를 누릴 수 있는 자격을 갖는다"는 개념으로 제한해 정리하고자 한다.[1]

사람이 단지 사람이라는 이유만으로 기본 또는 최소한의 복지를 누릴 수 있는 자격을 갖추고 있다는 주장이 가능하다면, 이와 마찬가지로 개가 자신이 개라는 이유로 개의 기준에서 기본 또는 최소한의 복지를 누릴 수 있는 자격을 갖추고 있다는 주장도 가능할 것이다. 이와 동시에 사람의 입장에서 자신이 사람이라는 이유로 누릴 자격이 있는 절대적 복지 수준이 개가 개라는 이유로 누릴 자격이 있는 수준보다 높다는 주장 또한 설득력을 얻을 수 있을 것이다. 그렇다면 사람이나 동물이 누릴 수 있는 자격을 확보할 수 있는 정확한 복지 수준은 어떤 것일까? 아마도 이 부분은 방금 우리가 논의한 충분주의 관점에서 본 기준선과 같거나 그와 밀접하게 연관돼 있는 수준일 것이다. 그러면 토끼가 누릴 자격이 있는 삶은 토끼로서 남부럽잖은 삶이 되고, 개가 누릴 자격이 있는 삶은 토끼보다는 수준이 높은 개로서의 남부럽잖은 삶이 될 것이며, 사람은 개보다 훨씬 수준이 높은 사람으로서의 남부럽잖은 삶일 것이다. 확실히 이런 방식으로 각각의 개체에 대한 복지 수준을 설정해놓을 것까진 없겠지만, 많은 사람들이 이 같은 논리에 따라서 이 문제에 대한 의견을 교환하는 게 충분히 매력적이라고 생각할 수 있을 것이다.

물론 우리가 이런 견해를 받아들이더라도 각각의 동물에 대해 그들이 마땅히 받아야 할 '기본적' 기준선으로부터 시작해 모든 것을 고려하면서 그들에게 누릴 자격이 있는 복지 수준을 조정해나가는 작업을 포함한 수많은 문제들이 산재해 있다. 사람에 대해서라면 어떻게든 가능할지 몰라도 이를 그대로 동물에까지 적용시키면 여러 논란이 일어날 것이다. 나는 적어도 일부 동물들은 사람과 마찬가지로 선한 동기와 악한 동기를 가질 수 있다고 믿기에 그렇게 하는 것이 옳다고는 생각하지만, 여기에서 그 문제를 더 이상 따지고 들어가지는 않을 것이다. 왜냐하면 우리의 논의 목적에서 볼 때 동물이 기본적 기준선에서 벗어나 그들이 누릴 수 있는 수준을 변화시킬 수 있느냐 없느냐의 여부와 상관없이, 동물이 전반적으로 누려야 할 것들을 사람보다 낮게 유지하면서 동물 사이에서 더 높은 도덕적 지위에 있는 동물이 그보다 낮은 동물보다 더 누릴 수 있는 상황을 유지할 수 있는 게 가능해 보이기 때문이다. 이 부분에서 적절한 계층적 관점을 도입한다면 사람과 동물 그리도 동물과 동물 사이에 존재하는 복지 불평등을 자동적으로 비판하지 않고 동물의 분배 요구 권리를 인지할 수 있다.

'우선주의' 관점과 관련해서는 이와 약간 다른 접근방식을 생각할 수 있다. 앞서 이야기했던 것을 떠올려보면 어떤 사람의 복지 수준이 일정하게 주어진 양만큼 증가했을 때 이에 따라 증가하게 되는 좋은 것들의 양은 그 사람이 실제로 얼마나 양질의 삶 또는 결핍된 삶을 살고 있는지에 따라 달라진다. 또한 동물에 대해서도 이와 유사한 논리가 적용된다는 시각이 설득력을 갖게 된다. 다시 말해 어떤 쥐나 다람쥐나 닭의 삶이 결핍되면 결핍될수록 추가되는 복지의 양은 더 많아진다. 그러나 이와 동시에 동물이 사람보다 훨씬 낮은 수준의 삶을 산다는 사실을 감안해 쥐나 다람쥐나 닭을 돕는 데 절대적 우선권을 줘야 한다는 받아들이기 어려운 주장을 피하려면 어떤 식으로든 우선주의적 주장을 상대화시켜야 한다. 그 방법은 어떤 동물이 얼마나 결핍된 삶을 살고 있는지 평가할 때 그 동물의 절대적 복지 수준이라는 기준을 적용하지 않는 것이다. 이는 평가가 동물이 최소한 받아들일 수 있는 정도의 낮은 복지 수준이 무엇인지를 고려하는 방식으로 이뤄져야 한다는 의미다. 동물이 사람보다 결핍된 삶을 산다는 사실은 도덕적으로 타당하지만, 만약 그들이 최저 수준보다도 더욱 불균형적으로 결핍된 상태인 경우에는 우선주의 관점을 적용해야 한다는 것이다.

요컨대 어떤 개체를 돕는 것에 대한 상대적 우선순위를 결정하기 위해 그 존재가 얼마나 결핍된 상태에 있는지를 평가하려면, 해당 존재의 높거나 낮은 도덕적 지위를 적절하게 고려하는 방식으로 복지 수준을 재검토해야 한다. 도덕적 지위라는 요소로 '조정된' 복지 수준만이 우선주의적 관점에서 동물의 분배 요구 권리 주장을 설정하는 데 역할을 할 수 있는 것이다.

이 같은 사고방식을 수용할 수 있는 방법에는 여러 가지가 있는데, 그 중에서 가장 간단한 방법은 이것이다. 우리는 다양한 종류의 개체들이 가진 도덕적 지위에 대해 상대적 순위를 매기면서 각 개체의 상대적 지위를 반영하는 방식으로 존재 각각에 적절한 수치를 부여할 수 있다. 예를 들어 사람의 도덕적 지위에 100을 할당했다면, 개에게는 30이나 40을 주고, 쥐에게는 2나 3을 줄 수 있다. 아니면 비슷한 방식으로 수치만 다르게 해서 사람에게는 1을 주고, 개에게는 0.3이나 0.4, 쥐에게는 0.02나 0.03을 줄 수도 있다(나는 다음부터 드는 예에서는 두 번째 방식을 채택할 것이다).

물론 이 수치는 설명을 하기 위해 드는 예시일 뿐 사람과 비교해 개나 쥐가 갖는 도덕적 지위가 딱 그 수치라고 규정한 것은 아니다. 이런 작업을 하려면 개나 쥐 그리고 다른 동물들에 대한 훨씬 더 많은 지식이 필요할 것이다. 다만 수치를 설정할 때 앞서 우리가 여러 분배 원칙들을 다뤘을 때처럼, 다양한 동물들의 '정신적' 능력과 이를 바탕으로 한 그들의 삶에 대한 상대적 평가를 기준으로 해도 큰 문제는 없을 것이다. 그러면 동물들의 정신적 능력이 단순하면 단순할수록 점점 0에 수렴하는 작은 수치의 도덕적 지위를 갖게 될 것이다.

이로써 우리는 우선주의 관점에서 계산을 위한 목적으로 어떤 동물이 얼마나 결핍된 삶을 살고 있는지 평가할 때 그 동물의 도덕적 지위를 고려하는 단계에 이르렀다. 이제 어떤 동물이 다른 동물과 동일한 절대적 복지 수준이더라도 도덕적 지위가 높은 동물에 비해 지위가 낮은 동물이 더 많이 결핍됐다고 여길 필요가 없게 됐다. 다른 조건들이 동일하다는 가정 아래 도덕적 지위가 낮으면 낮을수록 그 삶은 덜 결핍된 것이 된다. 그리고 이렇게 도덕적 지위가 고려되면 그에 맞춰 복지 수준 조정 방식을 계산할 수 있는 적절한 방법도 필요해진다.

조정된 복지 수준값을 계산할 때 생각할 수 있는 가장 단순한 방법은 다음과 같다. 우선 절대적 복지 수준 수치에서 각 개체의 도덕적 지위 수치를 나눈다. 그러면 절대적 복지 수준에 도덕적 지위가 적용된 상대적 최종 복지 수준(조정된 복지 수준)이 나오게 된다. 이렇게 나온 결과를 '나누기 조정치'라고 부르기로 하자. 이해를 돕기 위해 숫자를 통해 실제로 계산해보면 이렇다. 어떤 사람의 절대적 복지 수준이 80이고 개가 36이라고 설정해보자. 이 수치만 놓고 본다면 기존 우선주의 관점에서 개의 결핍된 양이 더 크기 때문에 복지 증가분을 개에게 투입할 때 전체 복지 총량에서의 가치가 더 높아진다. 여기까지가 기존의 방식이다. 그런데 이 방식에는 '도덕적 지위'라는 요소가 빠졌기 때문에 어느 쪽의 분배 요구가 더 큰지 알려면 그것이 계산에 추가돼야 한다. 사람의 도덕적 지위 수치가 1이고 개가 0.4라면, 사람은 '80 ÷ 1 = 80'이고 개는 '36 ÷ 0.4 = 90'이라는 '나누기 조정치'가 나온다. 이 값이 조정된 복지 수준이다. 이처럼 각 개체의 절대적 복지 수준을 각각의 도덕적 수치로 나누면 실제로는 개가 아니라 사람이 우선권을 주장할 수 있는 권리를 갖게 된다. 우선주의가 계층적 관점을 도입하면 개의 절대적 복지 수준이 사람보다 낮음에도 불구하고 개가 아닌 사람에게 우선권을 주는 것이 전혀 문제가 없게 되는 것이다.

하지만 우선주의 원칙들이 도덕적 지위를 고려해 조정한 복지 기준선에 가중치를 부여하는 보다 구체적인 정보가 없다면, 우리는 개가 아니라 사람에게 도움을 줌으로써 증가한 좋은 것들의 수치를 산출할 수 없게 된다. 우선주의자들 사이에서도 이와 같은 가중치를 부여하는 함수값에 대해 의견이 엇갈리고 있다. 물론 이를 구하는 것이 우리의 논점은 아니다. 여기에서는 다만 동물이 보다 낮은 수준의 복지만 누리고 있다는 이유로 동물에 대해 높은 우선순위를 요구하는 성가신 상황을 만들지 않으면서 우선주의 관점이 동물로까지 확장될 수 있다는 사실을 지적한 것이다. 이렇게 우리는 사람과 동물 사이에 존재하는 불평등 상황에서 동물복지에 우선권을 주지 않으면서도 동물에게 분배 요구 권리를 부여할 수 있게 됐다.

이런 접근방식을 '평등주의' 원칙에도 마찬가지로 적용할 수 있다. 물론 여기에서 이 방식은 더욱 결핍된 상태의 존재가 복지 분배에서 우선권을 가져야 복지 총량의 가치가 증가한다는 우선주의 관점이 아니라, 어떤 존재가 다른 존재에 비해 더 많이 결핍된 상태라면 도덕적으로 이의를 제기할 수 있다는 '비교적' 개념이다. 우리가 이제껏 살펴봤듯이 '도덕적 지위'의 격차를 고려하지 않은 채 분배 원칙들을 동물로까지 확장시키면, 결국 동물이 사람에 비해 훨씬 더 결핍된 삶을 살고 있으므로 우리가 이를 바로잡고자 할 수 있는 최선을 다해야 할 도덕적 의무를 지게 된다는 수용 불가능한 결론에 이르게 된다. 그렇지만 여기에서도 '도덕적 지위'라는 요소를 통해 적절히 조정할 수 있는 방법을 찾아낸다면, 즉 도덕적 지위가 낮은 개체는 불균형적으로 결핍될 수밖에 없다는 근거를 확보한다면, 사람과 동물 또는 동물과 동물 사이에서 발생하는 분배의 불평등 문제를 기존 평등주의가 아닌 다른 관점에서 바라볼 수 있을 것이다. 그리고 이를 위해서는 절대적 복지 수준이 아니라 앞서 우선주의의 '나누기 조정치' 산출처럼 도덕적 지위를 적용한 계산이 필요하다.[2]

간단한 나눗셈을 다시 한번 해보자. 사람의 절대적 복지 수준은 80 그대로 정하고, 이번에는 개의 복지 수준을 32라고 설정해보자. 이는 평등주의 관점에서 사람이 개에 비해 훨씬 삶의 질이 높은 것이므로 도덕적으로 불평등한 상황이며, 이를 바로잡기 위해 무언가를 해야 하는데, 아마도 사람의 복지 자원을 개로 이동시켜 양쪽의 복지 수준을 맞추려고 할 것이다.

그러나 이 또한 도덕적 지위라는 요소를 고려하지 않았기에 무조건 도덕적으로 불평등하다고 결론 내리기 전 계산을 달리 해봐야 할 것이다. 그래서 앞의 우선주의 사례처럼 도덕적 지위 수치를 적용해볼 것이다. 각각의 개체가 누리고 있는 절대적 복지 수준을 도덕적 지위로 나누면 조정된 복지 수준 수치, 즉 '나누기 조정치'가 산출된다. 사람의 도덕적 지위 수치를 마찬가지로 1로 설정하고 개를 0.4로 하면, 사람은 '80 ÷ 1 = 80'이며 개 또한 '32 ÷ 0.4 = 80'이 된다. 따라서 개는 실질적으로 평등주의에 입각한 분배 요구 권리를 확보하지 못하게 된다. 만약 앞의 사례에서처럼 재의 절대적 복지 수준을 36으로 설정하면, '36 ÷ 0.4 = 90'이 되므로 사람의 80보다 나누기 조정치, 즉 조정된 복지 수준 수치가 높아지기 때문에 오히려 불평등을 호소해야 하는 쪽은 개가 아니라 사람이 된다. 어쨌든 요지는 평등주의 원칙에서도 도덕적 지위의 격차를 고려하게 되면 우리는 사람과 동물 또는 동물과 동물 사이에 존재하는 불평등을 해소해야 한다는 도덕적 의무를 수반하지 않으면서 동물로까지 복지 분배를 요구할 수 있는 권리를 확장시킬 수 있게 된다.

: 제2절_적절하게 조정된 복지 수준 :

나는 지금까지 논의된 사항들로 적절히 조정된 또는 재해석된 다양한 분배 원칙들이 동물을 다루는 데로까지 확장되는 동시에 단일주의가 만들어놓은 틀을 깰 수 있기를 희망한다. 핵심은 도덕적 지위에 따른 계층을 분류하고 여기에서 발생하는 격차를 중요한 요소로 고려해 분배 원칙들을 이해하는 것이다. 이와 같은 작업이 이뤄지면 우리는 사람과 동물 또는 동물과 동물 사이에 존재하는 복지의 간극을 인식하면서, 이를 도덕적으로 문제가 있다거나 반대해야 하는 것으로 바라보지 않아도 되는 입장에 설 수 있다. 도덕적 지위에서의 정당한 격차를 인정하면 비록 겉보기에는 광범위하고 시급한 것으로 보였던 동물의 분배 요구에 대한 권리 문제가 실제로는 사소하거나 존재하지 않는다는 사실이 밝혀질 것이다.

우리는 바로 앞에서 이제는 친숙해졌을 만한 몇 가지 분배 원칙들에 계층주의를 도입한 접근방식을 대략적으로 살펴봤다. 물론 나는 이런 방식들의 세부적 사안을 파고드는 작업이 그리 쉽지만은 않으며, 또한 최소한 몇 가지 경우에는 아직까지 해결하지 못한 어려운 과제들이 남아있다는 사실을 인정한다. 그리고 어떤 경우에는 이런 분배 원칙들이 우리가 논의한 내용으로부터 파생된 다른 경로를 따라 발전될 수도 있다. 나는 동물윤리에 관한 도덕 이론은 계층주의를 바탕으로 해야 한다고 확신하지만, 비단 분배 원칙뿐 아니라 다른 이론들 모두에서 계층주의를 고려하는 작업은 매우 까다롭고 복잡하리라는 사실도 알고 있다. 결국 어떤 특정 도덕적 원칙의 세부적 사안들을 다루는 것은 거의 언제나 수수께끼투성이의 어려운 일이며, 그것이 동물 및 도덕적 지위와 관련이 있을 때는 더욱 그렇다.

윤리학을 동물로까지 확장시키는 작업이 애초에 생각했던 것보다 훨씬 더 복잡한 과업이라는 사실을 인식한 상태로, 바로 앞에서 소개한 제안들 중 하나로부터 파생되는 몇 가지 문제를 빠르게 언급하고자 한다. 하지만 이 책의 목적은 동물윤리에서 계층 개념이 왜 중요하고 어떻게 현실화시킬지 문제를 제기하고 공론을 이끌어내는 것이지, 동물윤리에 관한 최종 결론을 내려는 것은 아니라는 점을 상기할 필요가 있다. 그렇기 때문에 나는 우리의 논의에서 문제를 인지하더라도 이 책에서 그것을 해결하고자 시도하지는 않을 것이다. 아마도 따로 기회가 있으리라고 생각한다. 다만 다른 도덕 이론에 대해서도 언급하면서 이와 관련한 어려

움을 지적하겠지만, 어쨌건 그 부분도 한 번의 설명이면 충분할 것이다.[3]

이제 우선주의 원칙으로 다시 돌아가서, 이번에는 더 면밀하게 들여다보기로 하자. 앞서 나는 복지 수준을 높일 때 어느 쪽을 선택할지 결정하는 데 주의해야 할 사항은 현재 복지의 절대 수준 자체가 아니라 거기에 도덕적 지위를 적용한 '조정된 복지 수준'이 설득력을 갖는다고 설명했다. 이를 위해 어떤 개체의 절대적 복지 수준 수치를 도덕적 지위 수치로 나눈 산출값인 '나누기 조정치'가 적절한 기준이 된다고 이야기했다.

이 접근방식은 광범위한 사례에도 그럴 듯한 답변을 제공한다. 좀 더 구체적으로 말하면 관련 복지 수준이 모두 플러스(+)이면서 제로(0)와 지나치게 가깝지 않는 한 언제나 유효한 답을 준다. 그러나 불행히도 이 같은 조건이 하나 이상 충족되지 않으면 단순한 나눗셈은 문제가 생기거나 받아들일 수 없는 결과로 나타난다. 예를 들어 어떤 사람과 개가 매우 고통스러운 삶, 차라리 존재하지 않느니만 못한 삶을 살고 있어서 절대적 복지 수준이 마이너스(−)인 경우를 생각해보자. 앞의 계산과 마찬가지로 이번에도 사람의 도덕적 지위 수치는 1이고 개는 0.4다. 그런데 양쪽 모두 삶이 마이너스 복지 수준이니 절대적 복지 수준 수치를 −10으로 설정해보자. 이를 각각의 도덕적 지위 수치로 나누면 인간은 '−10 ÷ 1 = −10'이며, 개는 '−10 ÷ 0.4 = −25'가 된다. 따라서 여기에서는 도덕적 지위를 고려해 나누기 조정치를 산출해도 개가 사람보다 낮은 조정된 복지 수준을 갖게 된다. 이는 우리가 둘 중 한쪽을 도와야 할 때 개가 우선권을 가진다는 의미다. 그러나 이 결과는 직관적으로 잘못됐다. 사람이 개보다 도덕적 지위가 더 높고 양쪽 모두 동일한 절대적 복지 수준을 갖고 있다면, 우선주의 관점에서 복지에 대해 더 강한 분배 요구를 할 수 있는 권리는 개가 아니라 사람에게 있다.

수치를 조정해보자. 이번에는 개가 −10이고 사람은 그보다 현재의 절대적 복지 수준이 더 낮은 −15라고 하자. 이 경우 우선주의의 관점에서 당연히 사람의 절대적 복지 수준이 낮으니 사람에게 우선권을 줘야 하지만, 도덕적 지위를 적용한 조정된 복지 수준은 이와 반대가 된다. 즉, 개는 똑같이 −25인데 반해 사람은 절대적 복지 수준이 떨어졌는데도 '−15 ÷ 1 = −15'가 나온다. 여전히 개보다는 높게 나오는 것이다. 그렇다면 이처럼 마이너스 복지 수준이 포함될 때도 적절한 조정된 복지 수준이 나오게 하려면 도덕적 지위를 적용한 이 계산방식을 수정해야 할 것이다. 단순한 나누기 조정치는 보다 광범위한 경우의 수를 설정하기에는 올바른 접근방식이 될 수 없기 때문이다.

그렇다고 해서 합리적 제안을 도출하는 것이 불가능하지는 않다. 마이너스의 절대적 복지 수준은 대상 개체가 더 낮은 도덕적 지위를 갖고 있을 때 더 낮은 나누기 조정치를 산출한다. 도덕적 지위가 분모에 위치하므로 절대적 복지 수준이 플러스일 때와는 정반대로 조정된 복지 수준을 더 낮게 만들어버리는 것이다. 그래서 이 경우에는 적절한 조정된 복지 수준값을 구하기 위해 나눗셈이 아닌 '곱셈'을 해야 할 것이다.[4] 이렇게 되면 도덕적 지위가 낮은 개체의 마이너스 복지는 비례해서 낮아지므로 앞의 두 경우에 직관적으로 적절한 결과가 나올 것이다. 개와 사람의 절대적 복지 수준이 모두 −10이라면 개의 조정된 복지 수준은 '−10 × 0.4 = −4'가 되고 사람은 '−10 × 1 = −10'이 된다. 도덕적 지위를 고려한 사람의 조정된 복지 수준이 개보다 낮아지기 때문에 사람이 우선주의에 입각해서 분배 요구에 대한 더 강한 권리를 갖는 것이다. 만약 사람이 −15라면 도덕적 지위를 적용한 조정된 복지 수준은 이번에는 '−15 × 1 = −15'가 나오므로 개에 비해 당연히 더 강력한 우선주의적 분배 요구의 권리를 갖게 되는 것이다.

하지만 안타깝게도 이런 식의 수정이 어느 정도 도움이 되더라도 아직 모든 문제가 해결되는 것은 아니다. 개와 사람이 모두 0의 상태에 있다고 가정해보자. 이 상태의 복지 수준은 삶이 가치 있는 것도 아니고 그렇다고 죽는 것보다는 나은 경우다. 직관적으로 생각해봐도 이 경우라면 사람의 도덕적 지위가 더 높기에 사람이 우선권을 갖는 게 당연할 것이다. 그러나 이때는 나눗셈과 곱셈 전부 먹히지 않는다. 사람과 개 모두 같은 결과가 나오기 때문이다. 나눗셈으로 하면 '0 ÷ 1(사람)'이든 '0 ÷ 1.4(개)'이든 모두 0이 나온다. 곱셈으로 해봐도 계산해볼 필요도 없이 모두 0이다. 절대적 복지 수준 수치가 0이라면 무엇을 나누든 곱하든 간에 항상 0이 된다.

이로써 우선주의 원칙에 입각해 조정된 복지 수준을 산출하기 위해서는 계산방식을 다시 수정해야 함을 알 수 있다. 그렇지만 절대적 복지 수준이 0일 때는 적절한 방법이 무엇일지 명확하지 않다는 문제가 발생한다. 제로의 복지 수준을 어떻게 다루느냐의 문제는 특별히 부담스럽다. 수많은 동물들이 대체적으로 이런 수준에 머물고 있을 개연성이 크기 때문이다. 결국 가능한 최대 복지 수준이 매우 낮은 동물들이라면 제로 수준을 상대적으로 더 빈번하게 오르내리면서 0에 닿거나 마이너스로 떨어질 것이다. 그렇지만 설령 절대적 복지 수준의 범위를 플러스 영역으로 국한하더라도 이미 극단적으로 낮기 때문에 삶의 질을 올려줄 방법이 거의 없는 동물로부터 발생하는 문제는 여전히 남아 있게 된다.

이 문제와 관련해 사람이 누릴 수 있는 복지 수준의 극히 일부, 이를테면 사람 수준의 1만 분의 1이나 그 이하로 엄청나게 낮은 복지 수준에 있는 동물을 생각해보자. 1만으로 설정하면 복잡해지려고 하니(물론 여러분은 전혀 복잡하게 느끼지 않을 테지만), 산정하기 좋게 사람의 복지 수준을 100이라고 했을 때 이와 비교해 0.01의 복지 수준에 있는 동물을 떠올려 보자. 그런 동물에는 어떤 것이 있을까? 아마도 파리 정도면 적당할 것이다. 그러면 이제 파리의 절대적 복지 수준이 최대 0.01이고 그 이상이 되는 것은 불가능하다고 가정해보자(분명히 불가능할 것이다). 나는 이 수준도 사람이 누릴 수 있는 것들과 비교할 때 파리의 삶의 질 수준을 너무 후하게 평가한 게 아닌가 하고 생각한다.[5] 어쨌든 구체적 수치로 살펴보기 위해 파리가 0.01의 삶을 살고 있다고 치자. 만약 여러분이 곤충에는 도덕적 입장이 없다고 판단한다면, 도덕적 입장은 취하고 있지만 최대 복지 수준은 0.01인 다른 동물로 파리를 대체해도 무방하다. 이렇게 파리일수도 있고 다른 동물일 수도 있지만 복지 수준 최대치가 0.01이나 그보다 낮은 동물이 있다는 내 생각에 동의한다면 다음 논의를 이어가보자.

이제 이런 개체들이 어떤 종류의 도덕적 지위를 갖고 있을지 여러분 스스로에게 질문해보자. 복지라는 측면에서 이처럼 극도로 제한돼 있는 생명체라면, 정신적 능력의 정교함이나 복잡성 측면에서도 극도로 제한돼 있을 것이다. 그렇기 때문에 어떤 개체의 도덕적 지위가 정신적 능력 수준에 비례한다면, 파리와 같은 생명체는 이에 상응하는 극도로 낮은 도덕적 지위를 가질 것이다. 따라서 우리가 인간의 도덕적 지위 수치를 앞에서처럼 1로 설정하게 되면 파리의 도덕적 지위는 0.0001로 산정될 것이다.

다음으로 파리로서 누릴 수 있는 최대 복지 수준 0.01보다 더 낮은 삶을 살고 있는 파리가 있다고 가정해보자. 이를테면 이 파리의 현재 복지 수준은 0.01의 50퍼센트인 0.005다. 그리고 이 파리를 인간과 비교해보

자. 이 사람도 인간 삶의 복지 수준 100의 50퍼센트인 50의 현재 복지 수준을 갖고 있다. 양쪽을 놓고 볼 때 어느 쪽이 복지 분배 요구에서 더 강한 권리를 갖고 있을까? 우선 이 파리의 경우 0.01의 50퍼센트라고 해도 0.01에서 고작 0.005 낮은 복지 수준에 있다. 파리의 도덕적 지위 수치를 0.0001로 산정했으니 나누기 조정치를 산출하면 '0.005 ÷ 0.0001 = 50'이다. 한편 이 사람의 경우 인간의 절대적 복지 수준인 100에서 50 낮은 복지 수준이며, 이를 인간의 도덕적 지위 수치 1로 나누면 그대로 50이 되므로 조정된 복지 수준은 파리와 같아진다. 만약 현재 복지 수준이 1이라도 올라가면 조정된 복지 수준 수치는 51이 나오기 때문에 결과적으로 파리가 더 낮아진다.

결국 이 파리는 파리들의 절대적 복지 수준에서 거의 무시될 정도의 0.005가 결핍된 삶을 사는 반면, 이 사람은 인간으로서 누릴 수 있는 복지 수준에서 50이나 낮은 삶을 사는데도 불구하고 우선주의 관점에서 볼 때 더 많은 분배를 요구할 수 있는 권리를 갖게 되는 쪽은 파리가 된다. 이런 결과가 나오기 때문에 단순히 나누기 추정치를 통한 접근방식으로는 도덕적 지위 요소를 반영한 분배 원칙을 수립하지 못하는 것이다.[6]

물론 이와 같은 문제는 파리의 절대적 복지 수준이 너무 낮다는 사실에서 기인한다. 그래서 우리가 도덕적 지위를 감안한 조정된 복지 수준을 계산할 때 파리의 극단적으로 낮은 절대적 복지 수준 수치를 극단적으로 낮은 파리의 도덕적 지위 수치로 나눈 값이 아무리 높게 나와도 사람과 비교했을 때는 낮아질 수밖에 없다. 이 사례에서는 사람의 현재 복지 수준이 50 미만으로 떨어지는 경우에만 파리보다 더 강한 분배 요구 권리를 주장할 수 있게 되는 것이다.

그렇다고 해서 우선주의 분배 원칙을 도덕적 지위를 고려한 방식으로 조정해야 한다고 제안한 이유가 "동물이 낮은 수준의 복지 상태에 있기 때문에 분배에 관한 더 큰 권리를 가져야 한다"는 주장을 무작정 차단하려는 데 있지는 않다는 점을 말해두고 싶다. 즉, 언제나 사람이 우선이라는 이야기를 하려는 것은 아니다. 우리는 지금 도덕적 지위에 따라 적절히 조정된 복지 수준을 산출할 수 있는 접근방식을 찾고 있다. 그리고 아직 우리는 분배 원칙에서 도덕적 지위를 적절히 고려하는 방법을 찾지 못하고 있다. 나눗셈 계산방식이 상대적으로 도덕적 지위가 높은 동물에 대해서는 적절한 조정된 복지 수준을 산출할 수 있다는 사실은 확인할 수 있었다. 그러나 복지 수준이 지극히 낮은 동물의 경우에는 적절한 접근이 되지 못했다. 따라서 우리가 우선주의 원칙을 사람과 동물 모두를 포함할 정도로 확장시킬 수 있는 최적의 방법을 확보했다고 확신하기 위해서는 더 많은 작업을 해야 한다. 아울러 절대적 복지 수준이 마이너스인 경우 곱셈 계산방식이 유효했지만 현실적으로 볼 때 그런 경우는 생각하기 어려운데, 도덕적 입장을 취하는 모든 존재는 플러스 수치로 표시할 수 있는 도덕적 지위를 갖고 있다고 여기는 것이 보다 설득력이 있으므로 앞서 마이너스 사례는 단지 이해를 돕기 위해 들었다고 보면 될 것이다.

나눗셈 계산방식을 어떻게든 고수하면서 도덕적 지위 요소를 감안한 조정된 복지 수준을 산출하는 방법도 노력하다 보면 나올 수 있고, 이와는 전적으로 다른 접근방식이 필요할 수도 있을 것이다. 명백한 사실은 그 적절한 방법을 찾아내는 일이 사소하지 않다는 것이다. 이와 관련한 다른 접근방식을 간략히 설명하면 이렇다.

어떤 이들은 어느 쪽이 더 강력한 분배 요구 권리를 갖고 있는지 산출하는 더 좋은 방법으로 각각의 개체가 누릴 수 있는 복지 수준으로부터 떨어져 있는 범위의 적용을 제안할 수 있다. 개별 개체의 복지가 절대적 수준에서 어디에 위치해 있는지 고려하는 대신, 그 존재가 누릴 수 있는 최대 복지 수준의 범위 내에서 도덕적 지위가 어느 정도에 있는지를 살 피는 방법이다. 어떤 개체의 도덕적 지위가 도달할 수 있는 최고 및 최 저 수준의 복지가 있을 때, 해당 존재의 현재 복지 상태가 이 범위 내 어 디에 있는지 확인하면 우리는 도덕적 지위를 감안한 조정된 복지 수준을 산출해낼 수 있을 것이다. 그렇게 되면 이 대안적인 방법으로 어느 쪽이 분배 우선권을 갖는지 결정할 수 있는데, 각각의 범위에서 상대적으로 더 낮은 위치에 있는 쪽이 더 강한 분배 요구 권리를 갖게 된다.

존재가 누릴 수 있는 복지 수준의 최대 범위에서 도덕적 지위를 감안 한 현재 복지 상태의 위치를 상대적으로 비교한다는 이 개념은 꽤 설득 력이 있어 보인다. 그러나 이 개념도 세부 사안이 모호하고 실제로 적용 하기가 어렵다는 사실을 미리 지적해야 할 것 같다. 또한 이 사례를 소개 하는 이유는 처음에 보기에는 상당히 그럴듯해 보이지만 최종적으로는 적용되지 않는 대안에서 주목해야 할 점을 지적하기 위해서다. 좀 더 살 펴보기로 하자.

이 접근방식에서 명백한 사실은 각각의 개체가 누릴 수 있는 복지 최 대치 범위에서 상대적으로 가장 멀리 떨어져 있는 쪽이 우선주의 관점에 서 더 강한 분배 요구 권리를 갖는다는 점이다. 그런데 이 경우에도 곧이 곧대로 접근하면 받아들이기 어려운 결과가 나오게 된다. 예를 들어 설 명해보자. 우선 사람에게 허용될 수 있는 복지의 최대 범위가 최고 +200 단계에서 최하 −200단계까지라고 가정해보자(이 수치는 우리가 앞서 사람 의 '좋은 삶'을 100으로 설정한 것을 염두에 두면 꽤 합리적이라고 생각한다). 그리 고 쥐에게 허용될 수 있는 복지의 최대 범위는 +4에서 −4까지라고 해보

자. 이제 어떤 사람이 있는데, 그는 누구라도 부러워할 만한 끝내주는 삶을 살고 있어서 +192의 복지 수치를 부여한다고 생각해보자. 이 수치는 사람이 누릴 수 있는 최고의 삶으로부터 고작 8단계가 떨어진 위치에 있으므로 아마도 지금까지 살아온 대부분의 사람들보다 좋은 삶일 것이다. 한편 쥐는 쥐라는 동물에게 허용된 삶의 범위 중 가장 밑바닥인 −4에서 가까스로 벗어난 −3이라고 설정하고 양쪽을 비교해보자.

직관적으로 볼 때 이와 같은 경우 우선주의에 입각한 분배 요구 권리에서 당연히 훨씬 결핍돼 있는 쥐에게 우선권이 가야 한다. 실제로도 만약 동물이 우선주의 원칙에서 배제돼 있지 않다면, 이 사례에서와 같이 사람은 거의 최고의 삶을 누리고 있는 반면 동물은 절대적 기준으로도 결핍된 삶일뿐더러 현재의 삶도 살아갈 가치가 전혀 없는 수준에 근접해 있기 때문에 당연히 분배 요구 권리도 동물이 더 강하게 주장할 수 있을 것이다. 하지만 이는 어떤 특정 개체가 자신에게 허용된 최고 수준의 삶의 범위로부터 복지 수준이 얼마나 떨어져 있는지 측정해 조정된 복지 수준을 산출하는 방식으로는 납득할 만한 결과가 나오지 않는다. −3에 위치한 쥐의 경우 최대치인 +4로부터 7단계 떨어진 삶을 살고 있지만, 사람의 경우 타의 추종을 불허하는 좋은 삶을 살고 있어도 최대 범위로부터 8단계가 떨어진 복지 수준을 갖고 있는 것이다. 따라서 이른바 '하향식(top down)'이라고 부를 수 있는 이 접근방식에 따르면 분배 요구 권리가 더 강한 쪽은 사람이 될 수 있다. 그러나 비참한 수준의 삶을 사는 동물이 아닌 이미 좋은 삶을 살고 있는 사람에게 우선권이 부여되는 이같은 결과는 설득력을 갖기 어렵다.[7]

그래도 다행스러운 일은 이 사례와 관련해 도덕적 지위를 감안한 조정된 복지 수준을 계산할 때 하향식이 아니라 '상향식(bottom up)' 접근방식을 사용하면 설득력 있는 결과가 도출된다는 점이다. 상향식 접근방식에서는 복지 최대 범위로부터 얼마나 떨어져 있는지 살피지 않고 최하, 즉 범위의 가장 밑바닥으로부터 얼마나 올라가 있는지를 측정한다. 이때는 바닥으로부터 거리가 짧은 쪽이 우선적으로 분배에 대한 권리를 주장할 수 있다. 이 방식을 통하면 위 사례에서 우선권을 사람이 아닌 쥐가 갖게 되는 납득할 만한 결과를 산출해낼 수 있다. 쥐의 경우 최하인 −4로부터 겨우 1단계가 떨어져 있는 반면 사람은 −200으로부터 무려 392단계나 떨어져 있기 때문이다.

그러나 불행하게도 상향식 접근방식 역시 또 다른 사례에서는 직관과 충돌하는 결과가 나오고 만다. 이번에는 쥐의 삶이 상당히 개선돼 복지 수준 최대치에 근접한 +3.9에 있는 반면 사람은 범위의 하한선에 매우 가까운 −190에 있다고 해보자. 이 경우라면 쥐가 사람보다 형편이 훨씬 좋고 쥐라는 동물에게 허용될 수 있는 삶의 수준에 거의 다다른 것이므로, 우선주의 원칙에 따라 당연히 사람에게 분배 요구 우선권을 줘야 한다. 그렇지만 사람은 밑바닥으로부터 10단계 올라가 있으나 쥐는 7.9단계밖에 되지 않기에 우선권은 쥐에게 간다. 상향식 접근방식을 사용해 도덕적 지위를 감안한 조정된 복지 수준을 측정해도 잘못된 결과가 나오는 경우가 생기기 때문에 우리는 여전히 모두가 수긍할 만한 방법을 찾지 못하고 있는 것이다.

이렇게 되면 우리가 확인해야 할 문제가 각 개체의 복지 범위를 상대화(상향식이든 하향식이든)하는 개념으로부터 나오는 것이 아니라 단계의 크기를 측정해 그 결과로 판단하는 식의 다른 개념에서 나온다고 유추해 볼 수도 있다. 그렇다면 각 개체가 확보할 수 있는 복지 범위의 하한선으로부터 어느 정도 크기의 비율로 떨어져 있는지 측정해 그 백분율 수치가 작을수록 더 강력한 우선권을 획득한다고 보면 될 것이다.

이와 같은 접근방식은 위에서 살펴본 두 가지 종류의 문제점을 모두 피할 수 있다. 첫 번째 사례의 경우 쥐는 −3에 있고 사람은 +192에 위치하기 때문에, 이를 백분율로 환산하면 쥐는 12.5퍼센트만큼 떨어져 있고 사람은 98퍼센트이므로 쥐가 하한선으로부터 훨씬 작은 백분율 수치를 나타낸다. 다시 말해 쥐에게 더 강한 우선권이 있는 것으로 올바르게 판단한다. 두 번째 사례의 경우 쥐는 +3.9인 반면 사람은 −190인 상황이기에, 하한선으로부터 떨어져 있는 위치를 백분율로 환산하면 사람은 2.5퍼센트로 98.75퍼센트인 쥐에 비해 훨씬 작은 백분율 수치를 갖게 된다. 따라서 이때는 사람이 우선권을 갖는다는 올바른 결과가 도출된다. 여기까지는 아주 좋다.

그러나, 그럼에도 불구하고, 백분율 접근방식은 그 자체로 문제점을 내포하고 있다. 지금까지 피로해질 정도로 우리가 살펴본 사례는 모두 제로(0)를 중심으로 해서 최고 및 최하 범위가 동일하다는 것을 전제로 한 '대칭적(symmetrical)' 범위를 사용했다. 이를테면 쥐는 최대 복지 범위를 +4에서 −4로, 사람은 +200에서 −200으로 설정해 계산했다. 하지만 당연하게도 모든 동물들이 이런 식의 대칭적 범위를 갖고 있다는 것은 단순히 편의상의 전제일 뿐 실제로는 전혀 명확한 게 아니다. 어떤 동물은 +20에서 −5처럼 0을 기준으로 플러스로는 한참 올라가지만 마이너스로는 별로 떨어지지 않는 복지 범위를 가질 수 있고 그 반대의 경우도 있을 것이다. 물론 대칭적 범위를 가진 동물도 있겠지만, 백분율 접근방식을 이런 '비대칭적(asymmetrical)' 범위에 적용하는 경우에는 받아들일 수 없는 결과를 도출한다.

복지 범위가 +20에서 −80으로 비대칭적 범위를 가진 동물과 +20에서 −20으로 대칭적 범위를 가진 동물이 있다고 상상해보자. 전자는 현재 복지 수준이 −5에 있고 후자는 +8에 있다고 해보자. 백분율로 도덕적 지위를 감안한 조정된 복지수준은 전자가 75퍼센트이며 후자는 70퍼센트다. 그러면 우선권은 후자의 동물이 가져야 할 것처럼 보인다. 하지만 최대 복지 범위를 보면 도덕적 지위에 따른 관점에서 전자의 동물이 더 좋은 삶을 살고 있다고 판단하기는 어렵다. 전자의 동물은 절대적 복지 수준에서 질이 낮은 삶을 살고 있다. 또한 마이너스 범위가 크다고 해서 전자가 후자와 비교해 더 낮은 도덕적 지위를 갖고 있다고 규정하는 것은 합리적이지 않다. 실제로는 전자의 동물이 후자보다 더 높은 도덕적 지위를 갖고 있으나, 고도화된 정신적 능력 때문에 고통에 대해 더욱 취약한 것일지도 모른다. 결국 백분율로 접근하는 방식도 한계가 있다. 안타깝게도 여전히 우리는 계층주의를 도입한 우선주의 원칙에서 도덕적 지위에 따른 조정된 복지 수준의 산출 방법을 찾지 못하고 있다.

이쯤에서 명확히 하고 싶은 부분이 있다. 어떤 개체의 최대 복지 범위에 따라 우선주의적 분배 요구 권리의 강도를 상대화하려는 시도에 대한 갖가지 어려움을 지적하는 이유는 이와 같은 접근방식이 결코 성공하지 못한다고 주장하기 위해서가 아니다. 그만큼 이 문제를 해결하는 데 한 치의 오류도 있어서는 안 되기 때문이다. 이런 종류의 관점들을 세우고 평가할 때 수없이 많은 검증 작업을 수행해 완벽하게 해놓지 않으면 사상누각에 지나지 않기 때문에 동물윤리 실천을 위한 이론적 토대가 되지 못한다. 또한 나는 앞서 나눗셈 계산방식의 문제점 등을 확인할 때와 유사하게 어떤 특정 노선에 관한 이론이 성공적으로 구축되는지의 여부와 관련해서 특별한 제안을 하려는 것도 아니다. 아마도 계속해서 충분히 노력한다면 한두 가지 올바른 접근방식을 만들어낼 수도 잇을 것이다.

아니면 우리가 도덕적 지위를 감안한 조정된 복지 수준을 산출하기 위해 아예 지금까지의 것들을 모두 버리고 전적으로 다른 방향에서 답을 구하게 될지도 모른다. 확실한 것은 우리가 아직까지 찾아내지 못했다는 사실뿐이다.

내가 말하려는 논점은 우선주의 분배 원칙이 계층주의를 도입해 사람을 넘어 동물로까지 확장될 수 있는 실마리를 확보한 상태에서 이를 공고히 하고자 도덕적 지위의 격차를 고려한 조정된 복지 수준을 산출해야 한다고 했을 때, 앞으로 우리가 수행해야 할 일들이 산더미처럼 쌓여 있다는 사실이다. 후보로 올린 접근방식이 과연 적절한지 그 세부적 사안들을 일일이 분석해 검증하는 작업은 결코 쉬울 수가 없는 것이다.

다른 분배 원칙들도 마찬가지다. 나는 이들 원칙에도 사람뿐 아니라 동물까지 포함하는 적절한 버전이 마련돼야 하며 이를 위해서 반드시 도덕적 지위의 격차를 고려해야 한다고 생각한다. 그렇지만 이 같은 사실을 인식한다고 해서 특정 분배 원칙이 정확히 어떤 식으로 도덕적 지위를 고려해 조정된 복지 수준을 정립할 수 있는지 알 수 있는 것은 아니다. 언제까지가 될지는 모르겠지만 분배 원칙들을 동물로까지 올바르게 확장시켜나가는 일만 해도 복잡하고 광활한 도전이 될 것이다. 여러분과 내가 지금 하고 있는 일이 다름 아닌 이것인 것이다.

: 제3절_도덕적 지위는 복지의 가치에 차이를 만드는가 :

나는 분배 원칙들을 적절히 확장시키기 위해서는 도덕적 입장을 취하는 존재라고 해서 동일한 도덕적 지위를 갖는 것은 아니라는 사실을 인지해야 한다고 말했다. 그러나 이미 언급했듯이 모든 이들이 우리가 논의하고 있는 종류의 분배 원칙들을 받아들이는 것은 아니다. 어떤 이들은 복지의 결과를 평가할 때 그 '총량'만을 계산해야 하며 분배에 관한 문제는 결과의 가치에 직접적인 관련이 없다고 주장한다.

이와 더불어 분배 원칙에 관해 회의적 시각을 가진 사람들은 도덕적 지위에 대한 계층적 접근방식을 수용할 합리적인 이유가 있는지에 대해서도 의심 어린 눈길로 바라본다. 이와 같은 현실도 무시할 수 없으니 이번에는 분배 요구 권리에 대한 고민은 제쳐두고(사실 다소 지겹기도 했을 것이다) 전적으로 복지의 가치 그 자체에만 초점을 맞춰보기로 하자. 거의 대부분의 사람들은 다른 모든 조건이 동일할 때 어떤 결과가 다른 결과보다 더 많은 복지를 가져왔다면 그 결과가 더 좋은 것이라는 데 동의한다. 그렇다면 마찬가지 논리로 도덕적 지위와 복지의 가치 사이에 연결고리가 있다면 우리는 그것을 무엇이라고 말할 수 있을까? 그렇지 않고 복지의 가치와 도덕적 지위와는 아무런 관련이 없다는 사실이 밝혀진다면 우리는 그 결론에 동의할 수 있을까?

복지에서 분배의 중요성을 믿는 사람이라면 세상이 늘 평등한 것은 아니므로 때로는 복지의 총량이 비록 적더라도 복지의 분배가 좀 더 공평하게(형식적일지라도) 이뤄진다면 그 결과가 더 좋다고 생각할 수 있다. 그런데 우리가 지금 묻고 있는 부분은 분배 문제는 논외로 하고 복지 그 자체다. 다시 말해 "도덕적 지위가 복지의 가치에 차이를 만드는가?" 하는 질문이다. 아마 도덕적 지위나 분배 문제와는 상관없이 복지의 가치와 관련해 단일주의자들의 견해를 받아들이는 사람들도 있을 것이다. 그 견해란 어떤 개체의 복지 증가가 전체 결과에 기여한 정도를 평가할 때 그 증가분이 누구의 복지인지와는 관련이 없다는 관점이다. 이런 관점에서 추가되는 복지의 한 단위는 항상 똑같은 도덕적 중요성을 갖고 있기 때문에, 개체의 도덕적 지위와는 무관하게 결과의 가치에 기여하는 몫은 언제나 동일하다.

그렇지만 우리는 여기에서도 단일주의를 거부할 수밖에 없다. 복지 증가분이 결과에 기여하는 몫은 부분적으로 그 복지를 확보한 존재의 도덕적 지위에 따라 달라지기 때문이다. 보다 구체적으로 말하면 복지 증가분이 도덕적 지위가 높은 쪽에 주어졌을 때 결과의 가치가 더 높아지는 것이다(이 부분에서 헷갈리면 곤란한데, 지금 우리는 분배 문제를 배제한 상태로 논의 중이다). 따라서 도덕적 지위는 복지의 가치에 차이를 만들어낸다.

물론 도덕적 지위가 복지의 가치에 차이를 만들어내는지 묻는 방식으로 문제를 제기하는 데는 논란의 여지가 있다. 분배 원칙의 중요성 그리고 분배 원칙은 도덕적 지위의 격차에 민감해야 한다는 견해를 거부하는 사람들은 애초부터 (잠재적으로 복지의 가치에 차이를 만들어낼) 도덕적 지위의 격차 자체를 받아들이지 않을 수 있다. 그렇기 때문에 좀 더 신중하게 질문의 범위를 제한해서 "누구의 복지인지에 따라 복지의 가치가 달라지는가?"라고 묻는 것이 더 좋을 듯하다. 어쨌든 조심스럽게 표현하자고 했지만 우리가 지금껏 해왔듯이 "도덕적 지위가 복지의 가치에 차이를 만드는가?"라고 물으면서 문제를 제기해도 실질적으로 잘못될 일은 없다. 여기까지 이 책을 읽은 여러분이라면 내가 제기하려는 질문을 온전히 이해하리라고 믿는다. 그럼에도 내가 문제의 틀을 짜는 방식이 불편하다면 적당하게 완곡한 문장으로 질문을 대체해도 무방할 것이다.

그리고 이 시점에서 추가적으로 설명하고 넘어가야 할 또 하나의 논점이 있다. "도덕적 지위가 복지의 가치에 차이를 만드는가?"라는 질문은 도덕적 지위가 각각의 개체에게 부여되는 결과, 즉 좋은 것들의 총량에서 차이를 만드는지 여부를 묻는 것이 아니다. 사실 나는 이 질문 자체가 말이 되는지 안 되는지조차 확실하지 않다고 생각한다. 예를 들어 여러분의 복지에 세 단위가 추가된다면 실제 결과에서도 세 단위가 증가한다고 이해하면 된다. 복지 증가로 여러분이 갖는 본질적인 가치는 추가된 복지 단위만큼 규정되는데, 세 단위가 추가됐다면 여러분은 정확히 세 단위만큼 혜택을 얻은 것이다. 따라서 우리가 각 존재의 복지 증가에 대한 가치를 묻고자 할 때 도덕적 지위에 따라 얻게 되는 복지 결과의 크기가 달라지는지를 묻는 것이라면 아무런 의미가 없다. 우리의 질문은 복지로 인해 각 존재가 얻게 되는 결과의 양이 아니라, 복지로 주어지는 결과의 가치가 증가하는가에 대한 것이다. 아울러 이 가치 증가분이 고정되는 것인지 변동될 수 있는지에 대해서도 의문을 품을 필요가 있다.

대개의 사람들은 다른 조건들이 모두 동일할 때 복지가 증가하면 결과도 좋아진다는 관점에 동의하겠지만, 그 '결과'가 복지 증가분에 따라 늘어난 양을 지칭하는 것인지 아니면 복지가 증가한 개체의 도덕적 지위에 영향을 받는 것인지는 여전히 결정되지 않은 채 남아 있다. 이를 약간 다르게 표현하면 한 단위의 복지 증가가 그 개체에게 한 단위의 혜택을 주는 것은 분명하지만, 증가한 복지 한 단위로부터 생성된 '결과'의 도덕적 가치에서의 차이가 그 개체의 도덕적 지위와 무관하게 늘 같다는 사실을 의미하지는 않는다는 것이다. 적어도 도덕적 지위가 복지의 가치에 차이를 만들어 그 개체의 도덕적 지위가 높을수록 복지로 주어지는 결과의 가치가 커진다고 주장할 수 있을 것이다. 나는 이 주장이 실제로 사실을 담고 있으며 도덕적 지위가 복지의 가치에 영향을 미친다고 확신하고 있다. 하지만 어떤 이들은 이 주장에 설득되지 않으리라는 것도 인정한다.

이 책을 읽고 있는 여러분에게는 이제 그리 놀랄 일도 아니겠지만, 내가 도덕적 지위를 이토록 중요하게 다루는 까닭은 "어떻게 동물을 헤아릴 것인가"라는 논의가 필연적으로 분배 문제와 연결될뿐더러, 동물에게 적절하고 타당한 분배 요구 권리를 부여하려면 반드시 도덕적 지위를 고려할 수밖에 없다고 이미 결론을 내려놓았기 때문이다. 더욱이 계층적 관점에서 사람과 동물 또는 동물과 동물 사이에는 도덕적 지위에 따른 격차가 존재하므로, 사람과 동물을 아우르는 분배 원칙이 적절하고 타당한 것이 되려면 분배 요구 권리가 도덕적 지위에 맞게 높아지거나 낮아지게끔 설정돼야 한다. 이런 이유로 동물에 복지 분배 요구 권리를 부여하더라도 사람보다는 낮게 설정할 수밖에 없으며, 또한 동물 사이의 분배 권리도 각각의 개체에 따라 차이를 둘 수밖에 없다. 동물도 도덕적 입장을 가진 존재이기에 당연히 분배 요구 권리를 갖지만, 도덕적 지위의 격차라는 요인 때문에 차이가 발생하는 것이다.

이와 같은 나의 주장이 옳다면 도덕적 지위에서의 격차는 사람과 동물 및 동물과 동물 사이의 다른 도덕적 권리에서의 격차에도 영향을 미치는 것이 당연하다. 이는 도덕적 '일관성(consistency)'의 문제다. 복지의 분배 문제에서는 도덕적 지위의 역할이 분명하나 복지의 도덕적 가치에 관한 문제라면 그렇지 않다고 주장하는 것은 내가 생각하기에는 일관성이 없어 설득력을 얻지 못한다. 동물의 분배 요구 권리를 그들의 낮은 도덕적 지위를 감안해 조정해야 하는 것처럼, 복지에 대한 동물의 권리도 이에 맞게 조정돼야 할 것이다. 동물에게 도덕적 권리가 있다는 주장은 틀림없는 진실이지만 거기에 아무런 차이가 없다는 고집은 이제 멈춰야 할 때가 됐다. 도덕적 지위가 낮은 개체는 도덕적 권리도 낮으며, 복지에서의 증가분 역시 도덕적으로 중요성이 낮기 때문에 그 결과에 따른 좋은 것들의 증가하는 몫 역시 적어지는 것이다.

이와 같은 논의가 굉장히 추상적으로 느껴질 수 있다. 나도 그렇게 생각한다. 그러나 필요한 논의이며 상당한 설득력을 갖는다는 사실을 깨달았다. 이 논의는 분배 원칙을 동물에 적용할 때 가장 합당한 방식은 계층적 접근이라는 내 주장에 동의하는 사람들에게는 유사한 설득력을 가질 것이다. 우리가 분배 문제에서 도덕적 지위의 중요성을 알게 됐다면, 복지의 가치 문제에서 그 중요성을 부정하는 주장은 그리 달갑게 다가오지는 않을 것이다. 반대로 애초에 복지의 가치와 별개로 분배 문제에도 계층적 관점이 필요 없다는 사람들에게는 아예 논의할 가치조차 없을 것이다. 논리보다 신념이 중요한 사람들에게는 철학적 논의가 통용되기 어렵다.

그럼에도 불구하고 확실한 점은 이 논의를 통해 복지 분배와 가치 문제에서 그들이 계층적 접근방식을 받아들이기만 한다면 이를 확장해 행동으로 실천하는 데까지 이르는 대장정을 시작할 수 있지만, 그들이 여전히 왜 이런 접근방식을 수용해야 하는지 이유를 모르겠다고 한다면 이 논의는 공론화되지 못할 것이다. 어쨌든 지금 나와 여러분이 진행하고 있는 논의는 이전까지는 없던 것이기에 앞으로의 일이 무척 궁금하긴 하다. 아직 우리는 동물의 도덕적 지위와 복지라는 문제를 직접적으로 고려할 때 우리에게 어떤 영향을 미칠지 모른다. 하지만 이는 다른 주제이므로 여기에서는 논지를 계속 유지하기로 하자. 도덕적 지위가 복지의 가치에 영향을 미친다는 주장은 설득력이 있을까 그렇지 않을까?

여기 여러분의 직관을 확인해볼 수 있는 사례가 있다. 어떤 두 개체가 '치통'을 앓고 있다. 모두 같은 강도의 통증을 느끼는 중이다. 매우 고통스럽다. 이런 상황을 떠올린 다음 이제 여러분이 치통을 완전히 없애줄 진통제를 갖고 있는데 둘 중 한쪽에만 사용할 분량밖에 없다고 가정해보자. 그리고 두 개체 중 한쪽의 치통을 멈춰주지 않으면 둘의 치통은 오래도록 같은 기간 동안 지속된다고 가정해보자. 마지막으로 두 개체 중 한쪽은 인간 성인이고 다른 한쪽은 쥐라고 상상해보자.

양쪽의 치통이 똑같은 강도라는 것은 사람과 쥐의 복지에 동일한 나쁜 영향이 가해지고 있다는 의미다. 다시 말해 여러분이 어느 쪽을 돕겠다고 결정하든 간에 복지의 양은 같다고 할 수 있다. 다만 이번에는 제공해야 할 복지가 아니라 없애줘야 할 복지라는 점만 다르다.

나는 이런 경우 잃게 될 복지의 양이 사람과 쥐가 같다고 해도 사람에게 도움을 주는 것이 더 중요하다고 판단한다.[8] 나는 사람의 치통이 없어져서 도출되는 결과가 쥐의 치통이 사라져서 나오는 결과보다 더 좋다고 본다. 누가 내게 왜 그런지 묻는다면 사람이 쥐보다 더 가치 있는 존재이고, 더 많은 헤아림을 받아야 하며, 도덕적으로 쥐보다 더 높은 지위를 가졌기 때문이라고 대답할 것이다. 쥐가 아닌 사람을 도와야 한다는 내 직관이 이 사례에서 사람의 도덕적 지위가 모습을 드러내게 만들었다. 사람의 치통이 없어지는 세상이 쥐의 치통이 사라지는 세상보다 더 나은 세상이다.

여러분의 직관은 어느 쪽을 선택했는지 궁금하다. 아마도 나와 별반 다르지 않았으리라고 생각한다. 그렇다면 도덕적 지위가 상당히 중요하며 복지의 가치는 부분적으로라도 복지 혜택을 받고 있는 개체의 도덕적 지위에 의존한다는 생각을 지지할 것이다. 바로 앞의 추상적 논의와 함께 이 두 가지 종류의 성찰은 도덕적 지위가 복지의 가치에 영향을 미친다는 주장을 받아들일 수밖에 없는 사례를 추가하고 있다. 하지만 이와 동시에 나는 모든 이들이 이에 동의하지 않는다는 것도 알게 됐다. 나는 도덕적 일관성이 애초부터 도덕적 지위와 분배 그리고 복지의 가치로 이어지는 관계를 부정하는 사람들에게는 아예 힘을 쓰지 못한다는 사실을 인정했으며, 이제는 위 치통 사례가 아무리 직관적이라고 해도 공감하지 않을 사람들은 공감하지 않는다는 사실도 받아들여야 할 것 같다.

그런데 여기에서 한 걸음 더 나아가 이 직관에 공감하는 사람들 중에서도 내가 만든 사례 속 복지의 양(고통의 강도)이 정말로 동일한지에 대해 합리적 의구심을 가질 수도 있을 것이다. 즉, 사람이 느끼는 치통과 쥐의 치통이 같은지의 문제다. 결국 사람의 치통을 치료해주지 않고 그대로 방치하는 경우 그 사람이 잃게 되는 복지의 양이 쥐보다 크다고 주장할 수 있는 여지가 남아 있다. 그 근거에는 여러 가지가 있겠지만, 무엇보다 사람은 쥐에 비해 대단히 좋은 기억력을 갖고 있다는 것이 하나의 이유가 될 것이다. 쥐는 치통이 끝나는 즉시 잊어버리지만 사람은 그 고통을 오래 기억하기 마련인데, 기억이 오래가면 갈수록 더욱 고통스러울 수 있다. 결국 사람을 돕는 것이 더 낫다는 직관이 있어도, 쥐가 아닌 사람을 도울 때 복지 증가분이 더 크다고 생각하기 때문일 수 있다. 그렇게 되면 도덕적 지위는 사람을 도울 때 복지 결과가 더 좋아지는 이유에 대해 아무런 역할을 하지 못한다. 또한 이와 유사하게 치통을 치료하는 것이 아니라 예방하는 문제인 경우, 사람은 미래에 발생하게 될 고통에 대한 불쾌한 예측을 할 수 있지만 쥐는 그러지 못한다는 이유 또한 성립될 수 있다.

나는 이와 같은 의문이 정당하다고 생각한다. 위 사례에서 사람이 쥐와 비교해 잃게 되는 복지의 양이 더욱 크다고 단정짓기는 어렵지만 그럴 가능성도 충분히 있어 보인다. 그러나 반대로 더 많이 잃는 쪽이 실제로는 쥐일 수도 있다고 주장하는 것도 가능하다. 이를테면 사람은 치통이 언젠가는 사라지리라는 기대를 할 수 있는 반면, 쥐는 그 고통의 시작과 끝에 대해 생각할 능력이 없으므로 당장의 고통에만 완전히 빠져 있을 수도 있기 때문이다.[9] 이 모든 것들을 감안할 때 양쪽의 치통이 같은 양의 복지를 내포하고 있는지, 아니라면 어느 쪽이 더 큰지 불확실할 수 있다. 나 또한 쥐로서 살아보지 못했기 때문에 실제로 쥐가 사람과 같은 강도의 통증을 느낀다고 확신할 수는 없을 것 같다. 그렇기 때문에 위 치통에 대한 사례는 직관 확인용 말고는 잘 짜인 사례가 아니다.

이론적으로라면 이 사례 대신 사람과 동물이 같은 양의 복지를 갖고 있다는 설정에 심각한 제약 조건이 없는 다른 사례를 어떻게든 제시해 이 의문을 계속 다룰 수 있을 것이다. 하지만 나는 이와 관련해서 앞의 것보다 더 나은 사례를 만드는 것이 별 의미가 없음을 알았다. 그와 같은 몇 가지 사례를 구성하더라도 실제로 세부적인 사안을 논증하는 과정에서 정작 그 사례를 들어 설명하고자 한 논지가 불분명해진다. 도덕적 지위가 복지의 가치에 차이를 만들어낸다는 것이 원래 논지였다.

그래서 나는 이 절에서 원래 내가 원했던 것보다 다소 모호하게 결론을 내고자 한다. 나는 사람과 동물이 동일한 양의 복지를 가진 사례를 구성하기 위해 나름의 고민을 다했고, 이때 동물이 아닌 사람을 돕는 것이 더 좋다고 판단했다. 그리고 그렇게 함으로써 도덕적 관점에서 볼 때 복지 결과의 좋은 것들이 더 크게 증가한다고 생각한다. 아울러 내가 앞서 분배 문제와 관련해 논의한 견해들을 고려했을 때 이와 같은 결론은 더욱 강화된다. 이미 강조했듯이 개체의 도덕적 지위가 복지의 가치에도 영향을 미친다는 주장은 타당하다. 도덕적 지위의 중요성을 한층 부각시킬 앞으로의 논의로 이어지면 이 주장은 더욱 힘을 얻게 될 것이다. 그럼에도 불구하고 나는 최소한 당분간은 내 주장이 받아들여지지 않을 수 있다는 현실을 부정하지 않는다.

: 제4절_고통은 똑같이 고통일 뿐이라는 주장 :

방금 나는 복지의 가치에 대한 계층적이고 도덕적 지위에 민감한 접근 방식에 관해 논의했다. 그리고 이와 같은 견해를 결코 받아들이지 않는 사람들도 있을 것이라고 말했다. 이들은 어떻게 도덕적 지위가 복지의 도덕적 중요성에 영향을 미친다는 생각을 할 수 있느냐고 반문한다. 이와 같은 회의론자들은 기회가 있을 때마다 "고통은 고통"이라고 주장한다.[10] 누구에게나 같다. 예외나 차별은 있을 수 없다.

귀에 쏙 들어오는 슬로건이며 이보다 더욱 단일주의자들의 입장을 대변해주는 문장은 없을 것이다. 맞다. 고통은 고통이다. 그러나 모든 고통이 누구에게나 똑같은 것은 아니다. 도덕적 측면에서 어떤 고통은 다른 고통보다 더 중요할 수 있다. 예컨대 어떤 고통은 다른 것보다 더 오래가고 더 심각하다. 반대로 어떤 고통은 다른 고통보다 사소하다.

상대적으로 더 오래가거나 더 심각한 고통을 없애버리는 것이 복지 결과의 전반적인 가치를 더욱 향상시킨다는 데 이의를 제기할 사람은 없어 보인다. 상식적으로 생각해서 가벼운 통증보다 강력한 고통을 없애는 것이 중요하다는 생각이 잘못됐다고 주장할 사람은 없을 것이다. 그러나 어떤 이들에게는 "고통은 고통"이라는 사실 때문에 받아들이기 힘든 상식일 수도 있다.

이렇게 본다면 복지의 가치에 대한 계층적 접근방식이 이런 사실 때문에 받아들이지 못하는 것으로 간주될 수도 있을 것이다. 지금 논증의 중심이 되고 있는 사안은 도덕적 지위에서의 격차가 어떤 특정 고통이나 쾌락(즐거움) 또는 여타 다른 복지에 따른 변화의 도덕적 중요성에서 차이를 만들 수 있느냐다. 그렇다면 "고통은 고통"이라는 명료한 사실에 의지하더라도 그 이상을 입증하지는 못할 것이다.

실제로 도덕적 지위가 복지의 가치에 차이를 만드는지에 대한 논증의 맥락에서 "고통은 고통"이라는 주장은 그저 도덕적 지위는 결코 차이를 만들지 못한다는 생각을 드러내는 것 말고는 아무것도 보여주지 못한다. 정말 멋진 말이기는 하지만 우리가 그에 동의해야 할 만한 합리적 이유는 제공하지 못하는 것이다.

우리는 복지의 가치에 차이를 만드는 중요한 요소가 도덕적 지위이며, 고통의 강도나 지속 시간에 영향을 미치는 것 역시 도덕적 지위라는 사실을 놓치지 말아야 한다. 어떤 고통이 더 심각하고 오래 지속된다면 복지에 더 큰 차이를 만들어낸다. 그리고 바로 그런 사실 때문에 복지 결과의 가치에도 차이를 만든다. 고통의 강도는 복지의 양에 영향을 미치고 복지의 양은 결과의 가치에 영향을 미친다. 만약 복지로 발생한 가치의 차이가 도덕적 지위에 기인한 것이 아니라면, 복지가 한 단위 변화할 때 그 복지의 대상이 누군지와는 상관없이 한 단위가 변한 것일 뿐이다. 그래도 문제없다. 어쨌건 그 복지 한 단위가 동물보다는 사람에게 전반적인 가치에서 더 큰 차이를 만들어낸다. 물론 그 차이는 도덕적 지위의 격차에서 오는 것이다.

단일주의자들이라면 결과의 가치에 영향을 주는 요소는 복지의 양뿐이라고 주장하면서, 도덕적 지위는 복지 가치의 어떤 변화와도 관련이 없다 말하고 싶을 것이다. 모든 도덕적 존재는 동일한 도덕적 지위를 갖고 있다고 믿는 그들의 입장에서는 차이가 있어서는 안 되기 때문이다. 그들의 믿음대로 개체의 도덕적 지위가 복지의 양을 바꾸지 못하고 복지의 대상과 무관하게 한 단위 변화할 때마다 똑같이 한 단위 변화하는 것이라면 도덕적 지위는 이와 관련해 아무런 의미도 확보하지 못한다.

그러나 복지가 많거나 적거나 하는 그 양에 의해서만 결과의 가치가 영향을 받는다는 주장은 사실이 될 수 없다. 적어도 분배 원칙에 공감하는 사람이라면 이 같은 주장이 어불성설임을 곧바로 인지할 것이다. 예를 들어 '우선주의'를 받아들인다고 가정했을 때, 주어지는 복지의 증가가 결과의 전반적인 좋은 것에 기여하는 정도는 그 증가분으로 혜택을 받은 개체의 삶의 질이 얼마나 좋아지는지 또는 나빠지는지에 따라 달라지기 때문이다. 다시 말해 복지 증가의 결과는 복지의 양에 따라서만 달라지는 것이 아니라 그 복지가 향하는 방향에도 달려 있다. 따라서 결과의 가치가 복지의 증가에 영향을 받는 경우 복지의 양과 함께 다른 특성의 변화가 만들어낸 결과이기도 하다. 마찬가지로 '평등주의'를 받아들인다면 불평등을 줄이거나 해소함으로써 복지 결과의 가치를 향상시킬수 있다. 복지 증가분이 낮은 질의 삶을 사는 쪽에게 가면 결과의 가치는 좋아지는 반면, 높은 질의 삶을 사는 쪽에게 가면 나빠지는 것이다. 이 경우 역시 복지 증가의 영향은 복지의 양뿐 아니라 그 복지가 향하는 쪽이 어디인지에도 달려 있게 된다.

잠시 복지의 가치 자체에 집중해 논의를 이어가다가 다시 분배 원칙을 예로 드니 새삼 분배가 얼마나 중요한 문제인지 다시 한번 깨닫게 된다. 분배의 관점에서 복지의 가치를 바라보면 복지 결과의 좋은 것들에 복지의 양뿐 아니라 복지의 다른 특성들도 영향을 미친다는 사실이 자연스럽게 떠오른다. 복지의 양만 복지 결과의 차이를 만들어낸다는 사고방식은 틀렸다. 다른 것들도 얼마든지 차이를 만들어낼 수 있다. 이 사실을 인식하면 도덕적 지위가 복지의 양과 더불어 복지의 가치에 차이를 만드는지에 관한 질문을 유연하고 다양한 관점으로 바라볼 수 있다.

분배 원칙들을 처음부터 부정해온 사람들이라면 이와 같은 일련의 논의 과정에 별 흥미를 갖지 않을 것이다. 그렇지만 그것은 반대를 위한 반대일 뿐 논점과는 어긋나 있는 생각이다. 왜냐하면 여기에서의 문제는 분배의 여러 특성들이 복지에 영향을 미친다고 믿느냐 믿지 않느냐가 아니라, 그것이 사실일 가능성이 있는지의 여부를 타진해보는 것이며, 그렇게 해서 분배 원칙이 복지에 영향을 준다는 근거를 발견하지 못했을 때 이를 바탕으로 복지에 분배를 연결시키는 견해를 철저히 폐기해버리면 그만이기 때문이다.

그리하여 분배의 여러 특성들이 개체의 복지에 영향을 미칠 가능성을 열어둔 상태에서 논쟁에 참여하고, 논리와 상식을 통해 도덕적 지위가 복지의 가치에서 차이를 만들어낸다는 근거가 나왔을 때 이를 받아들일 수 있는 준비를 해야 한다. 비록 최종적으로는 그 가능성을 수용하지 않더라도 말이다.

이 논의에서 내가 '고통'을 사례로 든 이유는 생각하는 데 특별한 지식이나 능력을 필요로 하지 않기 때문이다. 고통은 그저 '얼마나' 고통스러운지만 떠올리면 된다. 달리 생각할 무언가가 없다. 그 '얼마나'는 고통의 강도나 지속 기간과 직접적으로 관련이 있다. 그런데 도덕적 지위는 영향을 미치지 못한다. 그러므로 개체의 도덕적 지위 또는 그 근거가 되는 정신적 능력은 고통의 중요성과는 아무런 연관이 없는 게 명확해 보인다. 개체의, 또는 그 근거가 되는 정신적 능력은 고통의 중요성에 아무런 관련을 가지지 못한다는 것은 명확해 보인다. 이에 관해 이렇게 말한 철학자도 있다.

지성과 감수성 그리고 이와 비슷한 능력이 아픔이나 고통의 양이 어느 정도인지를 결정하는 문제에서 중요한 요소가 될 수 있는가?[11]

그런데 이와 비슷한 질문이 다른 의도, 이를테면 '평등'의 중요성을 부정하는 의도로 던져진다면 매우 당혹스럽게 된다. 누군가 "어떤 개체가 다른 개체보다 더 낮은 질의 삶을 살고 있다는 사실이 아픔이나 고통의 양이 어느 정도인지를 결정하는 문제에서 중요한 요소가 될 수 있는가?"라고 묻는다면, "삶의 질은 주어진 고통의 양을 결정하는 요소는 아니지만 그 고통을 완화하거나 제거하는 데는 영향을 준다"고 대답하는 것이 합리적이다. 이는 한 개체가 다른 개체보다 더 좋지 않은 상태에 있다는 그 이유로 인해 바로 그 개체의 고통을 완화해주거나 제거해주는 것이 중요할 수 있다는 뜻이다. 그렇다면 이와 마찬가지로 "도덕적 지위가 고통의 양을 결정하는 요소는 아니지만 그 고통을 완화하거나 제거하는 데는 영향을 준다"고 대답하는 게 합리적인 것이다. 따라서 진짜 질문은 이것이다.

"(긍정적이든 부정적이든) 복지 증가 결과의 가치는 복지의 총량에 영향을 주는 (강도나 지속 기간과 같은) 특성에 따라서만 달라지는가, 아니면 대상의 복지 수준 또는 그 대상이 누구인지에 따라서도 달라질 수 있는가?"

그리고 당연히 내가 말하고자 하는 요지는, 이에 반대할 만한 특별한 이유가 없다면 도덕적 지위를 포함한 여러 특성들과 복지의 가치가 상관없다는 주장은 성립되지 않는다는 것이다. 하지만 또 한번 이 논의는 단일주의자들에 의해서 다른 방향으로 흘러갈 수 있는데, 내가 제2장에서 설명한 '이익 평등 고려' 원칙, 즉 모든 개체의 이해관계에 대해 도덕적 관점에서 '유사한' 이익을 '동일한' 가중치로 고려해야 한다는 의견이 제시될 수도 있다. 그렇기 때문에 이 또한 짚고 넘어가야 할 것이다. 아래의 두 가지 서술을 살펴보자.

어떤 특정 행위로부터 영향을 받는 모든 존재의 이익은 다른 모든 존재의 이익에 해당하는 유사한 것과 동일한 가중치로 고려돼야 한다.[12]

인간 및 동물의 평등한 고려는 다른 개체들과 관련된 유사한 이해관계에 대해 어떤 방식으로든 똑같은 도덕적 가중치를 부여한다는 것을 의미한다.[13]

이 원칙을 수용하면 도덕적 지위는 복지의 가치에 어떤 차이점도 만들어내지 못한다는 결론에 이르기까지가 매우 사소한 과정으로 보일 수 있다. 실제로 위 첫 번째 인용문의 철학자는 다음과 같이 말하고 있다.

다른 존재들에 대해 관심을 갖고 그들의 이해관계를 기꺼이 고려하고자 할 때, 그들이 어떤 존재이며 어떤 능력을 가졌는지에 따라 결정해서는 안 된다는 것이 이 평등의 원칙이 가진 함의다.[14]

나는 이를 (최소한 부분적으로라도) 이익 평등 고려 원칙을 감안할 때 거의 자동적으로 도덕적 지위와 복지의 가치 사이에 아무런 관련이 없다는 결론에 이른다는 의미로 이해하고 있다. 모든 개체의 유사한 이해관계가 똑같은 가중치로 다뤄지면, 어떤 개체가 복지를 잃을 위험에 처하는지와 상관없이 오직 얼마나 많은 복지를 잃게 되는지만 중요해진다.

그렇지만 이익 평등 고려 원칙을 감안하더라도 우리의 논지가 훼손되는 것은 아니다. 평등하게 고려하기 위해 모든 이해관례를 동일하게 취급할 필요는 없다. 맨 위 두 인용문도 이를 잘 말해주고 있다. 이 원칙에서 말하는 '유사한' 이익은 첫 번째 인용문에서의 '해당하는 유사한' 이익 또는 두 번째 인용문에서의 '관련된 유사한' 이익이므로 모든 이해관계가 똑같은 것은 아니기 때문이다.

핵심은 이것이다. 어떤 개체가 다른 개체와 비교해 더 높은 강도로 더 오래 지속되는 고통을 받을 때 그쪽에 복지의 무게를 두는 것은 전혀 부당한 관점이 아니다. 게다가 이 관점이 이익 평등 고려 원칙에 반하는 것도 아니다. 방금 살폈듯이 평등한 고려는 도덕적 관점에서 관련된 유사한 이해관계에 동일한 가중치를 두는 것인데, 우리가 논의하고 있는 것들은 도덕적 관점에서의 이익과 관련된 차이이기 때문이다. 그러면 이런 질문을 던져볼 필요가 있을 것이다.

"도덕적 지위의 차이는 도덕적 관점에서 유사한 이익과 관련된 차이가 될 수 있는가?"

만약 그렇다면 두 개체의 복지 증가량이 같다고 했을 때 도덕적 지위가 높은 쪽의 복지 가치가 낮은 쪽보다 더 중요하다는 주장도 이익 평등 고려 원칙에 위배되는 것이 아니다. 도덕적 지위 측면에서 두 개체가 각각 복지 증가로 얻은 이해관계가 도덕적으로는 관련이 있지만 '관련된 유사한' 이익은 아닌 경우가 특히 그런데, 이를테면 두 개체 중 한쪽은 사람이고 한쪽은 동물일 때 그렇다.

물론 사람과 동물 두 개체의 이해관계에 관련된 유사한 이익인지 그렇지 않은지 결정할 때 단일주의자들은 도덕적 지위는 고려할 만한 특성이 아니라고 말하겠지만 이제는 넘어가기로 하자. 이 시점에서 또 다른 추가 논의가 이어져야 하고 이익 평등 고려 원칙의 개념 자체를 좀 더 파고들어야 하니 말이다. 지금 우리는 이 원칙에 따라 도덕적으로 관련된 특성들과 유사한 이해관계에 동일한 가중치를 부여하면 되는 상황이다. 그런데 이 원리는 어떤 특성이 도덕적으로 관련이 있는지 어떤 지침도 제공해주지 않으며, 도덕적 지위가 복지의 가치에 영향을 미치지 못한다는 주장에도 아무런 근거가 되지 못한다.

하지만 이 작업에 보다 적합해 보이는 대안적 해석이 있다. 이익 평등 고려 원칙을 두 개체의 이해관계가 서로 유사한 이익이라면 언제나 똑같은 가중치를 둬야 하는 것으로 이해할 수 있는데, 이때의 '유사한' 이익은 복지와 관련 있는 특성과 '관련된 유사한' 이익을 의미한다. 이 방식으로 이익 평등 고려 원칙을 해석하면 두 개체의 이해관계가 관련 방식에서 유사하다면 같은 가중치를 둬야 하지만, 관련된 유사성 또는 비유사성이 그 이익과 충족되거나 좌절될 때 해당 개체의 복지에 영향을 미치게 될 특성과 관련이 있는 경우로만 국한된다. 간단히 말해 만약 두 개체의 이익이 복지에 똑같은 영향을 미치면 동일한 가중치를 부여하는 것이다.

이와 같은 방식으로 이해한다면 이익 평등 고려 원칙은 도덕적 지위가 복지의 가치에 영향을 미친다는 견해를 배제하는 데 충분하다. 누구의 복지를 향상시킬 것인지를 결정할 때 우리는 각각의 경우에서 얼마만큼의 복지가 위태로운지 묻기만 하면 된다. 복지가 누구에게 가는지는 무의미하다. 앞서 이익 평등 고려 원칙을 서술한 두 번째 인용문의 철학자는 이렇게 쓰고 있다.

> 인간과 도마뱀이 죽음을 통해 똑같이 많은 것을 잃는다면, 그들은 동등한 도덕적 무게가 부여된 유사한 삶의 이해관계를 가진 것이다.[15]

물론 도마뱀이 정말로 일반적인 인간만큼 죽음에서 잃을 것이 많다고는 생각되지 않는다. 그런 경우는 없을 것이다. 그러나 이 말은 도덕적 지위의 관련 없음을 표현하는 수사적 방식이다. 중요한 것은 잃을 위험에 처한 복지의 양뿐이며, 인간(또는 사람)이 도마뱀과 비교해 갖고 있는 더 높은 도덕적 지위와는 무관하다. 이익 평등 고려 원칙의 이 대안적 해석을 근거로 도덕적 지위와 복지의 가치 사이에 아무런 관련이 없음을 주장하는 사람들도 있다. 그런데 유감스럽지만 이 방식으로 원칙을 해석하면 확실한 근거는 마련하지 못한 채 단정만 짓고 더 이상 나아가지 못한다.

이 대안적 해석은 모든 개체의 이해관계를 유사한 이익으로 해석한 처음의 이익 평등 고려 원칙보다는 제한된 것이다. 대신 두 개체의 이익이 관련 방식에서 유사하다면 동일한 가중치가 부여된다는 원칙을 부정할 수 없어 보이게 만드는 데는 성공했다. 그렇지만 우리가 이 원칙을 대안적 해석대로 두 개체의 이익이 달라질 수 있는 유일한 방법은 위험에 처한 복지의 양 뿐이라는 결론을 내린다면, 이 원칙을 수용하기 전에 이미 복지에 대한 영향 말고는 도덕적 중요성에 영향을 미치는 특성은 아무것도 없다는 전제를 세워야 한다. 그러나 이는 논란의 여지가 다분하다. 따라서 도덕적 지위가 복지의 가치에 영향을 준다는 관점에 공감하는 사람이라면 누구도 이 대안적 해석에 따른 이익 평등 고려 원칙을 받아들이려고 하지 않을 것이다. 이 원칙을 이와 같은 방식으로 이해해 내세우게 되면 도덕적 지위의 관련성을 정면에서 반박하기보다 관련성이 없어 보이게 하는 완곡한 주장이 될 뿐이다. 그렇기 때문에 대안적 해석을 통한 이익 평등 고려 원칙도 계층주의를 배격하는 독립적 근거를 제공하지 못한다.

우리의 분배 원칙들에 공감하는 사람이라면 사실상 이 원칙의 대안적 해석을 수용할 수 없다는 점도 주목할 만하다. 복지로부터 얻는 이익에 동일한 가중치가 부여된다면, 주어진 복지 증가분이 보다 형편이 어려운 쪽에게 가야 한다는 주장이 무색해지기 때문이다. 다시 말해 높은 수준의 삶을 사는 개체보다 낮은 수준의 삶을 사는 개체의 복지를 증진시키는 게 결과적으로 좋은 것들을 더 많이 만들어낸다고 주장할 수 있는 근거가 사라지는 것이다. 더욱이 이런 상황은 복지를 비교적 관점, 즉 어떤 개체가 다른 개체에 비해 낮은 수준의 삶을 사는지에 관심을 두는 '평등주의' 입장에서도 받아들이기 어렵다. 그래서 똑같이 '평등'이라는 용어를 사용하는데도 불구하고 평등주의적 분배 원칙의 관점에서 이익 평등 고려 원칙의 이와 같은 대안적 해석은 결코 수용할 수가 없다.

이와 마찬가지로 '응보론'을 받아들이는 사람이라도 이런 식으로 이해되는 이익 평등 고려 원칙을 거부해야 한다. 때로는 누구의 복지를 증진시킬지를 선택할 때 주어진 증가분이 얼마인지뿐 아니라 어떤 개체가 다른 개체보다 복지 혜택을 받을 자격이 있는지 묻는 것이 적절하며, 심지어 응보론에서는 잃게 될 복지의 양과 그 질문 사이에 연관성이 없는 경우도 있다.

나아가 '우선주의' 분배 원칙에서도 복지 증가분이 가장 좋은 쪽을 결정할 때, 그 혜택이 없다면 잃게 될 복지의 양이 얼마인지보다는 그 개체가 얼마나 심각한 곤경에 처해 있는지를 묻는 것이 중요하다. 결국 우선주의 관점에 서 있는 사람 또한 이익 평등 고려 원칙의 대안적 해석을 배격해야 하는 것이다.

요컨대 이익 평등 고려 원칙의 대안적 해석은 용납하기 어려울 정도로 좁은 의미가 된다. 반면 본래 해석을 따른다면 어느 쪽 형편이 더 좋은지 나쁜지, 어느 쪽이 복지 증가분 혜택을 받을 자격이 있는지, 절대적 시각에서 어느 개체의 상황이 최악인지와 같은 것들이 주어지는 이익과 관련이 있는 특성들로 고려된다. 이것이 이익 평등 고려 원칙의 처음 해석이 선호되는 확실한 이유다. 이 해석에서는 유사한 이익을 동일한 가중치로 취급하라고 적절히 지시하지만, 일련의 관련된 특성들을 복지의 양에 영향을 미치는 것들로만 제한하지는 않는다.

그러나 우리가 이미 살폈듯이 이익 평등 고려 원칙을 본래대로 해석하더라도 모든 개체의 이해관계가 유사한 것은 아니므로 도덕적 지위라는 특성이 도덕적 관점에서 유사한 이익과 관련 없다고 주장할 수 있는 근거로 기능하지 못한다. 이익 평등 고려 원칙을 수용하면서도 얼마든지 보다 높은 도덕적 지위에 있는 개체에게 주어진 복지 증가분이 더욱 중요한 것이 된다는 주장을 계속 이어나갈 수 있다. 그리고 여기에서 잠깐 짚고 넘어갈 부분이 있는데, 나는 제2장 제1절과 제4절에서 서술했듯이 이익 평등 고려 원칙을 받아들이는 관점에서만 단일주의의 개념을 정의하지는 않았다. 지금까지 논의한 바와 같이 단일주의를 배격하는 사람들도 보다 설득력 있는 해석을 통해 이익 평등 고려 원칙을 수용할 수 있다.

지금까지의 논의를 종합했을 때 이 부분의 결론은 이것이다. 나는 도덕적 지위가 복지의 가치에 영향을, 그것도 결정적인 영향을 미칠 수 있다고 생각한다. 결정적 영향은 아니라는 주장들이 계속해서 나를 설득하고 있지만, 틈은 생겼고 이미 벌어지고 있다.

: 제5절_도덕적 지위를 감안한 복지의 가치 :

어떤 개체의 복지가 기여한 결과의 가치는 그 개체의 도덕적 지위에 따라 달라질 수 있다는 관점에 동의한다고 가정해보자. 그러면 결과의 가치를 평가할 때 복지 그 자체에 의한 기여분(증가분)에만 초점을 맞추는 경우라고 해도, 다시 말해 복지의 분배적 특성은 고려하지 않더라도 우리는 도덕적 지위를 고려해야 할 필요가 있다. 이는 누구에게 향하는 복지인지에 따라 그 양의 가치가 달라지기 때문에, 단순히 복지의 양만을 측정하는 것만으로는 충분하지 않다는 의미다. 그렇다면 실질적으로 우리에게 필요한 것은 도덕적 지위를 감안한 조정된 복지를 측정하는 또 다른 기준이 될 것이다.

그 기준은 어떤 것일까? 논의할 개체의 증가하는 복지의 양에 적절한 도덕적 지위 수치를 적용해 계산한 다음, 수치가 클수록 해당 개체의 복지 가치가 높다고 보면 될 것이다. 계산방식에는 여러 가지가 있겠지만, 가장 단순한 방법은 복지의 양에 수치화된 도덕적 지위를 곱하는 것이다. 도덕적 지위 수치는 사람에 비해 동물이 낮을 것이며, 어떤 동물은 다른 동물보다 낮을 것이다.

곱하는 수, 즉 승수는 도덕적 지위에 비례하는 방식으로 달라질 것이기에, 이 장의 제1절에서 분배 문제와 관련해 우선주의 관점을 확장할 때 사례로 들었던 도덕적 지위 수치들을 다시 한번 활용해보기로 하자. 그때 나는 각 개체의 상대적 지위를 반영해 먼저 사람의 도덕적 지위에 1이라는 수치를 부여하고 동물들에게는 이보다 작은 수치를 적절히 할당했다. 개의 도덕적 지위 수치에는 0.3이나 0.4, 쥐에게는 0.02나 0.03을 부여했다. 파리는 0.0001이었다. 이번에는 복지 수준(복지의 양)의 증가분에 이 수치를 곱함으로써 복지 결과의 가치를 산출해보자. 그리고 이 결과를 '곱하기 조정치'라고 부르기로 하자.

여기 두 종류의 동물이 있다. 하나는 도덕적 지위 수치 0.3인 개이고 다른 하나는 0.1의 토끼인데, 도덕적 관점에서 볼 때 두 개체의 도덕적 지위 격차로 복지 결과의 가치에는 차이가 생긴다. 만약 두 개체에게 세 단위의 복지 증가분이 제공된다면 각각 '0.3 × 3 = 0.9'와 '0.1 × 3 =

0.3'이 되므로, 개의 복지가 토끼와 비교했을 때 세 배에 이르는 가치를 갖게 된다. 따라서 개와 토끼의 복지 증가분이 같다면 복지 결과에서 세 배의 좋은 것들이 생겨나게 된다.

이 곱셈 계산방식에 따르면 도덕적 지위가 높은 동물의 복지를 '조금' 늘리는 것이 도덕적 지위가 낮은 동물의 복지를 '크게' 늘리는 것보다 결과적으로 더 많은 좋은 것들을 창출하기도 한다. 위의 사례에서 개에게 2단위의 복지를 증가시켜주는 것($0.3 \times 2 = 0.6$)이 토끼에게 5단위를 더하는 것($0.1 \times 5 = 0.5$)보다 더 많은 결과 가치의 증가를 이뤄내는 것이다. 그렇다고 곱셈 계산방식이 복지 증가가 언제나 가장 높은 도덕적 지위의 개체에게 향하는 결과를 내는 것은 아니다. 분배 문제를 배제하고 계속해서 복지 결과의 가치에만 초점을 맞추더라도, 낮은 도덕적 지위를 갖는 동물에게 충분히 큰 증가분이 제공되면 지위가 높은 동물에게 주어지는 작은 양의 증가분보다 복지 결과 가치에 더 많이 기여할 수 있다. 이를테면 개에게 복지 증가분 1단위를 주고 토끼에게 5단위를 준다면, 개가 토끼보다 도덕적 지위가 높은데도 개의 복지를 늘리는 것($0.3 \times 1 = 0.3$)보다 토끼의 복지를 늘리는 것($0.1 \times 5 = 0.5$)이 더 많은 좋은 것들을 만들어낸다. 그런데 어쨌든 이 '곱하기 조정치'의 결론은 이것이다. 다른 모든 조건들이 동일할 때 특정 개체의 도덕적 지위가 높으면 높을수록 그 개체에 제공된 복지의 양은 결과에서 더 많은 가치를 만들어낸다.

하지만 이때 한 가지 질문이 제기될 것이다. 여러분이 기억하듯이 앞서 나는 우선주의 관점에서 조정된 복지 수준을 산출하는 적절한 방법들을 찾을 때 '나누기 조정치'를 제시한 바 있다. 그래놓고 여기에서는 복지 결과의 가치를 산출하는 방법을 찾으면서 '곱하기 조정치'를 제안하고 있다. 이 두 가지 방식의 차이점은 무엇일까? 어떤 경우에는 도덕적 지위로 나누고 또 어떤 경우에는 곱하는 이유는 무엇일까?

그 까닭은 도덕적 지위가 적절히 고려되는 각기 다른 산출방식에서 기인한다. 도덕적 지위를 복지의 가치에 영향을 미치는 요인으로 설정할 때 그 배경이 되는 직관적인 생각은 개체의 도덕적 지위가 낮으면 낮을수록 그 복지 결과도 낮은 가치를 갖는다는 것이다. 그래서 복지의 가치를 산출하고자 증가한 복지 수준에 적절한 도덕적 지위 수치를 적용할 때 각 개체의 도덕적 지위의 높고 낮음에 따라 결과값이 나와야 한다. 작은 값을 곱하면 당연히 결과값도 작아지므로 이 계산에 맞는 방식은 곱셈인 것이다. 반면 분배 원칙의 우선주의 관점을 적용한 사례에서 절대적 복지 수준에 도덕적 지위 수치를 적용할 때는 어떤 개체의 도덕적 지위가 낮으면 낮을수록 그 복지 결과로부터 나오는 분배 권리 요구가 약해지므로, 우선주의 관점을 충실히 따른다면 보다 낮은 수준의 복지를 누리는 개체의 분배 우선권 요구가 더 강해져야 하기 때문에 도덕적 지위 수치를 역으로 곱하고자 나눗셈 계산방식을 취한 것이다.

사실 이 두 가지 경우 모두 저변에 깔려 있는 생각은 똑같다. 도덕적 지위가 낮은 개체를 낮게 헤아린다는 것이다. 공통된 사고를 수용하기 위해 두 가지 다른 맥락에서 각기 다른 산술적 계산이 요구된 것뿐이다. 그런데 곱하기 조정치로 복지의 가치를 산출하는 지금의 경우에는 앞서 우선주의 관점에 따른 조정된 복지 수준을 계산할 때 나누기 조정치가 적절치 못한 결과값을 냈던 절대적 복지 수준이 마이너스인 상황에서도 적절한 산출 결과를 얻을 수 있다. 증가하는 복지의 양이 플러스가 아니라 마이너스, 다시 말해 쾌락이 아닌 고통이더라도 여전히 직관적으로 타당한 결과를 낼 수 있다. 개와 토끼의 복지 증가분이 모두 −5단위라도 곱하기 조정치는 개가 받게 되는 고통($0.3 \times -5 = -1.5$)을 토끼의 고통(0.1

× −5 = −0.5)보다 높게 산출한다. 즉, 결과의 가치가 낮아진다. 곱셈 계산방식은 복지 증가분이 제로(0)일 때도 문제없다. 0.3과 0.1 모두 0을 곱하면 0이 되기에 증가한 복지의 양이 0이라면 거기에서 생기는 복지 결과의 가치도 0이다. 당연한 이야기다.

복지 증가분이 플러스이긴 하지만 극히 미미해 0에 극단적으로 가까운 경우라도 아무런 문제가 생기지 않는다. 절대적 복지 수준이 0.005였던 파리를 기억해보자. 앞에서 설정한 파리의 도덕적 지위 수치 0.0001에 0.005가 복지 증가분이라고 한다면 조정된 복지 결과의 가치는 0.0000005가 된다. 복지로 인한 결과의 가치가 거의 없는 것이나 마찬가지다.

물론 이처럼 상대적인 이점이 있다고 해도 단순한 곱하기 조정치가 그 자체로 완벽한 계산방식이라는 것은 아니다. 더욱 세밀하고 냉철한 분석으로 모든 세부 사안을 검증하기 전에는 확신을 갖고 이야기할 수 없다고 생각한다. 게다가 이 방법이 도덕적 지위를 감안한 조정된 복지 가치를 계산할 수 있는 최선의 접근방식이라고 주장하는 것도 아니다. 다만 복지의 가치에 차이를 만드는 도덕적 지위가 어떤 식으로 적용될 수 있는지 보여주고자 했을 뿐이다. 더 우수한 다른 방식이 있을지도 모른다. 그래도 이와 같은 작업은 설령 앞으로 이런 논의가 동물윤리 분야 전반으로 확장돼 활발한 연구와 토론 속에서 우리의 처음 생각과 완전히 달라지는 쪽으로 진행되더라도 지금 이 시점에서는 시도할 만한 가치가 있는 것이다. 왜냐하면 여러분은 짐작하겠지만 도덕적 지위가 복지의 가치에 영향을 미친다는 생각은 주류가 아닐뿐더러 현재 동물윤리 분야에서 활동하고 있는 학자들로부터 큰 비난을 받을 수 있는 사고방식이기 때문이다. 이 책의 도입부에서 밝혔듯이 나는 아직 나의 이런 생각들을 완전히 체계화시키지는 못했다. 공론을 이끌어내기 위한 시작 단계라고 할 수 있다. 그렇지만 좀 더 깊이 들어갔을 때 결국 계속 작업해나가기가 어렵다는 사실이 입증된다고 하더라도, 최소한 이론적으로 내가 제시하는 이와 같은 관점 자체는 유별나게 복잡하지 않다는 사실을 인지할 필요가 있다.

이 장을 마무리하기 전에 한 가지만 짚고 넘어가자. 넓은 맥락에서 보면 우리는 복지의 도덕적 중요성에 대해 최소한 두 가지 다른 방향으로 생각을 펼쳐나갈 수 있다. 하나는 복지 결과의 가치를 높일 수 있는지(마이너스 복지인 경우에는 얼마나 줄일 수 있는지)의 방향이다. 내 개인적인 관점에서는 이 방향이 우리가 논의하는 주제에 대해 생각하는 적합한 방식이라고 여긴다. 반면 어떤 개체의 복지를 보장하거나 향상시키기 위해 주장할 수 있는 권리라는 맥락에서 생각하는 것을 선호할 수도 있다. 이때의 초점은 복지의 실질적인 결과의 가치가 아닌 각각의 개체가 복지를 요구할 수 있는 권리 및 복지를 보장받거나 향상해야 할 합리적 이유에 맞춰진다. 나 또한 논의를 진행하다 보면 후자의 방향과 관련된 표현을 사용하는 때가 있을 것이다. 이 두 가지 표현방식의 차이는 확연한데, 일례로 앞서 분배 문제를 다룰 때 나는 후자의 표현방식을 강조했다. 확실히 말해두고 싶은 것은 우리가 동물복지 논의와 관련해 첫 번째 방향을 택하든 두 번째 방향을 택하든 간에 상관없이 도덕적 지위와 복지에 관한 질문은 계속해서 제기되리라는 점이다. 도덕적 지위가 복지의 도덕적 중요성에 영향을 미칠 가능성은 늘 열어놓고 있어야 할 것이다.

제5장

무엇이 도덕적 지위를 결정하는가

: 제1절_도덕적 지위를 갖게 하는 특성들 :

사람이 동물보다 더 높은 도덕적 지위를 갖고 있다면, 동물에게는 도덕적 지위가 없거나 사람보다 낮은 수준의 도덕적 지위를 갖고 있기 때문일 것이다. 이와 마찬가지로 어떤 동물이 다른 동물보다 더 높은 도덕적 지위를 갖고 있다면, 다른 동물에는 없거나 더 낮은 정도로만 있는 어떤 특성이 어떤 동물에게는 있기 때문일 것이다.

그렇다면 도덕적 지위를 갖게 하는 특성은 어떤 것들일까? "도덕적 지위란 무엇인가?"라는 주제만으로도 상당한 깊이와 무게가 있는 토론이 요구되겠지만, 여기에서는 그 중요한 의미만 명확히 하고자 한다. 우선적으로 생각할 부분은 살아있는 생명체가 가진 모든 특성들이 도덕적 지위와 그 차이를 만들어내는 것은 아니라는 사실이다. 예컨대 직관적으로 봐도 크기, 모양, 무게와 같은 물리적 특성들은 도덕적 지위와는 전혀 관련이 없다. 이와 유사하게 힘, 속도, 부피 또는 사람으로 치면 목소리나 피부색, 머리카락 유무 등의 특성들은 도덕적 지위와 무관하다.

대체 무엇이 도덕적 지위와 그 격차를 만드는 요소일까? 사람이 새, 돼지, 물고기 등과 어떻게 다른지 생각해보자. 우리가 사람에게 새나 돼지나 물고기보다 더 높은 도덕적 지위를 부여하려고 할 때 그 근간이 되는 대표적인 특성은 무엇일까? 이미 언급했듯이 다름 아닌 '정신적 능력'이다. 보다 정확히 표현하면 우리는 '정신적 능력에서의 차이'에 반응한다. 그래서 동물보다 사람이 우월하다고 판단한다. 물론 더욱 주의 깊게 생각해보면 정신적 능력만으로는 모든 것을 설명하지 못할 수도 있고, 어떤 개체의 도덕적 지위와 연관된 또 다른 특성들이 존재할지도 모른다. 나는 실제로 언젠가는 이것이 사실로 밝혀질 것이라고 생각한다. 그럼에도 불구하고 정신적 능력은 도덕적 지위의 핵심 요소다. 사람은 인지적·감성적 측면에서 다양한 정신적 능력을 가진 데 반해 개나 고양이는 적은 정도로만 갖고 있다. 또한 돼지와 물고기, 물고기와 곤충의 관계에서도 마찬가지다. 정신적 능력에서의 차이가 사람이 동물보다 더 높은 도덕적 지위를 갖고 있는 이유, 그리고 동물과 동물 사이에서 도덕적 지위의 격차가 존재하는 이유를 설명할 수 있는 핵심 요소다.

정신적 능력이라고 할 때 이 '능력'은 무엇을 의미하는지 좀 더 살펴보기로 하자. 우선 직관적으로 어떤 개체의 도덕적 지위는 그 개체가 현재 하고 있는 생각이나 느끼고 있는 감정이라는 능력과는 큰 상관이 없어 보인다. 오히려 도덕적 지위는 사고와 감정의 전반적인 능력을 높이는 것과 관련이 있는 듯하다. 어떤 생각이나 느낌에 따라 도덕적 지위가 그때그때 오르내리는 것도 아니다. 어떤 사람이 꿈을 꾸지 않고 잠을 잔다고 해서 그 사람의 도덕적 지위가 잠자는 고양이와 같아지는 건 아닐 것이다. 정신적 능력의 핵심은, 이를테면 사람은 여러 가지 생각을 할 수 있고 다양한 감정을 느낄 수 있지만 동물은 그러지 못하거나 적어도 그 정교한 정도에서 사람에 필적하지 못한다는 데 있다. 마찬가지로 늑대가 물고기나 곤충을 훨씬 뛰어넘는 정신적 능력을 갖고 있는 것도 이 때문이다. 단, 여기에서 어떤 존재가 특정 능력을 가질 수 있다는 의미가 이미 그 능력을 보유하고 있다는 뜻은 아니라는 점에 유의할 필요가 있다. 능력을 확보할 수 있는 '잠재력'도 도덕적 지위와 관련이 있다.

어쨌든 지금 우리가 가진 그림은 이것이다. 정신적 능력은 도덕적 지위를 갖는 데 매우 중요한 역할을 한다. 또한 정신적 능력의 복잡성이나 정교한 정도의 측면에서 다양한 차이가 있다는 이유로 인해 각 개체의 도덕적 지위가 달라진다. 다시 말해 동물이라고 해서 모두가 같은 도덕적 지위를 갖는 것은 아니다. 어떤 동물은 다른 동물보다 더 복잡한 생각을 할 수 있고 더 정교한 감정을 느낄 수 있다. 그리고 어떤 한 종류의 높은 능력을 가진 동물은 다른 종류의 능력도 함께 갖고 있는 것으로 보인다. 이런 것들이 모두 맞다면 우리는 각각의 정신 능력 조합에 따라 동물을 계층적으로 분류해 도덕적 지위를 상대적으로 부여할 수 있다. 물론 이와 같은 발상을 할 수 있는 것은 사람인 우리가 지구상의 모든 생명체 가운데 가장 정신적 능력이 높으며 따라서 도덕적 지위도 가장 높다는 전제조건에서 비롯된다(이를 부정할 사람들은 없다고 생각하지만, 그럼에도 불구하고 어떤 이들이 떠오르는 것은 어쩔 수 없다). 그리고 사람이 가장 앞서고 발달된 정신적 능력을 보유하고 있다는 사실을 감안할 때 어떤 동물은 다른 동물보다 정신적 능력이 높고 이는 그대로 더 높은 도덕적 지위와 연결된다. 따라서 사람은 고양이보다 높은 도덕적 지위를 갖고, 고양이는 연어보다, 연어는 나비보다 더 높은 도덕적 지위를 갖는 동물의 도덕적 지위 계층도를 완성해나갈 수 있다.

그렇지만 인류 역사가 늘 그래왔듯이 한 유형의 동물이 다른 동물과 비교해 어떻게 다른지에 대한 우리의 판단은 과학의 진보에 따른 영향으로 언제든지 바뀔 수 있다. 어떤 종류의 동물이 가진 정신적 능력을 과대평가하거나 과소평가했음을 알게 될지도 모른다. 그렇기 때문에 우리가 매기는 동물의 도덕적 지위 순위는 늘 잠정적이고 개략적일 수밖에 없다. 그래도 최소한 이론적으로는 적절히 고려해 순위를 정할 수 있으며, 그 순위는 과학의 발전으로 동물심리학의 세부적인 것들이 밝혀지면서 향상될 수 있을 것이다.

그렇다고 해서 지금 순위를 매기자는 것은 아니며 그것이 이 책의 목적도 아니다. 이미 고백했듯이 나는 동물들의 정신적 능력에 관해 아는 바가 별로 없을뿐더러 이미 과학에서 정립한 기존 지식에 대해서도 무지하기 때문에, 내가 여기에서 구체적 순위를 정하는 작업을 하는 것은 신뢰할 수도 없고 가치도 없다고 생각한다. 그 임무는 전문 분야 학자들에게 맡겨져야 할 것이다. 그러므로 나는 지금까지 해왔던 것처럼 정신적 능력 차이가 명확해서 논란의 여지가 없는 사례들로 제한해 계속 논의를 진행할 생각이다. 나는 이를테면 조랑말이 얼룩말에 비해 더 높거나 낮은 도덕적 지위를 가졌는지 결정하려고 시도하지 않을 것이며, 그 대신 물고기를 곤충에 비교하는 선에서 안전하게 도덕적 지위와 관련한 논지를 펴나갈 것이다.

그런데 비록 구체적 순위는 정하지 않더라도 잠재적으로 더 혼란스럽고 복잡해질 문제가 있음은 지적하고 넘어가야 하겠다. 첫 번째 혼란 요소는 이것이다. 나는 도덕적 지위가 1차원적 기준에 따라 순위가 매겨질 수 있는 것처럼 서술하고 있으며, 여러분이 지금까지 살펴보고 있는 것처럼 단순히 상대적으로 보다 높거나 낮은 도덕적 지위라는 표현을 사용하고 있다. 이는 앞서 몇 번 예로 든, 사람은 1이고 동물들은 이보다 작은 0.3 등의 소수로 표시한 경우에서처럼, 도덕적 지위를 숫자로 표현하자는 발상에도 깔려 있는 생각이다. 이와 같은 사고방식은 각 개체의 정신적 능력이 일종의 '꾸러미(package)'를 형성해 특정 능력이 발달해 있으면 다른 능력들도 그에 못지않게 발달해 있다는 사실을 전제로 한 것이다. 물론 이치에 어긋나는 생각이 아니며 논점을 이해하는 데 큰 무리는 없다.

하지만 실제 현실에서는 그렇게 단순하지 않다. 어떤 동물은 특정 능력과 관련해서는 더 발달해 있는 반면 다른 능력은 보다 덜 발달한 상태인 경우도 있기 때문이다. 물론 이론적으로는 도덕적 지위 수치를 하나의 숫자로 표시할 수 있다는 생각과 양립 가능할 수도 있을 것이다. 예를 들면 어떤 개체의 다양한 정신적 능력의 평균치를 반영해 도덕적 지위 수치를 설정하는 방법도 있을 것이다. 그런데 어떤 정신적 능력은 일련의 도덕적 권리를 주장할 수 있는 것과 관련이 있고 다른 능력은 그 주장의 기초가 될 수도 있다. 또한 보다 발달된 능력과 관련해서는 상대적으로 높은 도덕적 지위를 부여하고, 보다 덜 발달된 능력에서는 낮은 도덕적 지위를 부여하는 방식이 필요할 수도 있다.

현실이 이와 같으면 도덕적 지위 수치를 1차원적인 배치에 따라 순위를 매기는 게 부적절하며, 기껏해야 개략적인 반영 정도밖에 되지 못한다. 동물 A종과 B종이 있는데 둘 중 어떤 종이 다른 종보다 더 높거나 낮거나 똑같은 도덕적 지위를 갖고 있는지 계층을 분류해 순위를 정하기가 매우 어려운 상황이 벌어지게 된다. 이렇게 되면 우리는 결국 "x, y, z라는 규범적 특성과 관련해서는 A가 더 높은 도덕적 지위를 갖고 p, q, r이라는 특성에서는 B가 더 높은 지위를 갖는다"는 식으로 설명해야 한다.

동물의 정신적 능력이 이처럼 분산돼 결과적으로 도덕적 지위가 세분화되면, 도덕적 지위를 한 단위 수치로 나타내지 않고 '수열' 또는 n개의 순서쌍 'n-튜플(n-tuple)'을 사용해야 할 필요성이 대두된다. 어떤 특정 종류의 동물이 전반적 기준에서 0.4의 도덕적 지위를 갖고 있다는 의미로 도덕적 지위 수치 0.4를 쓰는 대신, 이를테면 '0.2, 0.4'의 도덕적 지위 수치를 가졌다고 표현하는 식이다. 이 숫자의 의미는 첫 번째 규범적 특성과 관련해서는 0.2의 도덕적 지위를 가지며 두 번째 특성에서는 0.4의 지위를 갖는다는 뜻이다.

얼마나 다양한 관련 정신적 능력이 상호 독립적으로 변화할 수 있는지에 따라, 또한 그 결과로 얼마나 많은 규범적 특성들이 변화할 수 있는지에 따라 3개 또는 그 이상의 숫자를 조합한 수열을 통해 도덕적 지위의 복잡한 위상을 표시할 수 있는데, 이때 표시되는 숫자는 각각의 규범적 특성과 관련된 개체의 도덕적 지위 수치를 나타낸다. 독립변수가 많으면 많을수록 n-튜플로 도덕적 지위 수치를 적절히 표시해야 하는 항목의 개수도 늘어나게 된다. 극단적인 경우 각각의 도덕적 지위에 따라 달라질 수 있는 모든 규범적 특성에 별도의 수치를 부여해야 할 것이다.

내가 보기에는 이 모든 것들이 서로 긴밀히 얽혀져 있을 가능성이 크다. 그렇기 때문에 도덕적 지위 수치를 1차원적 배치에 따라 하나의 숫자로도 적절히 표시할 수 있다는 생각은 잘못일 것 같다. 그럼에도 불구하고 여기에서는 이 같은 가능성만 지적하는 것으로 마무리하고 이 문제는 덮어두고자 한다. 말했듯이 우리가 세부적으로 들어갈 수 있는 사안이 아닐뿐더러, 나와 여러분에게는 이보다 더 중요한 문제가 많이 남아 있다. 어쨌든 도덕적 지위에 대한 다차원적인 접근방식이 필요하다는 사실만 인지한 채 다음 주제로 넘어가자.

우리는 어떤 규범적 특성이 도덕적 지위에 따라 달라지는지 살펴야 한다. 그리고 어떤 특정 정신적 능력 및 능력의 집합이 각각의 규범적 특성과 관련해 무언가를 요구할 수 있는 권리의 근거를 제공하는지 결정해야 한다. 나아가 도덕적 지위와 연관된 정신적 능력이 상호 독립적으로 변화할 수 있으며, 그 변화가 상당 수준까지 이뤄진다는 사실도 확립할 필요가 있다. 그러나 이렇게 복잡한 방식으로 동물의 도덕적 지위를 설정하는 작업은 반드시 필요하지만, 우리가 이 세 가지 사항 중 하나라도 충분히 알기 어렵다는 사실 역시 인정해야 할 것이다. 그래서 비록 1차원적 배치에 따라 도덕적 지위를 표시하는 것이 지나치게 단순한 방식이라는 비판을 감수하고서라도 최소한 얼마간은 이 단순한 모델을 활용할 수밖에 없다고 생각한다.

두 번째 잠재적 혼란 요소는 이것이다. 나는 도덕적 지위가 정신적 능력에 따라 달라진다는 입장을 견지해왔으며, 이런 능력이 상대적으로 더 발달돼 있고 더 정교한 형태로 보유한 개체는 그렇지 못한 개체와 비교해 도덕적 지위가 높다고 이야기했다. 이 같은 상황에서 정신적 능력의 역할은 어떤 개체의 도덕적 지위를 높여주는 것이며 그 높이는 능력의 수준이나 정교한 정도에 따라 달라진다. 그리고 특정 정신적 능력이 덜 발달된 경우라면 더 발달된 경우보다 적은 양의 도덕적 지위만 올려주지만, 그렇다고 정신적 능력이 절대적 측면에서 해당 개체의 도덕적 지위를 낮추지는 않는다. 이런 시각에서 보면 도덕적 지위에 영향을 미치는 규범적 특성들은 하나같이 플러스 역할만 한다.

하지만 원칙적으로 어떤 존재의 도덕적 지위는 다른 특성들이 만들어낸(또는 다른 특성들과 섞인) 결과일 수도 있다. 바꿔 말하자면 그 특성들은 도덕적 지위를 올리거나 최소한만 올리는 것이 아니라 해당 개체의 도덕적 지위를 '낮추는' 역할을 할 수 있다. 즉, 도덕적 지위에 마이너스 요인이 되는 특성도 있을 수 있다는 것이다. 이 같은 특성들의 발달된 버전은 덜 발달된 버전보다 도덕적 지위를 더욱 낮추게 된다. 이 마이너스 특성이 없다면 도덕적 지위는 영향을 받지 않겠지만, 실제로 마이너스 특성들이 있다면 해당 개체의 전반적인 도덕적 지위는 그 존재가 갖고 있는 정신적 능력의 플러스 특성과 마이너스 특성이 함께 작용한 결과일 것이다.

이 문제는 도덕적 지위가 플러스가 아니라 마이너스인 개체의 존재 가능성으로 제기될 수 있다. 더욱이 (함축적인 의미로 살피긴 했지만) 지금까지 도덕적 입장을 취하는 모든 개체의 도덕적 지위가 플러스 수치로 표시되는 게 적절하다는 것을 전제로 논의해왔음을 감안하면 우리가 그리고 있는 큰 그림에서 벗어나는 셈이 된다. 앞의 사례들을 떠올려보면 우리는 사람의 도덕적 지위 수치에는 1을 줬고, 지위가 매우 낮은 동물을 상정하면서 파리에게 0.0001이라는 거의 제로(0)에 가까운 수치를 부여했다. 그런데도 어쨌든 마이너스는 아니었다. 아무리 도덕적 지위가 낮은 동물이라도 모두 플러스 수치를 갖고 있었다.

그런데 만약 어떤 개체의 도덕적 지위를 높이지 못하는 게 아니라 아예 낮춰버리는 특성이 실제로 있다면, 다시 말해 마이너스의 도덕적 지위를 창출하는 특성을 갖춘 동물이 있다면, 플러스가 아닌 마이너스 수치로 표시되는 도덕적 지위가 있다는 결론으로 이어진다. 우리가 그런 동물을 헤아릴 때는 통상적인 윤리 의무와는 반대가 되는 흥미로운 도치 현상이 일어날 것이다. 예컨대 다른 모든 조건이 동일할 때 그 개체의 복지 증가분이 결과의 가치를 높이는 게 아니라 오히려 떨어뜨린다고 주장해야 한다. 이와 마찬가지로 각각의 동물에게 최소한의 남부럽잖은 삶이 있어서 그 하한선에 이를 때까지 복지 수준을 끌어올려야 하는 것과 반대로 남부럽잖은 삶의 수준까지 절대로 올라오지 못하도록 막는 것이 중요하다고 주장해야 할 수도 있다. 다른 도덕적 원칙들 또한 이와 비슷하게 마이너스 도덕적 지위의 개념까지 담을 수 있도록 바뀌어야 한다. 최소한 이론적 관점에서 마이너스 도덕적 지위는 의문의 여지없이 흥미로운 가능성을 갖게 된다.

물론 그렇다고 어떤 개체의 도덕적 지위는 마이너스라고 할 수 있는 합리적 이유가 있다고 주장하려는 것은 아니다(혹시 해충 같은 것들을 떠올렸다면, 그런 맥락에서의 마이너스 개념은 아니다). 내가 알고 있는 한 도덕적 지위를 창출하는 규범적 특성 가운데 전적으로 마이너스인 것들이 있다고 생각할 만한 합당한 이유는 없다. 도덕적 지위와 관련이 있는 것으로 보이는 다양한 정신적 능력에 대해 떠올려보면 우리가 이제껏 인지해온 의미에서 개체의 도덕적 지위를 향상시킬 뿐 악화시키지는 않기 때문에 모두 플러스다. 나는 어떤 정신적 능력이나 도덕적 지위와 관련한 다른 어떤 규범적 특성들에서도 마이너스라고 부를 만한 것들은 찾지 못했다. 다만 철학적 논의에서는 모든 이론적 가능성을 열어둬야 하기에 살펴본 것이다. 따라서 나는 마이너스의 도덕적 지위를 창출하는 특성이 존재할 가능성에 전적으로 반대하는 입장은 아니지만, 계속되는 논의에서는 일단 한쪽으로 치워둘 것이다.

다음으로 넘어가기 전에 마이너스 도덕적 지위에 관한 사고방식이 도덕적 응보론에서 '응보주의자(retributivist)'의 견해에 놀랄 정도로 닮았다는 것만 언급하겠다. 이 견해에 따르면 악하다고밖에 말할 수 없는 사람은 고통을 당하거나 벌을 받는 것이 마땅하다. 그렇지만 나는 그들이 고통을 받아야 하는 것과는 별개로 도덕적 지위는 여전히 '플러스' 상태에 있다고 생각한다. 그러나 이 문제를 좀 더 신중히 논의할 공간은 이 책에 없으니 이 정도만 이야기하고 넘어가겠다.

요컨대 어쨌건 나는 이어지는 논의에서 개체의 도덕적 지위는 적절히 플러스 수치로 표시할 수 있다는 전제를 유지할 것이다. 형편없는 정신적 능력을 가진 동물들의 도덕적 지위는 극단적으로 0에 가까울 것이고, 도덕적 입장을 전혀 인정할 수 없는 동물은 수치가 아예 0이겠지만, 어떤 종류의 개체라고 할지라도 마이너스의 도덕적 지위를 갖지는 않는다는 입장을 고수할 것이다.

: 제2절_모든 돼지가 아닌 '이' 돼지와 '저' 돼지 –개체주의 :

그런데 최소한 한 가지 중요한 방식에서 이 시점까지의 논의가 방향을 잘못 잡은 것인지도 모르겠다. 지금껏 나는 반복적으로 개나 돼지 또는 물고기 등의 도덕적 지위에 대해 논의해왔는데, 그 과정에서 마치 도덕적 지위가 어떤 특정 동물 종이나 생물학적 분류에 의해 전체적으로 부여되는 무엇인 것처럼 이야기했다. 하지만 엄밀히 따지면 정확한 표현이 아니다. 도덕적 지위에 영향을 미치는 정신적 능력은 해당 개체가 '스스로의 권리'로 갖게 된 능력이다. 좀 더 구체적으로 말하면 돼지라는 종이 평균적으로 또는 고정관념적으로 얻게 된 능력이 아니라, 바로 '이' 돼지나 '저' 돼지가 확보한 능력이다. 어떤 특정 개체의 도덕적 지위는 해당 개체가 도덕적 지위와 관련한 규범적 특성을 갖고 있는지 결여하고 있는지에 따라 달라지기 때문에, 우리가 개체의 정신적 능력이라고 말할 때는 해당 특정 개체의 능력을 지칭하는 것이다.

물론 특정 종에 속한 동물의 모든 개체들이 거의 동일한 정신적 능력의 조합을 보유하고 있다면, 다시 말해 도덕적 지위와 관련된 유사한 수준의 정신적 능력을 갖고 있다면, 예컨대 특정 무지개 송어가 아닌 무지개 송어 전체를 일컬어 도덕적 지위를 갖고 있다고 말해도 잘못은 아닐 것이다. 이와 마찬가지로 분류 체계상 같은 부류에 속하는 동물 개체들이 비슷한 수준의 정신적 능력을 가진다면, 통틀어서 돼지, 늑대, 쥐, 뱀 등의 도덕적 지위를 논하는 것도 잘못은 아닐 것이다. 나는 대개의 경우 동물 분류상 같은 종류의 개체들은 유사한 능력치를 공유한다고 전제했다. 예를 들어 물고기의 도덕적 지위에 대해 이야기하면서 세부적인 각각의 물고기를 구분하지 않았고, 어류에 속한 각각의 어종 역시 개별적으로 다루지 않았다.[1] 이 책의 논의 목적에 비춰볼 때 특별히 문제될 것은 없다고 생각하며, 도덕적으로 매우 중요한 사항, 이를테면 개가 물고기보다 더 높은 정신적 능력을 갖고 있으므로 개의 도덕적 지위가 더 높다고 주장한 것도 이치에 어긋나지 않는다고 여긴다. 이런 일반화에서 오류가 나올 가능성이 없지는 않겠지만, 나는 이와 같은 사례를 철학적 개념을 설명하는 용도로만 활용하기에 설령 수정하거나 대체해야 하는 경우가 발생해도 기본적인 논지를 펼치는 데는 큰 상관이 없다.

그럼에도 불구하고 이 부분을 짚고 넘어가는 까닭은 논점을 확실히 해 둬야 논의 방향을 제대로 유지할 수 있기 때문이다. 개체의 정신적 능력은 해당 특정 개체의 능력을 의미하는 것이다. 어떤 종(동물분류학의 분류 체계에 따른)을 포괄적인 사례로 들어 논의를 진행하다가 중대한 과오를 저지를 수도 있다. 우리는 어떤 개체의 정신적 능력이 그 개체가 속한 종의 다른 개체들과 차이가 날 가능성을 무시할 수 없다. 그렇게 되면 특정 동물 종 전체에 대한 일반화는 타당성을 잃고 표류하게 된다. 정작 중요하게 살피고 있는 문제는 특정 개체가 가진 능력인데, 자칫 '성급한 일반화'라는 오해를 받을 수 있다.

이와 관련한 극단적인 사례를 하나 들어보자. 복용하면 그 순간 사람이 되는 '슈퍼비타민(supervitamin)'이 있는데, 어떤 골든 리트리버(golden retriever) 한 마리가 그 약을 먹었다고 상상해보자. 이제 이 골든 리트리버는 개가 아니라 인간인 존재가 됐다. 일반적인 인간 성인 수준의 정신적 능력을 가진 개다. 이성과 자의식을 갖고 있으며, 추상적 사고를 할 수 있고, 자신이 원하는 미래를 그릴 수 있다. 한마디로 '사람'이다. 이와 같은 존재를 '그저' 개의 도덕적 지위, 전형적인 보통 개들의 도덕적 지위를 가진 개체로 취급한다면 도덕적으로 부적절할 것이다. 사람에 비해 낮은 정신적 능력을 가진 일반적인 개의 도덕적 지위와 이 특별한 개체와는 더 이상 실제적인 관련성이 없기 때문이다. 오히려 이제부터는 이 존재가 정말로 사람과 마찬가지의 도덕적 지위를 가졌는지의 문제가 중요해지는 것이다.

물론 이와 같은 사례는 지극히 공상적이다. 개인적인 생각으로는 인류가 이런 놀라운 약을 개발할 가능성은 전혀 없다. 더욱이 개의 정신적 능력으로부터 사람의 능력치까지 뛰어 오르는 것은 현실적으로 가능한 수준이 아니다. 그러나 최소한 이보다는 덜 극단적이지만 비슷한 맥락의 사례가 자연스럽게 등장할 수도 있다. 어떤 유형의 유전적 이상으로 인해 특정 동물이 해당 종의 일반적 개체들이 가진 정신적 능력을 능가하는 사례가 나오지 말라는 법은 없을 것이다. 또는 우리가 발견하지 못했을 뿐 이미 그런 적이 있었는지도 모른다. 그렇다면 그 개체는 해당 동물 종에 대한 일반적인 평가와 달리 훨씬 더 높은 도덕적 지위를 가진다고 봐야 한다. 자신이 속한 종의 개체들보다 더 뛰어난 종의 '정신적 동류 (psychological peers)'와 같은 도덕적 지위를 갖는 것이다.

나는 우리가 '슈퍼애니멀(superanimal)'이라고 부를 수 있는 그런 사례가 실제로 발생했는지에 대해서는 모르겠다. 하지만 이 정도는 충분히 그 가능성을 상상해볼 수 있다고 생각한다. 한편으로 또 다른 가능성도 생각해볼 수 있는데, 이번에는 반대로 어떤 개체가 그 종보다 훨씬 못한 능력치를 갖고 있는 경우다. 사실 나는 이런 경우는 단순한 가능성이 아니라 광범위한 개체들에서 실제로 일어나는 일이라고 여긴다. 여러분도 알다시피 선천적 또는 후천적으로, 아니면 사고 때문에 뇌에 손상을 입어 심각한 인지적·감성적 장애를 겪는 일이 비일비재하다. 비극적인 일이지만 사람에게도 벌어지는 일이며(그렇기에 인간과 사람을 구분할 필요가 있다), 아마도 다양한 종의 수많은 동물들에서도 일어날 것이다.

이런 경우라면 '개체주의(individualism, 個體主義)' 관점을 취하는 것이 적절해 보인다. 정신적 능력에 현저한 손상을 입은 동물은 자신이 속한 종의 다른 일반적인 개체들이 가진 것보다 낮은 도덕적 지위를 갖는다. 이 장의 제5절과 이후 제6장 제3절에서 자세히 논의하겠지만 우선 개략적으로 말하면, 큰 정신적 장애를 가진 개체는 생물학적 동종이 아니라 자신의 정신적 동류에 해당하는 도덕적 지위를 갖는다고 말할 수 있다.

따라서 다시 한번 정리하면, 내가 지금까지 논의를 진행하면서 거론한 개, 고양이, 쥐, 개구리, 물고기와 같은 동물들의 도덕적 지위는 해당 종의 일반적이고 정상적인 정신 능력을 전제로 한 것이었다. 그리고 앞서 지적했듯이 해당 종의 특정 개체를 일컫은 것이었다. 혹시 몇몇 사례에서 내가 호도했거나 여러분에게 오해를 유발했다면 매우 유감스럽게 생각한다. 그렇지만 위와 같은 다른 맥락을 숨겨놓은 채 설명한 부분은 없다. 여러분이 되짚어 생각할 때 문맥상 이상한 점이 없었다면 올바른 판단이다. 내가 어떤 특정 종류의 동물을 언급할 때는 해당 종의 전형적이고 일반적인 정신 능력에 수반하는 도덕적 지위를 지칭한 것으로 이해하면 된다. 아울러 내가 일종의 반전을 즐기려던 것은 아니었고, 미리 설명하지 않은 이유가 있다. 세계를 이루고 있는 사물의 범주는 이처럼 넓지만 우리 대부분은 언제나 각자의 관점에서 보고 싶은 것과 보이는 것만 바라보려는 경향이 있다. 미처 염두에 두지 못한 사물의 다른 일면에 대한 시야를 넓히면서 인식이 확장되는 기회가 될 수도 있겠다고 생각했다.

다시 진행 중인 논점으로 돌아와서, 심각한 정신적 능력 손상에서 기인하는 더욱 골치 아픈 문제가 있다. 정신 장애가 있는 인간을 예로 들어보자. 뇌 손상 정도에 따라 고등 동물 정도의 제한된 정신적 능력만 가진 사람이 실제로도 있을 것이다. 물론 그런 사람도 여전히 인간인 것만은 확실하지만, 우리가 이 책에서 다루고 있는 지금의 논지에 입각하면 그 사람은 침팬지나 개와 정신적 동류이거나 그보다 더 좋지 않은 상황일지도 모른다. 다시 말해 도덕적 지위가 단순히 해당 개체의 실제 정신적 능력에만 달려 있다면 심각한 정신 장애를 가진 인간은 다른 사람들보다 현저히 낮은 도덕적 지위를 갖게 된다. 이는 직관적으로 무척 곤혹스러운 발상이며, 분명히 우리가 받아들이기 어려운 사실일 것이다. 그럼에도 불구하고 도덕적 지위가 개체의 정신적 능력과 밀접한 연관이 있을 때 이런 사람을 정상적인 사람 범주에 놓을 수 없다면, 치명적 정신 장애가 있는 사람은 여러분이나 내가 누리는 것보다 낮은 도덕적 지위를 갖는 게 피할 수 없는 일이 되는 것이다.

이런 이야기가 매우 당혹스러운 줄 알지만 이를 동물에도 적용해보자. 우리는 장애를 가진 양이나 도마뱀이나 새에게 내릴 수 있는 지금과 같은 판단에 대해서도 이와 비슷한 불편함을 느낄 수 있다. 해당 개체가 동물이긴 하지만 장애가 있는 동물일 때, 그것이 속한 종의 다른 일반적인 개체들보다 낮은 도덕적 지위를 갖게 된다고 생각하면 마음이 불편해질 수 있다. 만약 정신 능력이 심각하게 손상된 사람이나 동물에 대한 이 같은 판단을 피할 수 있는 동기를 찾을 수 있다면, 대부분의 사람들은 이를 기꺼이 수용하리라고 생각한다. 다만 거기까지 가는 과정이 우리를 더욱 당혹스럽게 만들 것이다.

하지만, 여러분이 다행스럽게 여길지 몰라서 미리 말해두지만, 나는 결국 이 불편함을 완화시키기 위해 어느 정도 여지를 두는 제안을 할 것이다. 우선 이야기하고 싶은 사안은 '도덕적 지위' 개념에 관한 논의는 아직 끝나지 않았다는 사실이다. 도덕적 지위가 해당 개체의 정신적 능력을 기반으로 한다는 논지는 결론이 아니다. 더 깊은 논의를 위한 시작 단계의 개략적 개념에 불과하다. 곧 이해하게 되겠지만 전체 이야기는 훨씬 복잡하다. 개인적 관점을 말하자면 나는 도덕적 지위와 연관된 '추가적인' 요소가 있다는 입장이다. 정신적 능력에 장애가 있는 개체들이 자신의 종보다 낮은 정신적 동류보다는 더 높은 도덕적 지위를 가질 수 있다고 생각한다. 뒤에서 이 문제를 다룰 것이다. 심각한 정신 장애를 가진 개체들에 대한 문제는 섣불리 마무리하고 넘어갈 사안이 아니기 때문이다.

: 제3절_도덕적 지위에 영향을 미치는 능력들 :

정신적 능력이 개체의 도덕적 지위에 대한 기반을 제공한다는 말은 모든 정신적 능력이 이와 관련돼 있다는 의미와는 다르다. 도덕적 지위의 기반이 되는 정신적 능력은 전체 능력들의 부분집합이다. 그렇다면 어떤 능력이 이와 같은 역할을 하는 것일까?

나는 우리가 아직까지 이 질문에 정확한 답을 내놓지 못했으며, 확신을 갖고 자신 있게 제시할 만한 의견도 덜 준비됐다고 생각한다. 도덕적 지위의 근거가 되는 정신적 능력이라는 문제에 나름대로 합리적이라고 할 만한 직관적인 느낌은 있다고 해도, 무엇이 이런 특성들을 하나로 묶어주는지에 대해서는 여전히 애매모호한 상태로 남아 있다. 그래도 잠재적으로 유망한 몇 가지 의견이 있으니 조금만 기다려보자.

우리가 이미 살폈듯이 특정 개체가 이룰 수 있는 삶의 가치 사이에는 어떤 관계가 있는 것으로 보인다. 도덕적 지위가 높은 동물은 상대적으로 낮은 지위를 가진 동물들보다 더 가치 있는 삶을 살 수 있는 능력을 갖추고 있다. 보다 가치 있는 삶을 성취할 수 있게 하는 중요한 요소는 충분히 발달된 정신적 능력이며, 이를 갖지 못한 개체는 삶의 좋은 것들을 원하거나 추구하거나 획득하거나 즐길 수 없다. 따라서 더 많은 좋은 것들을 누림으로써 삶을 더욱 가치 있게 만드는 데는 정신적 능력 또는 그 이상의 발달된 능력이 필요하다. 그렇기 때문에 복지에 영향을 미치는 능력치에서의 차이는 도덕적 지위를 결정하는 것과도 연결돼 있다. 보다 발달된 정신적 능력은 더 가치 있는 삶을 가능케 해주며, 이 능력이 발달하면 할수록 이를 기반으로 하는 도덕적 지위 또한 더욱 높아지게 된다.

실제로 이렇게 생각을 전개하면 정신적 능력이라는 특성이 도덕적 지위와 복지의 근간이 된다는 제안을 통해 일반적으로 더 높은 도덕적 지위에 있는 동물이 더 가치 있는 삶을 산다는 상관관계에서 우연의 요소를 제거해준다. 우연은 없다. 모든 개체의 도덕적 지위는 똑같이 각각의 정신적 능력 수준을 근거로 결정되기 때문이다. 이는 개체의 도덕적 지위 설정에 결정적으로 역할하는 능력을 식별하는 데 합리적인 제안이다. 어느 정도는 직관적인 설득력도 갖고 있다.

그러나 나는 이 기본적 접근방식을 적절한 버전으로 개선하면 어떤 특정 개체가 누릴 수 있는 삶의 상한선에만 우리가 초점을 맞추는 것을 피하게 해줄 수도 있다고 생각한다. 실제로도 앞의 제2절에서 우리를 당혹스럽게 만든 사례에서처럼, 심각한 정신 장애 등 해당 개체의 복지 수준을 취약하게 만들 뿐 보다 가치 있는 좋은 것들을 얻는 데 아무런 역할을 하지 못하는 능력으로 전락해버리는 정신적 능력을 상쇄할 다른 능력을 제시하는 게 가능하다면, 여전히 그 개체의 도덕적 지위는 유지되거나 강화될 수 있을 것이다. 그렇다면 정작 관건은 어떤 개체가 누릴 수 있는 복지의 상한선이 어느 정도인지가 아니라, 복지의 종류가 플러스적인지 마이너스적인지의 문제다. 이 관점이 맞다면 어떤 존재의 도덕적 지위와 관련된 능력들은 좋은 것이든 나쁜 것이든 간에 해당 개체의 복지에 잠재적으로 영향을 미치기 때문에 연관성을 갖는다고 보는 것이 더 정확할 것이다.

개선 사항은 이것이다. 우선 어떤 개체의 복지를 좌우하는 능력에 관해 생각할 때 지나치게 좁은 접근방식은 피해야 한다. 복지는 좋은 것들을 원하고 추구하고 획득하고 즐기는(또한 나쁜 것들을 피하는) 단계에서 나오는 결과물이다. 직관적으로 생각할 때 이와 같은 단계에서 발현되는 능력은 개체의 도덕적 지위를 결정하는 데 나름의 역할을 수행한다. 이 부분이 유념해야 할 주요 핵심이다. 예컨대 어떤 존재가 삶의 좋은 것들을 획득하고 즐기는 데 필요한 정신적 능력은 결여됐지만, 그럼에도 불구하고 그 결여된 능력을 인지하면서 그로 인해 얻지 못한 좋은 것들을 갈구한다고 생각해보자. 이런 경우라면 그 개체는 (비록 현실적 가

능성이 희박하다는 사실을 알고 있더라도) 그와 같은 좋은 것들을 "갈망한다
(aspires)"고 말할 수 있으며, 그것들을 획득하고 즐기는 데 필요한 여러
정신적 능력에 대한 '열망'을 갖고 있다고 볼 수 있다. 그리고 그런 열망
을 가질 수 있는 능력은 해당 존재의 도덕적 지위와 관련이 있어 보인다.
이때 중요한 것은 어떤 개체가 자신의 능력 안에서 이룰 수 있는 복지가
아니라, 자신이 갈망할 수 있는 복지다. 그러므로 어떤 존재에게 삶의 좋
은 것을 획득하거나 즐기기 위한 정신적 능력이 결여됐더라도, 그 개체
가 자신에게 없는 좋은 것들을 갈망할 수 있다면, 다시 말해 그것들을 얻
을 수 있는 능력을 원할 수 있다면, 그 원할 수 있는 능력은 개체의 도덕
적 지위를 결정하는 역할을 할 수 있다.

그렇다면 이 관점이 어떤 개체의 도덕적 지위를 결정하는 데 직접적인
역할을 하고 있는 모든 능력을 식별할 수 있을까? 공교롭게도 아직 나는
확신할 수 없다. 걱정거리가 남아 있기 때문이다. 사람이 동물보다 더 높
은 도덕적 지위를 가졌다는 근거로 우리가 도덕성과 그에 따르는 의무에
대해 고민하고 실천하는 능력을 갖고 있다는 사실을 제시하는 것은 분명
히 설득력이 있다. 하지만 누군가는 이런 능력이 복지와는 직접적인 연
관성이 없다고 주장할 수 있다. 도덕성에 대한 순응이 다른 존재들의 복
지를 향상시킬 수 있음은 사실이지만, 그것이 스스로를 위한 복지의 구
성 요소들을 확보하는 것과는 관련이 없다고 말할 것이다. 그들의 주장
이 옳다면 개체의 복지를 가능케 하는 능력으로 도덕적 지위의 결정 능
력을 식별하려는 관점은 지나치게 좁아진다.

물론 이 문제는 그리 간단하지 않다. 내가 제2장 제3절에서 언급한 "사
람이 동물보다 더 가질 수 있는 좋은 것들"의 예시를 기억해보자. 도덕
성을 반영하고 도덕적 확신에 따라 행동하는 우리의 능력은 사람이 전반

적으로 동물보다 더욱 가치 있는 삶을 영위할 수 있게 만드는 '좋은 것들' 중 하나다. 또한 깊고 의미 있는 관계, 보다 광범위하고 진보한 지식, 뚜렷하고 폭넓은 성취 등과 같은 다른 좋은 것들과 더불어 복잡한 형태의 미덕을 발휘할 수 있는 능력은 우리의 삶에 특별한 가치를 더해준다. 이 같은 맥락에서 보면 어떤 개체를 도덕적 존재로 만드는 능력은 실제로 스스로의 복지에 직접적으로 기여하는 능력 가운데 하나가 될 수 있다. 따라서 개체의 도덕적 지위를 결정하는 것과 관련된 능력들이 해당 개체의 복지를 가능케 해주는 특성이라는 주장은 설득력을 가진 제안으로 남아 있게 되는 것이다.

그렇지만 방금 지적했듯 모든 이들이 이런 종류의 도덕성과 복지의 직접적 연관성을 인정하지 않으므로, 개체의 도덕적 지위를 결정하는 것과 관련된 능력들을 식별하는 추가적 대안이 요구된다. 그래서 나는 또 다른 의견을 제시하고자 한다. 도덕적 지위와 관련된 능력들은 '행동 능력'의 수준을 결정한다. 이 책의 제1장에서 나는 이런저런 방식으로 행동 능력을 보여주는 동물들에 대해 설명했다. 이런 동물들은 행동 능력의 발달 정도에서 제각각 다르며, 당연한 말이지만 사람과도 다르다. 어떤 동물의 행동 능력은 가장 기초적인 욕망으로 제한돼 있고, 그 욕망을 바탕으로 행동하는 방식에도 최소한의 선택만 할 뿐이다. 반면 어떤 동물은 보다 섬세하고 복잡한 것들에 대한 선호를 갖고 있으며, 이에 대응해 보다 정교한 계획을 세울 수 있다. 그리고 물론 사람은 고도로 추상적인 사고, 광범위한 대안에 대한 세부적 평가, 선호를 토대로 한 행동의 세심한 통제력 등 지구상의 모든 생명체들 가운데 가장 발달된 행동 능력을 가졌다. 이처럼 어떤 개체가 발휘할 수 있는 행동 능력의 수준을 가능케 만드는 이와 같은 능력들이 해당 개체의 도덕적 지위를 결정하는 데 충분한 역할을 하고 있는 셈이다.

명백히도 이렇게 두 번째 방식에 따른 생각은 결론에서 첫 번째 방식과 상당 부분 겹치는데, 보다 진보된 형태의 행동 능력은 진보된 형태의 복지 또한 가능하도록 만들기 때문이다. 그러므로 일정 수준에 이르기까지 어떤 능력이 개체의 도덕적 지위를 결정하는지의 문제에서 이 두 가지 사고방식은 결국 일치할 확률이 높다고 할 수 있다. 하지만 그렇다고 해서 이 두 가지 방식이 전적으로 일치하는 것은 아니다. 도덕적 행동 능력과 복지 사이의 직접적인 관계를 부정하는 사람들도 있겠지만, 행동 능력을 가능케 하는 능력은 규범적 사고와 자기 통제의 기반이 됨으로써 보다 일반적으로 행동 능력의 핵심적 측면이 된다. 따라서 첫 번째 방식이 거북한 사람들은 이 두 번째 제안에 따라 도덕적 지위와 관련된 특정 능력을 발견할 수 있을 것이다. 또한 어떤 이들은 두 번째가 아닌 기존의 첫 번째 방식으로 해당 능력을 찾으려고 할 수도 있다. 어느 쪽이든 이 두 가지 사고방식 중 한쪽에 더 끌리게 될 것이다.

그런데 내가 보기에 이 두 가지 사고방식은 필연적으로 통합된다. 우리가 이미 제1장 제3절에서 제5절까지의 논의를 통해 살폈듯이 행동 능력은 어떤 개체가 도덕적 입장을 취하는 데 필요한 핵심 조건이고, 이후의 논의에서 복지가 개체의 도덕적 지위를 헤아릴 때 반드시 고려해야 할 필수 요소임을 감안할 때 그리 놀랄 만한 일도 아니다. 달리 말해 행동 능력과 복지가 어떤 개체를 얼마만큼 헤아릴 것인지의 문제에서 빼놓을 수 없는 요소라면, 이 두 가지 모두 직접적이든 간접적이든 개체의 도덕적 지위에서 역할을 하고 있다고 보는 것이 타당하다. 나아가 나는 어떤 능력이 도덕적 지위와 관련이 있는지를 결정하는 문제에서도 행동 능력이 보다 근본적인 개념이라고 믿는다. 도덕적 지위와 관련된 행동 능력에 관해 생각할 때 더욱 중요한 것은 이 능력이 복지 이외의 것을 목표로 삼을 수 있는 능력을 떠올리게 한다는 사실이다(나는 그것 또한 복지의 구성 요소라고 생각한다). 개체 스스로 어떤 행동을 해야 할 필요가 있을 때 광범위한 목표를 세우고, 이에 따르는 행동을 할지 말지에 대해 의식적으로 평가하며, 행동을 통제하고, 또한 원래의 욕망 중 일부는 재설정할 수 있도록 해주는 그런 형태의 능력을 갖고 있다는 그 이유 덕분에 도덕적 지위는 강화될 수 있는 것이다. 이런 능력들이 이미 어떤 특정 유형의 복지를 누리게 하는 데 영향을 미치는 것으로 밝혀지더라도, 그에 더해 나는 그것들이 도덕적 지위를 강화하는 근거가 될 수 있다고 생각한다. 개체로 하여금 행동 능력을 구성하는 데 어떤 역할을 하기 때문이다.

이렇게 우리가 이 사안을 해결했다고 가정해보자. 물론 궁극적으로 우리가 알고자 하는 것은 어떤 개체의 도덕적 지위를 결정하는 능력들이 복지, 행동 능력, 또는 다른 어떤 것과 관련이 있는지가 아니라, 도덕적 지위를 결정하는 능력이 실제로 무엇인지다. 결국 도덕적 지위 기반에 관한 이론은 다양한 능력의 목록을 만들고 이런 능력들이 어떻게 개체의 도덕적 지위를 결정하는지 설명하는 방식이 될 것이다. 그러나 유감스럽게도 우리는 아직 그럴 단계에 다다르지 못했으며 나 또한 준비가 돼 있지 못하다.

이 책에서 내가 할 수 있는 일은 우리가 사람과 동물로부터 취한 사례들을 비교해 몇 가지 관련된 능력들에 대해 조금 더 이야기할 수 있는 수준이다. 이미 나는 사람의 삶이 동물의 삶보다 더 큰 가치를 가졌다고 주장했다. 사람이 동물에게는 아예 결여돼 있거나 보다 적은 '좋은 것들'을 훨씬 많이 갖고 있어서다. 여기에 더해 사람이 보다 가치 있는 삶을 살 수 있는 까닭은 동물보다 더욱 진보된 형태의 '행동 능력'을 갖고 있기 때문이다. 그렇다면 앞서 제2장 제3절에서 열거한, 사람이 동물보다 더 가질 수 있는 다양한 '좋은 것들'과의 연장선상에서, 이번에는 사람의 삶을 동물보다 풍요롭게 만드는 데 중요한 역할을 하는 몇 가지 행동 능력을 간략히 소개하고자 한다(이 목록도 더 깊이 들어가면 또 다른 추가 능력들이 지적될 것이고 엄밀히 따져서 목록 안에서도 중복 사항이 있겠지만, 설명 용도이지 이를 이론으로 정립하려는 것은 아니기에 큰 문제는 되지 않을 것이다). 이 내용은 사람의 도덕적 지위가 높은 이유와 동물의 도덕적 지위가 낮은 이유를 설명해주며, 이를 더욱 체계적으로 접근하면 동물과 동물 사이에서 도덕적 지위의 격차를 유발하는 능력들의 기본적인 구성 요소를 분류해 내는 역할도 할 수 있을 것으로 보인다.

첫째, 사람은 추상적이고 복잡한 사고와 감정을 위한 상당히 발달된 능력을 가졌다. 이는 숙고와 선택을 통한 자기성찰에서부터 외부 세계에 대한 이해에 이르기까지 사람이라는 존재의 거의 모든 측면에서 나타난다.

둘째, 사람은 보다 발달된 창의력과 상상력을 가졌다. 사람의 생각과 의사결정은 단지 경험에서만 정보를 얻지는 않으며 상상에도 의존하는데, 실제로 상상력은 그 범위가 굉장히 넓다.

셋째, 사람은 먼 과거와 먼 미래까지 생각할 수 있는 능력을 가졌다. 여기에는 과거와 미래에 관련된 생각과 욕구뿐 아니라 모든 사건을 시간적·명시적으로 배치할 수 있는 정교한 능력도 포함된다. 예컨대 내일까지 일어나지 않을 일을 원할 수 있으며, 다음 주든 내년이든 천 년이든 언제라도 일어나기를 바랄 수도 있다.

넷째, 사람은 장기적이고 복잡한 계획을 세우고 실행할 수 있는 능력을 가졌다. 그런 계획 중 상당수는 고도로 정교하고 능숙하며, 즉흥적이지 않다.

다섯째, 사람은 보다 높은 자기인식과 자기지각 능력을 가졌다. 선택과 행동, 정신적·육체적 상태, 환경 등을 자신의 것으로 인식하는 데 뛰어나며, 스스로를 명시적으로 인식하는 데에도 뛰어나다.

여섯째, 사람은 규범적 성찰과 동기부여(도덕적 성찰이나 동기부여까지 포함하지만 꼭 이에 국한되지는 않는) 능력을 가졌다. 사람은 사실에서뿐 아니라 개념을 근거로도 이성에 대응할 수 있는데, 욕망과 선호에서 갈등하고 있을 때조차 이성에 따라 평가하고 비교하고 행동할 수 있다.

일곱째, 사람은 자주적이고 자기통제적인 선택을 할 수 있는 능력을 가졌다.

여덟째, 사람은 특이하고 개별적인 선택을 할 수 있는 능력을 가졌다. 사람은 선택의 순간 더 광범위하고 중요하게 고려되는 다양한 대안을 검토하면서도 자신만의 선택을 할 수 있는데, 이런 능력은 개인과 사회 모두에서 엄청난 다양성을 만들어낸다.[2]

이 모든 것과 그 이상의 방식으로 행동 능력의 기반이 되거나 그것을 구성하고 있는 능력들은 훨씬 더 발달해 있고, 우리가 동물에게서 찾을 수 있는 것들보다 훨씬 더 진보해 있다. 동물과 비교해서 그렇다는 것이다. 동물에게는 이와 같은 능력이 없다고(어떤 동물들에게서는 결여돼 있는 게 분명하지만) 주장하는 것은 아니며, 사람이 동물보다 이런 능력들을 보다 정교한 형태로 갖고 있다는 이야기다. 이것이 동물보다 사람이 더 높은 도덕적 지위를 누리고 있는 이유다. 또한 마찬가지로 동물들 사이에서도 이와 같은 능력 중 어떤 것을 갖고 있는지에 따라서, 또는 그들 나름대로 갖고 있는 연관된 능력들의 정교한 수준에 따라서 도덕적 지위가 구분되며, 어떤 동물이 다른 동물보다 더 높은 도덕적 지위를 갖고 있는 이유가 되는 것이다.

누군가는 내가 위에서 열거한 능력들에 대한 목록이 그것을 정리하는 데까지의 과정만큼이나 사람 중심적이라고 불평할지도 모르겠다. 실제로도 나는 사람을 특별한 존재로 만드는 요소, 특히 행동 능력과 관련된 요소들이 무엇인지 살피면서 논의를 진행했다. 나는 도덕적 지위를 결정하는 것과 관련된 능력들을 식별했고, 동물은 이와 같은 능력들을 결여했거나 덜 발달된 형태로 갖고 있기 때문에 낮은 도덕적 지위를 가졌다고 결론 내렸다. 반대 진영이 "사람이 우월하다는 전제에서 사람의 도덕 이론으로 동물을 판단하면 당연히 동물이 열등해지지 않겠는가?"라고 비난한대도 그리 놀랄 일은 아닐 것이다.

또한 이 같은 비난에는 확실한 근거도 있다. 내가 도덕적 지위의 기반이 되는 데 직접적으로 관련돼 있어 보이는 능력들을 각각 독립적으로 식별하지 않은 것은 분명한 사실인데다, 그런 식별 과정을 통해 어느 순간 (우연의 일치로) 사람의 높은 능력치를 발견(이제 보니까 사람이 더 우월했어!)한 것도 아니기 때문이다. 오히려 나는 사람이 동물보다 더 높은 도덕적 지위를 갖고 있다는 것을 기정사실로 한 채 그런 결과를 만들어내는 특성들을 식별하고자 했다. 필연적으로 여기에는 사람을 동물과 구분해주는 특성들, 사람이 눈에 띄게 발달된 형태로 확보하고 있는 능력들이 포함됐을 것이다. 결국 그렇게 식별된 능력들이 동물보다 사람에게 더 많이 있다는 결론은 피해갈 수 없었을 것이다.

그러나 확실히 말하건대 나는 이 과정에 이의를 제기할 만한 잘못이 있다는 주장을 인정하지 않는다. 사람이 동물보다 더 우월한 개체가 맞다. 사람은 우리가 의심할 나위 없이 수용하는 그대로 지구상의 모든 생명체 가운데 최고의 도덕적 지위를 누리고 있는 존재다. 사람보다 더 높은 도덕적 지위를 갖고 있는 존재가 누구냐는 질문에 현재로서는 "없다"고 대답할 수밖에 없는 것이다. 설령 사람보다 높은 도덕적 지위를 가진 존재를 상상해낼 수는 있을지 모르지만, 우리가 논의하는 대상인 동물은 그런 존재에 속하지 않는다. 물론 신(神)은 분명히 사람보다 더 높은 도덕적 지위를 가진 존재겠지만, 믿음의 영역일뿐더러 그런 신이 존재하는지 그리고 신이란 무엇인지에 관해서는 여전히 치열한 논쟁이 벌어지고 있다. 따라서 우리가 상대적으로 높은 도덕적 지위의 기반이 되는 능력들을 식별하려고 할 때 동물들 사이에서 찾을 수 있는 것보다 더 발달된 형태의 특성들에 집중하는 것이 잘못된 방식이라고 말할 수는 없다. 우리가 알고 있는 한 사람은 이론의 여지없이 최고의 도덕적 지위를 가진 존재인 것이다.

더욱이 나는 이미 열거한 목록 이외에는 개체의 도덕적 지위를 향상시키는 특성들이 없다고 주장하지 않았으며, 사람보다 동물이 더 큰 능력을 갖고 있을 가능성도 배제하지 않았다. 나는 도덕적 지위와 관련한 능력들 가운데 사람에게는 아예 없거나, 있더라도 매우 낮은 수준인 어떤 특별한 능력을 동물에게서 발견하게 될 가능성도 분명히 열어두고 있다. 사람이 전반적으로 동물보다 높은 도덕적 지위를 가졌더라도, 어떤 동물은 사람보다 훨씬 더 복잡하고 정교한 형태로 관련 능력을 갖고 있을지 모르기 때문이다.

어떤 능력들이 있을까? 나는 잘 모르겠다. 앞서 제2장 제3절에서 언급한 것처럼 개에게는 인간과 비교할 수 없는 수준의 놀라운 후각 능력이 있으므로, 후각적 측면에서는 사람이 절대로 따라갈 수 없는 심미적 감각을 갖고 있다고 볼 수 있다. 고도의 후각적 측면에 상응하는 심미적 감상이 가능하다면 그것은 개체의 도덕적 지위를 높이는 능력에 속한다고 할 수 있을 것이다.

그런데 다른 한편으로 이와는 상반되는 주장 역시 가능한데, 단순히 냄새에 대한 탁월한 감각만으로는 감각적 양상과 관련한 심미적 특성의 기반이 되기에는 충분치 않으며, 그를 뒷받침하는 인지적·감성적 능력이 함께 요구된다고 반박할 수도 있다. 개에게 이런 추가 능력이 없거나 충분히 높은 수준까지 갖지 못했다면 그에 상응하는 심미적 특성이 결여된 것이며, 그렇다면 사람과 비교했을 때 도덕적 지위를 특별히 향상시킬 수 있는 능력은 되지 못한다. 이처럼 이 부분과 관련해서도 이런저런 의견들이 논쟁의 여지를 계속 남기고 있지만, 그럼에도 불구하고 나는 최소한 이론적으로라도 어떤 동물들은 사람에게 없거나 부족한 도덕적 지위 관련 능력을 가질 수 있는 가능성에 대해 개방적인 시각을 유지해야 한다고 생각한다.

내가 위에서 제시한 능력들의 목록은 사람이 동물에 비해 상대적으로 높은 도덕적 지위를 갖는 것과 관련이 있는 능력 중 일부를 식별하는 데 주안점을 두고 의도적으로 만든 것임을 기억할 필요가 있다. 물론 이 목록이 개체의 도덕적 지위를 결정하는 모든 종류의 능력을 망라한 것은 아니다. 그렇기 때문에 도덕적 지위를 결정하는 데 직접적으로 관련이 있는 다른 능력, 사람과 동물에게 공통으로 적용되는 능력들이 여전히 있을 수 있다는 점에 주목해야 한다. 예를 들어 (정신적 측면을 배제하고) 육체적 쾌락과 고통을 느끼는 순수한 능력도 도덕적 지위에 중요한 역할을 할 수 있는데, 아직까지는 인간이 동물보다 이 능력에서 월등히 앞서 있다고 가정할 만한 뚜렷한 근거가 없다. 아니면 보다 정확히 말해서 어떤 동물은 그 수준이 현저히 낮다고 볼 수 있지만, 인간이 모든 동물보다 더 높은 육체적 감각 능력을 가졌다고 단정할 수 있는 합리적 이유가 없다.

실제로 어떤 동물은 인간보다 훨씬 더 강하고 예민한 감각을 가졌을 수도 있다.

반면 우리의 관점을 순수한 육체적 쾌락과 고통에서 정신적인 환희와 고난으로, 또는 어떤 상황에서 쾌락과 고통에 대응해 나타나는 태도로 돌린다면, 이와 같은 능력은 사람이 동물보다 훨씬 정교하고 발달된 형태로 갖고 있다고 가정해도 틀리지 않을 것이며 누구나 인정할 수밖에 없을 것이다. 따라서 이런 추가 능력들이 어떤 개체의 도덕적 지위를 결정하는 데 역할을 한다는 정도까지는 설득력을 갖는다고 보이며, 이로써 우리는 또 다시 사람이 동물보다 더 높은 도덕적 지위를 갖고 있다는 설명의 일부로 돌아왔다는 사실을 알게 됐다.

그렇지만 나는 이 같은 논의가 더욱 조직적인 추론을 대체할 수 없다는 사실을 알고 있다. 올바르게 정리된 정신적 능력들이 어떤 개체의 도덕적 지위를 결정하는 데 영향을 미치는 유일한 특성일 수도 있고 그렇지 않을 수도 있지만, 정신적 능력이 매우 중요한 특성 중 하나임에는 틀림없어 보인다. 그렇기 때문에 이런 능력들과 도덕적 지위와의 관계에 대해 보다 철저히 이해할 필요가 있다. 어떤 능력이 중요한지 알아야 할뿐 아니라, 관련 능력들의 각기 다른 형태가 개체의 도덕적 지위를 다양한 형태로 향상시키는 방법에 대해서도 살펴야 한다. 아울러 관련 능력들이 정신적·규범적으로 어떻게 상호작용해서 특정 개체의 전반적인 도덕적 지위를 결정하는지 눈여겨봐야 한다. 내가 보기에 동물윤리 분야에서 이 부분에 관한 연구와 논의는 이제껏 제대로 이뤄진 적이 없다.

이쯤에서 훨씬 더 충분한 논의가 필요한 질문을 하나만 더하겠다. 나는 적절히 관련된 정신적 능력을 소유하는 것이 어떤 개체의 도덕적 지위를 결정하는 문제에서 핵심적인 역할을 한다고 제안했다. 그런데 그런 능력을 단순히 소유하는 것만으로 충분할까? 아니면 그 능력을 실제로 발휘할 수 있어야 할까? 관련 능력을 갖고 있지만 전혀 사용하지 않는 개체는 그 능력을 (최소한 가끔이라도) 발휘하는 유사한 개체와 동일한 도덕적 지위를 갖고 있을까?

예를 들어 규범적인 자기관리 능력을 가졌지만 실제로는 사용한 적 없는 사람을 상상해보자. 자신의 행동에 타당한 이유가 있는지에 대해서는 고찰하지 않으면서 그 행동을 반복적으로 하고 있는 사람, 자신이 가진 욕구가 도덕적으로 정당한지 아닌지 등은 판단하지 않은 채 그 욕구를 계속 추구하는 그런 사람을 떠올려보자. 이 사람은 분명히 우리가 지금 논의 중인 그 능력을 갖고 있으므로 얼마든지 숙고할 수 있고, 필요한 판단을 할 수 있으며, 그 판단에 따라 자신의 욕구와 행동을 바꿀 수도 있다. 그런데 그런 능력은 한 번도 사용된 적 없고 늘 아무런 역할도 하지 않은 채 방치돼 있다. 그렇다면 이 사람은 이와 같은 능력을 소유하고 있고 사용도 하고 있는 다른 누군가와 같은 도덕적 지위를 가졌다고 볼 수 있을까?

직관적으로 볼 때 관련 능력의 사용 여부는 개체의 도덕적 지위를 결정하는 문제와 관련이 있는 것 같다. 나는 도덕적 지위를 강화하는 능력을 갖고만 있고 전혀 사용하지 않는 존재라면 실제로 그런 능력을 발휘하는 개체보다 낮은 도덕적 지위를 가져야 한다고 생각한다. 하지만 그렇다고 활성화되지 않은 능력은 개체의 지위를 결정하는 데 역할을 하지 못한다고 단정할 수 있을까? 어떤 존재가 주어진 능력을 사용하지 않는다면 그 개체는 그와 같은 능력은 없지만 다른 능력에서는 동일한 개체와 똑같은 도덕적 지위를 갖는 것일까? 이 또한 올바른 생각은 아닌 듯하다. 이 논의를 이 책에서 더 길게 끌어가지는 않겠지만, 나는 관련 능력을 소유하는 것만으로도 도덕적 지위에 영향을 미치며, 그런 능력을 실제로 사용하는 경우에는 도덕적 지위를 더욱 향상시키는 게 아닐까 생각한다.[3]

그러나 우리가 이와 같은 잠정 결론에 동의하더라도 또 다른 추가 질문은 여전히 남게 된다. 도덕적 지위와 관련이 있는 능력의 사용이 중요한 고려 사항이 된다면, 얼마나 자주 사용해야 할까? 규범적 자기관리 능력을 딱 한 번 사용하고 다시는 발휘하지 않아도 충분할까? 충분치 않다면 얼마나 써야 할까? 정기적으로 사용해야 하는 것일까? 이 능력을 발휘하는 횟수에 따른 도덕적 지위의 수준은 어떻게 결정될까?

얼핏 생각해도 매우 어렵고 미묘한 질문들이며, 그 대답도 명쾌함과는 거리가 멀 것이다. 게다가 너무 멀리 와버렸다. 이 장에서 우리의 목적은 도덕적 지위의 온전하고 합당한 기반을 다지려는 것이었다.

: 제4절_무엇이 될 수 있는가 -잠재적 지위 :

정신적 능력(그리고 그 능력의 사용)이 개체의 도덕적 지위를 결정하는 데 핵심적인 역할을 하더라도, 내 생각에 그것이 전부는 아니다. 이번에는 어떤 존재가 비록 지금으로서는 관련 능력을 갖고 있지 않지만 결국 그런 능력을 개발할 수 있는 '잠재력(potential)'을 가진 경우를 생각해보자. 예컨대 이제 막 태어난 인간 신생아는 일반적인 성인들이 소유한 다양한 정신적 능력들을 아직 갖추지 못했지만(신생아는 우리 논의의 관점에서 아직 '사람'이 아니다), 의심의 여지없이 정상적인 환경이라면 이 아이는 마침내 그런 능력을 모두 갖게 된다. 현재 신생아는 사람이 아니지만 결국 사람으로 성장해 보통의 인생에서 갖추게 되는 능력들을 획득할 수 있는 잠재력을 보유하고 있는 것이다. 따라서 이와 같은 질문이 필요해진다. "잠재력은 도덕적 지위와 어떤 관련이 있는가?"

하지만 우리가 지금 살피려는 잠재력은 어떤 개체가 관련 능력을 갖고 있으면서 사용하지 않는 경우와는 다르다는 점에 유념해야 한다. 신생아가 합리적 생각과 장기적 계획과 규범적 자기관리를 할 수 있지만 그런 능력을 사용하지 않을 뿐이라는 뜻은 아니다. 신생아는 이와 같은 정신적 능력을 아직은 전혀 갖추지 못했지만 언젠가는 갖게 될 것이라는 의미다. 이를 달리 말하면 신생아는 관련된 제1차 정신적 능력을 개발할 수 있는 제2차 능력을 보유한다고 볼 수 있다. 제2차 능력을 가졌다는 것 자체가 제1차 능력과 같은 것은 아니다. 제1차 능력을 확보할 수 있는 잠재력이 바로 제2차 능력이다. 그래서 다음 질문이 추가된다. "잠재력의 소유는 도덕적 지위와 어떤 관련이 있는가?"

물론 이미 살폈듯이 도덕적 지위는 관련 능력의 소유뿐 아니라 사용에 따라서도 달라질 수 있다. 따라서 방금 제기한 질문에 덧붙여 "도덕적 지위를 결정하는 능력을 사용할 수 있게 하는 잠재력이 있는가?"와 같은 질문도 던져야 할 것이다. 그렇지만 관련 능력을 얻기 위한 잠재력은 그것을 사용할 수 있는 잠재력도 구체화시키므로, 잠재력을 분리해서 접근하는 방식은 취하지 않을 것이다.

잠재력과 관련해 인간 신생아는 물론 새끼 동물에 대해서도 유사한 질문을 제기할 수 있다. 갓 태어난 새끼 고양이는 보통의 고양이로 성장하면 갖게 되는 정신적 능력들을 아직까지는 갖추지 못한 상태다. 심지어 처음부터 갖고 태어나는 능력들조차 덜 발달돼 있다. 그래도 새끼 고양이는 어른 고양이의 전형적인 능력들을 얻게 될 잠재력을 갖고 있다. 이와 마찬가지로 이제 알에서 나온 병아리는 장성한 뒤 닭이 됐을 때 갖게 될 정신적 능력이 없거나 덜 갖췄지만, 정상적으로 자란다면 이를 모두 얻을 수 있는 잠재력을 보유하고 있다. 따라서 동물에 대해서도 "잠재력을 가졌다는 것은 도덕적 지위에 어떤 영향을 미치는가?"라는 같은 질문을 던질 수 있다.

그렇다면 우리의 이 질문은 상당히 보편적인 것이다. 우리가 알고 싶은 건 이것이다. 일련의 정신적 능력을 소유하는 것이 어떤 개체가 도덕적 지위를 갖는 데 충분조건이 된다면, 그와 같은 능력을 얻을 수 있는 잠재력은 해당 개체의 도덕적 지위에 어떤 영향을 미치는가? 그리고 (느슨하지만) 직관적으로 이 질문을 이렇게도 표현할 수 있을 것이다. "특정 도덕적 지위를 갖게 해줄 잠재력은 실제 도덕적 지위와 어떤 관련이 있는가?"

그러나 이 질문을 맥락이 전혀 다른 "어떤 개체가 '미래'에 누리게 될 도덕적 지위는 '현재'의 지위와 어떤 관련이 있는가?"와 같은 질문과 혼동해서는 안 될 것이다. 흥미로운 질문이긴 하지만 내 생각에는 아무런 연관성이 없다. 현재의 도덕적 지위는 전적으로 해당 개체가 현재 갖고 있는 능력들에 달려 있으며, 미래 또한 마찬가지다. 그렇지만 이 두 질문은 묘하게 통한다. 원래의 질문은 개체가 갖는 현재의 도덕적 지위가 단지 현재 소유한 정신적 능력에만 달려 있는지, 아니면 앞으로 특정 능력을 얻을 수 있게 해주는 잠재력도 역할을 할 수 있는지를 묻는 것이다. 그런데 잠재력은 미래에 생기는 게 아니라 해당 개체가 현재 갖고 있는 능력이며 이미 보유하고 있는 속성 중 하나다. 따라서 현재 갖고 있는 능력들이 도덕적 지위를 결정한다고 할 때, 잠재력 역시 현재 보유한 능력이 분명하므로 해당 개체의 도덕적 지위를 결정하는 요소가 되는 것이다.

이런 식으로 이 두 가지 질문은 서로 맥락은 다르지만 쉽게 쌍을 이룬다. 예컨대 우리는 이제 막 태어난 신생아를 보고 그 아이가 갖고 있는 훗날 인간 성인이 될 잠재력을 직관적으로 인지하는데, 일반적으로 현재의 아기가 미래에 성인이 된다는 사실을 알기 때문이다. 미래에 어떤 정신적 능력을 갖게 된다는 것은 그런 능력을 갖게 해줄 현재의 잠재력이 있다는 뜻이다. 그리고 통상적인 상황에서 성인이 될 신생아는 실제로 성인이 된다. 그래서 이 두 가지 질문을 혼동하기 쉬운 것이다. 하지만 그럼에도 불구하고 개체의 잠재력에 관한 이야기와 미래에 관한 이야기는 구분해야 한다. 왜냐하면 만약 위 사례에서의 신생아가 다음날 사고를 당해 죽는다면, 그 아이는 비록 성인이 될 잠재력은 갖고 있었지만 실제로는 결코 성인이 되지 못할 것이기 때문이다.

이와 같은 이야기를 꺼낸 것은 내가 제기하려는 질문이 미래에 관한 것이 아니라 실제로는 잠재력에 관한 것임을 명확히 하기 위해서다. 내가 묻고 싶은 것은 단순히 잠재력이 어떤 개체의 실제 도덕적 지위에 영향을 미칠 수 있는지의 여부다. 이는 낙태의 도덕성 문제 등 윤리학적 논란에서 폭넓게 다뤄지고 있던 질문이다. 초기 단계의 배아나 태아는 아직 사람은 아니지만, 대부분의 경우 사람이 될 잠재력을 갖고 있다.[4] 그렇다면 낙태의 도덕성에 대한 타당한 명분을 찾고자 하는 사람들은 배아나 태아의 잠재력(사람이 될 수 있는) 그 자체가 도덕적 지위를 결정하는 충분조건이 된다는 입장을 취하는 셈이다. 낙태에 관한 논의에서 잠재적인 도덕적 지위의 타당성과 미래의 도덕적 지위에 대한 타당성을 구분하는 것은 특히 중요하다. 낙태한 태아는 실제로 사람이 되지는 못했지만, 사람이 될 수 있는 잠재력은 갖고 있었던 것이다.

사실 잠재력에 관한 주제는 매우 복잡하고 예민한 문제이기에 여기에서 섣부르게 판단을 내릴 수는 없지만, 간략하게나마 두 가지 익숙한 입장을 소개한 뒤 또 다른 대안도 살펴보겠다. 첫 번째는 사람이 될 수 있는 잠재력이 이미 사람인 개체와 동일한 도덕적 지위를 갖기 위한 충분조건이라는 입장이다. 이 관점은 잠재적 인간(사람)으로서의 특성이 그 사람의 도덕적 지위와 연결될 뿐 아니라, 실제로 관련 능력 자체를 보유한 것만큼이나 모든 면에서 중요하게 작용한다고 여긴다. 이 관점을 취한다면 이와 같은 주장을 보다 일반적인 경우, 즉 동물에 대해서도 마찬가지로 고수할 수 있을까? 확실히 성체인 동물은 사람보다 낮은 도덕적 지위를 갖고 있다.

그런데 새끼 동물이 동종 성체 동물이 가진 능력들을 얻을 수 있는 잠재력을 갖고 있는 경우, 이들에게 성체 동물과 똑같은 도덕적 지위를 부여하는 게 충분히 적절할까? 이를테면 새끼 고양이가 단순히 어른 고양이가 될 수 있는 잠재력을 가졌다는 이유만으로 다 자란 고양이의 도덕적 지위를 갖고 있는 것일까? 아니라면 '잠재적 인격(potential personhood)', 다시 말해 사람이 될 수 있는 잠재력에만 규범적인 힘을 부여하는 특별한 무언가가 있어서 보다 높은 도덕적 지위의 배경이 되는 것일까? 그런 식이라면 새끼 고양이는 어른 고양이의 도덕적 지위를 갖지 못하지만, 신생아는 인간 성인의 지위를 가질 것이다. 낙태에 관한 논쟁이 이 같은 '보편적' 질문으로 확장되지 않는 것은 그리 놀랄 만한 일이 아닐 것이다. 대답하기 곤란하기 때문이다.

잠재력과 관련한 두 번째 입장은 위와 정반대의 극단적인 관점인데, 잠재적 인격에는 도덕적 지위를 결정하는 그 어떤 속성도 없다는 것이다. 사람이 될 수 있는 잠재력은 그저 사람이 될 수 있다는 사실 말고는 아무것도 의미하지 않는다는 말이다. 신생아가 훗날 성인 인간이 된다면 당연히 사람으로서의 도덕적 지위를 확보하게 될 것이다. 그렇지만 사람이 될 수 있는 잠재력을 보유한 그 사실만으로는 도덕적 지위를 결정하는 데 아무런 영향을 미치지 못한다. 그럼에도 불구하고 이 같은 입장을 가진 사람들 중 일부는 신생아라도 차마 도덕적 지위가 없다고 단정지을 수는 없기에 '미래'의 도덕적 지위가 '현재'에 영향을 미친다고 주장한다. 아직 사람은 아니지만 언젠가 된다면, 그 미래의 사실이 현재의 신생아에게 사람으로서의 도덕적 지위를 부여한다는 것이다. 그러나 여전히 잠재적 인간(사람)이라는 사실 자체만으로는 도덕적 지위를 결정하지 못하기 때문에 실제로 성인 인간이 되기 전에 죽는다면 인간의 도덕적 지위를 갖지 못하는 셈이다.[5]

이 논의도 역시 어떻게 일반화할 것인지의 문제에 직면하게 되지만, 최소한 대답은 그리 어렵지 않아 보인다. 만약 잠재적 인격이 도덕적 지위와 아무런 관련이 없다면, 다른 개체의 잠재력 또한 더 이상의 역할을 할 수 없다. 따라서 새끼 고양이는 어른 고양이가 될 잠재력을 가졌지만 그 사실로부터는 도덕적 지위를 얻지 못한다.

그렇다고 이처럼 잠재력이 비록 실제로 도덕적 지위를 결정하는 데 아무런 역할을 하지 못한다고 해서, 그것이 해당 개체의 도덕적 지위가 매우 낮거나 현재로서는 도덕적 지위가 전혀 없다는 의미는 아님을 유념해야 한다. 우리의 직관도 그렇게 말할 것이다. 갓 태어난 인간 신생아와 새끼 동물은 모두 이미 도덕적 지위와 관련된 정신적 능력을 어느 정도 보유하고 있다. 잠재력과 도덕적 지위의 연관성을 부정하는 사람들도 이런 능력은 고려하고 싶을 것이다. 도덕적 지위의 결정과 관련된 능력을 얻을 수 있는 잠재력이 개체의 실제 도덕적 지위를 강화하는 것과는 아무 관계가 없을지 모르지만, 해당 개체가 현재 갖고 있는 다른 능력들과는 관련이 있는 것이다.

이렇게 잠재력과 개체의 도덕적 지위와 관련된 두 가지 익숙한 입장을 살펴봤다. 그런데 나는 이와 같은 관점 사이에 놓여 있는 또 다른 견해에 끌리고 있다. 위 두 번째 입장과 달리 나는 잠재력이 도덕적 지위의 격차를 만들어낸다고 생각하는 게 설득력 있어 보인다. 또한 첫 번째 입장과 달리 잠재력이 '이미' 관련된 능력을 소유한 개체들과 동일한 도덕적 지위를 제공한다고 생각하지 않는다. 예를 들어 보통의 인간 신생아는 정신적 능력 측면에서 비슷한 동물과 '정신적 동류'이지만, 사람이 될 수 있는 잠재력을 갖지 못한 동물보다는 더 무겁게 헤아려야 한다고 생각한다. 그럼에도 일반적인 인간 성인 수준만큼의 도덕적 지위는 갖지 못한다. 요컨대 잠재력은 도덕적 지위에 영향을 미치지만 실질적으로 관련된 능력을 갖고 있는 것만큼의 영향력은 아니라는 입장이다.

더욱이 나는 이런 입장이 신생아처럼 사람이 될 잠재력을 가진 경우에만 적용할 수 있다고 단정지을 만한 이유를 찾지 못했다. 내가 인식하는 한 이 관점은 보편적인 주장이 될 수 있기 때문에 동물에 대해서도 마찬가지로 적용할 수 있다. 새끼 고양이는 잠재적인 어른 고양이이므로, 정신적 동류이면서 보통의 성체 고양이가 될 수 있는 잠재력은 갖추지 못한 다른 동물들보다는 높은 도덕적 지위를 갖는다. 그럼에도 어른 고양이보다는 낮은 도덕적 지위에 있다. 다른 동물들에 대해서도 이와 유사하다. 모든 경우에 잠재력은 도덕적 지위를 (내가 아래에 설명할 자격 요건에 따라) 강화하지만, 실질적으로 관련된 능력 자체를 이미 갖고 있는 것만큼은 아니다.

하지만 이는 어디까지나 타협적인 견해이기에 여전히 많은 질문을 남긴다. 대표적으로는 "잠재력이 해당 개체의 도덕적 지위를 (잠재력이 없을 때와 비교해) '얼마만큼' 향상시키는가?"와 같은 것들이다. 이 관점의 최소 버전에서는 잠재력이 거의 아무것도 아닌 정도로 아주 조금밖에 올리지 못한다고 말할 것이므로, 위의 두 번째 입장과 가까워질 것이다. 최대 버전에서는 첫 번째 입장에 가까울 텐데, 잠재력이 실질적으로 관련된 능력들에 필적할 정도로 도덕적 지위를 올려준다고 이야기할 것이다. 여기에서도 나는 양쪽 모두 너무 극단적이라서 옳지 않다고 본다. 잠재력이 만들어내는 도덕적 지위의 격차가 어느 정도 확연하긴 하지만, 관련 능력들을 보유함으로써 갖게 되는 격차와는 거리가 멀 것이기 때문이다. 그러나 나는 더 이상의 세밀한 답은 구하지 못할 것 같다.

물론 그럼에도 불구하고 도덕적 지위가 향상되는 크기는 잠재력을 통해 확보할 수 있는 지위에 따라 달라진다고 여기는 것이 옳다고 생각한다. 이번에는 이제 막 태어난 강아지와 인간 신생아를 예로 들어 이 두 개체가 잠재력이란 측면에서만 도덕적 차이가 있는 정신적 동류라고 가정해보자. 강아지에게는 훗날 개의 모든 보편적 능력을 갖게 될 잠재력이 있고 사람에게는 성인 인간으로 성장했을 때의 능력을 갖출 잠재력이 있다면, 이 두 개체의 현재 도덕적 지위는 결코 동일하지 않다. 잠재하고 있는 힘(능력)이 다르기 때문이다. 신생아의 잠재력으로 얻게 될 능력치의 상승분은 강아지의 그것보다 현저히 크다. 따라서 도덕적 지위도 강아지보다 신생아가 훨씬 높다. 하지만 여전히 질문은 남는다. "도덕적 지위는 각각 얼마만큼이나 상승하는가?" 유감이지만 이 또한 나는 자세히 대답할 수 없다.

그래도 이 정도는 말할 수 있을 것 같다. 상승하는 양은 해당 개체의 잠재력이 얻을 수 있는 최종 개체의 도덕적 지위에 따라 달라진다. 그렇다면 어떤 방식으로 작동할까? 예컨대 갓 태어난 강아지의 잠재력이 성체 개의 도덕적 지위를 기반으로 특정 수준만큼 향상된다고 할 때, 새끼 박쥐의 잠재력은 강아지에 미치지 못할 것이며, 물고기는 그보다 더 못할 것이다. 이와 같은 모델에서 어떤 개체의 현재 도덕적 지위의 상승분은 전적으로 해당 개체가 잠재력을 통해 얻을 수 있는 도덕적 지위와 함수 관계에 있다고 할 수 있다. 잠재력만 놓고 판단하는 것이기에 해당 개체가 현재 보유하고 있는 능력과는 연관성이 없다. 따라서 같은 잠재력을 가진 개체들은 현재의 상이한 능력과는 별개로 각각의 최종 개체가 가진 도덕적 지위에 대한 특정 양만큼 고정된 상승분을 갖는 것이다.

　모델이 하나 더 있는데, 나는 이쪽이 더 매력적으로 보인다. 개체의 잠재력이 일종의 '증폭기(amplifier)'처럼 작동해 개체가 현재 확보한 능력으로 생성된 '신호(signal)'를 증폭해준다는 관점이다. 좀 더 쉽게 설명하면 이렇다. 동일한 잠재력을 가진 두 개체가 현재 확보한 관련 능력 측면에서 차이가 있다면, 설령 두 개체가 같은 잠재력을 가졌더라도 보다 발달된 능력을 가진 쪽이 일반적으로 도덕적 지위에서 더 큰 상승분을 얻게 된다.[6] 달리 말해 현재의 능력 기반으로 더 높은 도덕적 지위에서 '출발해나가는(start out)' 개체는 이후 온전히 얻게 될 도덕적 지위의 보다 강력한 '신호'로 인해 더 큰 폭으로 도덕적 지위가 향상될 수 있다. 이 모델에서는 증폭 효과로 향상되는 도덕적 지위의 상승분이 잠재력 그 자체뿐 아니라 증폭되는 능력에 따라서도 달라진다.

　물론 이 모델에서도 도덕적 지위가 향상되는 크기는 개체가 잠재력을 통해 얻을 수 있는 도덕적 지위와 함수관계에 있다. 성인 인간이 될 수 있는 잠재력은 어른 개가 될 잠재력보다 훨씬 강력한 증폭기로 작동하며, 성체 박쥐가 될 잠재력에는 비할 수도 없이 강력할 것이다. 결국 향상되는 도덕적 지위의 크기는 '신호(개체가 현재 확보한 능력)'의 속성에 따라 달라질 뿐 아니라 '증폭기(온전히 갖추게 될 능력에 대한 잠재력)'의 속성에 따라서도 달라지는 것이다.

그런데 가장 강력한 증폭기라도 증폭할 수 있는 신호가 없으면 작동하지 않는다. 만약 어떤 개체가 현재 도덕적 지위는커녕 도덕적 입장조차 취하기에도 충분한 능력을 갖추지 못한다면, 설령 그 개체가 일말의 잠재력을 갖고 있더라도 그것만으로는 도덕적 헤아림의 대상이 될 수 없다. 증폭기가 작동하려면 기본적으로 해당 개체가 도덕적 입장을 취하는 존재라야 한다. 단순히 잠재력만으로는 도덕적 입장을 취할 수 없다. 이는 잠재력이 기본적으로 도덕적 입장을 가진 개체의 경우에만 증폭기로서 기능할 수 있다는 의미다.

이와 관련해 잠시 덧붙이자면 이 관점은 낙태의 도덕성 문제에 분명한 영향을 미친다. 배아 또는 초기의 태아는 행동 능력과 지각 능력을 결여하고 있으므로 도덕적 지위와 관련한 능력은 전혀 갖고 있지 않다. 이 말은 도덕적 입장을 취하지 못한다는 뜻인데, 단지 사람이 될 수 있다는 잠재력만으로는 이 상태에서 도덕적 지위를 확보할 수 없다. 배아나 초기 태아는 사람이 될 수 있는 잠재력을 갖고 있지만 이를 증폭시킬 만한 신호가 없기 때문에 도덕적 지위가 생성되지 않는다. 발달 과정에서 어느 정도 진행된 단계에 이르면 태아는 도덕적 입장을 취하게 되나, 그 시기라고 할지라도 관련 능력은 극히 제한돼 있어서 증폭시킬 수 있는 신호도 미약하다. 그렇지만 어쨌든 도덕적 입장을 취하는 존재가 된다. 임신 후기 상태 또는 출생 후에는 이 잠재력이 도덕적 지위에 주요한 영향을 미친다. 이 논의는 여기까지만 하겠다. 계속 따라가다 보면 우리의 논지에서 너무 멀어지게 될 것이다.

잠재력과 도덕적 지위의 연관성에 관해 주의를 기울여야 하는 또 하나의 논점이 있다. 지금까지 나는 특정 개체가 특정 능력을 얻을 수 있는 잠재력을 갖고 있거나 결여돼 있다는 식으로만 설명했지만, 엄격히 말해서 잠재력은 그 정도와 크기가 매우 탄력적이다. 다소 추상적으로 말하자면 어떤 능력을 얻을 수 있는 잠재력을 가진 개체는 적절한 상황이나 환경만 제공받는다면 그 잠재력을 얼마든지 생성하거나 끌어올릴 수 있다. 그렇기 때문에 적어도 이론적으로는 '무한한 잠재력'이 실제로 있다고 말할 수 있다. 예를 들어 앞서 슈퍼비타민 사례와 유사하게 동물의 정신적 능력을 극도로 향상시킬 수 있는 생명공학적 기술로 강아지를 사람으로 변화시켰다면, 이 강아지는 사람이 될 수 있는 잠재력을 갖고 있었다고 할 수 있다.[7] 비록 아직은 그런 기술이 없고 앞으로도 나오지 않더라도 모든 강아지는 이미 사람이 될 수 있는 잠재력을 가진 것이다.

이 사례는 잠재력의 '강도(정도)'를 등급으로 나눌 필요가 있음을 보여준다. 약한 잠재력은 상대적으로 현실과 거리가 멀어 불가능할 것 같은 상황에서만 실현될 수 있다. 반면 강한 잠재력은 누가 봐도 실제로 그렇게 될 수 있는 능력이다. 이를테면 신생아는 잠재적인 성인 인간이며, 위 사례에서의 강아지도 잠재적인 사람이다. 그러나 신생아가 사람이 되기 위해 필요한 상황이나 환경은 현실에서 벗어나지 않은 것이기에 신생아의 잠재력은 대단히 강하다고 할 수 있지만, 강아지의 경우에는 그런 기술이 나와야 가능한 일이므로 극도로 약한 잠재력이다. 그럼에도 어쨌건 둘 다 잠재력을 가진 것이다.

이처럼 잠재력은 단순히 있고 없고의 문제로 다룰 만큼 가벼운 주제는 아니다. 잠재력을 증폭시키는 힘에 관해서도 주의를 기울일 필요가 있다. 또한 다른 모든 조건이 동일할 때 주어진 잠재력이 약하면 약할수록 증폭시키는 힘도 약해지기 때문에 잠재력의 강도도 세심하게 고려할 필요가 있다. 물론 명백한 현실적 이유로 인해 무조건 모든 잠재력을 중요하게 바라볼 수는 없으며 통상적으로 제한된 주의만을 기울이게 된다. 인간 신생아의 경우에는 인간적 특성의 잠재력이 강하기 때문에 이에 따라 그 잠재력의 증폭 효과가 중요하게 고려되지만, 강아지의 경우 사람이 될 잠재력은 거의 무시할 만한 수준이므로 일반적인 상황에서 증폭 효과 역시 가볍게 무시될 것이다.

: 제5절_무엇이 되었는가 −양식적 지위 :

잠재력이 도덕적 지위에 영향을 미치는지에 관한 문제는 비교적 친숙하기 때문에 잠재력의 연관성을 부정하는 사람들조차 이 주제에 관해서는 논의의 필요성을 인식하고 있다. 그러나 나는 이제 잠재력과 유사하지만 동일하지는 않은 또 다른 특성으로 눈을 돌리고자 한다. 이 특성은 잠재력과 마찬가지로 '가능성'과 관련돼 있지만, "올바른 환경이 주어지면 무엇이 될 수 있는가?"의 문제인 잠재력과 달리 "올바른 환경이었다면 무엇이 되었는가?"와 관련된 문제다.

　현재 스무 살이지만 아기 때 사고로 뇌에 심각한 손상을 입은 인간이 있다고 가정해보자. 이 청년은 온전한 사람으로 성장하지 못하고 생후 4개월 정도의 인지 수준을 가진 상태에 머물러 있다. 우리의 논의선상에서 일반적인 사람의 도덕적 지위를 부여할 수 있는 요소가 없기 때문에 이 청년은 사람이 될 수 있는 잠재력을 갖고 있지 못하다. 하지만 분명한 사실은 이 청년이 아기였을 때 '사고만 일어나지 않았다면' 어엿한 사람이 됐을 것이라는 점이다. 물론 앞서 언급했듯이 뇌를 정상으로 회복시킬 수 있는 의학적 기술이 나온다면 보통의 인간 성인이 될 수 있기에 미약하게나마 잠재력을 갖고 있다고도 할 수 있다. 그렇다고는 해도 그 잠재력은 강도가 너무 약하기 때문에 현실적으로 무시될 것이다.

우리의 논지에서 이 청년은 사람이 되기에는 너무 늦었다. 신생아 시절에는 사람이 될 수 있는 잠재력을 갖고 있었지만 사고를 당하면서 그 잠재력을 잃어버렸다. 그래서 현재는 '잠재적 인격'을 갖고 있지 않다. 그럼에도 불구하고 이 청년은 다음의 조건은 여전히 유지하고 있다. 사고가 일어나지 않았다면 이 청년은 지금 시점에서 사람일 것이므로 현재 사람으로 볼 수도 있다(표현이 이상하게 느껴질 수도 있는데 논리만 염두에 두자). 따라서 이 청년이 잠재적 인격을 결여하고 있더라도 사람이라는 전체 틀 안에서 사람이라고 부를 수 있는 '양식적(modal, 樣式的)' 특성을 갖고 있다. 이 개념은 아직 철학 용어로 정립되지 않았기 때문에 내가 이름을 붙였다. 나는 이를 '양식적 인격(modal personhood)'이라고 부른다. 이 청년은 현재 사람일 수도 있었던 '양식적 인간'인 것이다.[8]

방금 설명했듯이 누군가는 잠재적 인간은 아니면서 양식적 인간이 될 수 있다. 이와 반대로 누군가는 양식적 인간은 아니면서 잠재적 인간이 될 수 있다. 예컨대 인간 신생아는 잠재적 인간이지만, 현재의 사람으로 성장하면서 발생했을지도 모를 일이 더 일찍 일어날 리는 없으므로 양식적 인간은 아니다. 이렇게 잠재적 인간과 양식적 인간을 구분할 필요가 있다. 나는 양식적 인격도 잠재적 인격과 마찬가지로 중요하게 고려돼야 한다고 생각한다. 그렇지 않으면 이 청년은 도덕적 지위 측면에서 영영 사람이 되지 못할 것이다. 양식적 인격은 "현재의 상태가 아니었다면 어땠을까?"라는 질문으로부터 해당 개체의 도덕적 지위를 끌어올릴 수 있다. 사실 내게는 이 평행선이 매우 가까이 붙어 있는 것으로 보인다. 양식적 인격의 도덕적 지위에 대한 연관성은 잠재적 인격과 매우 유사하다.

첫째, 도덕적 지위를 향상시키는 것과 관련해 양식적 인격의 경우 만약 두 사람이 정신적 동류를 포함한 모든 점에서 같지만 둘 중 한쪽은 양식적 인간인 반면 한쪽은 아니라면, 전자가 후자에 비해 더 높은 도덕적 지위를 갖는다. 그렇지만 비록 양식적 인간의 도덕적 지위가 양식적 인간이 아닌 경우보다 높아지더라도 실질적인 사람이라면 가질 수 있는 수준만큼은 아니다. 즉, 양식적 인격은 도덕적 지위를 올려주긴 하지만 실질적으로 관련된 능력에 비할 바는 되지 못한다. 또한 이 부분에서 양식적 인격은 잠재력과 마찬가지로 '얼마만큼'인지에 관한 질문을 수반하는데, 대답 역시 마찬가지일 것이다. 최소 버전에서는 극히 조금 향상시킨다고 할 것이며, 최대 버전에서는 통상적인 사람의 도덕적 지위 수준까지 높여준다고 말할 것이다. 내 관점에서는 (잠재력과 같이) 양쪽 모두 극단적이라 옳지 않고 어느 정도 적정 수준에서 올려준다고 대답할 것이다.

둘째, 도덕적 지위에 영향을 미치는 '양식적'이라는 개념은 사람에만 적용되는 것은 아니다. 예를 들어 강아지 때 뇌가 손상된 개의 경우에도 마찬가지로 생각할 수 있다. 이 개는 일반적인 어른 개가 가진 능력을 결여하고 있지만 과거에 상황이 달랐더라면 현재 그 능력을 갖고 있었을 것이다. 그렇다면 우리가 사용하는 용어로 '양식적 개'인 셈인데, 이 개의 도덕적 지위는 양식적 개의 속성이 결여된 다른 정신적 동류가 갖고 있는 지위보다는 높고 보통의 개보다는 낮을 것이다. 이는 비단 개뿐만 아니라 다른 동물들에게도 그대로 적용할 수 있다. 어떤 특정 종류의 양식적 동물은 같은 종류의 양식적 동물이 아닌 정신적 동류보다는 높은 도덕적 지위를 갖지만, 해당 동물의 성체보다는 낮은 지위를 갖는다. 보다 명확한 의미 전달을 위해 내가 '양식적 개'라고 했을 때 개가 아니지만 개가 될 수도 있었던 동물을 지칭한 게 아니라, 정상적인 어른 개가 갖고 있는 정신적 능력을 갖고 있지 않지만 현재 갖고 있었을 수도 있는 동물을 말한 것이다. 다른 종류의 양식적 동물도 마찬가지 맥락이다. 그리고 이 시점에서 도덕적 지위를 향상시킬 수 있는 이와 같은 속성에 이름을 붙이는 게 좋을 것 같다. 나는 이 개념을 '양식적 지위(modal status)'라고 부르고자 한다. 당연한 말이지만 어떤 특정 양식적 지위를 갖기 위해서는 그 지위의 기반이 되는 현재의 관련 능력(비록 갖고 있지 않지만)이 있어야 한다. 어떤 개체의 양식적 지위가 현재 상태의 능력만을 기반으로 얻을 수 있는 것보다 크다면, 실질적인 도덕적 지위는 양식적 지위를 전혀 갖고 있지 않은 경우보다 더 높다.

셋째, 어떤 개체의 양식적 지위에 근거한 도덕적 지위의 상승분은 해당 개체가 현재 획득할 수도 있었던 능력에 따라 달라진다. 다시 말해 현재 확보할 수도 있었던 도덕적 지위가 높으면 높을수록 지위 상승분은 더욱 커진다. 정신적 동류인 두 개체를 양식적 지위 측면에서만 도덕적 지위의 격차가 있다고 했을 때, 한쪽은 양식적 인간이고 한쪽은 양식적 개라면 당연히 양식적 인간이 양식적 개보다 높은 도덕적 지위를 갖는다.

넷째, 양식적 지위는 잠재력과 마찬가지로 '증폭기'와 같은 역할을 한다. 양식적 지위가 만들어내는 상승분은 해당 개체가 갖고 있었을 수도 있는 도덕적 지위와 함수관계에 있으며, 해당 개체가 현재 보유한 정신적 능력과도 함수관계에 있다. 다른 모든 조건이 동일할 때 개체의 현재 능력이 만들어내는 '신호'가 크면 클수록 특정 양식적 지위로부터 생성되는 상승분 또한 커진다. 그렇기 때문에 근거가 되는 신호가 아예 없는 경우에는 증폭 효과도 없다. 더욱이 도덕적 입장을 취하지 못하는 존재는 양식적 지위가 있더라도 증폭기 역할을 하지 못한다. 도덕적 지위를 향상시키기 위해서는 양식적 지위라는 증폭기를 '작동시킬(work on)' 신호가 필요한데, 도덕적 입장을 취하지 못하는 개체에게는 아무런 신호도 없기 때문이다.[9] 그리고 작동시킬 수 있는 신호가 있다면 증폭 효과로 올라가는 도덕적 지위의 상승분은 해당 개체가 현재 가질 수도 있었던 그 능력의 크기에 따라 달라진다. 다른 모든 조건들이 동일할 때 양식적 인간은 양식적 개보다 증폭 효과로 올라가는 상승분이 더 크며, 양식적 쥐와 비교할 때는 상승분이 훨씬 더 크다.

다섯째, 양식적 지위 또한 정도의 차이가 있기 때문에 잠재력과 마찬가지로 다양한 '강도(정도)'를 구분해야 한다. 양식적 인간은 적절한 환경과 상황을 접했더라면 현재 사람이 될 수도 있었던 존재다. 그런데 만약 개의 뇌를 사람으로 바꾸는 엄청난 기술(아마도 영원히 나오지 않겠지만)이 있고, 또한 그 기술로 어떤 개가 갓난 강아지 시절에 사람의 능력을 얻었을 수도 있다고 한다면, 현재의 그 개조차 양식적 인간으로 헤아릴 수 있을 것이다. 그럼에도 불구하고 아무리 이런 경우의 개라고 할지라도 우리가 앞서 사례로 든, 어린 시절 사고로 뇌 손상을 입은 스무 살 청년과는 구분해야 한다. 개가 사람이 될 수 있었던 환경은 해당 개의 현재 상태와 극단적으로 동떨어져 있고 실현될 것 같지도 않지만, 청년이 사고를 당하지 않을 수 있었던 상황은 그리 동떨어져 있는 것도 아니며 실현 불가능했던 것도 아니었다. 그런 상황이 실현되기까지 필요했던 것은 단지 아기를 실수로 떨어뜨리지 않는 것뿐이었는지도 모른다. 이런 까닭으로 개가 양식적 인간이 될 수 있더라도 양식적 지위는 최대 버전으로 말해봐야 매우 약한 정도인 반면, 인간 성인의 양식적 지위는 상당히 강하다고 할 수 있다. 보다 약한 양식적 지위는 이에 비례해 보다 약한 증폭 효과를 낸다. 아울러 잠재력과 마찬가지로 명백히 현실적 이유로 인해 모든 양식적 지위를 중요하게 고려할 수 없기 때문에, 약한 양식적 지위는 일반적으로 무시하고 강한 양식적 지위에 제한된 주의를 기울일 수밖에 없다. 따라서 위 스무 살 인간 성인의 양식적 인격은 강하며 증폭 효과로 높아지는 도덕적 지위의 상승분 또한 크다. 하지만 사람이 될 수도 있었던 개(이때는 사람)의 인격은 아무리 강해봐야 무시할 정도이므로 양식적 지위의 증폭 효과 역시 무시된다.

양식적 지위가 잠재력과 유사한 또 다른 특징이 있다. 양식적 지위도 잠재력과 마찬가지로 어떤 개체의 실질적인 도덕적 지위에 '비대칭적' 방식으로 영향을 미친다. 낮고 덜 발달된 능력들과 관련된 다양한 가능성이 아니라, 고도로 또는 더욱 발달된 능력들과 관련된 가능성에 영향을 미치는 것이다. 이를테면 어떤 개체가 (상황이 올바른 방향으로 진행됐더라면) 보다 정교한 정신적 능력을 얻었을 수도 있다고 했을 때, 반대로 (상황이 잘못돼 틀어졌더라면) 현재 보유한 수준보다 낮은 능력들을 가졌을 수도 있을 것이다. 하지만 적어도 직관적으로 보면 오직 전자의 플러스적인 양식적 지위만이 실질적인 도덕적 지위에 영향을 미친다. 예컨대 정상적인 인간 성인이 과거 어릴 적 당했을지 모를 뇌 손상으로 현재 사람의 정신적 능력을 결여할 수도 있었다는 이유 때문에 낮은 도덕적 지위를 갖지는 않는다. 이처럼 마이너스적인 양식적 지위, 즉 그 사람이 고양이 수준의 인지적·감성적 능력을 갖게 될 수도 있었다는 양식적 지위는 플러스적인 양식적 지위와 달리 실제 도덕적 지위와는 관련이 없는 것으로 보인다. 잠재력 측면에서도 어떤 강아지가 미래에 당하게 될지 모를 사고로 정상적인 개보다 낮은 인지적·감성적 능력을 갖게 될 수 있다는 마이너스적인 잠재력을 도덕적 지위에 적용하지 않듯이 말이다.

이와 같은 비대칭적 영향을 다양한 잠재력과 양식적 지위의 강도에서의 차이를 들어 설명할 수도 있을 것이다. 개체의 정신적 능력은 낮아지는 쪽보다는 높아지는 방향으로 발달할 가능성이 높다. 그쪽이 훨씬 강하다. 하지만 그렇다고 해서 이런 차이가 비대칭적 영향을 완벽히 설명해주는 것 같지는 않다. 이를테면 어떤 사람이 실제로 아기 때 뇌 손상을 입을 수 있던 사고를 가까스로 피했던 경험이 있다면 마이너스적인 양식적 지위가 논리적으로 강하다고 할 수 있지만, 그렇더라도 그것이 그 사람의 도덕적 지위를 낮추는 것으로는 보이지 않는다. 잠재력의 경우에도 그렇다. 일정한 강도의 마이너스적 잠재력이 같은 강도의 플러스적 잠재력과 같은 방식으로 도덕적 지위에 영향을 미친다고는 생각하지 않는다.

물론 마이너스적 잠재력과 마이너스적 양식적 지위를 중요하게 고려할 필요가 없다고 주장하는 것은 아니다. 단, 같은 강도의 플러스적 잠재력과 플러스적 양식적 지위보다는 훨씬 덜 중요하게 작용하는 것 같다. 나도 솔직히 말해서 헷갈린다. 이런 비대칭적 영향을 명쾌하게 설명하기가 무척 어렵다. 어쩌면 논리적 환상일 수도 있다. 그렇더라도 명확하든 불명확하든 어쨌거나 드러나는 비대칭의 요인이 무엇이든 간에, 플러스적인 양식적 지위는 잠재력과 마찬가지로 실질적인 도덕적 지위에 영향을 미치며 개체의 도덕적 지위를 향상시킨다.

아마도 어떤 이들은 양식적 지위의 중요성에 대한 내 주장을 반대할 것이며, 내가 이 장의 제2절에서 제안했던 도덕적 지위에 관한 '개체주의'와 충돌한다고 이야기할 것이다. 앞서 나는 특정 개체의 도덕적 지위는 해당 개체가 갖고 있는 능력들에 의해 결정된다고 말했다. 그런데 여기에서는 개체가 보유한 능력뿐 아니라 해당 개체가 가질 수도 있었던 능력에 의해서도 도덕적 지위가 결정된다고 말하고 있다. 또한 같은 비판이 잠재력의 중요성에 대해서도 제기될 수 있는데, 나는 개체가 앞으로 얻게 될 능력에 의해서도 도덕적 지위가 결정된다고 주장했기 때문이다.

분명히 나는 제2절에서 개, 돼지, 물고기 등의 도덕적 지위에 관해 이야기할 때 특정 동물 종이나 생물학적 분류가 아닌 해당 특정 동물이라는 점을 확실히 하면서도 분류 체계상 같은 부류에 속하는 동물 개체들을 대상으로 논의를 진행하는 것이 논지를 펼치는 데 큰 문제는 되지 않는다고 말했다. 나는 매번 일일이 지금 논의 중인 동물은 특정 개별 동물이라고 설명하지 않더라도 여러분이 충분히 그렇게 이해하고 있다고 여긴다. 한 번만 더 짚고 넘어가면 개체의 도덕적 지위에 영향을 미치는 능력은 특정 개별 개체가 가진 능력이며, 그 개체가 속한 종의 전체 개체들의 능력은 아니다.

어쨌든 내가 도덕적 지위와 관련한 개체주의를 지지하면서 주장하고 있는 부분은 어떤 특정 개체의 도덕적 지위에서 중요하게 작용하는 요소가 해당 개체가 가진 관련 능력이라는 점이다. 그 능력은 하나가 아니다. 게다가 그런 능력들 전체가 어우러져 도덕적 지위에 영향을 미칠 수도 있고 그중 일부만 관련돼 있을 수도 있다. 콕 집어 어느 하나가 아닌 것이다. 요컨대 개체주의는 해당 특정 개체의 실질적 능력(또한 그런 능력의 사용)뿐 아니라 그 개체가 갖고 있는 다른 특성들 역시 도덕적 지위를 결정하는 데 관련돼 있을 가능성을 열어놓는다.

따라서 개체주의를 유지하면서 개체의 양식적 지위와 잠재력이 도덕적 지위의 결정과 관련돼 있다고 주장하는 것은 모순이 아니다. 앞에서 살펴본 어릴 적 뇌 손상을 입은 스무 살 청년의 사례를 떠올려보자. 그 청년이 양식적 인간임은 부정할 수 없는 특성이다. 20년 전에 태어났으며 고통을 느낄 수 있다는 등의 사실과 더불어 양식적 인간이라는 사실 또한 이 청년이 갖고 있는 특성이다. 이와 마찬가지로 갓 태어난 신생아의 경우 잠재적 인간이라는 사실도 이 아이의 특성이다. 이들이 가진 양

식적 지위나 잠재력을 배제할 만한 이유도 전혀 없으며 개체주의를 받아
들이는 데에도 잘못된 것이 하나도 없다.

아울러 양식적 지위와 잠재력의 중요성을 인식하는 것이 때때로 해
당 개체가 속한 종에 대한 생각으로 연결되는 이유를 설명하려면 먼 길
을 가야 하겠지만, 우선은 적어도 내가 이해하는 한 해당 개체가 어떤 종
의 구성원이라는 그 자체로서는 어떤 도덕적 중요성도 확보하지 못한다.
(인간이든 동물이든) 통상적인 경우에는 어떤 개체의 성체가 속한 종을 아
는 것은 해당 개체가 갖고 있는 실질적 능력에 대해 이해하는 데 도움이
된다. 그런데 이례적인 경우, 이를테면 인간 신생아라든지 뇌 손상을 당
한 개체를 다룰 때에도 그 개체가 어떤 종의 구성원인지는 쓸모 있는 지
침이 된다. 우리에게 개체의 잠재력(신생아인 경우)이나 양식적 지위(뇌 손
상을 입은 개체인 경우)를 이해하도록 정보를 제공해주기 때문이다. 예외
도 있는데, 예를 들어 어떤 개체가 그 종을 훨씬 능가하는 능력을 가졌거
나 해당 종과 연관된 잠재력 또는 양식적 지위를 결여하고 있는 SF 속 사
례와 같을 때 그렇다. 하지만 통상적인 경우 개체가 속한 종을 알면 해당
개체의 도덕적 지위를 결정하기 위해 염두에 둬야 할 사항에 관한 많은
정보를 얻을 수 있을 것이다. 그렇기 때문에 해당 개체가 어떤 종에 속하
는지를 매우 중요하게 생각하더라도 그리 이상한 일은 아니다. 그럼에도
불구하고 가장 중요한 사안은 '그' 개체의 능력, '그' 개체의 잠재력, '그'
개체의 양식적 지위다. 그러나 어쩔 수 없이 그 개체가 속한 종도 유용한
정보 출처가 된다. 성급한 일반화라는 오해는 이런 식으로 생기지만 헷
갈릴 까닭은 없다. 무엇이 더 중요한지만 알면 된다.

그렇지만 정작 양식적 지위나 잠재력에 대한 우려는 개체주의에 관한
것보다 더 까다로운 주장을 포함하는데, 도덕적 지위가 전적으로 특정

개체의 '내재적(intrinsic)' 속성에만 달려 있다는 것이다. 이 주장을 수용한다면 내가 지금까지 견지해온 관점을 배제하게 된다. 나는 개체의 도덕적 지위가 양식적 지위나 잠재력의 강도에 의해 결정될 수 있다고 주장했고, 이와 같은 특성들이 전적으로 개체의 내재적 속성에만 달려 있지는 않다.

사례를 들어 이 논점을 명확히 해보자. 사람이 될 수 있는 잠재력을 가진 강아지를 또 한번 떠올려보자. 이미 언급했듯이 강아지조차도 만약 사람으로 바꿀 수 있는 기술이 있다면(결코 없을 테지만) 대단히 약한 형태이긴 하지만 잠재력을 갖는 것이다. 그런데 실제로 그런 마법과 같은 기술을 개발해 강아지에게 적용했다고 상상해보자. 그 강아지는 곧바로 잠재적 인격을 획득하게 되고 이 경우라면 잠재력이 매우 강하다고 할 수 있다. 하지만 분명한 사실은 이 기술의 가용성(또는 표준 용법)이 어떤 특정 강아지의 내재적 속성은 아니라는 것이다. 이런 기술로 사람이 되는 것, 즉 잠재적 인격이 강아지가 애초부터 갖고 있는 내재적 특성은 될 수 없다. 따라서 특정 강도의 잠재적 인격을 갖게 된 것은 강아지의 내재적 속성이 아니다. 물론 잠재력은 해당 개체의 내재적 속성에 따라서도 달라진다. 그것이 전부일 수는 없다는 의미다. 다른 잠재력도 마찬가지다. 결론적으로 말하자면 어떤 개체의 도덕적 지위가 그 개체가 가진 잠재력의 강도에 영향을 받아도 오직 해당 개체의 내재적 속성에 따라서만 달라지지는 않는다. 뒤집어 말해서 도덕적 지위가 오직 개체의 내재적 속성에만 달려 있다면, 잠재력의 강도가 개체의 도덕적 지위와 관련돼 있다는 내 주장은 잘못이다.

양식적 지위에 대해서도 동일한 논란이 발생할 수 있다. 그 마법 같은 기술이 아직 나오지 않았다면, 그 강아지가 과거에 그 기술로 사람이 될 수도 있었다는 사실은 그랬을 수 있는 가능성으로만 남아 있기 때문에 양식적 지위의 강도는 극단적으로 낮다. 한편 만약 그 기술이 당시에 있었는데 어쩌다 보니 그 강아지가 적용을 받지 못한 것이었다면(그리고 이제 적용받기에는 너무 늦었다면), 양식적 지위의 강도는 극단적으로 높다고 할 수 있다. 그렇지만 어떤 경우든 그 기술의 가용성이 해당 강아지의 내재적 속성을 바꾸지는 못한다. 또한 강아지의 양식적 지위가 그 강아지의 내재적 속성에 따른 것도 아니다. 결국 여기에서도 도덕적 지위가 개체의 내재적 속성에만 달려 있다면, 양식적 지위의 강도가 해당 개체의 도덕적 지위와 관련돼 있다는 내 주장은 잘못이 된다.

이제 우리는 선택을 해야 한다. 도덕적 지위가 오직 개체의 내재적 속성에만 달려 있으며, 그렇기 때문에 양식적 지위와 잠재력은 도덕적 지위와 연관성을 갖지 못한다고 주장해야 할까? 아니면 그 주장을 배격하고 양식적 지위와 잠재력의 도덕적 지위와의 연관성을 인정해야 할까? 그것도 아니라면 다른 대안이 있을까? 이를테면 실제로 개체의 내재적 속성에만 의존하는 양식적 지위나 잠재력이 있음을 증명하고자 시도할 수는 없을까? 안타깝지만 이 작업을 성공적으로 수행할 가능성은 그리 밝아 보이지 않는다.[10]

그럼에도 불구하고 어떤 철학자들은 도덕적 지위가 개체의 내재적 속성에 따라 달라지며, 오직 내재적 속성으로만 결정되는 것이 명백하다고 말한다. 그들은 우리가 이 전제를 수용하지 않으면 개체의 내재적 속성이 부분적으로 해당 개체의 외적 환경에 기인한 우연의 결과가 되고, 내재적으로 동일한 두 개체가 도덕적 지위에서 달라진다고 지적할 것이다.[11] 하지만 그런 주장은 터무니없다.

나는 도덕적 지위가 오직 개체의 내재적 속성에 따라 결정되며 그 밖에는 아무 요인도 작용하지 못한다는 데 동의할 만한 설득력 있는 이유를 찾지 못했다.[12] 물론 확실히 우리는 도덕적 지위와 '관련 없는' 속성들의 기만을 묵살해야 한다. 그러나 그 같은 거짓 도전자들이 외재적인 속성에만 국한되지는 않는다. 더욱이 나는 내재적 속성에서 동일하지만 도덕적 지위 측면에서 다른(그 지위의 격차에 타당한 근거가 있어야 하겠지만) 두 개체가 존재할 수 있다는 것이 왜 문제가 되는지 이해할 수 없다. 사람이라고 다 같은 사람이 아니며, 개라고 다 같은 개가 아니다. 결국 질문은 "양식적 지위와 잠재력이 개체의 도덕적 지위에 영향을 미칠 수 있다는 생각을 직관적으로 지지할 수 있는가?"와 같은 단순한 것이 돼버린다. 이 질문에 대한 내 대답은 명쾌하다. "그렇다"는 것이다. 두 가지 모두 직관적으로 관련이 있다. 여러분 또한 나와 이런 직관을 공유한다면 도덕적 지위가 개체의 내재적 속성에 따라서만 결정된다는 논의할 가치도 없는 주장을 거부할 것이다.

양식적 지위와 잠재력에 관한 나와 다른 주장을 그리 많이 언급하지 않은 점은 인정한다. 그럴 수밖에 없는 이유는 이런 논의가 본격적으로 이뤄지지 않았기 때문이다. 심지어 '양식적 인격'이나 '양식적 지위'와 같은 개념은 기존에 있던 것들도 아니다. 반론과 이견은 앞으로 많이 나올 것이다(많이 나오기를 희망한다). 실제로도 이 장은 물론 이 책 전체를 통틀어 반론이 상당히 많이 제기될 수 있다. 하지만 재차 밝히건대 내 목표는 도덕적 지위의 근거가 되는 어떤 특별한 관점을 변론하는 게 아니라 가능성 있는 견해들에 대해 설명하는 것이다. 그렇게 해서 공론화의 과정으로 이와 같은 논의를 확장시키려는 것이다. 그렇지만 이 책의 도덕적 지위에 관한 논의, 즉 어떤 개체는 다른 개체보다 높은 도덕적 지위를 갖고 있으며 그럴 수밖에 없는 이유는 무엇인지에 관한 논의에서 나는 내 주장들이 보편적 직관과 일치한다고 믿지만, 이를 확실하고 견고하게 입증하고자 보다 넓고 적절한 범위의 사례를 드는 데에는 많은 시간을 할애하지 못했다. 어떻게든 도덕적 지위의 기반에 대해 완벽한 설명과 논증을 하고자 애쓰지는 않았다. 타당성이 있는 견해들을 정리해 합리적 수준과 범위에서 포괄적으로 설명하는 데 집중하고 있다. 나는 그것을 이 책의 역할로 설정했다.

다시 돌아와서, 우리가 이와 같은 관점들을 받아들인다고 해도 따져볼 세부 사안들이 여전히 남아 있다.[13] 그 작업을 해나가는 과정에서 그동안 잠정적으로 수용한 것들 중 일부는 수정하거나 포기해야 할 수도 있다. 물론 나는 아직도 동물윤리에 대한 타당한 사고방식은 필연적으로 계층적 관점을 수용하는 것이라고 굳건히 믿고 있기 때문에, 계속해서 잠재적으로 유망한 개념과 의견을 개략적으로라도 소개할 것이다. 그것만으로도 지금까지 우리가 이 책에서 논의해온 다른 주제들 못지않게 엄청난 양의 작업이 될 것이다.

제6장

계층주의에 대한 몇 가지 우려들

: 제1절_도덕적으로 치명적인 차별 -엘리트주의 :

어떤 이들은 내가 설명한 종류의 계층적 관점을 즉각적으로 배격할 준비
가 됐을 것이다. 결국 그들은 어떤 종류의 계층적 견해라도 이른바 '엘리
트주의(elitism)'라고 비판할 것이며, 도덕적으로 받아들일 수 없는 관점
이라고 공격할 것이다. 그들의 입장에서 계층주의는 '도덕적으로 치명적
(morally pernicious)'이다.[1]

그러나 비판이 칼날이 정확히 어느 부분을 향하는지 불명확하기 때문
에 어떤 식으로 이와 같은 반대에 대응해야 하는지 분명치 않다. 몇 가
지 유형의 계층적 관점이 오래전부터 부당하고 도덕적으로 용납할 수 없
는 관행들을 합리화하는 데 사용돼온 것은 사실이다. 도덕적 계층 구조
와 관련된 이론들을 이용해 노예 제도나 카스트(caste)를 정당화하고, 남
성이 여성보다 도덕적 권리가 높다든지, 왕족이나 귀족은 평범한 사람들
에게는 없는 특권을 누린다든지, 하느님의 선택을 받은 자들은 이교도가

요구할 수 없는 도덕적 입장을 취한다는 등의 주장을 펼쳐왔다.

하지만 이런 사실로부터 우리가 어떤 결론을 이끌어낼 수 있는지는 알기 어렵다. 다만 이런 종류의 도덕적 견해가 끔찍한 관행을 지키기 위한 용도로 쓰인다면 관련된 모든 관점들이 잘못이라거나, 적어도 연관된 개념들이 엉뚱하게 악용될 소지가 있으니 그것을 막아야 한다는 비판은 아닐 것이다. 왜냐하면 그 어떤 도덕 이론이라도 같은 비판을 피할 수는 없기 때문이다.

그래도 나는 슬쩍 우회하거나 애써 무시하지 않을 것이다. 이를테면 도덕적 권리에 대한 허위적이고 불쾌한 관점이 도덕적으로 혐오스러운 관행들을 정당화하는 데 이용됐다는 사실을 거부하거나 피하지 않을 것이다. 자유, 평등, 복지, 공동의 선(善), 정의 등과 같은 도덕적 가치가 비난받아 마땅한 규범이나 관습을 합리화하는 데 악용됐다는 이유로 그 가치들을 거부할 수는 없다.

계층적 관점이 잘못된 도덕적 신념으로까지 이어져 불의 또는 그 이상의 나쁜 것들을 낳게 될 잠재적 위험이 있다는 비판은 정당하다. 이 견해가 종종 '도덕적으로 치명적인' 생각과 행동을 막는 데 사용됐다는 사실이 인정되더라도 그렇다. 따라서 우리가 이 책에서 논의하고 있는 계층적 관점도 다른 도덕적 견해와 마찬가지로 신중하고 조심스럽게 다뤄야 할 것이다. 물론 그렇다고 해서 그것이 계층적 관점을 배격해야 할 타당한 이유가 되는 것은 아니다.

"계층적 관점은 엘리트주의"라는 우려 섞인 비판은 무엇 때문에 나온 것일까? 이 용어를 어떻게 해석하는지에 따라 다소 달라지긴 하겠지만, 나는 계층적 관점은 엘리트주의라는 주장이 어쩌면 사실일지 모른다고 생각한다. 하지만 그것이 계층적 관점의 반대 의견이 되는지는 생각해봐야 한다. 다시 말해 계층주의가 엘리트주의라면 배격해야 할까? 내가 보기에 사람들이 계층적 관점은 엘리트주의라고 비판할 때 그 계층주의가 위의 악용 사례에서와 같이 도저히 받아들일 수 없는 계층주의는 아닌 것 같다. 철학자들의 비판은 그렇게 엉성하지 않다. 그러므로 계층적 관점이 정말로 엘리트주의인지의 여부도 우선 '엘리트주의'를 어떻게 정의하느냐에 달려 있을 것이다. 다음은 내가 찾은 엘리트주의에 대한 가장 합리적인 사전적 정의다.

> 특정 개인이나 집단의 구성원들이 지성, 사회적 위치, 재산 등에서 우월하다는 이유로 호의적 대우를 받을 자격이 있다는 믿음.[2]

나는 이 정의가 계층주의는 엘리트주의라는 주장이 뜻하는 그대로의 엘리트주의를 가장 정확히 설명한다고 생각한다. 왜냐하면 나는 줄곧 사람이 동물보다 도덕적 지위가 더 높으며 어떤 동물은 다른 동물보다 더 높은 도덕적 지위를 갖고 있다고 주장해왔기 때문이다. 이와 같은 도덕적 지위에서의 차이는 연관된 도덕적 권리 주장, 예컨대 특히 복지와 관련해 동물보다 사람이 더 강한 분배 요구 권리를 갖는다는 주장의 근거가 된다. 나는 이런 측면에서 보다 높은 도덕적 지위를 가진 개체들이 '호의적 대우'를 받아야 한다고 말하는 것이며, 반면 앞서 단일주의자들은 '유사한 이해관계는 동일한 가중치'로 고려해야 한다고 주장하는 것이다. 나아가 나는 이 같은 개체들이 도덕적 지위를 향상시키는 월등한 능력, 이를테면 보다 복잡하고 정교한 정신적 능력(또는 그런 능력을 확보할 수 있는 잠재력 등)을 갖고 있다는 이유로 더 높은 도덕적 지위를 누린다고 이야기하는 것이다.

따라서 내가 대변하고 있는 입장은 엘리트주의가 맞다. 그렇지만 사전적 정의와 달리 '사회적 위치'나 '재산'을 근거로 도덕적 지위를 부여하는 것은 아니다. 더욱이 인간 사회의 또 다른 일반적인 엘리트주의 관점에서 빈번히 거론되는 '성별', '인종', '종교'와 같은 특성들에 기반을 두지도 않는다. 사전적 정의와 연결해서는 '지성'과 가까운 무엇을 기반으로 도덕적 지위를 부여한다고 생각할 수는 있지만, 이 용어도 어떤 식으로 정의하느냐에 따라 달라지니 정확히 대입할 수는 없다. 하지만 한 가지 확실한 것은 '지성'을 '지능지수(IQ)'와 같은 좁은 의미로는 들여다보고 있지 않다는 사실이다. 그런데 이런 부분은 별로 중요하지 않다. 짐작건대 알려진 바대로 이처럼 차등 대우의 기반이 되는 특성이 있다는 생각은 '엘리트주의자(elitist)'에 걸맞은 조건이며, 개체의 정신적 능력(양식적 지위 및 잠재력과 함께)을 고려하는 것은 내가 설명하는 계층적 관점에서 매우 중요한 역할을 하고 있다.

그러므로 계층적 관점은 엘리트주의다. 그런데 그래서 무엇이 문제일까? 우리가 많은 엘리트주의적 견해가 잘못됐다는 주장(실제로는 악의적인)을 "모든 엘리트주의는 잘못"이라는 결론으로 일반화하지 말아야 한다는 사실만 유념한다면, 도덕적 지위를 부여하는 데 개체의 차이를 포함하는 관점을 받아들이는 것에 대해서 결사적으로 반대해야 할 이유가 무엇인지 알기 어렵다.

어떤 이들은 '차별화(differentiation)'에 대한 언급이 엘리트주의적 견해를 피력할 때 논쟁을 초래한다고 비판할지 모르지만, 사실 그것보다는 아마도 엘리트주의적 관점이 부당한 차별, 즉 유사한 이해관계를 동일한 가중치로 다루지 않기 때문에 수용할 수 없다고 말하는 게 맞을 것이다. 그러나 오늘날 계층적 관점에 대한 비판은 그 이름을 부르는 게 크게 나뺄 것이 없을 정도로 줄어들었다. 또한 '엘리트주의'는 우리가 정당화할 수 없는 집단 사이의 차별이 포함됐을 때만 도덕 이론에 비판적으로 적용하는 용어가 됐다.

예를 들어 어떤 고통은 더 오래 지속되거나 심각해서 다른 고통보다 도덕적으로 중요하게 다뤄져야 한다는 상식적인 생각을 다시 한번 떠올려보자. 우리가 더 심한 고통을 받는 사람들에게 우선순위를 두고 '호의적인 대우'를 해준다면 엘리트주의자일까? 당연히 아닐 것이다. 의심의 여지없이 모든 이들이 보다 강한 고통과 덜 강한 고통을 구분하는 것이 적절하다고 생각하기 때문에 그것을 엘리트주의라고 인식하지는 않는다. 만약 그런데도 이런 식으로 고통에 대해 차별하는 관점을 엘리트주의라고 부른다면, 이렇게 '차이를 두어 구별하는 것'이 어쨌든 도덕적으로 부당하다고(아마도 엄격히 의미를 구분하지는 않은 상태에서) 여기기 때문이다. 하지만 대부분의 사람들은 동의하지 않을 것이다.

이와 비슷한 맥락의 사례를 하나 더 들어보자. 이미 유죄 판결을 받은 살인자의 주장은 살인 혐의로 기소된 적 없는 무고한 사람의 주장보다 덜 중요하게 다뤄진다. 무고한 사람을 범죄를 저지른 사람보다 '호의적으로 대우'하는 셈이다. 그렇지만 이 경우에도 이를 엘리트주의라고 비판하지 않는다. 이와 같은 차별은 도덕적으로 정당하다고 인식하기 때문이다.

요컨대 엘리트주의의 공식적인 정의가 무엇이든 간에 대다수의 사람들은 '엘리트주의'라는 용어를 도덕적으로 부적절한 차별에 기반을 둔 이론과 실천으로 생각하는 경향이 있다. 그렇기 때문에 누군가 동물윤리에서의 계층적 관점을 향해 엘리트주의라고 비판한다면, 그 주장은 우리가 논의하는 내용을 반박하려는 것이 아니며(핵심을 잘못 짚었으므로) 단순히 이 견해가 잘못됐다고 전제하는 것일 뿐이다. 그런데 우리는 계층주의를 다른 시각에서 우려하는 입장에 대해서는 아직 이야기하지 못했다.

: 제2절_사람보다 더 높은 도덕적 지위 -우월한 존재 :

동물윤리에서 계층적 관점이 단지 계층주의를 내포하고 있다는 사실 때문에 자동적으로 배격돼서는 안 된다고 해도, 여전히 거부할 만한 합리적 이유가 있을 수도 있다. 이와 관련해 나는 지금까지 설명해온 것과 같은 종류의 관점을 향해 제기될 수 있는 세 가지 우려를 고려하고자 한다. 내가 생각하기에 이 세 가지는 분명히 나올 수 있는 적절한 우려이나, 첫번째 것은 동물윤리에 대한 계층적 접근방식을 받아들이기 전에 한 번쯤 점검해봐야 할 문제이지만, 나머지 두 가지는 실질적으로 문제가 될 수 있다.

첫 번째 우려는 우리 자신, 즉 사람보다 '우월한(superior)' 도덕적 지위를 가진 개체의 존재 가능성과 관련이 있다. 나는 도덕적 지위가 각각의 개체마다 다르다는 입장을 고수하고 있으며, 동물이 사람보다 낮은 도덕적 지위를 갖는 것이 당연하다고 주장했다. 하지만 계층적 관점은 사람보다 더 높은 도덕적 지위의 존재를 인식할 가능성에 대해서도 열려 있다. 동물이 사람보다 덜 발달되고 덜 정교한 정신적 능력으로 인해 더 낮은 도덕적 지위를 갖는다면, 이와는 반대로 사람보다 더 발달된 정신적 능력을 갖고 있기에 도덕적 지위도 더 높은 개체가 존재할 가능성에 대해서도 사고를 개방해야 할 것이다. 그리고 그런 가능성은 계층적 관점을 전적으로 거부할 명분이 될 수 있다고 생각할 수 있다. 어떤 냉소적인 비평가가 지적한대로, 동물이 결여됐거나 더 약한 도덕적 권리를 가졌다고 우리에게 아첨하는 계층적 접근방식이 유혹적으로 보일 수는 있지만, 똑같은 관점을 통해 반대로 사람을 지배할 수도 있는 존재를 허용한다면 계층주의의 매력은 사라져버릴 것이다. 이로써 우리는 한꺼번에 한 쌍의 질문에 직면하게 됐다. 첫 번째 질문은 "사람보다 더 높은 도덕적 지위를 갖는 존재가 실재할 수 있는가?"이며, 두 번째는 "그런 개체의 존재 가능성이 우리에게 문제가 되는가?"이다. 한 번에 하나씩 살펴보기로 하자.

첫 번째 질문에 대해서는, 계층적 틀 안에서 사람의 도덕적 지위보다 더 높은 지위의 가능성을 배제해야 할 설득력 있는 이유가 없어 보인다. 물론 일반적으로 도덕적 지위에 관한 글을 쓰는 철학자들은 사람의 도덕적 지위를 설명하면서 이따금 "충만한 도덕적 지위(full moral status)"라는 표현을 쓰기도 한다. 그러나 여기에서의 질문은 사람보다 더 높은 도덕적 지위를 갖는 존재가 있는지 정말로 묻는 것이기에, 이와 같은 상용 어구에 호소함으로써 간단히 해결할 수 있는 문제는 아니다.

만약 지금의 질문이 도덕적 입장을 취하고는 있지만 동물처럼 사람보다 낮은 도덕적 지위를 가진 경우에 관한 것이라면 '충만한' 도덕적 지위라는 표현을 사용하는 게 특별히 문제가 되지는 않는다. 심지어 단일주의자들도 이런 표현을 쓸 수 있는데, 어떤 개체라도 도덕적 입장만 취한다면 '충만한' 도덕적 지위를 갖는다고 주장할 것이다. 하지만 정확히 이 질문이 우리보다 월등한 도덕적 지위를 가진 존재의 실재 여부에 관한 것일 때 그 대답이 "아니오"라는 주장은 무의미하다. 어차피 우리는 '충만한' 도덕적 지위를 갖도록 규정돼 있기 때문이다. 따라서 이런 질문에 대해 생각할 때는 우선 이와 같은 용어는 피하는 것이 좋다.

어떤 경우라도 보다 높거나 낮은 도덕적 지위에 관련한 논의에서 사람의 도덕적 지위를 능가할 수 있는 개체가 없다고 단정지을 만한 합리적 이유는 없다. 비록 앞에서 내가 사람의 도덕적 지위 수치를 1로 설정하고 1과 0 사이의 수치로 다양한 동물들의 도덕적 지위를 표시하는 사례를 들기도 했지만, 1보다 높은 수치의 도덕적 지위 가능성을 배제할 만한 까닭이 없음은 분명하다.

그런데 여러분이 계층적 관점을 받아들이고 싶으면서도 우리보다 높은 도덕적 지위가 있을 가능성은 부정하고 싶다고 가정해보자. 어떻게 그럴 수 있을까? 한 가지 방법은 우리가 가진 도덕적 지위의 기반이 되는 정신적 능력을 능가할 수 없다고 주장하는 것이다. 그럴듯할까?

도덕적 지위와 관련된 정신적 능력의 대부분(또는 전부)은 각각 다른 정도로 나타난다. 이 같은 사실은 우리와 같은 맥락의 능력을 가졌지만 덜 발달되거나 덜 정교한 형태로 갖고 있는 동물들을 떠올리면 쉽게 알 수 있다. 그러나 물론 그런 능력들이 더욱 정교한 형태로 제한 없이 상승할 수 있는지의 여부는 알 수 없다. 다만 도덕적 지위를 향상시키는 능력들에는 '상한(upper bound)'이 있고 완벽한 형태가 있다고 상정해볼 수는 있다. 그것이 사실이라면 도덕적 지위에서 마찬가지로 상한이 있어야 한다.

도덕적 지위에 관련된 일부 능력들이 이런 종류의 상한을 가질 수 있다고 생각하는 것은 설득력이 있어 보인다. 예를 들어 보다 정교한 형태의 행동 능력에 결정적 역할을 하는 '기억력'에는 아마도 상한이 있을 것이다. 인생의 모든 생각과 경험을 쉽고 완벽하게 기억할 수 있는 사람을 상상해보자. 이보다 더 나은 기억력은 아마도 없을 것이다. 그렇기 때문에 기억력에 상한이 있다는 생각은 크게 이론의 여지가 없는 듯하다.

하지만 다른 능력들도 그럴까? 심미적 감각 능력에 본연의 상한이 있을까? 규범적 성찰 능력은? 자율성은? 추상적 진실을 파악할 수 있는 능력은? 감성적 깊이는?

나는 이런 질문들에 대한 답이 명확하리라고 생각하지 않는다. 결국 모든 도덕적 지위를 생성하는 능력들에 상한이 있다고 가정할 이유가 없다. 또한 동시에 상한이 없다는 확신도 할 수 없다. 상한이 있을 수도 있고 없을 수도 있다는 것이 비교적 정확한 대답일 것이다.

그렇지만 설령 상한이 있는 게 사실이더라도 그 사실이 사람의 도덕적 지위가 가장 높음을 입증하기에는 충분치 않다. 기껏해야 도덕적 지위와 관련한 특정 능력에는 상한이 있다는 생각을 지지하는 정도일 것이다. 그 정도로는 사람의 도덕적 지위가 확보할 수 있는 최대 수준임을 증명하지 못한다. 비록 몇몇 관련 능력에서 상한에 있다고 해도 어디까지나 우리가 생각할 수 있는 한계 내에서일 뿐 해당 능력의 완벽한 버전보다는 하위에 있을 것이기 때문이다. 더욱이 실제로 우리의 능력은 상한 근처에도 가지 못한다. 우리의 기억력만 해도 바로 위에서 예로 든 완벽한 버전과는 한참 거리가 멀다. 추상적 진실을 파악할 수 있는 완벽한 능력이 있더라도 우리가 그렇지 않다는 사실은 너무나 명백하지 않은가?

한 걸음 더 나아가 우리가 이 문제를 다른 식으로 해결하더라도, 다시 말해 사람이 가진 능력들이 발달할 수 있는 최대치임을 논리적으로 완벽하게 설명하더라도 결국 이 문제를 해결하지는 못한다. 제5장 제3절에서 언급했듯이 어떤 개체의 도덕적 지위를 향상시킬 수 있는 능력 가운데 사람은 결여하고 있는 것들이 여전히 실재할 수 있기 때문이다. 물론 어떤 동물들에게는 사람이 보유한 도덕적 지위 생성 능력 중 일부가 결여돼 있다. 그렇다고 해서 사람에게 없는 능력이면 도덕적 지위를 확보하지 못한다고 단언할 수는 없다. 사람이 가진 능력이 가장 정교한 형태라는 게 사실이라고 해도, 우리가 보유한 모든 능력을 (이상적인 형태로) 갖고 있으면서 동시에 도덕적 지위를 향상시키는 또 다른 능력도 함께 가진 존재가 있을 가능성은 여전히 남아 있는 것이다. 아울러 그런 개체들은 사람이 가진 도덕적 지위보다 더 높은 지위를 생성하기에 충분한 능력들을 갖고 있을지도 모른다.

그러나 도덕적 지위와 관련한 정신적 능력이 사람을 능가하더라도 도덕적 지위 그 자체는 제한 없이 계속 '성장'하지 못한다는 반론이 제기될 수 있다. 도덕적 지위의 근거가 되는 능력들에는 상한이 없을지 몰라도 도덕적 지위 그 자체에는 올라갈 수 있는 한계가 있지 않느냐는 주장이다. 아마도 어떤 시점에서는 더 높은 도덕적 지위가 의미 없는 순간이 있을지도 모른다. 그런데 도덕적 지위를 추상적인 형태로 설명할 때 그 최대치에 대한 논리적 가능성이 일리가 있다고 해도, 실제로 도덕적 지위에 상한이 있다고 믿을 만한 설득력 있는 명분이 없다. 왜냐하면 개체의 규범적 특성을 구성하는 다양한 형태의 도덕적 요구가 해당 개체의 잠재적 힘이나 범위와 관련해 한계를 가져야 할 마땅한 이유가 없기 때문이다.

그런데 생각하기로는 특정 유형의 도덕적 권리 요구에는 상한이 있어서 더욱 강력한 권리를 요구할 수 있는 도덕적 지위를 갖는 게 불가능한 경우도 있어 보인다. 예를 들어 일반적인 도덕적 관점에서는 그 어떤 상황에서도(비록 그것이 재앙을 막는 유일한 방법이더라도) 무고한 사람을 고의적으로 해치는 행동은 엄격히 금지된다. 분명히 이런 종류의 '불가침성(inviolability, 不可侵性)'을 내포하고 있는 도덕적 지위는 이와 관련해 더 높은 지위를 능가할 수 없는데, 이처럼 특정 부분에서만큼은 그 이상의 도덕적 권리 요구가 불가능하기 때문이다. 하지만 그럼에도 불구하고 개체의 규범적 특성에서 큰 역할을 하는 다른 종류의 도덕적 권리 요구는 여전히 남아 있으며, 이런 것들 중 일부는 확실히 더 강력한 형태를 취할 수 있는 것처럼 보인다. 예컨대 우리가 앞서 논의했던 다양한 분배 원칙들을 떠올려보자. 나는 제3장 제2절에서 사람은 동물보다 절대적으로 높은 복지를 누리고 있을 뿐 아니라 여전히 동물보다 더 강력한 분배 요구 우선권을 갖는다고 말한 바 있다. 그런데 내가 이해하는 한 사람보다 더 강력한 분배 요구 권리를 가진 존재의 실재 가능성을 부정할 만한 근거도 없다. 이는 다른 분배 원칙들에도 마찬가지로 적용할 수 있다. 그리고 제4장 제3절에서 보다 높은 도덕적 지위로 인해 사람의 복지 증가분이 동물보다 결과의 가치에 더 크게 기여한다는 주장에 대해서도 다시 한번 생각해보자. 여기에서도 마찬가지로 사람보다 복지 결과의 가치가 더 크게 고려되는 존재가 있을 가능성을 상상하기란 그리 어려운 일이 아니다.

그러므로 적어도 이론적으로 사람보다 더 높은 도덕적 지위에 있는 존재의 가능성을 배제할 만한 합리적 근거는 없다. 또한 우리에게 전적으로 결여돼 있는 다른 도덕적 지위 향상 능력들이 있을 가능성을 허용한다면, 사람에게는 없던 전혀 새로운 형태의 도덕적 권리 요구가 나타날 수도 있을 것이다. 이 역시 사람보다 더 높은 도덕적 지위를 갖는 존재를 상정할 수 있는 방법이다. 요컨대 우리가 확보한 것보다 더 높은 도덕적 지위에 있는 존재가 있을 수도 있고 없을 수도 있지만, 계층적 관점을 수용한다면 최소한 그 가능성은 기꺼이 받아들여야 할 것이다.

이렇게 해서 우리가 사람보다 우월한 존재의 실재 가능성을 인정했다면, 이제 두 번째 질문인 "그런 개체의 존재 가능성이 우리에게 문제가 되는가?"에 답할 차례다. 이 질문을 살펴려면 그런 개체들이 갖고 있는 능력의 규범적 특성이 무엇이며, 그것이 도덕적으로 문제가 될 수 있는지 따져봐야 한다.

규범적 특성의 내용에 관해서는 어떤 부분에서 설명하기가 수월할지도 모른다. 그러나 완전한 답을 얻으려면 우리가 여기에서 시도하려는 것들을 훌쩍 뛰어넘는 상상력이 필요할 것이다. 가능해 보이는 것부터 설명하자면 사람에게는 결여된 도덕적 지위 생성 능력인데, 이 경우 어떤 종류의 규범적 특성이 그와 같은 생소하고 이질적인 능력들의 근거가 되는지 불명확하다. 아예 모르고 있던 능력이기 때문이다. 물론 우리가 실제로 그런 존재를 만나서 지속적으로 관찰할 수 있게 된다면, 비록 시간은 걸리겠지만 결국 우리에게 없던 그 능력들의 규범적 특성에 대해 (마치 맹인이라도 시각의 속성에 대해 조금은 알게 되는 것처럼) 일부나마 파악하게 될 것이며, 아마도 그때가 되면 그런 능력들로부터 나오는 새로운 형태의 도덕적 권리를 이해하게 될 수도 있을 것이다. 사실 그와 같은 존재를 만나지 않고서도 선험적으로 철학적 상상과 고찰을 통해 파악해나가는 게 가능하지만 이 책에서 시도하지는 않을 것이다.

그런데 그런 우월한 존재가 자신들의 우월한 도덕적 지위에 대해서 우리에게 설명해줄까?[3] 그렇지는 않을 것 같다. 우리는 쥐보다 우월한 도덕적 지위를 갖고 있지만, 우리가 그 사실을 설명하기에는 쥐의 인지 능력이 너무 제한돼 있다. 같은 맥락에서 우리 또한 그들이 사람보다 우월한 도덕적 지위를 갖는 이유와 방법에 관해 온전히 이해하기에는 인지적으로 한계가 있을 것이다.

다른 한편으로 우리보다 높은 도덕적 지위를 가진 존재에 귀속되는 규범적 특성들의 다른 측면은 상대적으로 이해하기 쉬울 수도 있다. 그들의 월등한 능력 중에는 우리에게 이미 익숙한 것들과 유사하면서 가중치가 더 큰 도덕적 요구의 기반이 되는 능력들이 포함될 수 있는데, 그런 경우라면 쉽게 이해된다. 그들은 기존에 우리가 요구할 수 있는 것들과 같은 종류의 도덕적 권리를 주장할 수 있으며, 다른 모든 조건이 동일할 때 그들의 권리는 더 강력할 것이다.

우리가 앞서 살펴본 논의에서 간략히 설명했던 모델 중 일부도 사람보다 더 높은 도덕적 지위를 갖는 존재로 이해를 확장시키는 데 쉽고 적절한 접근방식을 제공한다. 이를테면 간단한 나눗셈 계산을 통해 개체의 도덕적 지위를 감안한 조정된 복지 수준을 산출하던 방식을 우리보다 높은 도덕적 지위를 가진 존재에게도 적용할 수 있다. 각 개체의 복지 수준을 도덕적 지위 수치인 0에서 1 사이의 숫자로 나눌 때 숫자(분모)가 크면 결과값이 작아져 우선주의 원칙에 따른 분배 요구 권리가 더 커지는데, 1보다 큰 숫자로 나누면 당연히 우선권이 커질 것이다.

이와 유사하게 곱셈 계산으로 도덕적 지위가 복지 결과의 가치에 기여하는 정도를 산출할 때도 이 방식을 우리보다 더 높은 도덕적 지위의 존재에게 대입할 수 있다. 각각의 도덕적 지위 수치인 0에서 1 사이의 숫자에 복지 증가분 수치를 곱해서 복지 결과의 가치를 산출했을 때처럼, 도덕적 지위 수치가 1보다 높다면 당연히 곱하기 결과값도 커지므로 결과의 가치에 더 크게 기여하는 셈이 된다.

충분주의 관점에서 최소한의 복지 수준 설정을 위해 '기준선'을 정하는 문제도 여기에 적용해보자. 사람의 기준선이 동물보다 높게 설정되는 것과 마찬가지로 우리보다 도덕적 지위가 더 높은 존재의 기준선은 사람보다 높게 설정돼야 할 것이다. 사람의 '(최소한의) 남부럽잖은 삶'은 소의 (최소한의) 남부럽잖은 삶보다 높은 수준이며 뱀보다는 훨씬 더 높다. 그렇다면 사람보다 도덕적 지위가 더 높은 존재는 당연히 우리보다 (최소한의) 남부럽잖은 삶을 살기 위한 기준선이 더 높을 것이다. 그들의 정신적 능력이 사람보다 높기 때문에 우리보다 가치 있는 삶을 산다고 생각하는 것이 합리적이다. 따라서 충분주의 원칙에서도 그들에게 보다 높은 최소한의 복지 기준선을 설정해야 할 것이다.

그런데 사람의 (최소한의) 남부럽잖은 삶을 구성하는 삶의 종류는 아무리 다른 존재가 잠재적으로 가질 수 있는 삶의 가치가 더 높더라도 결국 우리 모두에게 충분한 삶이라는 견해도 있다.[4] 사람의 삶이 모든 존재들과 비교해 가장 충분하다는 것이다. 하지만 이 생각은 다분히 감상적이다. 설령 사람이 가장 뛰어난 인지적·감성적 능력을 가졌더라도 그것을 기준으로 모든 존재들보다 우월하다고 판단할 수는 없으며, 사람 이상의 충분한 삶을 사는 존재를 상정하지 못할 까닭도 없기 때문이다. 그런데도 어쨌든 내 생각이 틀려서, 다른 모든 존재들보다 충분한(또는 더 나은) 삶을 살고 있는 존재는 사람뿐이었고, 결국 사람의 (최소한의) 남부럽잖은 삶이 바로 그 대단한 수준이었다고 밝혀진데도 그저 놀라운 우연의 일치인 것이다.

적어도 여기까지는 계층적 관점에서 특별히 곤란하다고 여길 만한 문제는 없어 보인다. 사람보다 우월한 존재, 즉 우리보다 높은 도덕적 지위를 갖는 존재가 실재함으로써 무엇이 수반될지는 명확하지 않지만, 우리가 지금까지 살펴본 우려 중에서는 계층적 접근방식을 배제해야 할 마땅한 이유가 되는 것들은 없는 듯하다.

물론 이미 언급했듯이 두 가지 우려가 더 남아 있다. 내가 상상하기에 사람보다 높은 도덕적 지위를 가진 존재가 실재할 가능성을 인정하게 되면, 아마도 많은 사람들이 그들은 사람보다 우월한 존재이므로 우리 스스로 부여한 도덕적 권리를 짓밟더라도 반박할 수 없지 않느냐고 우려할 것이다. 이 문제는 심각하게 다가올 수 있다. 그들의 도덕적 권리는 사람보다 훨씬 무겁고 강력한 것이어서, 우리(보통의 인간 성인)에 우선하거나 아니면 다른 방식으로 우리의 권리를 무시할지도 모른다. 더욱이 우리에게는 서로를 비도덕적 방식으로 대하는 것이 허용되지 않지만, 우월한 도덕적 지위를 가진 그 존재들에게는 사람을 그런 방식으로 취급하는 게 도덕적으로 전혀 문제가 없다는 사실이 밝혀질 수도 있을 것이다. 걱정거리가 아닐 수 없다. 우리가 사람보다 높은 도덕적 지위를 갖는 존재의 실재 가능성을 열어둔다면, 그들이 우리를 단순한 물건이나 자원처럼 취급할 가능성은 어떻게 배제할 수 있을까?

그러나 우리가 논의하고 있는 계층적 관점은 동물을 '학대'하는 방식에 관한 것이 아니라는 점을 상기할 필요가 있다. 이 책은 "어떻게 동물을 헤아릴 것인가"라는 주제를 다루고 있다. 나는 사람의 이해관계가 동물보다 다양한 방식에서 더 중요하게 고려돼야 한다는 계층적 접근방식을 주장했다. 그렇다고 이 견해를 동물의 이해관계는 전혀 배려하지 않는다는 것으로 오해하면 곤란하다. 계층주의 접근방식은 각 개체의 도덕적 지위에 따라 차등적으로 헤아려야 한다는 관점이지, 동물이 사람보다 못하니 함부로 다뤄도 된다는 입장은 아니다. 당연하게도 나는 우리가 동물과 상호작용하는 데 필요한 계층적 접근방식에서 동물들을 노예처럼 부리거나 그저 음식으로 여기는 것은 정당화될 수 없다고 믿는다. 이와 마찬가지로 사람보다 도덕적 지위가 높다고 해서 우리를 단순한 자원으로 취급하는 것 또한 정당화될 수 없다. 우리의 도덕적 지위가 동물보다 월등히 높다는 사실을 감안할 때에도 동물에 대한 학대는 필연적으로 도덕적 공포를 야기할 것이다. 그것이 잘못임을 알기 때문에 동물윤리 분야가 윤리학에서 다뤄지는 것이며, 다만 나는 단일주의적 접근방식이 합리적이지 못하다고 생각하기에 계층주의라는 대안적 관점을 제시하고 있는 것이다. 따라서 '사람보다 우월한 존재'에 대한 상상이 우리로 하여금 공포를 느끼게 할지는 모르겠지만, (설득력 있는 버전으로서의) 계층적 관점이 이런 것들을 허용한다는 마땅한 근거는 찾을 수 없다. 말했듯이 우리는 지적이고, 예민하며, 이성적이고, 자율적인 존재다. 사람의 이와 같은 규범적 특성 역시 우리를 노예화하는 게 도덕적으로 끔찍한 짓이라는 이유를 설명해준다. 사람보다 월등한 정신적 능력을 가진 존재가 실재하더라도 우리는 계속 이런 특성을 갖고 있을 것이다. 그러므로 비도덕적 행위는 변함없이 비도덕적인 것으로 유지된다.

물론 사람보다 우월한 존재라면 우리보다 더욱 지적이고, 예민하며, 이성적이고, 자율적일 것이다. 그렇다면 반대로 이런 존재들을 노예화하는 것은 사람을 노예화하는 것보다 더욱 비도덕적인 행위가 될 것이다. 이 생각은 직관적으로도 합리적이다. 사람이 노예가 되는 게 잘못이라면 당연히 사람보다 우월한 존재도 노예가 되면 안 된다. 하지만 그렇다고 그들이 우리를 노예로 삼는 것을 허용할 수는 없을 것이다.[5]

이 모든 것들을 종합해볼 때 사람보다 도덕적 지위가 더 높은 존재의 실재 가능성을 허용해야 한다는 것이 내 결론이다. 그리고 만약 정말로 그런 존재가 있다면 도덕적으로 그들의 이해관계는 다른 모든 조건이 동일할 때 사람보다 더 고려돼야 한다. 누군가에게는 그런 존재의 가능성을 상정하는 것이 모욕적으로 느껴질 수 있겠지만, 내가 이해하는 한 그 감정이 계층적 관점을 배격해야 할 합리적 근거는 제공하지 못한다.

이제 마지막 논점인 세 번째 우려에 관해 살펴보자. 위의 사람보다 우월한 존재를 이론적으로 상상력을 발휘해 상정할 게 아니라, 현실적으로 우리 사람들 중에서도 평범한 사람들보다 훨씬 정신적 능력이 우월한 존재가 있지 않느냐는 주장이 나올 수 있다. 도덕적 지위에서 월등한 사람과 열등한 사람이 나뉠 수 있는지에 대한 우려일 것이다. 이 우려가 계층적 견해를 배격하기 위한 것이라면 다소 허무하겠지만, 내 대답은 "그렇다"이다. 사람이라고 다 같은 사람이 아니며, 갖고 있는 정신적 능력의 수준에 따라 도덕적 지위에서 차이가 날 수 있다.

이쯤에서 인정해야 할 사안이 있는데, 나는 이제까지의 논의에서 '사람'을 정확히 구분하지 않고 통틀어 이야기했다. 사람의 도덕적 지위에 대해 말할 때 마치 모든 사람이 같은 도덕적 지위를 갖는 것처럼 뭉뚱그려 논의해왔다. 내가 지칭한 사람은 '우리와 비슷한 능력을 가진 사람'과 같은 개체, 즉 보통의 인간 성인이 보유한 정도의 정신적 능력을 가진 존재였다. 그렇기 때문에 내가 사람의 도덕적 지위 수치를 1로 설정한 것 또한 부정확했다. 단순히 이해를 돕기 위한 숫자였지만, 엄격히 구분하면 사람이라고 해서 모두 1이라는 도덕적 지위 수치로 표시할 수는 없을 것이다. 일반적인 사람을 1이라고 한다면 그보다 우월한 사람은 1보다 높을 것이고 열등한 사람은 더 낮을 것이다. 더 엄밀하게 나누면 개체주의적 관점에서 모든 사람들의 도덕적 지위 수치는 다를 것이다.

만약 우리가 기어이 원한다면 지금부터라도 새로운 용어를 도입해 정신적 능력과 도덕적 지위가 같은 수준인 사람들을 각각 따로 지칭할 수도 있을 것이다. 예를 들어 우리와 같이 일반적인 사람을 의미하는 '인간과 같은 사람', 보통 사람의 정신적 능력 수준을 능가하는 '인간 이상의 사람', 통상적인 사람보다 정신적 능력이 낮은 '인간 이하의 사람' 식으로 범주를 나눌 수 있다. 아니면 전형적인 보통 사람을 뜻하는 '좁은 의미의 사람', 우월한 존재를 포함한 개념으로 사람 전체를 일컬어 '넓은 의미의 사람' 등으로 구분해서 사용하는 방식도 있다. 더 말할 것도 없이 이것 말고 다른 방식도 있을 것이다.

그렇지만 나는 이제 와서 더 복잡해질 뿐인 새로운 용어를 쓰기보다는 지금까지와 비슷한 맥락을 계속 유지할 생각이다. 같은 사람 사이에서도 도덕적 지위의 차이가 있다는 것만 인정하고 넘어가겠다. 세 번째 우려에 대한 대답이며, 방금 설명했듯이 내가 사람의 범주를 세밀하게 구분하지 않는 데 따른 우려라고 생각한다. 어쨌든 앞으로는 내가 '사람'이라는 용어를 사용할 때 특별히 다른 의미라고 설명하지 않는다면 여러분이나 나와 같은 일반적인 사람, 즉 '인간과 같은 사람'이나 '좁은 의미의 사람'을 지칭하는 것이라고 이해하기 바란다. 만약 내가 포괄적인 의미(또는 특정한 경우)에서 사람을 언급할 때는 보다 명확하게 이를 표현하든지 아니면 문맥 속에서 명백한 의미를 갖도록 서술하겠다.

: 제3절_심각한 정신 장애를 바라보는 문제 −가장자리 상황 :

사실 계층적 관점에 대해 가장 일반적으로 제기되는 반대 의견은 우월한 존재와 관련해서가 아니라 오히려 그 반대의 경우에서다. 우리 주변에서 자주 접할 수 있는 안타까운 상황인데, 어떤 인간들은 뇌에 심각한 손상을 당해 일반적인 인간 성인보다 인지 능력이 현저하게 떨어진다. 자기 인식 및 시간 감각 능력이 결여된 인간도 있고, 최소한의 기억력밖에 갖고 있지 못하거나 계획을 세우고 실행할 수 있는 능력이 없는 경우도 있다. 물론 의식이 있고 쾌락(즐거움)과 고통을 느끼긴 하지만, 보통의 인간 존재로서는 정신적 능력이 한참 못 미친다. 우리의 논의선상에서 그들은 인지적·감성적으로 침팬지나 개와 같은 동물들과 '정신적 동류'이며 여기에서 말하는 일반적인 인간은 아니다. 그런데 만약 내가 앞서 말했던 것처럼 도덕적 지위가 개체의 정신적 능력과 함수관계라면, 이와 같은 사람들의 도덕적 지위는 우리에게 미치지 못하는 수준으로 낮게 부여돼야 한다는 논리가 자연스럽게 뒤따를 것이다. 일반적인 사람이 1이라는 도덕적 지위를 가졌다고 할 때 이들은 1보다 작은 지위를 가질 것이다. 그리고 그렇게 되면 실제로 문제 삼을 수 있는 의미를 띠게 돼 지금까지 내가 주장한 계층적 관점을 배격해야 할 결정적 명분을 제공하게 된다.

심각한 인지 장애 상태의 개체에 대한 계층적 관점이 그 같은 접근방식을 배격해야 할 근거를 제공한다는 생각은 경우에 따라 '가장자리 상황 논증(argument from marginal cases)'으로 불린다. 지금 우리가 논의 중인 '가장자리 상황'에서 치명적인 뇌 손상을 입은 인간은 동물과 보통의 인간 성인 사이에서 이도 저도 아닌 일종의 '주변 집단'을 형성한다. 이 주변 집단에 대해 생각해보면 우리가 도덕적으로 받아들일 수 있는 유일한 관점은 단일주의이며 계층주의는 거부돼야 한다.

단일주의의 기본 논지는 이렇게 전개된다. 동물은 사람과 동일한 도덕적 지위를 갖는다. 정신 장애를 가진 인간을 일반적인 사람보다 못하게 취급하는 것은 도덕적으로 용납될 수 없다. 그렇기 때문에 장애가 있는 인간은 보통의 사람과 같은 도덕적 지위를 갖는다. 따라서 동물을 보통의 사람보다 못하게 취급하는 것 또한 도덕적으로 용납될 수 없다. 이렇듯 심각한 정신 장애를 가진 인간이라는 가장자리 상황을 생각할 때 단일주의적 관점을 수용해야 할 것 같은 필요성을 느끼게 되는데, 왜냐하면 계층적 접근방식을 따르면 장애를 가진 인간을 '형편없이(badly)' 취급하는 게 도덕적으로 허용될 수 있다는 받아들이기 어려운 결론에 도달하기 때문이다.

짐작건대 장애가 있는 동물에 대해서도 이에 상응하는 논지를 전개할 수 있을 것이다. 이를테면 심각한 인지 장애를 가진 늑대는 말하자면 뱀과 정신적 동류라고 할 수 있다. 그렇다면 아마도 이들은 장애 늑대가 보통의 늑대보다 못하게 취급되는 것은 도덕적으로 용납될 수 없고, 장애 늑대와 뱀은 도덕적 지위에서 차이가 없기 때문에, 뱀을 늑대보다 형편 없이 취급하는 것도 도덕적으로 용납될 수 없다는 결론을 내릴 것이다. 이런 식으로 일반화해서 어떤 동물에게 다른 동물보다 높거나 낮은 도덕적 지위를 부여하는 계층적 관점은 틀렸다고 주장할 것이다.

이렇게 보면 가장자리 상황 논증에서 장애를 가진 인간에게만 초점을 맞출 필요는 없어 보인다. 그럼에도 불구하고 명백한 근거, 즉 사람들에게 동료 인간을 학대할 명분을 제공한다는 이유 때문에 가장자리 상황은 동물윤리에서 흔한 논쟁으로 번졌으며 여전히 결론이 나지 않고 있다 (이와는 대조적으로 장애 늑대에 대한 학대가 무엇인지에 관해서는 논의된 바가 없다). 그러므로 어쨌든 나도 이 논증과 관련한 계층적 관점을 이야기하면서 일반적인 관행을 따라 장애가 있는 인간에게 초점을 맞출 것이다. 그런데 한 가지 짚고 넘어갈 부분은 우리가 심각한 인지 장애를 가진 인간에게 초점을 맞출 때조차 모든 경우에서 계층적 관점에 똑같이 문제가 되는 것은 아니라는 점이다. 이와 같은 사람들 가운데 일부는 후천적 장애, 다시 말해 과거에는 일반적인 사람이었기 때문이다. 이들은 한때 자신들을 사람답게 만들었던 능력을 잃은 셈이며, 그렇다면 이들은 과거에 사람이었다는 명확한 이유로 인해 구분돼야 하고 이들을 헤아릴 때의 도덕적 한계도 달라져야 한다. 물론 그 한계는 그들이 과거에 갖고 있던 다양한 이해관계와 욕구 등을 감안해야 할 것이다(여러분이 눈치 챘는지 모르지만 잠시 후 이와 관련된 논의로 연결될 것이다). 그래도 우선 여기에서 문제 삼고 있는 유형은 '가장자리 상황'의 인간이니 계층적 관점에 대한 이 가장 강력한 이의에 답하기 위해 나는 이와 같은 심각한 장애가 있는 인간에게 집중할 것이다.

가장자리 상황에 호소력을 갖게 한 수사적 힘의 일부는 계층적 관점을 통하면 동물들이 거의 헤아림을 받지 못할 것이라는 암시적 가정에서 비롯된다. 이 가정을 따를 때 장애를 가진 인간이 정신적 동류라고 할 수 있는 특정 동물보다 높은 도덕적 지위를 갖지 못하면 헤아림을 받지 못한다. 즉, 배려받지 못한다. 심지어 가장 큰 문제가 되는 '형편없이' 대하는 게 용납될 가능성이 농후해진다.

그러면 이제 내 이야기를 해보자. 첫 번째로 말하고 싶은 것은 계층적 견해가 장애를 가진 인간이 그 정신적 동류인 동물과 같은 도덕적 지위를 갖는다는 개념을 담고 있더라도, 그것이 그 사람을 형편없이 취급해도 될 정당성을 수반한다는 의미는 아니라는 사실이다. 계층적 관점을 오해하게 되는 가장 큰 원인이 이 지점에 있는데, 계층주의가 동물을 함부로 대해도 된다는 입장에 힘을 실어준다는 전제가 그것이다. 내가 주장하는 계층주의는 그런 관점이 아니다. 계층주의는 그런 입장을 가질 이유가 없고 가져서도 안 된다. "동물을 사람보다 덜 헤아려야 한다"는 것과 "동물을 헤아리지 말아야 한다"는 것은 완전히 다른 이야기다. 더욱이 내가 주장하고 있는 계층적 관점에 따르면 우리가 현재 동물을 대하는 방식에는 도덕적으로 정당화할 수 있는 것들이 거의 없다. 그렇기 때문에 비록 장애를 가진 인간에게 그 정신적 동류에 속하는 동물과 같은 도덕적 지위를 부여하는 것이 사실이더라도, 계층적 관점에 따를 때 그 사람을 형편없이 대하는 것은 도덕적으로 용납되지 않는다.

다음으로 두 번째 논점은 이것이다. 내가 지지하는 종류의 계층적 관점에서 심각한 뇌 손상을 입은 인간이 그 정신적 동류인 동물과 동일한 도덕적 지위를 갖는다는 설명은 이해를 돕기 위한 개념상의 표현일 뿐 사실로써 주장한 것이 아니다. 이와 관련해 내가 제5장 제5절에서 설명한 '양식적 지위'를 떠올려보자. 장애를 가진 인간에게는 그 정신적 동류의 동물보다 높은 도덕적 지위를 부여해야 한다. 장애가 있는 인간은 '양식적 인간'이며, '양식적 인격'은 도덕적 지위를 올려주기 때문이다.

그러나 이런 생각은 쉽게 간과되는 것 같다. 한편으로 우리는 특정 개체가 속한 종이 해당 개체의 도덕적 지위와 연결돼 있기 때문에 장애가 있는 인간이 그 정신적 동류보다 더 많은 헤아림을 받아야 한다는 주장을 자주 접할 수 있다. 호모 사피엔스라는 종에 속한 개체라는 사실이 보통의 인간 성인과 똑같은 도덕적 지위를 부여하기에 충분하므로, 장애를 가진 인간은 동물이 아닌 사람의 도덕적 지위를 똑같이 확보한다는 입장이다. 하지만 이런 방식으로 각각의 종마다 일괄적인 도덕적 지위를 부여하는 논리는 설득력이 약하다. 단일주의적 관점에서도 개체가 속한 종을 기반으로 도덕적 중요성을 구분하는 이와 같은 시각은 편견일 뿐이며 '종차별주의(speciesism, 種差別主義)'라고 비판받는다. 그런데 종차별주의를 거부하면 '가장자리 상황'과 같은 장애를 가진 인간은 어떤 종류의 동물이 정신적 동류이든 간에 그 동물과 똑같은 도덕적 지위를 가질 수밖에 없다는 논리로 귀결된다.

그럼에도 불구하고 나는 개체가 속한 종이 도덕적 지위에 직접적인 관련이 없다는 주장에 동의한다. 그렇지만 종차별주의적 관점이 그저 편견에 불과하다고 생각하지는 않는다.[6] 어쨌든 나는 종차별주의에 의존해야만 이 문제를 해결할 수 있다고 여기지 않는다. 그 입장만이 심각한 인지 장애를 가진 인간으로 하여금 그 정신적 동류에 해당하는 동물보다 더 많은 헤아림을 받게 할 수 있다는 생각은 틀렸다. 도덕적 관점에서 사람에게는 여전히 고려해야 할 다른 차이점이 있다. 앞서 이야기했듯이

'양식적 인격'은 사람의 도덕적 지위를 향상시킨다. 종차별주의를 끌어올 필요가 없다. 내가 주장하고 있는 계층적 관점에서 장애를 가진 인간은 그 정신적 동류인 동물보다 더 높은 도덕적 지위를 가진다. '양식적 인간'이기 때문이다.

따라서 단일주의자들이 '가장자리 상황'을 명분 삼아 제기한 주장은 실패하게 된다. 가장자리 상황 논증에서 그들은 '윤리적 모순'을 기반으로 이와 같은 논증을 펼친다. 사람과 동물은 동일한 도덕적 지위를 갖는다. 그런데 정신 장애를 가진 인간이 보통의 평범한 사람보다 낮은 도덕적 지위를 갖는다는 것은 윤리적으로 받아들일 수 없는 모순이다. 장애가 있는 인간과 일반적인 사람은 같은 도덕적 지위를 갖는다. 따라서 동물은 사람과 동일한 도덕적 지위를 갖는다.

내가 보기에 이 논리는 매우 괴상하다. 장애를 가진 인간과 보통의 사람이 다른 도덕적 지위를 갖는다고 주장하면 윤리적 모순에 빠진다는 사실을 이용해 장애가 있는 인간과 일반적인 사람의 도덕적 지위를 같게 만드는 데까지는 성공했지만, 이를 동물로까지 확장시키는 과정에서 장애를 가진 인간과 동물이 동일한 도덕적 지위를 갖게 됐다. 이는 내가 주장하고 있는 계층적 관점의 강력한 거부 요인이 아니었는가? 물론 나는 양식적 지위를 들어 이를 논박했다. 결국 우리가 장애를 가진 인간의 도덕적 지위가 그 정신적 동류보다 높다는 사실을 인정하면 동물과 사람은 같은 도덕적 지위를 갖는다는 단일주의자들의 주장은 잘못이 되며, 심지어 우리가 장애를 가진 인간이 보통의 사람과 같은 도덕적 지위를 갖는다고 순순히 인정할 때마저도 그들의 결론은 더 이상 유효하지 않게 되는 것이다.

하지만 이를 통해 단일주의자들이 가장자리 상황 논증에서 제기한 논증이 잘못됐음을 입증하더라도 계층적 관점을 견고하게 방어한 것은 아니다. 우리는 여전히 '양식적 인격'이 장애를 가진 인간에게 충분한 도덕적 지위를 부여할 수 있는 근거로서 부족하다는 지적을 받을 수 있다. 이는 다시금 단일주의자들이 가장자리 상황을 명분으로 활용할 수 있는 여지를 제공한다. 만약 장애를 가진 인간의 한없이 낮아질 수밖에 없는 도덕적 지위를 올려줄 유일한 수단이 "모든 도덕적 입장을 가진 개체는 동일한 도덕적 지위를 갖는다"는 입장을 수용하는 것뿐이라면, 가장자리 상황에 관한 문제 제기가 결국 단일주의를 정당화하기에 충분하다는 결론이 내려질 것이다.

물론 이 변경된 논증은 내가 아직 완벽하게 정립하지 못한 문제, 즉 "양식적 인격이 어느 수준까지 도덕적 지위를 향상시킬 수 있는가?"라는 질문에 달려 있다. '최소한의' 가설로는 장애를 가진 인간의 도덕적 지위는 그 정신적 동류인 동물보다 약간 더 높은 수준에 불과할 것이다. 이는 그 사람이 양식적 인간이라는 사실에도 불구하고 부여할 수 있는 최소한의 도덕적 지위다. 그러나 내 개인적인 견해로는 양식적 지위가 이보다는 더 많이 고려돼야 한다고 생각한다. 달리 말해 아무리 장애를 가졌어도 인간과 그 정신적 동류가 되는 동물은 도덕적 지위에서 상당한 격차가 있다는 것이다. '최대한의' 가설로는 장애를 가진 인간의 도덕적 지위는 보통 인간 성인에 필적한다. 그렇기 때문에 내가 주장하고 있는 종류의 계층적 관점은 장애가 있는 인간에게 우리가 받아들일 수 없을 정도로 낮은 도덕적 지위를 부여하지는 않는다.

그래도 아직 부족할 것이다. 여전히 어떤 이들은 장애를 가진 인간에게 어쨌거나 보통 사람보다는 낮은 도덕적 지위를 부여하는 이 관점에 문제가 있다고 생각할 수 있다. 그들은 아무리 심각한 정신 장애를 가진 인간이더라도 우리와 동일한 도덕적 지위를 갖는다는 관점만 유일하게 받아들일 것이다.

하지만 양식적 지위에 충분한 가중치를 줄 수 있다면 이와 같은 입장 역시 내가 이야기하는 계층적 관점에서 수용 가능하다는 사실에 주목할 필요가 있다. 우리가 앞서 제5장 제5절에서 논의했듯이 양식적 지위를 보는 극단적 견해에서는 일반적인 사람과 똑같은 도덕적 지위를 갖는다. 이렇다면 행여 계층적 관점에 끌리고 있었으나 장애를 가진 인간에게 낮은 도덕적 지위를 부여하는 데에는 동의하지 못하고 있던 일부 사람들에게 양식적 지위의 극단적 견해가 좋은 해결책이 될 수 있을 것이다.

그럼에도 불구하고 내 개인적으로는 양식적 인격의 중요성을 당연히 믿지만 극단적 견해를 수용하는 쪽으로 기울어지지는 않고 있다. 나는 이 부분에서도 보다 온건한 입장이다. 양식적 인격이 도덕적 지위를 상당히 올려주기는 하지만 보통의 사람 수준까지는 향상시키지 못한다. 따라서 내 입장은 심각한 정신적 장애를 가진 인간의 도덕적 지위는 일반적인 사람의 지위보다 낮다는 견해를 유지하고 있다고 보는 것이 맞다.

실제로 이와 같은 결론은 우리가 마찬가지로 제5장 제5절에서 살펴본 논점을 떠올려보면 한층 견고해진다. 다름 아닌 양식적 지위의 강도는 해당 개체가 갖고 있었을 능력이 접할 수 있었던 환경(상황)에 얼마나 '가까이' 있었는지에 따라 달라진다. 이를테면 현재는 사람의 수준이 아니지만 과거에 사람이 될 수 있었던 환경이 어느 정도 '실현 가능한' 것이었는지에 따라 도덕적 지위가 달라진다는 것이 설득력을 얻는다. 예를 들어 장애의 원인이 쉽게 피할 수 있었던 사고였는지, 태아의 발달 단계에서 무언가 잘못됐기 때문인지, 유전적 변이의 결과였는지[7] 등에 따라 장애를 가진 인간은 양식적 지위의 강도에서 차이가 나게 된다. 그렇기에 비록 일부의 경우에서 전반적으로 사람과 가까운 도덕적 지위를 가질 수 있더라도 다른 부분에서 지위의 격차가 벌어질 수 있다. 그러므로 이런 유형의 차이를 전혀 신경 쓰지 않아야만 양식적 지위에 대한 극단적 견해가 성립될 수 있다. 물론 내가 생각하기에는 논리적으로 타당하지 않다. 이런 식으로라면 동물도 극단적인 견해에서는 양식적 인간이 될 수 있기 때문이다.

이 모든 것들을 종합해볼 때 나는 계층적 관점의 가장 설득력 있는 버전은 심각한 장애를 가진 인간은 일반적인 사람보다 낮은(아마도 현저히 낮은) 도덕적 지위를 갖는다는 입장이라고 생각한다. 그리고 이 시점에서 나는 다음과 같은 사항을 명시적으로 밝히고자 한다. 장애를 가진 인간이 갖고 있는 양식적 인격에 의해 정신적 동류인 동물보다 더 높은 도덕적 지위를 갖는다고 해도, 그것이 모든 동물보다 더욱 높은 도덕적 지위를 갖는다는 의미는 아니다. 양식적 인격은 분명히 도덕적 지위를 향상시키지만, 훨씬 발달되고 정교한 정신적 능력을 실제로 소유하는 것 또한 마찬가지다. 나는 양식적 인격이 정신적 능력보다 도덕적 지위를 더 많이 향상시킨다고 여겨야 할 이유를 찾지 못했다. 따라서 통상적인 사람이 심각한 정신 장애를 입은 인간보다 더 높은 도덕적 지위를 가질뿐더러, 충분히 정교한 능력을 보유한 동물 역시 더 높은 도덕적 지위를 가질 수 있다.

이와 같은 결론은 도저히 받아들일 수 없는 것일까? 장애를 가진 인간에게 우리보다 낮은 도덕적 지위를 부여한다는 관점은 거부해야 할까? 더 고민할 것도 없이 그렇다는 사람들이 분명히 있을 것이다. 그들은 일반적인 사람과 장애를 가진 인간 사이에 차이가 있다는 관점은 그것이 무엇이든 간에 거부할 것이다.

그러나 단일주의자들이라도 계속해서 반대 입장을 유지하기 어려운 사안이 있다. 전형적인 단일주의자들은 다른 모든 조건이 동일할 때 '잃게 될 복지의 양'이라는 조건에서라면 동물보다 사람을 우선시하는 것을 허용해야 한다는 사실을 이미 인식하고 있다. 심지어 논거로 삼고 있다 (제2장 제2절의 논의를 떠올려보자). 이 사실을 인정하면 심각한 장애를 가진 인간보다 일반적인 사람이 잃게 될 복지의 양이 더 크다는 사실이 명백해진다. 단일주의자들이 지속적으로 주장하고 있듯이 잃게 될 복지의 양이 더 크기 때문에 예컨대 개보다 사람을 구하는 것이 허용된다면, 개의 인지 능력을 가진 인간이 아니라 보통의 사람을 구하는 것도 허용돼야 하는 것이다. 물론 이때에도 단일주의자들은 장애를 가진 인간이 보통의 사람보다 낮은 도덕적 지위를 가진다고는 말하지 않는다(더욱이 우리가 제2장 제4절에서 논의한 '지위'의 의미에서도 그렇다). 그래도 이 정도면 단일주의자들로 하여금 장애를 가진 인간이 통상적인 사람보다 도덕적 지위가 낮을 수 있다는 관점을 거부하고 있는 그들의 논거를 애매한 채로 남아 있게 하는 데까지는 해놓은 것 같다.

그런데도 이를테면 동물윤리 분야에서 자신들의 도덕적 '우위(high ground)'를 갈망하면서, 장애를 가진 인간보다 보통의 사람에게 우선권을 주는 것은 절대로 용납할 수 없다고 주장할 수 있다. 이는 이성보다는 감성을 향한 호소라고 볼 수 있는데, 하지만 우리가 방금 살폈듯이 전형적인 단일주의자들은 (비록 암묵적이긴 하겠지만) 정확히 이와 같은 우선권을 인정하고 있다. 그래서 일반적인 사람을 장애를 가진 인간보다 우선적으로 헤아리는 것을 거부해야 한다고 일관되게 주장할 수는 없는 것이다. 이렇게 되면 오히려 질문은 "어떤 종류의 도덕적 차이가 설득력을 갖는가?"로 바뀌게 된다. 그러면 나는 가장자리 상황의 경우 "장애를 가진 인간에게 보다 낮은 지위를 부여하는 것이 직관적으로 설득력이 있어 보인다"고 대답할 수 있다.

여러분은 이해하고 있겠지만 나는 오직 이성과 논리로만 이 책의 모든 논지를 풀어가고 있다. 심각한 정신적 장애가 있는 인간은 여러분이나 나와 같은 일반적인 사람보다 낮은 도덕적 지위를 갖는다는 견해 또한 그와 같은 맥락이다. 이를 좀 더 명확히 고려하기 위해 우리가 앞서 논의했던 복지에서의 분배 문제와 관련한 다양한 분배 원칙들을 다시 한번 생각해봐도 좋을 것이다. 장애를 가진 인간은 비록 스스로는 그 장애를 인지조차 하지 못하더라도 일반적인 사람의 삶(복지)보다 현저히 낮은 수준의 삶(복지)을 누리고 있음을 유념해야 한다. 그렇기 때문에 만약 복지 분배 형태가 '일반적인 사람들' 사이에서만 적용된다면, 우리는 이와 같은 사실을 근거로 내세워 상황을 바로잡기 위한 도덕적 요구를 할 수 있는 것이다. 그러나 우리는 장애를 가진 사람들의 복지 수준을 개선시키기 위한 의무에 대해서 생각할 수 있지만, 그것을 '일반적인 사람들' 가운데 복지 수준이 낮은 사람들과 비교할 만한 것으로 여기지는 않는다. 이 논지는 사실 심각한 장애를 가진 인간들에 대한 분배 요구를 하기 위함인데, 의심할 여지없이 그들의 정신적 동류가 되는 동물들보다는 강력한 요구가 될 수 있어도 삶의 질이 낮은 '일반적인 사람들'의 분배 요구보다는 약할 수밖에 없다(감성의 문제가 아님을 또 한번 유념하자). 다시 말해 정신 장애를 가진 인간은 평범한 보통의 사람보다 도덕적 지위가 낮은 것이다.

요컨대 심각한 장애가 있는 인간이 일반적인 사람보다 낮은 도덕적 지위를 갖는다는 사실에 대해 고찰하는 것은 무척이나 우리를 불편하게 만들지만, 그럼에도 불구하고 우리는 이것이 유지해야 할 합리적인 입장임을 알아야 한다. 이로써 나는 '가장자리 상황'도 내가 주장하는 종류의 계층적 관점을 배격해야 할 이유가 되지 않는다고 결론 내리고자 한다. 윤리적으로 민감한 문제에 관한 고찰은 항상 우리를 주저하게 만들지만, 나는 적절한 계층적 접근방식을 받아들일 만한 답을 제공했다고 생각한다. 이 책의 결론에 이르면 정리할 수 있게 될, 내가 지지하고 주장하는 계층적 관점은 수정된 버전이다. 대부분의 사람들은 심각한 장애를 가진 인간이 보통의 사람보다 낮은 도덕적 지위를 가진다는 관점을 반사적으로 인식하지 못했을 것이다. 하지만 우리는 동물이 사람과 동일한 도덕적 지위를 갖고 있다는 단일주의적 관점 역시 그동안 더 많은 논증과 토론을 거쳐 '더욱' 수정된 버전임을 알고 있어야 한다. 물론 명확한 사실은 아직 무엇이 타당한지 쉽게 대답할 단계는 아니라는 것이다(더 많은 제안과 주장이 필요한 이유다). 더욱이 이 분야의 연구를 진행하면서 나는 단일주의 관점의 일관된 입장이라고 보였던 것도 우리의 직관과 일부분에서는 어쩔 수 없이 충돌한다는 사실을 발견했다.[8] 나는 그런 사실을 통해서도 내가 제안하는 계층적 접근방식을 받아들일 수 있는 여지가 생겼다고 믿는다.

　하나만 더 살피고 넘어가겠다. 아무리 심각한 정신적 장애를 입은 인간이라도 일반적인 사람과 같은 도덕적 지위를 가지며, 동물은 이런 모든 사람보다 낮은 지위를 갖는다고 주장할 수도 있다. 이 또한 계층적 접근방식인데, 오히려 내가 제시한 수정된 버전보다 반사적인 직관에 훨씬 걸맞은 관점이다. 그렇지만 결론적으로 말하자면 자가당착에 빠진다. 앞서 설명한 양식적 지위의 극단적 견해, 즉 양식적 인격이 실질적인 사람과 동일한 도덕적 지위의 기반이라는 데 엄청난 무게를 실어주지 않는다면 성립될 수 없는 주장이 된다. 이미 설명했듯이 양식적 인격이 그 정도까지 강력하다는 것은 설득력을 얻지 못한다. 대안적 견해로 인간 종에 속해 있다는 사실이 사람의 도덕적 지위를 확보하게 해준다는 주장 역시 앞서 종차별주의 비판처럼 설득력이 없다.

장애를 가진 인간이 보통의 사람보다 낮은 도덕적 지위를 갖는다는 관점은 이처럼 받아들이기가 어려우며, 이성적으로 수용한다고 해도 머뭇거리고 조심스러울 수밖에 없음을 나도 이해한다. 우리는 인지적 능력과 더불어 감성적 능력을 갖고 있는 존재이기 때문이다. 그럼에도 불구하고 궁극적으로 받아들여야만 하는 논리적으로 정교한 입장인 것이다. 다시 한번 강조컨대 가장자리 상황에서 기인한 논쟁은 내가 주장하고 있는 버전의 계층적 관점을 거부할 만한 설득력 있는 이유를 제공하지 못한다.

: 제4절_평범한 사람들 사이의 능력 차이 -정상적 편차 :

계층주의에 대한 우려는 아직 끝나지 않았다. 고려해야 할 논지가 하나 더 있다. 아마도 이 마지막 문제는 여러분을 비롯한 많은 사람들에게 큰 충격을 줄지도 모르겠다.

그 우려란 이것이다. 나는 이제껏 도덕적 지위가 개체의 능력과 함수 관계에 있다고 주장해오고 있다. 또한 자주 관찰된 대로 이런 능력들은 '가변적(variable)'이며, 많은 동물들은 덜 발달되거나 덜 정교한 형태로 갖고 있다. 이 때문에 나는 동물이 사람보다 도덕적 지위가 낮다는 논리를 펴왔다. 여기까지는 별 문제가 없을 것이다. 하지만 이 문제에 숨겨진 진실은 도덕적 지위와 관련한 능력이 그 수준과 정교함에서 사람과 동물 그리고 서로 다른 동물들 간에 차이가 있다면, 우리와 같은 일반적인 사람 사이에서도 '편차(variation)'가 있다는 논지로 확장될 수밖에 없다는 것이다. 그렇다면 계층적 접근방식은 사람들 사이의 도덕적 지위 격차를 인정하는 셈이 된다.

내가 이 논점을 제기하는 의도는 이 장의 제2절에서 살펴본 평범한 사람들보다 월등한 능력을 가진 '우월한 존재'의 실재 가능성 문제로 돌아가려는 것이 아니다. 그 논의는 마무리됐다. 내가 여기에서 말하려는 뜻은 보통 사람들 사이에서도 능력의 차이가 존재한다는 것이며, 다만 사람과 동물만큼의 엄청난 격차는 아니기 때문에 '편차'라는 용어를 사용하고자 한다. 비슷한 능력을 가진 일반적인 사람들 사이에서도 조금씩의 편차는 있게 마련이다. 누군가의 정신적 능력이 나와 비슷하더라도 그것이 동일한 능력이라고는 할 수 없기 때문이다. 이를테면 나는 여러분보다 계획을 세우는 데 좀 더 뛰어난 능력을 가진 반면, 여러분은 나보다 규범적 자기관리 능력에서 더 뛰어날 수 있다. 이와 마찬가지 맥락에서 어떤 사람은 추상적 사고 능력에서는 평균 이하일 수 있지만, 감성적 통찰력과 반성 능력에서는 평균을 뛰어넘을 수 있는 것이다.

우리가 그동안 매일 여러 사람들을 만나면서 자연스럽게 관찰된 결과로 이른바 '정상적 편차(normal variation)'라고 부를 만한 이런 종류의 차이는 지금까지 고려한 것과는 다른 종류의 문제를 만들어낼 수 있다. 우리보다 높은 도덕적 지위를 갖는 우월한 존재의 가능성을 인정하는 문제나, 우리보다 낮은 지위를 갖는 심각한 정신 장애를 가진 인간의 존재를 인지하는 문제가 모두 이것과 관련이 있다. 그런데 이와 같은 차이는 극단적이기에 적절히 숙고한 뒤 관련 능력의 격차가 도덕적 지위에서의 차이에도 작용하고 있다는 사실을 인지하는 것이 그리 어렵지는 않다. 그러나 일반적인 사람의 도덕적 지위를 생성하는 능력에서도 편차가 있다면 이 또한 도덕적 지위에서의 차이에 영향을 미친다고 생각해야 할까?

비록 그 차이가 크진 않겠지만 우리 중 일부는 다른 사람들보다 도덕적 지위가 약간 높거나 낮다고 여겨야 할까?

만약 도덕적 지위가 다차원적인 문제가 된다면 단일 수치가 아닌 n개의 순서쌍 'n−튜플'로 표시해야 할 것이다(제5장 제1절을 참조할 것). 그렇다면 문제는 더욱 복잡해진다. 예를 들어 어떤 사람이 감성 능력은 형편없지만 추상적 사고 능력은 매우 뛰어나다고 가정해보자. 이 사람의 도덕적 지위는 관련된 하나의 차원에서는 낮겠지만 다른 차원에서는 높다고 할 수 있다. 그런데 이때의 도덕적 지위를 생성하는 정상적 편차는 하나의 숫자만으로는 적절하게 표시할 수 없게 된다. 하지만 그렇게 되면 우리의 논의가 마치 수학에서의 복잡한 수식으로 빠지게 되므로, 논의를 단순화시키기 위해 이런 유형의 다차원적 접근방식은 감안하지 않을 것이다.

어쨌든 이 문제는 골치 아프고 기분 나쁘게 보인다. 어떤 사람들은 좀더 헤아려지고 또 어떤 사람들은 덜 헤아려진다는 이런 관점을 받아들여야 할까? 이를테면 일상에서 생활하는 데 큰 문제는 없고 장기적인 계획을 세우는 데 방해가 되지 않지만 대다수의 사람들보다는 약간 떨어지는 기억력을 가진 사람이 있다고 생각해보자. 그 사람은 다른 사람보다 덜 헤아려져야 하고 이해관계 또한 보다 가볍게 다뤄져야 할까?

받아들일 수 없을 것 같다. 우리는 예를 들어 사람보다 우월한 존재나 심각한 정신 장애를 가진 인간과 같이 우리 자신과 극단적으로 다른 개체에 대해서는 도덕적 지위의 격차를 받아들일 수 있다. 하지만 우리가 늘 보고 만나는 사람들 사이에서의 정상적 편차가 개개인의 도덕적 지위를 헤아리는 근거가 된다면, 아마도 대부분의 사람들이 이를 계층적 관점을 거부해야 할 이유로 받아들일 것이다.

그러나 '정상적 편차'라는 개념을 제기하는 데 우리의 도덕적 지위를 생성하는 능력들이 지속적으로 변할 수 있다는 사실은 필수조건이 아니라는 점에 유의하자. 일부 또는 모든 경우에 도덕적 지위와 관련된 능력은 각각 임의의 양만큼만 변동될 수 있음은 자명하다. 오히려 쟁점은 이같은 변동이 아니라 우리가 실제로 다른 사람들 사이에서 관련 능력의 편차를 발견할 수 있다는 사실이다. 다시 말해 보통의 인간 성인들이 보유한 능력에서 개개인마다 차이가 난다면 문제가 되기에 충분한 조건을 갖춘 셈이다. 이와 마찬가지로 우리의 도덕적 지위를 확보하는 데 관련이 있는 각각의 능력치에 상한이 있다고 해도 이 문제는 피해갈 수 없다. 예외라면 우리 모두의 능력이 전부 그 상한에 있는 경우인데 이런 가정은 설득력이 없다.

이 우려에 대해 한 가지 가능한 대응은 비록 그 발상 자체가 오해의 여지를 품고 있더라도 지금 살피고 있는 종류의 정상적 편차를 받아들일 수 있다고 주장하는 것이다. 이때 중요한 점은 이 경우 발생하는 관련 능력의 정상적 편차가 실질적인 도덕적 지위의 차이를 형성하기에는 극히 미미하다는 확신이다. 그렇게 되면 우리는 단순히 그 편차를 무시함으로써 발상의 수용을 정당화할 수 있다.

그렇지만 언뜻 생각하기에도 우리가 서로의 능력 차이를 정확히 안다는 것이 사실상 불가능하다는 점을 감안할 때 이 방식은 힘을 얻을 수 없어 보인다. 여러분의 기억력은 나보다 훨씬 좋을 수 있고, 그 사람의 자기관리 능력은 저 사람보다 현저히 떨어질 수 있다. 하지만 아무리 큰 차이로 보인다고 해도 해당 능력의 최저 수준에서부터 가장 정교하게 발달한 형태까지 전체적인 범위와 비교해서 고려하는 경우에는 무척 사소한 차이일 수도 있다. 특정 능력의 발휘 수준을 최소에서 최대까지 확장해서 생각하면 우리와 같은 일반적인 사람 사이에서 볼 수 있는 편차라는 게 별 볼 일 없는 수준이기 때문에 각각의 도덕적 지위에 영향을 미치기 어렵다. 그렇기 때문에 '정상적 편차' 문제에서 우리가 통상적으로 보게 되는 각각의 능력 편차는 실제로는 전혀 중요하지 않을 수 있다. 따라서 그와 같은 관점을 수용하더라도, 각각의 인간 개체마다 도덕적 지위에서 사소한 차이는 있으나 너무 미미하므로 관심 둘 사안은 아니게 되는 것이다.

내 개인적으로는 이것이 설득력 있는 대답이라고 생각한다. 그럼에도 많은 사람들, 아마도 대부분의 사람들은 이 대답도 불편하게 여길 것이다. 일반적이고 정상적인 인간 성인 사이에서의 도덕적 지위 차이를 포함하는 관점은 도저히 받아들일 수 없는 도덕적 입장이기 때문이다. 설령 이런 구별에 실질적 영향력이 거의 없거나 전혀 없더라도 수용할 수 없다. 이와 같은 '차별화'는 어떤 형태든 "모든 사람은 평등하게 존중받아야 한다"는 근본적인 도덕적 명제와 충돌한다.

그러나 흥미로운 사실은 어떤 사람이 다른 사람보다 '잃게 될 복지의 양'이 더 많다는 이유로 그 사람에게 우선권을 주기로 결정하는 데에는 이와 유사한 불편함을 겪지 않는다는 점이다. 적어도 직관적으로 이 경우에는 "모든 사람은 평등하게 존중받아야 한다"와 양립하는 듯 보인다. 하지만 어떤 사람이 단순히 미래를 계획하는 조금 더 나은 능력이 있다는 이유로 더 많은 도덕적 권리를 가질 수 있다고 한다면, 많은 사람들이 결코 받아들일 수 없는 도덕적 관점이 될 것이다.

그리고 이쯤 되면 이 장 제1절의 '엘리트주의' 논증의 일부 또는 전부가 바로 '정상적 편차'라는 이 문제와 연결된다는 사실을 알 수 있다. 어떤 이들에게는 '가장자리 상황'에서처럼 도덕적 지위를 결여했거나 극도로 낮은 수준만 갖고 있다는 생각은 과장된 것인 반면, 또 어떤 이들에게는 사람 개개인이 가진 정신적 능력이 저마다 다르기에 도덕적 지위와 관련이 있는 특성들에서 편차가 발생할 때 불가피하게 더 높거나 낮은 도덕적 지위를 인정하는 것이 이상하지 않을 수도 있다. 그럼에도 불구하고 아무리 '정상적 편차'라도 사람의 도덕적 지위를 다른 사람들과 비교한다는 발상 자체가 혐오스러운 생각이기 때문에 도무지 수용할 수 없는 것이다.

사람 사이에서의 도덕적 지위 격차라는 사고방식을 참을 수 없는 사람들에게는 오직 계층주의의 거부라는 결론만이 남아 있는 것일까? 반드시 그렇지는 않다. 우리가 다양한 도덕적 지위 생성 능력들 사이에 편차가 존재한다는 사실을 인정하고도 내가 '정상적 편차'라고 부르는 이 문제를 피해갈 수 있는 대안이 있다. 위에서 언급했듯이 그와 같은 미미한 차이는 개개인의 도덕적 지위에 아무런 차이도 만들어낼 수 없다고 치부하거나, 일반적인 인간 성인들의 능력 수준의 '임계치(thresholds)'를 초과하면 그 능력에서의 증감분은 도덕적 지위의 격차에 영향을 미치지 않도록 하면 된다. 이 두 가지 중 하나라도 유지하면 사람 사이에서의 '정상적 편차'를 인지하면서도 이로 인해 발생하는 도덕적 지위의 차이를 부정할 수 있다.

하지만 불행히도 이 두 가지 제안 중 하나를 견지하는 것은 의지의 문제이지 그것을 뒷받침하는 논리적 근거는 명확하지 않다. 특정 능력이 개체의 도덕적 지위를 향상시킨다는 전제가 있는 한 미미한 차이는 영향을 미치지 않는다는 것은 억지 논리가 된다. 그렇기 때문에 능력에서의 편차는 아무리 사소하더라도 도덕적 지위에서의 차이를 유발한다고 주장할 수밖에 없다. 마찬가지로 특정 능력의 보다 발달되고 정교한 수준이 도덕적 지위를 향상시킨다면, 이런 종류의 효과가 단순히 임계치를 초과했다고 해서 무시될 수도 없다. 그러므로 논리적 모순에 빠지지 않기 위해서는 관련 능력치의 더 높은 수준이 있다고 했을 때 해당 능력이 계속해서 상승하면 도덕적 지위 또한 올라간다고 하는 것이 타당한 설명이다.[9] 따라서 '정상적 편차' 문제에 대한 위 두 가지 해결책 가운데 어느 것도 유망해 보이지 않는다. 그렇다면 이 문제는 영영 풀지 못하는 것일까? 다른 대안은 없을까?

어쨌든 '정상적 편차' 문제를 해결할 수 있는 적절한 논증이 없다면, 나는 그 사실로 인해 많은 사람들이 계층적 관점을 폐기하는 방향으로 돌아설 것이라고 생각한다. 적어도 이 문제에서만큼은 계층적 접근방식이 한계에 부딪혔다고 여길 것이다. 물론 이와 같은 한계에도 불구하고 여전히 계층적 관점이야말로 다른 모든 대안들보다 전반적으로 우수하다고 생각하는 사람들도 있을 것이다. 그렇다고는 하나 확실한 사실은 정상적 편차 문제를 해결하지 못하는 이상 내가 주장하는 계층적 접근방식은 이를 빌미로 심각한 타격을 입게 되리라는 점이다.

그러나 다행스럽게도 나는 우리가 아직 고려하지 않은 그럴듯한 해법이 남아 있다고 생각한다. 이 해법은 능력의 미미한 차이는 도덕적 지위의 차이를 초래하지는 않는다는 제안을 개선한 견해다. 이 관점은 내가 '실천적 현실주의(practical realism)'라고 부르는 사고방식과 연결된다. 그런데 그 세부 사안은 제11장 제2절에서 함께 다루기로 하겠다. 그렇다면 당분간 내 주장은 일종의 '약속 어음'과 같은 것이 될 텐데, 정상적 편차 문제에 아직까지 설명되지 않은 실현 가능한 해법이 있음을 알게 될 것이다. 그래서 내 주장이 옳다면 이 장에서 살펴본 계층적 접근방식에 대한 우려들은 말끔히 해소될 것이다. 계층적 관점은 일반적인 사람 가운데에서도 어떤 사람들에게 다른 사람들보다 높은 도덕적 지위를 부여한다는 점에서 엘리트주의일 수도 있지만, 그것이 이 견해를 배격할 만한 근거가 되지는 못한다. 그리고 계층주의가 내포한 일부 개념들, 즉 사람보다 우월한 존재의 실재 가능성이나 가장자리 상황 등이 우리를 당혹스럽고 불쾌하게 만들 수 있으나, 그 또한 계층적 접근방식을 거부해야 할 충분한 이유는 될 수 없다.

우리가 '잠시' 정상적 편차라는 문제에서 벗어나기 전에 두 가지 논점만 짚고 넘어가고자 한다. 첫째, 우리는 이 문제가 당연히 동물에 대해서도 제기될 수 있음을 염두에 둬야 한다. 돼지나 거위들 사이에서도 정상적 편차가 있을 것이다. 고양이나 다람쥐도 마찬가지다. 그렇기에 여기에서도 계층적 관점은 도덕적 지위에서 차이를 만들어낼 것이다. 억지로 상상할 것도 없이 어떤 이들은 이런 개념도 문제로 삼겠지만, 나는 정상적 편차는 전적으로 사람 사이에서의 문제로만 국한된다고 생각한다. 이것이 내가 이 문제를 논의할 때 보통의 인간 성인들만 대상으로 선택한 이유다.

둘째, 우리는 어떤 동물이 사람에 필적할 가능성을 고려해야 한다. 우리와 비슷한 능력을 가진 동물(만약 존재한다면)에 대해 적절한 계층적 접근방식을 따를 때 그 개체는 사람과 같은 도덕적 지위를 갖는 것으로 간주해야 한다. 그런데 그 동물이 크게 퇴화했거나 최소한의 능력만 보유하고 있을 가능성에 대해서는 어떻게 해야 할까? 만약 그런 동물, 즉 인격의 기반이 되는 능력을 갖고 있지만 현저히 덜 발달된 형태로만 가졌다면, 그 개체는 우리보다 낮은 도덕적 지위를 갖는다.[10] 사람보다 월등히 뛰어난 능력을 갖고 있는 '우월한' 존재의 실재 가능성에 대해 개방적이어야 한다는 생각과 마찬가지로 '간신히' 사람인 존재에 대한 가능성

역시 열어둬야 한다. 전자가 우리보다 높은 도덕적 지위를 가질 만하다면, 당연히 후자는 보다 낮은 지위를 가져야 한다. 그리고 '정상적 편차' 문제는 최소한의 사람으로부터 우월한 존재에 이르는 모든 개체에서 발견될 수 있는 넓은 범위의 능력이 아니라, 평범한 인간 성인들 사이에서 찾을 수 있는 제한된 범위 내에서의 능력의 차이로부터 나오는 것이다.

제7장
단일주의는 의무론이 될 수 있는가

: 제1절_결과주의와 의무론 :

내가 생각하기에 동물윤리와 관련해 적절한 도덕 이론은 도덕적 지위에 '계층적' 관점을 포함시키는 것이다. 그러나 이 논점을 인지하더라도 도덕 이론이 계층주의를 수용하기 위해 어떤 부분을 수정하거나 보완해야 하는지 곧바로 알 수 있는 것은 아니다. 지금까지 나는 두 가지 주요 영역에서 이 논증 작업을 진행했다. 첫째, 나는 분배 원칙들이 보다 높은 도덕적 지위를 가진 개체들에게 더 강력한 분배 요구권리를 제공하는 방식으로 수정돼야 한다고 주장했다. 둘째, 나는 복지의 가치가 그 복지에 영향을 받는 개체의 도덕적 지위에 달려 있다는 의견을 개진했다.

이 두 가지 사례는 모두 '가치론(value theory)' 또는 '선(善)에 관한 이론 (theory of the good)'으로 불리는데, 어떤 결과를 연관된 다른 결과보다 더 좋거나 더 나쁘게 만드는 특성들에 대해 설명하는 도덕 이론의 한 분야다. 그렇다면 사실상 나는 특정 도덕 이론이 우리에게 도덕적으로 더 나은 결과를 가져오도록, 도덕적 관점에서 더 좋은 결과를 촉진하거나 유지하도록 계층적 요소를 포함하자는 주장을 해왔다고 볼 수 있다.

또한 예상컨대 우리가 이미 확인한 것들 말고도 선에 관한 이론에서 도덕적 지위의 중요성을 반영할 필요가 있는 다른 방법들이 남아 있을 수 있다. 하지만 우리의 목적이 도덕적 지위에 관한 완벽한 도덕 이론을 정립하는 것은 아니므로 이 주제를 깊게 파고들지는 않을 것이다. 다만 현재의 목적을 위해 가치론 또는 선에 관한 이론이 계층적인 것임은 밝혀두고자 한다.

도덕성에 대한 몇몇 이론의 경우 선에 관한 이론이 자리를 잡게 되면 도덕 이론의 가장 중심적인 부분이 완성된다. '결과주의(consequentialism)' 관점에 따르면 옳고 그름은 가능한 최선의 결과를 가져오거나 가져오지 못하는 문제이므로, 행위는 그 행위의 결과가 행동 주체의 다른 대안적 행동의 결과보다 좋은(또는 동률인) 경우에 한해서만 허용된다. 그러나 이와 같은 결과주의적 사고방식은 독자적으로는 성립할 수 없다. 허용 가능성에 대한 결과주의적 이론을 수용하는 사람이라면 누구든 대안적 결과들을 평가하고 최적의 결과를 식별할 수 있도록 선에 관한 이론으로 보완해야 한다. 그렇게 선에 관한 적절한 이론이 제공되면 규범윤리학의 주요 작업은 완료된다. 물론 다른 행동의 가능한 결과를 결정하는 결정적이고 까다로운 경험적 작업은 남게 된다. 하지만 그럼에도 불구하고 규범윤리학의 핵심 질문에 답은 정해져 있는데, 어떤 경우에서든 '선에 관한 이론'에 의해 식별된 최선의 결과를 가져와야 한다는 것이다.

그렇지만 현실 속 대부분의 사람들은 결과주의자가 아니라 '의무론자'다. 달리 말하면 대다수의 사람들은 단순히 가능한 최선의 결과를 가져오는 것보다 옳고 그름이 더욱 중요하다고 믿는다. 이 견해에 따르면 어떤 행위의 허용 가능성을 결정하는 것은 단지 그 행동의 결과를 다른 결과들과 비교해 평가하는 문제가 아니다. 해당 행위가 용납할 만한 것인지의 여부를 결정하는 데 영향을 미칠 수 있는 다른 특성이 있거나 있을 수 있다는 것이다. 특히 중요한 점은 특정 행동이 비록 최선의 결과를 가져오더라도 도덕적으로 '금지될' 수도 있다는 사실이다. 실제로 의무론자들은 그 자체로써 도덕적으로 중요한 결과를 가져오는 방식이 있다고 주장한다. 이런 이유로 어떤 특정 행동을 수행함으로써 전반적으로 더 나은 결과를 가져오는 것이 사실일 때에도, 만약 그 행동이 도덕적으로 반대할 만한 종류라면 올바르지 못한 것일 수 있다.

그런데 별로 놀라운 일은 아니지만, 도덕적으로 반대할 만한 행동이 어떤 특성을 갖고 있는지에 대해서는 의무론자들 사이에서도 의견이 분분하다. 하지만 세부적 사안은 제쳐두더라도 보편적인 의무론적 사고방식에 따르면 해를 끼치는 행동, 다시 말해 무고한 사람에게 위해를 가하는 행위는 도덕적으로 옳지 않다. 특히 전형적인 의무론자들은 비록 무고한 사람에게 해를 입히는 행동이 전반적으로 더 나은 결과를 가져온다고 해도, 그 행위가 고의적이고 결과를 알 수 있는 것이라면 잘못된 것이라고 여긴다.[1]

다음은 의무론적 관점을 설명할 때 꾸준하게 활용되는 사례다. 여기에 다섯 명의 무고한 사람들이 있다. 그런데 또 다른 한 사람(똑같이 무고한)을 죽이지 않으면 이 다섯 명이 모두 죽게 되는 상황이라고 가정해보자. 예를 들어 다섯 명의 사람들을 살리기 위해서는 이 한 사람을 죽이고 배를 갈라 간, 신장, 췌장 등의 장기를 이식해야 한다. 아니면 다섯 명이 치명적인 바이러스 감염증을 앓고 있는데, 이들을 구할 수 있는 유일한 방법은 이 한 사람의 혈액을 모두 뽑아내 항체를 채취해서 이들 다섯 사람에게 주입해야 한다고 해보자. 당연히 이 사람은 죽게 된다. 우리의 논의를 위해 이런 끔찍한 상황을 더 가정할 필요는 없으니, 어쨌든 한 사람을 희생시켜 다섯 명을 구할 수 있으며, 그것 말고는 방법이 전혀 없다는 정도로만 규정해놓자. 그리고 이 경우 다른 특성은 어느 것도 관련돼 있지 않다고 설정하자. 이를테면 희생될 사람이 이제 막 암 치료제 개발에 성공하려던 참이었는데, 우리가 그를 죽임으로써 잠재적으로 수만 명의 암 환자들이 희망을 잃게 된다거나, 구하고자 한 다섯 사람이 사실은 다른 이유로 죽을 운명이었다는 식의 상황은 배제하자. 그렇다면 우리의 선택지는 두 가지밖에 없다. 한 사람을 죽여서 다섯 사람을 살리거나, 아무것도 하지 않음으로써 한 사람은 살고 다섯 사람은 죽는 것뿐이다.

대개의 사람들은 이와 같은 상황에서 확실하고 즉각적인 반응을 보인다. 그렇다고 사람을 죽일 수는 없다는 것이다. 하지만 무고한 한 사람보다는 무고한 다섯 사람이 살아남는 게 더 좋은 일이므로, 우리가 한 사람을 죽이는 것이 실제로 최선의 결과를 가져오게 할 수도 있다. 그러나 이것이 바로 의무론자들이 도덕성은 단순히 최선의 결과를 가져오는 문제가 아니라고 주장하는 이유다. 그들에게 무고한 사람을 해치는 것은 도덕적으로 금지해야 할 행동이다. 한 사람을 죽이지 않으면 다섯 사람이 죽는다는 사실에도 불구하고 사람을 죽이는 행위는 도덕적으로 잘못이라는 것이다.

한편으로 생각해보면 우리가 한 사람을 죽이지 않았다고 해서 다섯 사람을 죽인 것은 아니다. 우리는 그저 그들이 죽도록 '내버려둔' 것이다. 다시 말해 위해를 '허용'했을 뿐이다. 이 행위도 물론 '도덕적 무관심'이라는 문제에서 자유롭지 못하지만, 적어도 '살인'이라는 행위보다는 나을 것이다. 직관적으로 생각해봐도 사람을 죽이는 것이 사람을 죽도록 내버려두는 것보다 나쁜 행동이다. 그래서 의무론의 관점에서는 이 사례에서 한 사람을 죽이는 것은 금지된 행동이 된다. 간단히 말해 이것이 의무론자들의 입장이다. 또한 이미 말했듯이 이 경우 대부분의 사람들이 의무론자들의 견해에 동의한다.

그렇지만 내 개인적인 관점에서는 이와 같은 판단이 잘못됐다고 생각한다. 나는 의무론을 받아들여야 한다는 직관의 강력한 목소리에도 불구하고 이 사례에서는 결과주의적 관점이 더 우월한 접근방식이라고 여긴다. 물론 이 문제는 매우 길고 복잡한 논증이 될 것이며, 내가 여기에서 결과주의를 옹호하고 의무론에 반대하는 논지를 펼치려는 것도 아니다. 이 사례를 꺼낸 이유는 대부분의 사람들이 좋든 싫든 의무론적 사고방식을 갖고 있다는 사실을 환기하기 위해서다. 그리고 자연스럽게 여기에서도 계층적 관점이 적절한 것인지 질문을 던지려고 한 것이다. 즉, 의무론적 요소를 전반적인 규범적 이론에 포함시키는 게 자연스러운 일이라면, 도덕적 지위의 예민한 요소들도 의무론적 요소들과 통합될 필요성이 있을까? 나아가 도덕 이론 중에서 의무론적인 부분(만약 그런 부분이 있다면) 또한 계층주의를 포함하고 있을까?

이와 같은 질문을 제기하는 내 의도가 의무론자들은 결과에 관심이 없기 때문에 선에 관한 이론에는 신경 쓸 필요가 없다고 주장하려는 것은 아님을 미리 말해둔다. 두말할 필요 없이 의무론자들도 결과에 관심이 있으며, 모든 설득력 있는 도덕 이론들도 그렇다. 그렇기에 도덕적 지위에 대한 계층적 관점에도 결과주의에 입각한 논리뿐 아니라 의무론적 이론들이 필요하다. 그런데 내가 방금 설명했듯이 의무론자들은 최선의 결과보다 옳고 그름의 문제가 더욱 중요하다고 여긴다. 우리의 도덕 이론에도 포함돼야 할 요소들이 더 있다. 아울러 그 새로운 요소들 역시 도덕적 지위의 차이에 민감한지 여부를 살펴볼 필요가 있다. 이것이 내가 탐구하고 싶은 사안들이다.

따라서 이제부터 이어질 내용에서 나는 의무론적 관점을 채택해 논의해보고자 한다. 계층적 접근방식이 의무론적 관점에 특화된 요소들에 적합한지 살필 것이다. 비록 나는 의무론자가 아니지만, 의무론자들 또한 선에 관한 이론뿐 아니라 그들의 이론에서 더욱 뚜렷한 의무론적 측면에서도 계층적 관점을 받아들여야 하는지 논증할 생각이다.

덧붙여 나는 이제부터의 논의가 의무론자들은 물론 결과주의자들도 관심을 가져야 한다고 지적하고 싶다. 사실 대부분의 결과주의자들은 대체로 일반적인 상황에서라면 광범위하게 의무론적 접근방식에 따라 생각하는 것이 적절하다고 믿기 때문이다. 실제로 그들은 그렇게 하는 것이 전반적으로 가능한 최선의 결과를 가져올 수 있는 방법이라고 주장한다.

역설적으로 들리겠지만 논점은 의외로 단순하다. 비록 우리가 좋은(또는 나쁜) 결과를 초래할 경향이 있는 행동들을 식별하는 데 능숙하더라도, 광범위한 일반적 상황들의 예외가 되는 경우에 처하면 우리의 식별 능력이 그다지 뛰어난 편은 아니라는 것이다. 이런 이유로 우리에게는 나쁜 행동은 피하고 좋은 행동을 하도록 노력함으로써 의사결정을 보다 좋은 방향으로 이끌어가려는 경향이 있다. 그러나 대부분의 경우 이런 종류의 행동은 적절한 버전의 의무론을 통해 금지되거나 비난을 받게 된다.

예를 들면 우리가 앞서 살폈듯이 한 사람의 무고한 사람을 죽여 다섯 사람을 살리는 것이 더 많은 선을 구현할 수 있는 가상의 사례는 쉽게 떠올릴 수 있지만, 실제 현실에서는 무고한 사람에게 위해를 가하는 것이 더 좋은 결과를 만들어내는 경우는 거의 벌어지지 않는다. 설령 우리가 그와 같은 예외 상황에 빠지더라도 그렇게 행동하는 것이 실수라고 생각할 가능성이 크다. 결국 다르게 행동하면 결과가 좋아진다는 사실을 인지할 때조차 우리는 살인을 금지한다는 의무론적 규정을 따르게 된다. 결과주의자들도 이를 잘 알고 있다. 장기적으로 볼 때 의무론적 금지 행동을 확인하는 것이 예외적인 경우를 식별하는 것보다 더 나은 결과(이를테면 살인의 죄책감보다 죽음을 방관한 죄책감이 덜하므로)를 가져오는 것이다.

그렇다고는 해도 결과주의자들은 다양한 의무론적 금기 사항의 본질적인 도덕적 중요성과 관련해 전혀 다른 주장을 펼친다. 결과주의자들은 의무론의 규정을 최선의 결과를 가져오기 쉬운 행동들을 식별하기 위한 '경험적 지침(heuristics)'에 불과하다고 여기는 반면, 의무론자들은 관련 규정들이 그 자체로 직접적인 도덕적 중요성을 갖는 우리 행동의 특성들을 식별해낸다고 주장한다. 이는 중요한 이론적 불일치다. 하지만 이 같은 불일치의 철학적 중요성에도 불구하고 실질적으로는 결과주의든 의무론이든 거의 동일하다고 할 수 있다. 왜냐하면 이미 설명한 대로 결과주의자들도 일반적으로는 의무론적 규정의 적절한 조합에 따라 의사결정을 하기 때문이다. 의무론은 매우 강력하다. 우리의 도덕적 직관과 맞닿아 있기 때문이다. 이런 까닭으로 결과주의자들조차 가장 설득력이 있는 의무론적 규정들이 도덕적 지위 차이의 민감성을 내포한다는 사실이 입증된다면 일시적인 흥미 이상의 것을 발견할 수 있을 것이다.

그렇다면 어느 쪽이든 의무론적 금기 사항들이 도덕적 지위의 차이에 민감한지 여부에 대한 질문이 중요해진다. 결과주의와 의무론 모두 그 대답에 관심을 쏟아야 할 것이다. 그렇지만 나는 이 주제를 도덕성을 고려하는 것이 가장 중요하다는 의무론적 관점에서 논의할 것이다(왜 그럴 수밖에 없는지 더 이상 설명하지는 않겠다). 그리고 나는 의무론을 단순한 경험적 지침으로 보는 결과주의자들을 염두에 두고, 비슷하지만 동일하지는 않은 대안적 의무론을 제시하는 데까지 나아가보려고 한다. 의무론에 대한 이 대안적 견해를 받아들이게 되면 내가 제안하는 내용에 관한 수정 방법을 이해하게 될 것이다.

: 제2절_절대적 의무론과 단일주의 :

의무론자들은 위해를 가하는 행위(단지 허용하는 것이 아닌)는 특히 도덕적으로 반대해야 한다고 믿는다. 그래서 고의적이고 의도적으로 무고한 사람들에게 위해를 가하는 행위를 금지한다. 우리가 가상의 사례에서 다섯 사람을 구하기 위해 한 사람을 죽이는 행위는 이 금지 규정을 위반하는 것이기 때문에, 한 사람을 죽이는 것이 다섯 사람을 구하게 되는 전반적으로 보다 나은 결과를 가져오는데도 불구하고 그런 행위는 여전히 잘못이다. 의무론의 관점에서 더 나은 결과를 가져온다는 사실만으로 누군가를 죽이는 행위는 정당화될 수 없다.

때로는 이와 동일한 생각이 '권리'라는 용어로 표현되기도 한다. 이를테면 의무론자들은 각각의 사람들은 의무론적인 '생명권' 또는 더 일반적으로 '위해 당하지 않을 권리'를 갖는다고 주장한다. 다섯 사람을 구하기 위해 한 사람을 죽이는 것은 이 권리를 침해하는 행위다. 그런데 우리가 한 사람을 죽이지 않으면 분명히 다섯 사람이 죽는 결과를 초래하지만, 이 행동은 죽임을 당하지 않을(위해 당하지 않을) 권리를 침해하는 것은 아니게 된다. 한 사람을 죽이지 않은 행위가 실제로는 다섯 사람을 죽이는 행동이 아니라 단지 구하기를 거부한 것뿐이기 때문이다. 여기에서도 기본적인 사고방식은 한 사람을 죽이는 행위가 전반적으로 더 나은 결과를 가져오는데도 불구하고 그 행동은 잘못이다. 더 나은 결과를 이 끌어낸다는 사실이 누군가의 생명권을 침해하는 행위를 정당화할 수 없는 것이다.

이것이 바로 한 사람을 죽여서 다섯 사람의 생명을 구하는 것이 더 나은 결과를 가져오는 유일한 방법이던 사례에 대한 의무론자들의 생각이다. 하지만 생명을 잃을 위험에 처해 있는 사람들의 숫자가 훨씬 더 많다면 어떨까? 한 사람을 죽임으로써 다섯 사람이 아닌 10명, 100명, 1,000명, 또는 100만 명 이상을 구할 수 있다면? 한 사람의 희생으로 이렇게 많은 사람들을 구할 수 있는 경우는 한정돼 있으므로, 여기에서는 수 억 명의 생명을 위협하는 바이러스 감염증이 발생했고 혼자만 항체를 보유하고 있는 이 사람을 죽이는 것만이 사람들을 살릴 수 있는 유일한 방법이라고 가정해보자. 정리하면 수억 명의 무고한 사람들의 생명을 구할 수 있는 오직 한 가지 방법이 한 사람의 목숨을 희생시키는 것뿐일 때 우리는 어떤 결정을 내려야 할까?

흥미로운 사실은 이 경우 의무론자들은 그 대답에 따라 두 가지 계파로 나뉘게 된다는 것이다. 한쪽은 그럼에도 불구하고 살인은 안 된다는 '절대적 의무론(absolute deontology)'이다. 그들은 얼마나 많은 선이 위태로운지에 상관없이 무고한 사람을 죽이는 행동은 잘못이라는 입장을 견지한다. 다섯 사람을 살리든 1,000명을 살리든, 심지어 수십 억 명을 살리든 그것은 중요하지 않다. 생명권, 즉 죽임을 당하지 않을 권리는 어떤 다른 행동이 최선의 결과를 가져온다는 사실만으로 경시될 수 없다. 살인은 절대적인 금기 사항이다.

그렇지만 다른 한쪽은 이에 동의하지 않는다. 살릴 수 있는 사람들의 수가 증가할수록, 한 사람을 희생시켜 이룰 수 있는 선의 크기가 커질수록, 그리고 다른 방법이 정말로 없다는 것이 사실이라면 결국 금기를 풀고 한 사람을 죽이는 행위를 허용해야 한다고 말한다. 이처럼 이른바 '온건한 의무론(moderate deontology)'의 관점에서 생명권은 분명한 도덕적 무게를 갖고 있지만 그 무게가 무한하지는 않으며, 위태로운 선의 크기가 충분히 크면 생명권보다 더욱 무거워질 수 있다.

그렇다고 해서 그들이 무고한 한 사람을 죽이는 행위가 도덕적으로 문제없다는 입장은 아니다. 수많은 사람들을 죽게 내버려두는 행위가 도덕적 문제로 부각된다는 의미다. 살릴 수 있는 사람들의 수가 많아지면 많아질수록 그들의 생명을 구해야 하는 도덕적 이유의 강도도 더욱 커진다. 이 강도가 점점 강해져서 한 사람을 죽여야 하는 근거와 그렇게 해서는 안 되는 근거가 균형점에 이르다가 이윽고 균형이 무너지면 살인이 허용된다. 사실상 생명권에는 한계가 있으며, 충분한 양의 선이 위험에 처하게 되면 생명권의 무게가 '임계치'에 이르게 되고, (모든 상황을 고려해) 결국 그 권리를 침해하는 행위가 허용되는 것이다(여기에서 '침해'는 일반적으로는 금지된 행위를 실행하는 것을 뜻한다).

이렇게 해서 결국 온건한 의무론자들은 사람을 살해하는 행위는 절대로 용납될 수 없다는 절대적 의무론자들의 입장을 거부하게 된다. 온건한 의무론의 관점에 따르면 사람을 죽이는 행위의 허용 여부는 그것으로 얼마나 많은 선을 이룰 수 있는지(또는 얼마나 많은 악을 피할 수 있는지)에 따라 달라진다. 임계치를 넘어설 경우 사람을 죽이는 행위는 더 이상 금지되지 않는다.

물론 온건한 의무론자들 사이에서도 임계치를 어느 정도에 둬야 하는지의 문제에 관해서는 의견을 모으지 못하고 있다. 생명권 침해가 허용되려면 얼마나 많은 생명들이 요구될까? 100명이면 충분할까? 1,000명? 100만 명? 이 질문은 이후에도 계속 유효할 것이지만 잠시 유보해두기로 하자. 절대적 의무론자들의 관점을 고려하면서, 특히 절대적 의무론과 단일주의를 결합할 때 그 영향에 관해 질문하려고 한다. 나는 거의 모든 이들이 이 결합을 수용하지 못하리라고 확신하는데, 그래서 만약 내가 옳다면 절대적 의무론에 끌리는 사람들은 단일주의를 거부하고 대신 계층적 접근방식과의 결합을 받아들이게 될 것이다.

이를 확인하기 위해서 우리는 먼저 절대적 의무론의 기본 입장을 다시금 염두에 둬야 할 것이다. 절대적 의무론자들은 얼마나 많은 선이 구현될지(또는 결과가 얼마나 나쁠지)와는 상관없이 무고한 사람을 죽이는 행위를 도덕적으로 금지한다. 말 그대로 '절대적인' 금기 사항이다. 자, 그럼 이제 어떤 절대적 의무론자가 단일주의자이기도 해서 동물이 사람과 동일한 도덕적 지위를 갖는다고 주장한다고 가정해보자. 이는 동물을 죽이는 행위 역시 도덕적으로 금지돼 있다는 것을 의미한다. 그렇다면 마찬가지 이유에서 동물을 죽이는 행위는 잘못이다. 고의로 (무고한) 동물을 살상하는 행위는 금기 사항이다. 이들의 입장에서 동물 또한 생명권을 갖고 있는데, 여러분이나 내가 가진 것과 똑같은 생명권이다. 따라서 희생자가 사람일 때 이 권리를 침해하는 것이 잘못이듯이, 희생자가 사람이 아닌 동물이더라도 최선의 결과와 무관하게 이를 침해하는 것은 잘못된 행동이다.

그러나 내게는 이 모든 논리가 어불성설로 보인다. 언뜻 생각해봐도 말이 안 되는 견해다. 예를 들어 토끼 한 마리를 죽여서 많은 수의 인간 생명을 구할 수 있는 경우에도 토끼를 죽이면 안 되는가? 토끼를 살리고 수많은 사람들을 죽게 내버려두는 것이 도덕적으로 정당한가? 상식적으로도 이 같은 관점은 그저 터무니없고 충격적이다. 이 사안에 대해 여러분이 내 의견에 동의한다면, 절대적 의무론자들이 단일주의를 마땅히 배격해야 한다는 데에도 동의할 것이다.

그런데 솔직히 말하자면 이 사안에 대해서는 내 직관이 다소 의심스럽다. 이미 고백했듯이 나는 의무론보다 결과주의에 공감하고 있기 때문이다. 특히 절대적 의무론은 결코 동의하지 않는다. 논박의 가치를 느끼지 못할 정도다. 그렇기에 절대적 의무론과 단일주의와의 결합이 수용할 수 없는 결과를 도출한다는 이야기 또한 내가 절대적 의무론에 공감하지 않는다는 사실을 드러낸 것이라고 보면 된다. 아마도 방금 논증의 기반이 된 것은 내 반의무론적 직관일 것이다.

하지만 나는 아무리 뼛속까지 절대적 의무론을 새기고 있는 사람이더라도 사람의 생명을 구할 수 있다고 했을 때, 수천수만 명까지 갈 필요도 없이 고작 한두 명을 살린다고 해도 토끼 한 마리를 죽이는 것이 유일한 방법인 상황에서라면 별로 망설이지 않을 것이라고 생각한다. 최선의 결과를 위해 사람을 고의로 살해하면 안 된다는 것과, 수많은 사람을 구하기 위해 토끼를 고의로 죽이면 안 된다는 것은 전혀 다른 이야기이기 때문이다. 그렇기에 절대적 의무론을 신봉하는 사람들조차 이와 같은 의무론적 금지 규정을 동물로까지 확장하는 데에는 주저할 수밖에 없다. 즉, 사람과 동물의 도덕적 지위가 같다는 단일주의적 관점을 거부하게 되는 것이다. 반대로 사람이 동물보다 더 높은 도덕적 지위와 더 강력한 생명권을 갖는다는 명분을 내세울 것이다.

이제 와서 하는 말이지만 이를 논증하는 데 수많은 사람들의 목숨이 한 마리 토끼에 달려 있는 극단적인 사례를 들먹일 필요도 없었다. 절대적 의무론자들에게 단일주의가 설득력이 없다는 논리를 펴는 데에는 이

보다 훨씬 얌전한 사례를 들었어도 충분했을 것이다. 예컨대 톰(Tom)이 난파를 당해 무인도에서 표류하고 있다고 상상해보자. 섬에는 몇 가지 식물이 자라고 있지만 삶을 지탱하기에는 적절치 않다. 톰은 음식을 먹어야 하며 그러지 못하면 곧 굶어 죽을 것이다. 이때 그가 지속적으로 물고기를 잡아먹는다면 계속 생존할 수 있다고 생각해보자. 톰은 그렇게 할 수 있을까? 여기에서 만약 여러분이 물고기가 도덕적 입장을 취하지 않는다고 생각한다면, 물고기 대신 야생 토끼나 다람쥐와 같은 동물들을 떠올려도 된다.

단일주의를 수용한 절대적 의무론자라면 이에 대한 대답은 "아니오"가 될 것이다. 톰은 무고한 동물을 죽일 수 없으며, 그것밖에는 살아남을 도리가 없는데도 불구하고 물고기(또는 토끼나 다람쥐)를 잡아먹어서는 안 된다. 물고기를 죽이는 것은 결국 생명권을 침해하는 행위인데, 이 권리는 여러분이나 내가 갖고 있는 것과 마찬가지로 강력하고 중요하다. 절대적 의무론의 관점에서 무고한 사람을 살해하는 행동은 허용되지 않으므로, 단일주의를 받아들인 절대적 의무론자로서는 무고한 물고기를 죽이는 행위 또한 허용될 수 없는 것이다. 결국 톰이 할 수 있는 유일한 선택은 스스로를 굶어 죽게 하는 것뿐이다. 자신이 살아남기 위해 물고기를 잡아먹는 것은 절대로 해서는 안 되는 행동이다.

그러나 이 같은 결론은 누구도 받아들이지 않을 것이다. 하지만 단일주의적 절대적 의무론자들은 이 결론을 피해가지 못한다. 톰이 죽을 경우 그가 잃게 될 것이 물고기가 죽어서 잃게 될 것보다 크다는 사실(무인도에 표류하게 된 사람이더라도 물고기와는 삶의 질에서 비교가 되지 않기에)을 들더라도 절대적 의무론과 결합된 단일주의로서는 못 빠져나간다. 절대적 의무론에는 그와 같은 논리가 먹히지 않는다. 대부분의 사람들은 톰과 물고기가 죽었을 때 누가 더 많은 복지를 잃을지가 아닌, 톰이 물고기를 죽여 잡아먹는 것이 물고기가 살아남는 결과보다 더 나은 일임을 직관적으로 알 수 있다. 우리에게는 전혀 이상하지 않고 당연히 그렇게 하는 것이 옳을 것이다. 그렇지만 단일주의적 절대적 의무론에 입각하면 물고기를 죽이는 행위는 생명권을 침해하는 일이며, 아무리 그것이 더 나은 결과를 만들어내더라도 도덕적으로 정당화할 수 없는 행동이다. 따라서 물고기를 잡아먹는 것이 생존할 수 있는 단 하나뿐인 수단일지라도 톰은 그냥 굶어 죽어야 하는 것이다.

이미 이야기한 것처럼 이런 관점은 설득력이 전혀 없으며, 아마도 거의 대부분의 사람들이 이렇게 생각할 것이다. 물론 다른 철학적 논쟁들과 마찬가지로 이 논증 또한 단일주의적 절대적 의무론 관점을 고수한 채 반론을 시도할 수 있을 것이다. 하지만 아무리 그렇더라도 결코 반박할 수 없을 것이며, 그들의 견해 가운데 내가 오해할 만한 숨겨진 이론적 불일치도 전혀 없다. 절대적 의무론과 단일주의는 적어도 이론적으로는 완벽하게 결합될 수 있다. 다만 그 결합으로 감당해야 하는 비용이 내가 보기에는 상상을 초월할 정도로 높다. 정말로 톰이 스스로 굶어 죽는 게 옳다고 주장할 사람은 아무도 없을 것이기 때문이다.[2] 그러므로 이 결론을 피해 절대적 의무론자로 남아 있으려면 단일주의를 거부해야 하는 것이다.

그러나 오해하지 말아야 할 부분은 이 논의에서 자신의 생명을 구하지 않고 스스로를 죽도록 내버려두는 것이 도덕 이론상 받아들일 수 없는 행위는 아니라는 점이다. 예를 들어 누군가 심장에 치명적인 문제가 있어서 이식을 받아야 하는데, 그 유일한 방법이 다른 사람을 죽이고 그 심장을 얻는 것뿐이라면, 대부분의 사람들은 그 행위를 도덕적으로 허용하지 않을 것이다. 그래서 결국 살인을 하지 않고 가만히 자신의 죽음을 기다리는 선택(또 하나의 유일한 방법)을 하더라도 대부분의 사람들은 비극적인 일이라고 여기면서도 어쩔 수 없이 그 행동에 동의할 것이다. 이것이 일반적인 의무론적 사고방식이다. 대부분의 사람들이 앞의 사례에서 무고한 다섯 사람을 구하기 위해 무고한 한 사람을 죽이는 행동이 잘못이라고 생각한다는 점을 떠올려보자. 그 살인 행위의 당사자가 죽게 될 다섯 사람 중 한 명이더라도 마찬가지로 잘못이라고 생각할 것이다.

이처럼 사례로 들고 있는 대상이 사람일 때는 절대적 의무론 관점이더라도 충분히 이해가 되고 고민도 된다. 문제는 사람이 살기 위해 물고기(또는 토끼나 다람쥐)를 죽이는 것이 잘못됐다는 데에서 벌어진다. 절대적 의무론자들이 단일주의를 배격할 수밖에 없는 이유다. 그렇다면 어떤 관점을 받아들여야 할까? 사람은 보다 높은 도덕적 지위로 인해 동물보다 더 강력한 도덕적 권리를 갖는다는 계층주의를 받아들이면 이런 문제는 발생하지 않는다. 우리는 곧 이 논증을 다룰 것이다. 하지만 그 전에 살펴야 할 사안이 있다. 단일주의가 절대적 의무론이 아닌 '온건한 의무론'과 결합하는 경우에는 나아지는 점이 있는지 확인해보자.

: 제3절_온건한 의무론과 단일주의 :

온건한 의무론자들은 충분한 선이 위험에 처했다면 권리 침해를 허용할 수 있다고 믿는다는 점에서 절대적 의무론자 사촌들과는 차이를 보인다. 온건한 의무론자들은 권리에 '임계치'가 있다고 여기며 이 임계치를 넘어서는 경우에는 권리 침해, 즉 금지된 행위의 실행을 용납할 수 있다고 주장한다. 위태로운 선의 크기가 충분히 크다면 무고한 사람을 해치는 행위를 용납할 수 있다는 것이다.

그렇다면 바로 앞의 사례에서 단일주의적 의무론자가 만약 절대적 의무론자가 아니라 온건한 의무론자라면 톰이 물고기를 잡아먹도록 허용할 수 있을 것이다. 물고기를 죽이는 게 톰이 자신의 생명을 구하는 유일한 방법인 상황에서, 톰이 죽고 물고기가 사는 것보다 물고기가 죽고 톰이 사는 결과가 더 큰 선을 구현한다고 여기기 때문이다. 이처럼 단일주의적 온건한 의무론의 관점에서는 비록 물고기를 죽이는 것이 생명권을 침해하더라도 톰에게는 그 행위가 용납된다. 충분히 큰 선(톰의 생명)이 위험에 처했기 때문이다. 이는 물고기가 가진 생명권이 임계치를 넘어섰다는 것을 의미한다.

한편으로 단일주의적 온건한 의무론의 관점에서는 그 '임계치'를 넘어서지 않을 때는 물고기의 생명권이 보장돼야 한다. 물고기의 생명권 침해를 허용하는 것과 임계치를 넘어섰음을 증명하는 것은 함께 묶여 있는 문제다. 이 중요한 사안은 임계치의 정확한 위치에 달려 있다. 생명권 침해가 허용되는 임계치 기준은 과연 어느 수준일까?

이 질문에 답을 얻기 위해 이전의 사례로 돌아가보자. 무고한 다섯 사람을 생명을 살리기 위한 유일한 방법은 무고한 다른 한 사람을 죽이는 것뿐이다. 대부분의 사람들은 이 경우 이 사람을 죽이는 행위는 잘못됐다는 의무론자들의 의견에 동의한다. 비록 한 사람 대신 다섯 사람이 살게 되므로 결과는 더 나을 수 있지만, 그것으로는 생명권 침해 행위를 정당화할 수 있을 만큼 충분치 못하다는 것이다. 물론 우리는 여기에서 임계치를 상정하는 온건한 의무론자의 입장에 초점을 맞추고 있다. 선이 충분히 위태롭다면 이 사람을 죽이는 행위가 허용될 수 있게 된다. 그런데 그 충분한 선이 얼마만큼이냐는 것이다. 얼마나 많은 생명을 구할 수 있으면 임계치에 도달하는 것일까?

나는 이 문제를 두고 수년 동안 수천 명의 사람들(학생들)과 논의했는데, 그 과정에서 이 질문에 대해서는 엄청난 의견 불일치가 있다는 사실을 확인했다. 거의 대다수의 사람들이 온건한 의무론의 입장에 동의했고 생명권 임계치에 대해서도 이해했지만, 그 생명권이 침해될 수 있는 임계치가 실제로 얼마나 많은 생명을 요구하는지에 대해서는 의견이 매우 폭넓게 갈렸다.

이론적으로만 보면 임계치는 확실히 낮을 수도 있다. 실제로도 온건한 의무론의 어떤 이론에서는 다섯 사람을 살리기 위해 한 사람을 죽이는 행위를 허용하고 있다. 임계치가 세 사람으로 맞춰져 있다면 세 명에서 다섯 명을 구하는 것이 충분할 수도 있다. 하지만 대부분의 실제 의견은 이보다 훨씬 높았다. 내가 강의 때 학생들에게 이 질문을 던지면 모두라고 할 수 있는 거의 대다수가 10명, 50명, 심지어 100명을 구할 수 있는 유일한 방법인 경우에도 무고한 한 사람을 죽이는 행위는 금지돼야 한다고 대답했다. 내가 500명, 1,000명, 1만 명, 100만 명으로 생명을 구할 사람들의 숫자를 계속 올려가자 결국 임계치에 도달했다는 대답들이 나왔지만, 타당하다고 생각하는 수치가 굉장히 높았다. 10만 명이나 100만 명 정도의 목숨은 달려 있어야 겨우 임계치에 도달했다고 대답한 사람들이 매우 많았고, 이보다 훨씬 높은 10억 명쯤 돼야 한다고 대답한 사람들도 있었다. 이로 볼 때 적어도 1,000명 이상의 생명을 살리는 경우가 아니라면 아무리 온건한 의무론자들이라도 임계치에 도달했다고 여기지 않을 것 같다. 물론 물어볼 것도 없이 결과주의적 관점에 선 학생들은 결과가 더 나아지는 바로 그 지점이라고 대답했고, 소수의 절대적 의무론자들(학생들 중에도 있다는 것이 신기했지만)은 임계치 설정 자체를 부정했지만, 여기에서는 온건한 의무론자들의 입장만을 대변하겠다.

그래서 우리가 1,000명의 생명을 임계치로 설정했다고 가정해보자. 방금 살폈듯이 대부분의 온건한 의무론자들은 임계치를 이보다 높은 수준으로 세우고자 한다. 당연한 말이지만 임계치가 높으면 높을수록 도달하거나 넘어서기가 어려워진다. 일단 여기에서는 단일주의자들의 관점에 입각해 무인도에서 표류하고 있는 톰이 임계치에 도달했다(넘어섰다)고 주장하는 것이 설득력이 있는지 논증해보자. 임계치가 낮을수록 단일주의자들이 자신들의 입장을 방어할 기회가 커지므로, 임계치를 높이지 말고 1,000명의 생명을 구할 수 있는 유일한 방법이라면 한 사람을 죽이는 행위가 허용된다고 가정하자. 이보다 적은 생명이 위기에 빠졌다면 물론 그 행위는 여전히 금지돼 있는 것이다.

자, 이제 우리는 온건한 의무론적 관점에서 고의로 한 사람을 죽임으로써 1,000명의 목숨을 구할 수 있다. 그런데 알다시피 단일주의자들은 동물의 도덕적 지위가 사람과 똑같다고 여긴다. 그렇다면 온건한 의무론과 단일주의를 결합할 때 동물의 생명권에 상응하는 임계치는 무엇을 의미하는 것일까?

대답은 간단하다. 동물의 생명권에 대한 임계치는 사람의 생명권에 대한 임계치와 동일한 수준이어야 한다. 다시 말해 단일주의적 온건한 의무론의 관점에서 무고한 물고기를 죽이는 행위는 1,000명 이상의 사람이 그로 인해 살 수 있는 경우에만 허용된다는 것이다. 그렇다면 이 논리로는 톰이 결코 살아남을 수 없다. 물고기를 잡아먹는 결과는 물고기를 놔두고 굶어 죽는 결과와 비교해 더 큰 선이 구현되는 게 사실이지만, 그 선의 증가분이 임계치에 도달하기에는 턱없이 부족하다. 톰이 물고기를 잡아먹어 생명을 구한다면 자기 목숨 하나만 살리는 셈이다. 1,000명의

0.1퍼센트밖에 되지 않는다.

결국 물고기의 생명권을 침해할 수 있는 임계치에 도달하지 못하기 때문에 톰이 물고기를 잡아먹는 행위는 금지된 상태로 남아 있게 된다. 톰이 스스로 굶어 죽어야 한다는 직관적으로 전혀 설득력 없는 주장을 피해가지 못하는 것이다. 더욱이 대부분의 온건한 의무론자들의 생각처럼 임계치가 1,000명보다 더 많은 생명일 때, 그렇지 않아도 굶어 죽게 될 톰의 상황은 그런 임계치에서 더욱 멀어지게 된다. 따라서 만약 이것이 온건한 의무론과 결합된 단일주의를 이해하는 올바른 방식이라면 단일주의적 온건한 의무론은 설득력이 없는 견해가 될 수밖에 없다. 절대적 의무론자들 뿐만 아니라 온건한 의무론자들도 마찬가지로 단일주의를 배격할 이유를 갖게 되는 것이다.

그렇지만 온건한 의무론자들의 입장을 이해할 수 있는 다른 대안이 남아 있다. 조금은 복잡한 이 접근방식에 따르면 생명권에 대한 임계치가 한 가지 기준으로만 고정돼 있지 않다. 개체가 생명을 잃을 때 얼마나 많은 '위해'가 포함되는지에 따라서도 달라진다. 잃을 것이 적을수록, 즉 잃게 될 복지의 양이 작을수록 그 손실을 막음으로써 얻게 되는 선의 크기도 작아진다.

물고기가 톰에게 잡아먹힐 때 잃게 될 복지의 양이 톰이 굶어 죽을 때 잃게 될 양보다 현저히 작다는 사실을 감안하면, 이 관점은 물고기의 생명권은 사람의 생명권보다 훨씬 더 낮은 수준의 임계치를 갖는다는 논리로 연결된다. 이로써 마침내 톰은 굶어 죽지 않고자 물고기를 죽이는 행위를 정당화할 수 있게 된다. 비록 그가 구할 수 있는 생명은 자기 자신 한 사람뿐이지만, 이 정도로 낮아진 임계치에는 충분히 도달할 수 있을 것이다. 그리고 이 낮아진 임계치는 물고기가 죽음으로써 잃게 되는 복지의 양이 사람보다 훨씬 작다는 사실의 결과이므로 단일주의와도 양립할 수 있다. 따라서 이 대안적 접근방식을 통하면 온건한 의무론과 단일주의의 결합은 가능한 일이 된다. 더불어 톰이 물고기를 죽여 자신의 생명을 구하는 일도 도덕적으로 문제가 없게 된다.

그런데 온건한 의무론에 대한 이와 같은 대안적 접근방식을 보다 깊이 이해하려면 위해를 가하는 행위에는 살해 말고도 셀 수 없을 만큼 많은 방식이 있다는 사실을 떠올릴 필요가 있다. 누군가를 죽이는 최악의 위해 행위를 제외한 예를 몇 가지 들어보면, 다리를 자르거나 발가락을 부러뜨릴 수도 있고, 주먹으로 코를 때릴 수도 있으며, 두통이나 복통을 유발하게 만들고, 날카로운 바늘로 살짝 피부를 찌를 수도 있다(순간적인 통증만 느낄 정도로).

온건한 의무론자들은 이런 경우에도 만약 충분한 크기의 선이 위태롭다면 각각의 임계치에 따라 이런 위해 행위가 정당화될 수 있다고 여기겠지만, 그렇다면 마찬가지로 우리는 그 임계치가 어느 수준인지 물을 필요가 있다. 이를테면 내가 위의 방식 중 하나로 임계치 내에서 여러분에게 위해를 가한다면 여러분의 '위해 당하지 않을 권리'를 침해한 것은 아니게 된다(폭력에 관한 법률 등을 떠올리지 말고 우리의 논의선상에서 도덕적 문제로만 한정하자). 그러면 정확히 임계치는 어디에 위치하고 있을까?

한 가지 자연스러운 생각은 임계치가 어떤 방식으로 위해를 가하는지에 따라 달라진다는 것이다. 이를테면 바늘로 살짝 찌르는 방식이 그나마 가장 약할 것이고, 주먹으로 코를 때리는 것이 그 다음, 발가락이 부러뜨리는 위해는 더 클 것이며, 다리를 자르는 경우는 더욱 더 클 것이다. 위해를 입히는 모든 경우에서 같은 임계치가 적용된다는 주장도 있겠지만, 다시 말해 다리를 자를 때 정당화할 수 있는 선의 크기와 바늘로 찌를 때 정당화할 수 있는 선의 크기가 같다고 주장할 수도 있겠지만, 온건한 의무론 관점에서 내세울 수 있는 보다 설득력 있는 제안은 임계치가 가변적이기 때문에 가하는 위해가 클수록 그것을 정당화할 수 있는 선의 크기 또한 더 커질 것이다. 그러므로 한 사람을 죽이는 행위를 정당화하기 위해 1,000명의 생명을 구하는 것은 임계치가 될 수 있더라도, 누군가의 코를 때리는 행위를 정당화하기 위해 1,000명의 목숨을 구하는 것은 임계치가 될 수 없을 것이다. 아마도 더 적은 수의 생명, 매우 적은 수의 생명이면 위해가 상당히 가벼운 것일 때 그 위해 당하지 않을 권리의 침해를 정당화하는 데 충분할 것이다(물론 절대적 의무론자들은 이와 같은 사고방식 자체를 거부하겠지만, 우리는 지금 온건한 의무론자들의 관점을 탐색하고 있는 중이다).

이를 종합해보면 온건한 의무론자들이 말하고 싶은 논점은 임계치의 수준이 가해질 위해의 총량과 함수관계에 있다는 것이다. 위해가 작을수록 임계치는 낮아진다. 만약 내가 여러분을 죽인다면 일반적으로 그것은 여러분에게 어마어마한 양의 위해를 가하는 것이므로 임계치는 대단히 높아질 것이다. 반면 내가 여러분에게 아주 가벼운 방식으로 위해를 가한다면 임계치는 그에 비례해 낮아질 것이다.

이와 같은 접근방식과 관련된 세부 사안은 아직 아무것도 결정된 바 없지만, 이 논증에서 필요한 함수를 간단히 예로 들면 이렇다. 임계치는 희생자에게 가해지는 위해의 크기에 적절한 상수를 곱해서 얻을 수 있다. 이 접근방식에서 위해의 크기에 곱해야 할 상수는 고정돼 있지만, 가해지는 위해의 크기가 커질수록 곱셈 결과도 커지기 때문에 임계치는 더욱 높아질 것이며, 반대로 위해의 크기가 작을수록 임계치 또한 낮아질 것이다. 희생자에게 가해지는 위해의 크기를 'h', 곱하기 상수를 'm', 임계치를 'T'라고 하면 다음과 같은 방정식이 나온다.

$$T = mh$$

물론 m값이 정해진 것이 아니기 때문에 우리는 정확히 이 상수에 어떤 수치를 대입해야 하는지 모르지만, 적어도 온건한 의무론자들이 이 값을 1보다는 훨씬 크게 잡으리라는 사실은 알고 있다. 왜냐하면 그들의 관점에서 위해가 정당화되려면 가해지는 위해의 크기보다 더 큰 선이 구현돼야 하기 때문이다. 하지만 아직 온건한 의무론자들 사이에서도 정확한 임계치 수준에 대해 의견이 분분하며, 그렇기에 m값의 크기에 대해서도 의견 일치를 기대하기 어려울 것이다.

비록 아직 m값을 결정하지는 못했지만 그래도 이런 종류의 관점이 단일주의적 온건한 의무론자들에게 어떤 식으로 희망을 주는지는 이해할 수 있을 것이다. 누군가 다른 사람에게 위해를 가할 때의 임계치가 가해지는 위해와 함수관계에 있다면, 인간의 생명권이 동물의 생명권과 비교했을 때 더욱 높은 임계치를 갖고 있는 것처럼 보인다. 일반적으로 사람을 살해하는 것이 동물을 죽이는 것보다 더 큰 위해를 가하는 셈이기 때문이다. 이와 같은 논리는 사람의 삶이 갖고 있는 가치가 동물보다 높다는 사실로부터 나온다.

이 차이는 사람을 살해함으로써 가한 위해와 물고기를 죽이는 위해를 비교하면 더욱 극명하게 드러난다. 물고기가 사람에 비해 잃어버릴 것들을 훨씬 더 적게 갖고 있기 때문에, 물고기를 죽임으로써 입히는 위해는 사람보다 훨씬 더 적은 것이 된다. 그렇기 때문에 생명권에 대한 임계치는 사람을 죽여야 하는 경우와 물고기를 죽여야 하는 경우에서 전혀 다르게 설정될 수밖에 없다. 물론 양쪽 모두 'T = mh'이다. 그러나 물고기가 죽임을 당할 때 가해지는 위해의 크기가 사람의 경우보다 훨씬 작기에 임계치 역시 엄청나게 낮아진다.

그런데 이쯤에서 오해하지 말아야 할 사실이 있는데, 임계치 설정과 관련한 함수를 살피는 동안 혹시라도 다른 함수값, 이를테면 '도덕적 지위'를 떠올렸다면 그 개념은 여기에서는 적용되지 않는다는 점을 지적해야 할 것 같다. 현재의 논의에서 물고기의 생명권이 사람보다 낮은 도덕적 지위를 갖고 있다는 이유 때문에 임계치가 낮아진 것이 아니다. 이 접근방식에 따르면 단지 어떤 개체가 잃게 될 복지의 양이 적을 때 그 개체에 다해진 위해의 크기가 작아지기 때문에 '위해 당하지 않을 권리'에 대한 임계치가 적절한 수준으로 낮아진다. 도덕적 지위의 격차에 전혀 의지하지 않은 채 물고기의 생명권이 사람보다 낮다는 사실을 논증한 것이다. 도덕적 지위는 여기에서 아무런 역할을 하지 않았다. 위해 당하지 않을 권리가 사람과 물고기 양쪽 모두에게 똑같은 함수관계에 있을 뿐이다.

이것이 바로 단일주의적 온건한 의무론자가 톰으로 하여금 물고기를 잡아먹을 수 있도록 허용할 수 있다는 합리적 희망을 제공하는 대안적 관점이다. 단일주의자가 그토록 거부하는 도덕적 지위의 차이를 배제하고도 톰을 살릴 수 있게 만들었다. 다시 한번 설명하자면 톰은 굶어 죽을 때 잃게 될 복지의 양이 너무 커서 이에 비례해 위해의 크기도 커지므로 엄청나게 높은 수준의 임계치가 설정되지만, 물고기는 잡아먹힐 때 잃게 될 복지의 양이 매우 작아서 이에 비례한 위해의 크기도 작아지므로 임계치도 한참 낮아지는 것이다. 이는 톰의 생명을 살려 구현할 수 있는 선의 크기가 물고기의 생명권에 대한 침해를 정당화할 정도로 크다는 의미가 된다.

단일주의자들의 입장에서도 문제가 없는 관점이다(도덕적 지위는 한 마디도 거론하지 않았다). 그러나 안타깝게도 우리가 위 방정식에 맞춰 이 계산을 실제로 해보면(잠시 후 해볼 테지만) 임계치가 지나치게 높아진다는 사실을 알게 된다. 온건한 의무론에 대해 보다 섬세한 접근방식이었으나 실제로는 임계치에 도달할 수 없다는 결론이 내려진다. 단일주의적 온건한 의무론자들은 결국 톰이 생존하기 위해 물고기를 잡아먹는 행위를 도덕적으로 허용해주지 못한다. 그렇게 단일주의는 온건한 의무론과 결합해서도 물고기(또는 토끼나 다람쥐)를 죽이는 톰의 행위가 도덕적으로 잘못됐다는, 대부분의 사람들이 받아들이기 어려운 결론을 떠안고 만다. 따라서 온건한 의무론자들은 또 다시 단일주의를 배격해야 하는 이유를 갖게 된다.

: 제4절_몇 가지 계산 :

방금 위에서 나는 임계치 수준이 위해의 크기에 따라 달라지는 '임계치 함수(T = mh)'를 적용해도 톰은 결국 임계치에 도달하지 못한다고 예고했다. 즉, 톰은 물고기(또는 토끼나 다람쥐)를 죽여서 잡아먹는 행위를 정당화할 수 없다. 우스갯소리지만 이 사례에서 톰이 먹어야 할 대상이 살아있는 동물이 아니라 통조림이나 소시지와 같은 가공식품이라면 아무래도 덜 인상적일 것이다.

그런데 어쨌든 이 계산방식을 통해 톰이 특정 동물을 죽일 수 없다는 결과가 나오더라도, 세부 사안의 차이로 인해 혹시라도 그가 다른 동물은 죽일 수 있다는 결론에 이르면 온건한 의무론이 단일주의 관점을 받아들인 만한 여지가 생기게 될 것이다. 달리 말해 만약 톰이 이런 동물은 죽일 수 없지만 저런 동물은 그럴 수 있다고 한다면, 그리고 그것이 단일주의 입장을 훼손하는 게 아니라면, 온건한 의무론과 단일주의의 결합이 유지될 수 있을 것이다. 하지만 몇몇 동물, 아마도 임계치가 매우 낮은 동물들에 대한 살상 행위가 허용되더라도, 대부분의 동물을 죽이는 것이 잘못이라는 결론이 나온다면 끝내 단일주의 관점은 거부돼야 할 것이다.

이상적으로는 물고기, 토끼, 다람쥐, 새, 사슴, 개, 고양이 등 대부분의 동물들을 이 함수에 대입해 살펴봐야 하겠지만, 시간이 많이 걸리는 작업인데다 우리의 논증을 위해 그렇게까지 할 필요는 없으므로 여기에서는 '사슴'과 '물고기'의 경우만을 살펴보겠다. 내 의도는 온건한 의무론자들에게 톰이 살아남고자 동물을 죽이는 것이 유일한 수단일 때에도 그 행위를 허용할 수 없다는 단일주의 입장을 설득력 있는 주장이 되게끔 만들어주는 것이다. 사람들 대부분이 톰의 생존을 위한 살상 행위가 허용될 수 있다고 여긴다는 점을 감안하더라도 단일주의자들에게는 문제가 될 것이다.

이제 본론으로 들어가보자. 우리가 던지려는 질문은 이것이다. 'T = mh' 방정식에서 '임계치(T)'를 결정하고자 '가해지는 위해의 크기(h)'에 곱해야 하는 '상수(m)'의 값은 무엇일까? 수치가 클수록 높은 수준의 임계치를 만들어낼 것이며, 이는 임계치에 도달하기가 어려워진다는 의미가 될 것이다. 그러니 다시 한번 단일주의자들의 편에 서서 대부분의 온건한 의무론자들이 하한으로 설정하고 있는 1,000명(이보다 적은 수는 온건한 의무론자들이 허용하지 않음)의 생명을 구할 수 있다면 무고한 한 사람을 죽이는 행위를 용납할 수 있다고 해보자. 또한 이 사람들에게 이례적인 특성, 예컨대 이 1,000명의 수명이 며칠 남지 않았다거나 복지 수준이 형편없다거나 하는 다른 변수는 배제하자. 그렇다면 한 사람을 죽이는 위해를 가함으로써 1,000배에 해당하는 선을 실현하는 셈이 된다. 이를 'T = mh'에 대입하면 임계치 T는 1,000이고 위해의 크기 h는 1이므로, 방정식 '1,000 = m1'에 따라 상수 m은 1,000이 된다.

이 결과를 놓고 생각해볼 때 톰이 사슴 한 마리를 죽이는 행위가 허용되려면 1,000명의 인간 생명을 구해야 한다는 이야기가 된다. 그런데 이 사례에서 톰이 사슴을 죽일 때 구할 수 있는 생명은 톰 자신 한 사람뿐이다. 따라서 사슴을 죽이는 행위는 여전히 금지된다. 그러나 이렇게 되면 온건한 의무론이 단일주의를 받아들이지 못하게 된다. 그러면 곤란하니 해결책을 찾아보자. 그렇다. 사슴은 잃게 될 복지의 양이 인간보다 작다. 이는 톰이 사슴을 죽일 때 위해의 크기 h가 1보다는 작다는 것을 의미한다. 임계치의 수준이 낮아질 것이다. 더욱이 사슴은 일반적으로 인간보다 평균 수명이 짧다. 이 또한 임계치를 낮출 것이다.

하지만 우리는 사슴 한 마리로는 톰이 살아남을 수 없다는 사실을 알고 있다. 무인도에서 구출되기 전까지 톰은 계속해서 사슴을 잡아먹어야 한다. 사슴 한 마리를 더 죽여야 하고, 또 한 마리, 그리고 또 한 마리… 식으로 늘어날 것이다. 각각의 살상 행위는 톰의 생존을 유지시켜줄 뿐이다. 그렇기 때문에 톰이 생명을 한동안 보전하기 위해 사슴 한 마리를 죽임으로써 실현되는 선이 임계치에 도달하는지 계산할 때 이 같은 측면도 고려돼야 한다. 사슴의 평균 수명을 박탈함으로써 가해지는 위해 또한 곱셈에 대입해야 할 것이다.

계산에 넣어야 할 것은 또 있다. 톰이 사슴 한 마리를 잡아먹을 때 얼마나 생존할 수 있을까? 다시 말해 사슴은 얼마만큼의 고기를 제공할까? 당연히 사슴의 몸집에 따라 달라지겠지만 계산하기가 너무 복잡해질뿐더러, 지금 나는 어떻게든 단일주의자들 편에서 임계치에 도달하기 위한 충분한 선이 실현되게끔 최대한 편파적으로 계산하고 있는 중이므로, 다소 비현실적이긴 하지만 최대한 여지를 남기도록 하겠다. 사슴 한 마리가 60킬로그램의 고기를 제공한다고 치자. 톰이 하루에 160그램씩만 섭취한다면 사슴 한 마리로 1년을 버틸 수 있다(고기가 상할 수도 있으니 냉동시킬 수 있다고도 가정하자).

이렇게 되면 톰은 한 마리 사슴을 죽여서 1년 동안 생존할 수 있다. 이것이 그가 사슴을 죽이고 그 고기를 섭취함으로써 실현되는 선의 크기다.[3] 그렇다면 그는 사슴에게 얼마나 많은 위해를 가하는 것일까? 그로 인해 사슴은 얼마나 많은 것을 잃게 될까? 사슴은 15년에서 25년 정도 산다. 즉, 사슴의 평균 수명은 20년이다. 톰이 무작위로 죽인 사슴이 열 살이라면 그는 사슴으로부터 10년의 수명을 박탈하는 셈이다.

이 말은 톰이 자신의 삶을 1년 더 연장하기 위해 사슴의 수명을 평균적으로 10년씩 박탈해야 한다는 사실을 의미한다. 하지만 사슴의 삶 1년이 인간의 삶 1년과 같은 가치를 갖는다면 도덕적 관점에서 잘못된 비교다. 톰이 아무리 무인도에 고립돼 있더라도 사람의 삶은 동물의 삶보다 훨씬 가치 있는 것이다. 사슴의 삶 1년은 인간으로서의 삶 1년만큼의 복지를 제공하지 않는다. 여기에서 나는 비록 그 정확한 수치를 제시할 수 없지만 단일주의자들도 사슴의 삶 1년이 인간의 삶 1년보다 1/10 미만의 가치를 가진다는 데에는 동의할 것이다(도덕적 지위가 아니므로). 이 생각이 맞다면, 그리고 논의를 계속 진행하기 위해 그렇다고 가정한다면, 톰은 사슴을 죽일 때 전반적으로 보다 나은 결과를 가져오게 된다. 인간의 수명 1년을 연장하고자 사슴의 수명 10년을 없애는 것이지만, 인간의 삶 1년은 훨씬 가치 있기 때문에 결과는 실질적으로 더욱 좋아지는 것이다.

이렇게 사슴의 생명권에 대한 임계치에 도달할 수 있으니 톰이 사슴을 죽이는 행위가 드디어 정당화될 수 있을까? 단일주의자들에게는 안타까운 일이지만 대답은 "아니오"다. 우리가 여기까지 확립해놓은 것은 기껏해야 톰이 사슴을 죽임으로써 전반적으로 더 큰 선을 실현할 수 있다는 것뿐이다. 아직 우리는 톰이 임계치에 도달할 정도로 충분한 선을 실현하게 된다는 사실을 입증하지 못했다. 'T = mh' 방정식을 다시 꺼내보자. 우리는 상수 m을 1,000으로 설정했다. 온건한 의무론자들이 제시한 하한이기 때문이다. 이는 사슴을 죽이는 것이 살려주는 것보다(톰이 굶어 죽는 것보다) 임계치에 도달할 만큼 충분한 선의 실현이 되지 못한다는 것을 뜻한다. 임계치는 사슴을 죽이는 위해보다 1,000배가 되는 선을 실현하는 경우에만 도달할 수 있다.

이것이 무엇을 의미하는지 생각해보자. 사슴을 죽이면 톰은 사슴의 삶을 평균 10년 박탈하는 게 된다. 임계치 T에 도달하기 위해서는 사슴을 죽임으로써 가하는 위해의 크기 h인 10보다 1,000배 이상의 선을 실현해야 한다. 이는 사슴의 삶 10년의 1,000배의 가치와 같은 선을 실현해야 한다는 것을 뜻한다. 사슴을 죽이는 행위에 대한 임계치는 사슴의 삶 '1만 년'에 해당하는 것이다.

그런데 톰 자신은 사슴을 죽임으로써 단지 1년을 얻을 뿐이다. 따라서 임계치에 도달하려면 인간의 삶 1년이 사슴의 삶 1만 년의 가치와 같다고 주장해야 한다. 이 임계치는 단일주의자들이 받아들일 수 있는 인간의 삶 1년이 사슴의 삶 1년보다 10배 이상 가치 있다는 수준과 비교가 되지 않는다. 인간의 삶 1년이 사슴의 삶 1년보다 1만 배 이상 가치 있다고 주장해야 하는데, 이를 단일주의자들이 수용할 리 만무하다. 사슴이 1년을 살면서 얻을 수 있는 복지의 양이 인간의 1만 분의 1 이하가 돼야 하는 것이다.

내가 온건한 의무론을 수용한 단일주의자라도 이 결과는 받아들이기 매우 어렵다. 게다가 대부분의 사람들이 가진 직관으로도 사람의 삶이 사슴을 포함하는 동물들의 삶과 비교해 더 큰 복지, 훨씬 더 높은 수준의 복지를 누리고 있다는 생각은 합리적일 수 있지만, 인간의 삶 1년이 사슴의 1년보다 무려 1만 배나 가치 있다는 주장은 경우가 전혀 다르다. 최선을 다해 단일주의 입장에서 타당한 수준의 임계치가 설정될 수 있는지 살폈지만, 우리가 정말로 저렇게 주장할 각오가 돼 있지 않는 이상 사슴의 생명권에 대한 임계치에는 도달하지 못한다. 사람과 동물을 다루는 데 동일한 임계치 함수관계를 적용한다면 결코 충족시킬 수 없는 것이다.

이와 같은 논점을 달리 표현하면 이렇다. 단일주의와 온건한 의무론의 결합을 시도할 때 톰이 사슴 한 마리를 잡아먹는 게 그가 꼬박 1년을 생존할 수 있는 유일한 방법이라고 해도, 톰에게는 단 한 마리 사슴을 죽이는 행위도 용납되지 않는다. 그리고 대부분의 사람들이 이런 주장을 설득력 없다고 생각하리라는 점을 감안하면 온건한 의무론자들은 결국 단일주의를 거부할 수밖에 없다.

물론 내가 이 방정식을 사용해 계산하면서 대입한 여러 고려 요소, 즉 사슴의 평균 수명, 무게, 톰이 생존하기 위해 필요한 사슴 고기의 양 등과 같은 수치들이 단일주의자들의 방식과 다르다는 문제가 제기될 수 있음을 인정한다. 그러나 이 같은 결과는 그런 요소들의 수치를 조정한다고 해서 달라지지 않는다. 결과에 결정적인 영향을 미친 요소는 상수인 m이 1,000이라는 사실인데, 이는 사람과 동물의 생명권을 동일한 수준으로 바라보는 단일주의자들의 입장을 반영한 것이다. 그런데 이미 수차례 언급했듯이 나는 최대한 단일주의자들의 입장에서 임계치에 도달하는 것이 가능하다는 주장에 힘을 싣기 위해 그나마 온건한 의무론자들의 허용 하한인 1,000이라는 수치를 대입했다. 이보다 더 큰 수치를 적용했다면 더한 결과가 나왔을 것이다.

그렇다면 '사슴'을 살펴봤으니 원래 사례에서의 '물고기'로 눈을 돌려보자. 톰이 사슴이 아니라 물고기를 잡아먹는다고 상상해보면 온건한 의무론과 결합한 단일주의의 전망이 달라질지도 모른다. 아마도 대부분의 사람들은 물고기의 삶 1년이 사슴의 1년보다는 가치가 낮다고 여길 것이다. 확실히 그럴 것 같다. 이제는 톰이 사슴을 죽이는 것보다 물고기를 죽이는 것이 위해의 크기에서 더 작을 것이기에, 임계치 역시 그에 비례해 작아진다고 기대할 수 있다. 일반적으로 수명도 사슴보다 물고기가 짧다. 이 또한 임계치를 낮아지게 할 것이다. 이 정도면 사슴은 그렇다 치더라도 물고기를 죽이는 것은 허용되지 않을까?

여기에서도 물론 세부 사안은 톰이 어떤 물고기를 잡아먹느냐에 따라 바뀔 수 있다. 그러니 톰이 표류하고 있는 무인도 강가에서 송어를 잡을 수 있다고 가정하자. 송어의 평균 수명은 5년이므로 톰이 한 마리를 잡아서 죽이면 2.5년의 수명을 박탈하는 셈이라고 하자. 사슴의 10년보다 수치가 더 작으니 이 또한 임계치를 낮추는 데 기여할 것이다.

그런데 한편으로 송어는 사슴보다 훨씬 양이 적어서 한 마리 먹어서 버틸 수 있는 생존 기간도 더 짧을 것이므로 실현되는 선의 크기도 더욱 작을 것이다. 송어의 평균 무게가 1.2킬로그램이니 사슴의 경우에서처럼 하루에 160그램만을 섭취한다고 했을 때 한 마리로는 1주일 정도 생존할 수 있다.

이제 방정식에 대입해보자. 마찬가지로 상수 m은 1,000이다. 송어를 죽임으로써 가하는 위해 h가 2.5년이므로 임계치 T는 2.5년의 1,000배 이상이 돼야 한다. 이는 물고기인 송어를 죽이는 행위를 통해 실현되는 선이 최소한 송어의 삶 '2,500년'과 같아야 한다는 것을 의미한다. 그러나 톰이 송어 한 마리를 섭취해 생존할 수 있는 기간은 1주일밖에 연장되지 않는다. 따라서 임계치에 도달하려면 인간의 삶 1주일이 송어의 삶 2,500년의 가치와 같아야 한다. 1년이 아니라 1주일이므로 송어의 2,500년을 1주일로 환산하면 무려 13만 주일이다. 인간의 삶 1주일과 송어의 삶 13만 주일의 가치가 적어도 같아야만 임계치에 도달하는 셈이다. 즉, 인간의 삶이 송어보다 13만 배의 가치를 가져야 한다. 요컨대 송어가 1주일을 살면서 얻을 수 있는 복지의 양이 인간의 1주일과 비교해 13만 분의 1 이하가 돼야 하는 것이다.

사실 내 개인적인 관점에서는 이상할 게 없다. 물고기의 삶 1주일의 가치는 인간의 삶 1주일과 비교할 것이 못된다. 나는 이보다 더 작다고도 생각한다. 하지만 아무리 온건한 의무론을 받아들인 단일주의자의 입장에서 봐도 말이 되지 않는다. 이를 다시 환산하면 사람이 '4분 동안' 얻을 수 있는 복지의 양이 송어가 '1년 내내' 헤엄치고 다녀서 얻는 복지의 양보다 크다는 이야기다. 단일주의자들이 이를 받아들이지 않는다면 임계치에 도달하지 못한다는 결론을 낼 수밖에 없다. 이 계산 역시 상수 m이 1,000이기 때문에 발생한 결과다. 일반적인 단일주의자라면 상수 m을 1,000으로 설정하고 싶지 않을 것이다. 가여운 톰은 살아남을 수 없다. 송어를 잡아먹는 행위는 금지된다. 스스로 굶어 죽기를 기다려야 한다. 결국 온건한 의무론자들은 단일주의를 배격해야 하는 합당한 이유를 갖게 되는 것이다. 그리고 대부분의 온건주의자들이 바라듯이 m을 1,000보다 더 많은 생명으로 더 높게 잡으면 결과는 더욱 극단적으로 나오게 된다.

물론 우리가 간과하면 안 되는 사실은, 사슴과 물고기를 죽이는 행위가 허용되지 않는 결론이 도출됐다고 해서 단일주의자들이 어떤 경우에서든 동물을 죽이는 것을 금지한다는 의미는 아니라는 것이다(우리는 모든 동물을 이 함수에 대입하지 않았다). 톰이 생존하기 위해 잡아먹는 행위가 허용될 수 있을 것 같은 종류의 동물에는 어떤 것들이 있을까? 이 방정식에서 임계치에 도달하는 데 성공하려면 그 동물은 톰에게 박탈당할 남은 수명이 거의 없을 정도로 무척 짧은 평균 수명을 가져야 하고, 잃게 될 복지의 양이 거의 없는 극단적으로 낮은 삶의 질을 누리고 있어야 하지만, 그럼에도 불구하고 고기의 양이 상당하고 영양도 풍부해서 단 한 마리만 먹어도 매우 오랫동안 생존할 수 있을 정도가 돼야 한다.

그런 동물이 존재하지 않는다고 확신할 수는 없을 것이다. 그러나 나는 알지 못한다. 만약 위와 같은 조건을 충족시킬 수 있는 동물이 있다면 비로소 단일주의적 온건한 의무론자들은 톰이 살아남기 위해 그 동물을 죽이는 행위를 허용한다고 말할 것이다.

하지만 그런 동물이 실재하더라도 단일주의적 온건한 의무론을 설득력 있는 이론으로 만드는 데 충분하다고 생각하지 않는다. 이 절의 첫 부분에서 설명했듯이 임계치에 도달할 수 있는 동물, 다시 말해 살상 행위가 허용되는 동물이 있더라도, 대부분의 동물을 죽이는 것이 잘못이라는 주장을 계속하는 이상 단일주의는 온건한 의무론으로부터 거부당할 것이기 때문이다.

이 장의 결론을 내리자면 절대적 의무론이든 온건한 의무론이든 간에 단일주의와의 결합은 설득력을 확보하지 못한다는 것이다. 이 장을 통해 나는 '가치론' 또는 '선에 관한 이론'에서만 계층적 관점을 받아들이는 것은 아니라는 점을 보여주고자 했다. 오히려 도덕 이론이 갖고 있는 의무론적 요소들조차 동물이 사람보다 적게 고려된다는 계층적 접근방식을 수용할 수밖에 없다. 의무론의 틀 안에서 동물윤리를 올바르게 다루려면 단일주의가 아닌 계층주의를 통해야 하는 것이다.

제8장

동물에게는 의무론적 권리가 없는가

: 제1절_동물은 의무론의 대상이 아니라는 입장 −제한적 의무론 :

의무론에 동의하는 대부분의 사람들은 의무론자들이 단일주의를 거부해야 한다는 내 주장에 특별히 반감을 갖지는 않을 것이다. 나는 의무론자들이 동물윤리에 관해 한 번이라도 생각해봤다면 동물을 사람과 똑같이 헤아려야 한다는 단일주의자들의 주장에 절대로 공감하지 않으리라고 생각한다.

그런데 일반적으로 올바른 도덕 이론이라면 '권리'나 '의지'와 같은 의무론적인 요소를 포함해야 하지만, 사실 이와 같은 의무론적 요소들이 제공하는 보호 장치는 동물이 아닌 사람과 관련돼 있다. 다시 말해 오직 사람을 헤아리기 위한 도덕성 중 일부만이 의무론적 형식을 취할 뿐이다. 실제로 동물을 헤아리는 측면의 도덕성은 아직까지 그 어떤 것도 의무론에 포함되지 않고 있다. 본격적인 연구와 논의가 진행되지 않았기 때문이다. 동물을 헤아리고 그들의 이해관계를 고려하려는 학문적 노력이 조금씩 결실을 맺게 되면 동물에 관한 새로운 '도덕적 틀'이 정립될 것이다.

동물을 도덕적으로 헤아려야 한다는 모든 견해는 이 도덕적 틀에 관심을 갖는다. 물론 일부 의무론자들을 포함해 동물의 도덕적 권리를 전적으로 부정하는 사람들도 있지만, 이것은 내가 이 책에서 마음에 두고 있는 입장은 아니다. 나는 동물들이 도덕적 입장을 취하고 있다는 관점, 예컨대 그들의 이해관계를 무시하는 것은 도덕적으로 정당하지 않다는 견해를 설명하고자 애쓰고 있다. 하지만 나는 동물과 사람은 이해관계를 고려하는 방식에서 달라야 한다고 생각한다. 이를테면 사람은 의무론자들이 주장하고 있는 종류의 권리를 갖고 있지만, 동물은 그런 권리를 갖고 있지 않다. 따라서 동물을 헤아릴 필요가 없다는 생각이 잘못이듯이, 동물을 헤아리기 위해 의무론을 전부 동물로까지 확장시켜야 한다는 생각도 잘못이다. 의무론의 범위는 적절히 '제한돼야' 한다.

그렇다면 동물에 대해 생각하기에 적절한 도덕적 틀은 무엇일까? 아마도 '결과주의'일 것이다. 물론 결과주의적 관점에서도 동물에게 불필요한 위해를 가하는 행위가 금지된다. 설령 동물을 해치는 것이 결과적으로 선을 실현하더라도, 실현된 선의 크기가 가해진 위해보다 작으면 여전히 도덕적으로 잘못된 행위다. 하지만 '종합적으로' 더 나은 결과를 가져올 수 있다면, 동물에게 해를 입히는 행위는 허용될 것이다.

이런 방식으로 결과주의는 사람과 동물에 대해 각각 다른 규범적 기준을 적용한다. 사람이 동물에게는 결여된 도덕적 권리를 갖고 있다고 할 때 결과주의에서는 기본적으로 사람에 대한 위해 행위가 금지되는데, 만약 절대적 의무론을 받아들인 결과주의라면 어떤 상황에서도 금지되며, 온건한 의무론을 수용한 결과주의라면 권리에 대한 임계치에 도달하지 못할 경우 금지된다. 그런데 위해를 가할 대상이 동물인 경우 결과적으로 실현되는 선이 충분히 크다면 간단히 허용된다. 동물은 의무론의 영역에 속하지 않으므로 사람에 대한 금기 사항은 적용되지 않는다. 동물에 대해서는 그저 결과주의면 충분한 것이다.

결과주의 관점이 갖는 직관적 설득력을 살펴보기 위해 앞서 '다섯 사람을 구하려면 한 사람을 죽여야 하는' 사례를 다시 한번 떠올려보자. 우리는 대부분의 사람들이 그 한 사람을 죽이는 행위를 받아들이지 않는다는 사실을 알았으며, 거기로부터 출발해 도덕성 및 단일주의에 관한 의무론적 접근방식을 논증했다. 하지만 나는 이런 종류의 사례에 사람이 아닌 동물이 등장한다면 전혀 다른 반응을 나올 것이라고 생각한다. 이를테면 토끼 한 마리를 희생시켜 다섯 마리 토끼를 살리는 상황을 가정해보면 의무론적 반응은 적절한 것으로 보이지 않는다. 대개의 사람들은 비록 죽어야 할 토끼가 불쌍하긴 하지만, 그것이 더 많은 토끼를 구할 수 있는 유일한 방법이기 때문에 별다른 고민 없이 한 마리 토끼를 죽이는 게 올바른 행위라는 결론을 내릴 것이다.[1] 요컨대 동물에 대해 헤아리는 경우라면 우리 대부분은 편안하고 자연스럽게 결과주의적 관점에서 생각하고 있는 것이다. 확실히 우리는 동물들의 복지나 이해관계를 고려해야 한다고 여기면서도, 전체적인 결과가 더 나아지는 상황에서는 특정 동물을 희생시키거나 해를 입히는 행위를 용납한다.

물론 모든 이들이 이렇게 생각하지는 않을 것이다. 어떤 이들은 다섯 마리의 토끼를 구하기 위해 다른 한 마리는 죽여도 된다는 사고방식을 불편해할 수도 있다. 이런 사람들은 설령 동물이 관련돼 있는 사안에서도 결과주의에 결코 동의하지 않는다. 그래도 사람들 대부분은 동물에 관한 문제라면 결과주의 입장을 순순히 받아들일 것이다(그것이 도덕 이론에서 결과주의 관점인지는 모를 수 있겠지만). 따라서 우리는 사람과 관련 있는 문제에서만 결과주의가 부적절하게 보이면서 의무론의 '도덕적 틀' 안으로 끌려 들어가는 것이다. 그렇다면 결국 우리는 동물에게는 결과주의에 따라 인식되는 종류의 도덕적 권리를 부여하고 오직 사람, 그것도 사람과 사람 사이의 관계에서만 의무론에 입각한 권리를 제공하는 '이중적인' 접근방식을 채택해야 할 것이다.

이와 같은 근거들을 바탕으로 우리는 동물에 대해서는 '결과주의', 사람에 대해서는 '의무론'을 적용하는 방식의 관점을 설정할 수 있을 듯하다.[2] 그리고 여기에 이름을 붙이면 좋을 텐데, 비록 완벽한 표현은 아니지만 나는 이제부터 이 관점을 '제한적 의무론(restricted deontology)'이라고 부르겠다. 또한 제한적 의무론에서 '의무론'은 '절대적' 의무론이 될 수도 있고 '온건한' 의무론이 될 수도 있다.

제한적 의무론은 표면적으로는 매우 직관적인 매력을 갖고 있다. 예를 들어 단일주의적 의무론자들이 회피하고 싶어 하는 사안인 인간의 생명을 살리고자 동물을 죽여야 하는 문제에 대해 설득력 있는 결과를 즉시 도출한다. 방금 설명했듯이 '동물에게는 결과주의', '사람에게는 의무론'을 적용하는 제한적 의무론에서는 동물에게 의무론적 권리를 부여하지 않는다. 그러므로 동물을 죽이는 행위가 동물의 생명권이 요구하는 임계치에 도달하는지 여부를 고민할 필요가 없다. 우리가 고민할 사안은 특정 동물을 죽이는 행위가 더 좋은 결과, 즉 더 큰 선을 실현하는지의 여부다. 위 톰의 사례에 제한된 의무론을 적용하면 모든 문제가 간단히 해결된다. 톰이 사슴을 죽이면 사슴의 삶 10년을 박탈해 1년을 더 살아남을 수 있다. 사슴의 삶 1년의 복지 수준은 톰의 1년보다 1/10 이하이므로, 톰이 사슴을 잡아먹는 행위는 더 좋은 결과를 만들어낸다. 이와 마찬가지로 송어의 삶 2.5년을 빼앗는 대가로 톰은 1주일을 더 생존할 수 있는데, 송어의 삶 1주일의 가치가 톰의 1주일과 비교해 1/130 이하이기 때문에 톰이 송어를 잡아먹는 행위의 결과가 더 큰 선을 실현하게 된다. 비로소 톰은 무인도에서 도덕적으로 정당하게 살아남을 수 있게 되는 것이다.

그러나 나는 제한적 의무론이 이 문제를 바라보는 상식적인 관점이라고 주장하는 것에는 다소 조심스럽다. 사람들이 내가 설명한 관점에서 도덕적 결정을 내리기 전에 동물의 도덕적 지위에 관해 충분한 고찰을 했는지 확신하지 못해서다. 하지만 그럼에도 불구하고 이 문제를 다시 들여다봐도 제한적 의무론이 대부분의 사람들에게 설득력 있는 견해로 다가갈 수 있다고 생각한다. 이 관점이야말로 우리의 일반적인 사고 배후에 흩어져 있던 도덕적 시각을 합리적으로 재구성한 것이기 때문이다. 물론 제한적 의무론도 계층적 관점이다. 동물을 도덕적으로 헤아리기는 하지만 사람보다는 덜 배려한다. 사람과 달리 동물에게는 의무론의 도덕적 틀 안에서 생성되는 권리가 결여돼 있다.

여기에서 논점 한 가지를 추가하고자 한다. 나는 앞으로 진행하는 논의에서 제한적 의무론의 다른 버전을 구분하지는 않을 것이다. 그렇지만 앞서 우리의 분배 원칙들에 관한 논의를 감안할 때 특히 흥미로울 수 있는 가능성 하나는 지적해두고 싶다. 제3장 제3절에서 밝혔듯이 나는 비록 모든 조건이 동일한 상황에서 사람보다는 약하더라도 동물에게 복지 분배를 요구할 권리가 있다고 생각한다. 그리고 본래 사람에게만 적용되는 분배 원칙들을 동물로까지 확장하는 대안적 관점에 대해서도 주목하고 있다. 분배 원칙이 '정의(justice)'에 관한 이론의 일부로 간주되고, 불의나 불공정성은 규범적 특성에 의무론적 요소가 포함돼 있는 존재들에만 해당된다면, 이 관점은 제한적 의무론의 적절한 버전으로 대변될 수 있을 것이다.

나는 이 버전의 제한적 의무론이 모두는 아니더라도 일부 의무론자들에 의해 수용될 것이라고 생각한다. 그렇더라도 여기에서 분배와 정의, 정의와 의무를 연결시키는 추가적 논리를 살피고자 시간을 할애하지는 않을 것이다. 현재의 목적에서 제한적 의무론의 특정 버전에 집중할 필요는 없다. 그보다 우리에게 우선시되는 작업은 제한적 의무론 이면에 있는 일반적인 사고방식을 평가하는 것이다. 의무론에서 동물을 전적으로 배제하는 것이 정말로 설득력이 있을까?

: 제2절_자율성은 사람만의 특성인가 :

나는 제한적 의무론이 진지하게 고려할 만한 가치가 있는 관점이긴 하지만 동물윤리와 관련한 대안적 이론은 될 수 없다고 생각한다. 의무론과 동물의 권리를 연결시키지 못하면 우리의 논의는 더 이상 진행되지 않는다. 사람에게 제공되는 의무론적 보호 장치들에서 동물들을 쉽게 배제해 버리면 사실상 그것으로 끝이다. 더 숙고할 여지가 생기지 않는다.

동물을 도덕적으로 헤아려야 할 대상이라고 여긴다면, 사람에 대해서 그렇듯이 동물 또한 의무론적으로 바라봐야 한다. 물론 그렇다고 동물이 사람과 동일한 의무론적 보호를 받아야 한다거나 그런 이론적 토대를 만들어야 한다는 의미는 아니다. 우리는 이미 제7장에서 의무론에 대한 단일주의적인 접근방식을 살폈으며, 결국 의무론은 단일주의를 받아들일 수 없다는 결론을 이끌어냈다. 의무론과 단일주의와의 결합은 분명히 잘못된 만남이 된다. 그러나 나는 우리가 도덕적 사고방식에서 의무론적 요소들을 거부하지 않는 이상 의무론의 대상에서 동물을 완전히 배제하면 곤란하다고 생각한다. 사람보다는 약한 의무론적 권리를 갖는다는 게 올바른 관점일 것이다. 제한적 의무론에 입각한 사람과 동물의 구분은 우리의 고민을 확실히 덜어주지만, 동시에 아무런 사고방식의 변화도 이끌어내지 못한다. 그저 '사람은 사람'이고 '동물은 동물'일 뿐이다.

여러분이 이와 같은 내 생각에 동의한다면, 사람에 대해 의무론적 권리를 제공할 수 있게 해주는 근거가 무엇인지부터 따져볼 필요가 있다. 좀 더 구체적으로 말해 어떤 특성이 사람에게는 있고 동물에게는 없어서, 사람은 의무론적 권리를 갖고 동물은 갖지 못하는지 살펴봐야 한다. 우리가 어쨌건 제한적 의무론에 별다른 거부감을 갖지 않는 까닭은 사람에게 그런 권리를 갖게 하거나 생성하게 해주는 특성을 동물은 결여하고 있기 때문일 것이다. 그렇다면 그 문제의 특성은 무엇일까? 의무론적 입장(이렇게 부를 수 있다면)을 취하기 위해서는 어떤 것들이 필요할까?

여기에서 던져야 할 두 가지 질문이 있다. 첫째, 사람에게 의무론적 권리를 부여할 수 있도록 해주는 특성은 무엇인가? 둘째, 동물에게는 의무론적 권리를 가질 만한 특성이 없다는 게 사실인가? 제한적 의무론은 첫 번째 질문에 대한 타당한 답변을 통해 두 번째 질문에 대한 대답의 설득력 여부를 식별할 수 있다고 전제한다. 예를 들어 사람이 의무론적 권리를 가질 수 있는 특성들을 동물도 갖고 있다면 두 번째 질문에 대한 대답은 "아니오"다. 또한 문제의 특성들이 사람에게 의무론적 권리를 부여하는 것과 관련이 없을 때에도 두 번째 질문에 대한 대답은 "아니오"가 된다.

첫 번째 질문에 대한 답변부터 시도해보자. 의무론적 권리 확보의 근거가 되는 특성을 무엇일까? 다시 말해 의무론적인 입장을 갖기 위해서는 어떤 특성이 요구될까? 만약 우리의 목적이 의무론에 대한 완벽한 철학적 변론이라면 (이미 알려진) 특정 특성들을 의무론적 입장의 근거로 나열하는 것만으로는 충분치 않을 것이다. 이와 더불어 가장 최대로 적절하게 문제의 특성들을 반영하는 의무론의 도덕적 틀을 제시해야 하며, 왜 그리고 어떻게 그 특성들이 의무론적 구조(결과주의가 아닌) 내에서 자리를 잡을 수 있는지 보여줘야 할 것이다.

그런데 다행히도 이런 복잡한 작업은 우리의 논의선상에서 불필요하다. 여기에서 우리의 목표는 어떤 특성이 진정으로 의무론을 지지하는지 평가하는 것이 아니며, 그런 특성들이 합리적이거나 적어도 합리적으로 보인다는 생각에 힘을 실어주는 것도 아니다. 논의의 진행을 위해서 일단 그와 같은 특성이 의무론적 권리를 확보하게 해준다고 가정하고, 단지 의무론자들이 지적할 수 있는 종류의 특성들만 식별하면 된다. 그런 다음 문제의 특성들을 동물이 결여하고 있는 게 사실인지 확인하면 되는 것이다.

자, 그렇다면 의무론자들이 거론할 것 같은 특성에는 어떤 것들이 있을까? 의무론자들의 주장에 따르면 어떤 특성들을 기반으로 사람이 의무론적 권리를 가질까? 여러 가지 의견이 제시될 수 있지만 내가 보기에 가장 보편적인 생각(가장 일반적인 의견)은 다름 아닌 '자율성(autonomy)'이다. 사람은 자율적인 존재이며, 이 자율성 덕분에 현재의 의무론적 권리를 갖고 있다.[3]

물론 자율성은 그 자체로 복잡하고 논쟁의 여지가 많은 개념일 뿐 아니라 지금도 정확한 윤곽을 드러내지 못한 채 토론이 계속되고 있는 주제다. 그래도 내가 생각할 때 기본 개념은 합리적으로 명확한데, 자율적 존재는 스스로의 삶을 어떻게 살아야 하는지에 대한 선호를 갖고 있으며, 외부의 힘이나 상황에 휘둘리거나 단순한 본능이 아닌 스스로의 의지에 따라 행동하며, 따라서 (최소한 어느 정도까지는) 스스로 선택한 삶을 산다. 여기에서 중요한 사실은 자율성이 삶의 목표를 추구하는 데 방해가 되는 요소들을 제거해주는 것도 아니며, 목표 달성에 필요한 자원이나 능력을 지원하는 것도 아니라는 점이다. 하지만 자율성은 스스로의 선호를 유지하면서 상황과 환경을 고려한 선택을 하고, 그 선택을 행동으로 옮기게 해주는 능력을 포함한다.

이런 맥락에서 사람은 자율성을 가진 존재이며 이를 근거로 사람은 의무론적 권리를 갖는다. 의무론적 권리는 설령 전반적으로 더 나은 결과를 가져오더라도, 우리의 의지에 반한 위해를 당하지 않도록 해주는 도덕적 보호를 제공한다. 그러나 자율적 존재는 스스로 어떤 삶을 살 것인가에 대한 통제력을 갖지만, 만약 보다 큰 선의 실현을 위해 개인의 비자발적 희생이 정당화되는 상황에서라면 이 같은 통제력은 감소하게 된다.

이것이 의무론에서 말하는 의무론적 권리의 근거가 되는 특성이라면, 이제 두 번째 질문인 동물에게 자율성이 결여돼 있다는 게 사실인지 여부로 연결된다. 나는 동물에게 자율성이 없다는 주장은 잘못이라고 생각한다. 동물도 자율적일 수 있다. 다만 사람보다는 덜 자율적일 뿐이다. 이때 유념해야 할 것은 자율성이 완벽한 형태로 있거나 아니면 아예 어떤 흔적도 없는, 단순히 '켜고 끄는(on/off)' 특성은 아니라는 점이다. 자율성은 다양한 '정도'로 나타난다. 그렇기 때문에 의무론적 권리의 기반을 마련해주는 자율성이 동물에게도 '약하게나마' 있다고 하는 것이 타당한 관점이다. 그리고 이는 제한된 의무론을 거부해야 한다는 것을 의미한다. 동물은 의무론적 권리를 결여한 게 아니라 약한 정도로 갖고 있는 것이다.

나는 개체마다 갖고 있는 자율성의 정도가 다르다고 여긴다. 물론 엄밀히 말해서 이 생각이 옳더라도 그것이 곧바로 동물들에게 의무론적 권리가 부여돼야 한다는 뜻은 아니다. 약하고 다양한 형태의 자율성을 논리적으로 상정할 수 있지만, 현실에서는 이처럼 정도가 약한 형태의 자율성 중 동물에게서 나타나는 것들은 없다는 사실이 입증될 수도 있다. 아마도 현실에서 자율성의 축소된 형태를 보여주는 유일한 존재는 '인간 어린이'뿐일 것이다. 이들은 성인이 되면서 점점 더 자율적 존재로 성장하지만, 실제로 동물은 그 어떤 자율성이라도 전혀 보여주지 못할지 모른다. 만약 이것이 현실이라면 동물에게 약하게나마 의무론적 권리를 부여해야 한다는 주장은 실패할 것이다. 그렇지만 보다 약한 형태의 자율성은 논리적으로 가능할 뿐 아니라 인간 어린이만 이렇게 '제한된 자율성'을 갖고 있는 것도 아니다. 오히려 제한된 자율성이라는 관점에서 생각하면 동물도 이와 같은 보다 제한된 형태의 자율성을 갖는다고 보는 것이 설득력 있고 자연스럽다. 자율성이 의무론적 권리의 기반이 된다면 동물 또한 그 권리를 가져야 한다.

하지만 우리는 동물이 가진 자율성은 매우 제한돼 있다는 점을 염두에 둬야 할 것이다. 일반적인 인간 성인은 동물과 달리 '고도로' 자율적이다. 우리는 인생 전체에 대한 계획을 세울 수 있고, 우리가 경험할 미래에 초점을 맞춰 의사결정을 한다. 여기에서 우리의 선호는 오늘에서 내일로, 다음 달로, 다음 해로, 다음 10년으로, 그렇게 아주 먼 미래로까지 확장된다. 한 걸음 더 나아가 우리의 욕구는 단순히 일시적으로만 확장되는 것이 아니라, 우리 삶의 다양하고 거대하며 거의 무제한적인 범위와도 연결된다. 우리는 누구를 만나고 싶고 누구와 인생을 함께하고 싶은지에 대한 욕구를 갖고 있으며, 어떤 일 어떤 직업으로 삶을 영위할지에 대한 욕구도 갖고 있다. 살고 싶은 곳, 입고 싶은 옷, 먹고 싶은 음식, 듣고 싶은 음악 등 사소한 것부터 웅대한 것까지 수많은 욕구를 갖고 산다. 우리는 인생의 중심을 어떻게 유지할지 계획하는 동시에 아침 식사로 5분 안에 어떤 시리얼을 먹을지 사소한 결정을 내리기도 한다. 우리는 스스로 크고 작은 목표를 세우며 그것을 이룰 수 있는 최선의 방법을 고민한다. 우리는 내가 선택한 삶을 내가 만들어가는 방식으로 행동하고 살아간다. 이렇듯 사람은 고도의 자율성을 가진 존재다.

이에 반해 확실히 동물은 사람 수준만큼 자율적이지는 못하다. 그렇다고 동물이 비자율적 존재는 아니다. 자신의 삶 전반에 대해 뚜렷한 선호를 갖는 동물은 거의 없지만, 자신만의 선호를 갖는 것은 분명해 보인다. 동물도 선택을 하고 결정을 내린다. 예컨대 개는 자기 꼬리를 물지 다람쥐를 쫓을지 선택할 수 있다. 비록 우리가 내리는 인생의 선택보다 덜 인상적이고 하찮은 선택일 수 있지만 어쨌든 선택은 선택이다. 더욱이 자율성이 우리가 인생의 중요한 문제를 의도적으로 고찰할 때만 발현되는 것은 아니다. 여러분이 점심 식사 후 후식으로 초콜릿케이크를 먹을지 애플파이를 먹을지 정하는 것보다 사소하고 뚜렷하지 않은 결정을 할 때에도 자율성은 명백히 나타나고 있다.

동물은 먼 미래에 대해 생각하는 능력에서 사람보다 현저히 떨어지지만, 그럼에도 불구하고 그들이 미래에 대한 선호를 전혀 갖지 못한다고 생각하는 것은 잘못이다. 예컨대 제비는 둥지의 어린 새끼들에게 먹이겠다는 의도를 갖고 벌레를 잡으며, 다람쥐는 나중에 먹겠다는 요량으로 열매를 숨겨놓는다. 물론 확실한 사실은 동물이 '미래' 또는 '나의 삶'과 같은 개념을 통한 선호를 갖지는 않을 것이며, 스스로에게 "내 삶은 앞으로 어떻게 될까?" 하는 질문도 던지지 않으리라는 점이다. 단순히 사람보다 덜 발달되고 덜 정교한 자율성을 보여주고 있을 뿐이다. 더욱이 사람이 갖고 있는 선호의 대부분도 추상적이고 고차원적인 의미를 담고 있지는 않다. 대개는 그저 우리 삶의 작은 부분들과 연관돼 있을 뿐이다. '무엇을 먹을까', '어디로 갈까', '음악을 들을까', '차를 마실까'와 같은 일종의 '1차 선호'가 우리 삶의 상당 부분을 차지하고 있듯이 동물들 또한 무엇을 먹을지, 어디로 갈지, 누구와 짝짓기를 할지와 같은 1차 선호가 그들의 삶을 구성하고 있다. 동물도 삶에 대한 선호를 갖고 있다고 할 수 있으며, 그들 역시 나름대로 최선을 다해 그런 선호에 따라 행동하고 있는 것이다. 다만 내가 염두에 둬야 한다고 말했듯이 자율성이 제한돼 있을 뿐이다. 따라서 동물은 비록 사람만큼은 아니더라도 분명히 자율적인 존재다.

짐작건대 동물들도 마찬가지로 자율성의 정도와 형태가 그들 안에서 각양각색일 것이다. 삶에 대한 욕구는 여러 차원에서 시시각각 변할 수 있다. 욕구는 보다 먼 미래를 포함한 시간의 범위 또는 주어진 개인의 삶에서 더 넓은 범위를 포함한 주제의 폭에 따라 달라질 수 있으며, 논리적으로 복잡하거나 단순할 수도 있다. 예를 들어 어떤 욕구는 특정 사건이 일어나는 경우에 한정된 조건부 선호일 수 있고, 어떤 욕구는 의식적이거나 자아를 확연하게 드러내는("내가 그것을 원한다고!") 것일 수도 있다. 나아가 욕구는 얼마만큼의 숙고와 성찰을 통하는지에 따라 달라지며, 대안의 폭이 넓은지 좁은지 또는 대안이 전혀 없는지에 따라서도 변할 수 있다. 동물 종류마다 보유한 능력에서 차이가 있으므로 이와 같은 욕구도 각각 다를 것이다. 이를테면 어떤 동물은 가까운 미래에 대해 어느 정도 고려할 수 있고, 어떤 동물은 인지적 측면에서 당장의 상황에만 집착할 수도 있을 것이다. 또 어떤 동물은 자신의 행동이 가져올 결과에 대해 판단할 수 있으며, 어떤 동물은 의도적으로 선택하는 선호를 이보다는 훨씬 적게 갖고 있을 것이다.[4] 이렇듯 각각의 동물들은 다양한 방식으로 더하거나 덜한 형태의 자율성을 확보하고 있다. 이런 이유로 그들이 갖는 의무론적 권리도 각각 다를 것이다.

그러나 분명히 어떤 이들은 동물이 자신들의 삶에 대한 선호를 갖고 있다는 사실은 인정해도, 그것만으로는 자율적 존재의 근거가 될 수 없다고 이의를 제기할 것이다. 자율성은 삶의 내용에 대한 선호를 갖는 것 이상의 무엇을 요구하며, 그 선호 역시 본능을 능가하는 무엇을 필요로 하기 때문이다. 관건은 선호와 그것에 따른 선택이 철저히 해당 개체 스스로에게 있는지, 즉 '개별화된(individualized)' 선호에 따른 것인지의 여부에 달려 있다. 같은 종에 속하는 모든 동물이 유사한 환경에 놓였을 때 일제히 똑같은 선호를 갖고 있다면, 해당 특정 동물에게 자신의 삶에 대한 자율성이 있다고 할 수 없다. 이보다는 특정 종에 속한 개체들이 표준적으로 갖고 있는 '속성적(generic)' 선호라고 하는 편이 적절할 것이다.[5] 그리고 만약 어떤 개체의 선호가 속성적인 것이라면, 당연하게도 그 개체가 자율성을 가졌다고 말하기는 어려울 것이다.

이제 논점은 명확해졌다. 동물이 자신들의 삶에 대해 선호를 가졌고 그 선호에 따라 최선을 다해 행동한다는 것은, 내가 제1장 제3절에서 설명한 의미의 '행동 능력'을 가졌다는 뜻이 된다. 그런데 자율성은 행동 능력 이상의 무엇을 필요로 한다. 이와 더불어 방금 언급했듯이 특정 개체의 선호가 속성적인 것이 아니라 '개별화된' 것이어야 한다. 같은 논점을 약간 다르게 표현하자면, 자율성에는 (스스로 자신만의 목표를 정한다는 의미에서) 목표를 세울 수 있는 능력을 요구하는데, 이는 그 목표가 해당 개체의 동류와는 조금이나마 달라야 한다는 것을 의미한다.[6]

보통의 인간 성인은 이 기준을 적용할 때 명백히 자율적이다. 사람은 자신의 삶을 어떻게 영위해야 할지에 대한 선호를 가질뿐더러, 이런 선호는 사람마다 모두 달라서 어떤 두 사람도 똑같을 수 없다. 각 개인의 선호는 그들 자신의 고유한 것들이고, 삶의 방식에 대한 개인의 비전은 그들의 개별 선택을 반영하며, 그 선택이 유사한 환경에 있는 다른 개인들이 내렸던 결정과 같을 까닭도 없다. 예컨대 여러분이 철학을 공부하도록 유도하는 것은 본능이 아니다. 많은 사람들이 이를 쉽게 무시하기 때문이다. 여러분이 바나나 크림파이보다 크렘 브륄레(crème brulée)를 더 좋아하도록 하는 것도 본능이 아니다. 그저 개인적 선택의 문제들이다. 우리 각각의 삶은 개성을 나타내는데, 이는 인간 개체가 표준적으로 갖고 있는 속성적 선호의 복사본이 아니다.

물론 일반적인 사람의 삶에 널리 퍼져 있는 '공통성(commonalities)' 역시 부정할 수 없을 것이다. 사람이라면 누구나 먹고 싶어 하고 자고 싶어 한다. 사랑과 우정을 바라고 사람들 사이에서 좋은 관계를 원한다. 분명히 우리의 삶에는 이처럼 속성적이고 공통적인 측면이 있다. 그럼에도 불구하고 우리는 매우 개별화된 개체이며 고도로 자율적인 존재다.

하지만 동물이 사람보다 더 속성적인 삶을 따르고 더 속성적인 선호를 갖고 있다고 해서 동물의 삶이 그저 속성적이라고 단정하는 건 지나친 단순화가 될 것이다. 삶이 완전히 속성적이거나 완전히 개별적일 수는 없다. 두 가지 특성이 섞여 있다고 보는 것이 적절하다. 방금 살폈듯이 우리의 삶조차 어느 정도는 속성적인 측면을 갖고 있다. '스펙트럼 (spectrum)'을 통해 가시광선이 갈라지듯 극명하게 나뉘지는 않는다. 동물 종은 스펙트럼상 어디엔가 위치하게 마련이지만, 그 안에서 개별성을 위한 일정 공간은 남겨 놓는다. 사람과 마찬가지로 모든 동물에게도 식욕이 있는데, 종에 따라 먹이의 범위는 한정돼 있다. 그런데도 개별화된 선호의 여지는 남아 있다. 이를테면 이 기니피그(guinea pig)는 당근을 선호하는 반면 저 기니피그는 콩을 선호하며, 이 가터뱀(garter snake)은 지렁이를 좋아하는데 저 가터뱀은 곤충을 좋아한다. 마찬가지로 이 갈매기는 절벽에 둥지 트는 것을 선호하지만 저 갈매기는 나무 위에 트는 것을 선호한다. 이 상어는 자기가 아는 사람이 쓰다듬어주는 것을 좋아하는 반면 저 상어는 먹는 것을 좋아한다.[7] 이 토끼는 사람들과 어울리는 것을 선호하고 저 토끼는 자기들끼리 노는 것을 선호한다. 그리고 개별성은 더 작고 순간적인 방식으로 드러나기도 한다. 만약 우리가 길을 걷다가 갈림길에 섰을 때 나는 왼쪽을 선택하고 여러분은 오른쪽을 선택하는 식으로 개별성을 드러낸다고 한다면, 우리와 똑같이 개들도 그런다는 사실을 기꺼이 받아들여야 한다.

그런데 어떤 동물들의 경우에는 비속성적인 선호가 있더라도 드러나지 않는다. 예를 들어 파리는 분명히 선택을 하지만 다른 파리들도 비슷한 상황에서 같은 선택을 하기 때문에 단순히 본능적인 선택처럼 보인다. 그렇기 때문에 파리가 개별화된 선호, 즉 각각 자신만의 선호를 갖고 있다고 이야기하는 것은 타당하지 않다. 하지만 파리처럼 스펙트럼의 맨 아래에 있는 동물 종을 제외한 많은 동물들에게 이보다는 덜 속성적이고 더 개별화된 선호가 있다는 관점은 설득력을 갖는다. 개별성의 수준은 종마다 천차만별이지만, 그 어떤 동물도 사람만큼은 아니어서 우리가 가진 정도의 개별화된 선호에는 이르지 못할 것 같다. 그렇더라도 이것이 동물에게 개별화된 선호가 없다는 것을 뜻하지는 않는다.

종합적으로 판단할 때 자율성에는 '행동 능력'과 함께 '개별성'도 요구된다는 것에 동의하더라도, 동물에게 자율성이 결여돼 있다는 결론을 내리면 안 된다. 올바른 결론은 이것이다. 동물은 사람보다 덜 자율적이지만 적어도 일부는 '제한된 자율성'을 갖고 있다. 그러므로 자율성이 의무론적 권리를 갖기 위한 근거가 된다고 할 때 일부 동물에게는 의무론적 권리를 부여해야 한다. 물론 사람보다는 훨씬 약한 정도의 권리가 되겠지만, 오직 사람만이 의무론적 권리를 가진다는 제한적 의무론은 오류를 범하고 있다.

확실히 자율성을 결여한 동물들도 있다. 파리와 같은 곤충 또는 아마도 진화계통도의 맨 아래쪽에 있는 동물 종이 그럴 것이다. 물론 나는 이에 대한 분석은 하지 않겠다. 내가 잘 알지 못하는 분야의 전문 지식이 필요한 작업이다. 그러나 어쨌든 이처럼 자율성이 없는 동물에게는 의무론적 권리도 없으며, 이들에게는 '결과주의'가 가장 적합한 '도덕적 틀'이 될 것이다. 그럼에도 불구하고 제한적 의무론을 수용하는 것과는 거리가 멀다. 제한적 의무론은 동물을 의무론적 대상으로 설정하지 않는다. 따라서 이 견해는 동물윤리에 관한 대안적 견해가 될 수 없다.

: 제3절_충분한 자율성이라는 어불성설 :

바로 앞에서 나는 자율성이 다양한 '정도'로 나타나며, 일부 동물은 사람만큼은 아니더라도 '제한된 자율성'을 갖고 있다고 주장했다. 그런데 제한적 의무론자들이라면 내가 방금 설명한 내용이 부정확하다고 반박할 수도 있을 것이다. 내가 말하고자 한 핵심은 삶에 대한 개별화된 선호에 따른 행동 능력의 정도를 통해 해당 존재를 평가할 수 있는 차원이 있다는 것이었다.

물론 동물이 다양한 정도의 개별화된 선호와 그에 따른 행동 능력을 갖고 있다는 사실이 곧장 자율성을 가졌다는 결론으로 이어지는 것은 아니다. 아마도 제한적 의무론자들은 자율성 개념을 그 차원에서 정의된 범위의 최상단에 있는 존재들로만 제한할 것이다. 자율성은 '높다' 또는 '크다'라는 개념과 유사하다. 높다거나 크다거나 하는 것은 모두 '상대적인' 개념이기 때문에 그 자체로는 얼마나 높고 큰지 알려주는 바가 없다. 모든 물질적 객체는 각각 그보다 낮거나 작은 대상과 비교해 높거나 클 뿐이다. 무엇과 비교하느냐에 따라 높을 수도 낮을 수도 있으며, 클 수도 작을 수도 있는 것이다. 마찬가지로 자율성도 각각 그 정도가 다르기 때문에 "자율성이 높다", "큰 자율성을 가졌다" 식으로 말하는 것은 전부 애매한 표현이 된다는 것이다.

만약 자율성이라는 개념이 스펙트럼의 '최상단'에 있는 존재들에만 제한된다면, 동물은 전혀 자율적이지 않고 이 제한선에 들지 못하는 존재로 판명될 수 있다. 그렇다면 우리가 살펴본 것과는 달리 실제로 동물에게는 아무런 의무론적 권리도 없게 된다. 그러나 나는 자율성의 개념에 대한 이와 같은 제한적 의무론자들의 견해가 잘못됐다고 생각한다. 나는 어떤 개체에게 자율성을 가졌다고 말할 수 있는 유일한 경우가 자신의 삶에 대한 '매우 높은' 수준의 개별화된 선호에 따라 행동하는 존재들에만 국한된다고 여기지 않는다. 내가 보기에는 그렇지 않은 경우도 많다. 예를 들어 한창 성장하는 아이들을 보자. 우리는 이 아이들이 완전한 자율성을 가졌다고 생각하지 않지만 제한된 자율성은 충분히 보여주고 있으며, 특정 영역에서 개별화된 자신만의 선호를 갖고 있다. 아주 어린 아이들에서조차 그들의 삶에서 무엇이 먹고 싶은지, 어떤 장난감을 갖고 놀고 싶은지, 어떤 자장가를 듣고 싶은지에 대한 개별화된 선호를 발견할 수 있다. 의심의 여지없이 이와 같은 선호의 수준이 높아질수록 자율성의 정도 또한 강해질 것이다. 동물들도 그렇다. 어느 정도는 개별화된 선호에 따라 행동하므로 제한된 자율성을 가진다고 보는 것이 타당한 관점이다.

하지만 설령 자율성의 본질에 대한 제한적 관점이 옳고, 높은 수준의 개별화된 선호를 가진 경우에만 자율성이 있더라도, 이것만으로는 제한적 의무론이 정당성을 확립하기에 충분치 않다. 왜냐하면 이 시점에서의 질문은 "어떤 개체가 의무론적 권리를 갖기 위해서 엄격한 의미의 자율성이 요구되는가?"이기 때문이다. 만약 단순히 자율성이 어떤 개체가 높은 수준의 개별화된 선호를 갖고 있는 경우에 붙이는 일종의 라벨이라면, 아마도 의무론적 권리를 갖기 위한 근거로서의 특성은 '개별화된 선호'가 될 것이다. 그리고 어떤 개체가 그와 같은 선호를 가졌고 그에 따라 행동한다면, 그것이 '자율성'이라고 간주하기에 충분한지 여부와는 상관없이 의무론적 권리를 가져야 한다. 물론 엄격한 의미에서는 제한된 형태의 개별화된 선호를 가진 개체에게 '어느 정도의 자율성'이 있다고 말하는 것이 정확하지 않을 수 있다. 그렇지만 '자율성' 개념을 엄격하게 설정하더라도 개별화된 선호를 갖고 있다면 비록 약하게나마 의무론적 권리를 갖는다고 봐야 한다.

나는 지금 자율성이라는 개념이 '높다' 또는 '크다'라는 개념과 유사하게 작동하더라도 도덕적 관점에서 아무런 문제가 되지 않는다고 주장하고 있다. 자율성이 상대적으로 높든 낮든 간에 도덕적 중요성을 갖는 것은 자율성이 아니며 그 저변에 깔려 있는 차원, 즉 해당 개체의 삶에 대한 개별화된 선호를 바탕으로 하는 '행동 능력'이기 때문이다. 의심의 여지없이 동물은 이것을 다양한 수준으로 갖고 있기에 의무론적 권리도 다양한 수준으로 확보하고 있는 것이다. 다만 그 정도에서 차이가 있을 뿐이다.

따라서 개별화된 선호와 그에 따른 행동 능력을 갖추면 되는 것이지, 그 수준이 매우 높아야만 의무론적 권리가 있고 낮으면 없다는 식의 논리는 타당하지도 않고 중요하지도 않다. 어느 수준이든 동물은 의무론적 권리를 갖는다. 그래도 보다 명료한 이해를 위해 나는 이런 식의 이야기가 적절하다고 가정하겠다. 다시 말해 어떤 개체가 개별화된 선호를 가졌고 그에 따라 행동한다면 '자율성'이 있다고 봐도 무방하다고 간주할 것이다. 이에 대해 엄격한 의미에서 개별화된 선호가 상대적으로 높은 수준인 경우에만 어느 정도 자율성을 갖는다고 생각하는 사람들도 이 대안적 관점의 의미를 이해한다면 별 무리 없이 함께 논의를 이어갈 수 있을 것이다.

내 주장을 다시 한번 정리하자면, 어떤 동물들은 비록 사람보다는 덜 자율적이라고는 해도 분명히 자율성을 갖고 있다. 그러므로 자율성이 의무론적 입장의 근거, 즉 의무론적 권리를 갖는 데 필요한 조건이라면 동물 역시 의무론적 입장을 갖고 있다고 인식해야 한다. 대신 동물은 사람보다 정도가 약한 제한된 자율성을 갖기 때문에 의무론적 권리도 이에 비례해 약하거나 더 제한된다.

그렇다고는 해도 나는 모든 이들이 자율성에 관한 이런 접근방식에 공감하리라고는 생각하지 않는다. 더욱이 이 사안과 관련해 의무론자들 모두가 자율성을 의무론적 입장의 핵심 요건으로 주목하지도 않을 것이다. 하지만 우리의 논의선상에서 결정적인 질문은, 정확히 무엇이 의무론적 입장의 기반을 제공하느냐와 상관없이 그 특성들이 정도에 따라 다르게 나타난다면, 동물이 비록 사람보다는 적더라도 그것을 실질적으로 갖고 있느냐. 내가 생각하기에 이 질문에 대한 대답은 "그렇다"이다. 그리고 이것이 동물의 의무론적 입장을 판단하는 가장 중요한 기준이다.

그렇기에 나는 이 논의를 진행하면서 동물이 의무론적 권리를 갖는 근거로 앞서 내가 설정한 '제한된 자율성'을 계속 내세울 것이다. 자율성을 강조하는 것은 의무론적 입장의 기반을 증명하는 가장 보편적인 논리다. 동물이 자율성을 가졌다고 판단할 수 있는 특성들을 약하게라도 보유하고 있는 이상 의무론적 입장을 취하는 것이며, 비록 사람만큼은 아니지만 이를 통해 의무론적 권리 또한 확보하는 것이다. 따라서 자율성이 의무론적 입장의 기반이 되는 특성이라면 의무론적 권리로 제공되는 보호장치 중 일부라도 가져야 한다. 이는 단순히 낮은 수준의 자율성을 갖고 있는 존재더라도 높은 수준의 존재들보다 약하거나 제한된 의무론적 권리를 가진다는 의미다.

이 관점이 옳다면 우리는 상대적으로 높은 도덕적 지위를 갖는 동물이 도덕적 지위가 낮은 동물에 비해 더 강력한 의무론적 권리를 갖는다고 결론 내릴 수 있을까? 그럴 수 있을 것이다. 권리를 보유한다는 것은 규범적 특성의 핵심적인 부분이므로, 더 강력한 의무론적 권리를 갖게 되면 자동적으로 더 높은 도덕적 지위를 갖는다고 할 수 있다. 또한 높은 도덕적 지위를 가지면 일반적으로 그에 걸맞은 의무론적 권리가 따라온다고 예상할 수 있다. 그런데 우리는 제5장 제3절에서 도덕적 지위의 기반을 마련해주는 정신적 능력들 가운데 보다 진보된 형태의 행동 능력이 개체의 복지 수준을 높일 수 있는 가능성에 관해 살핀 바 있다. 그렇다면 자율성은 이 그림에 어떻게 맞춰 들어갈 수 있을까? 우리가 확인한 형태의 상대적으로 정교한 정신적 능력들을 갖고 있는 개체들도 자율성 측면에서 높은 점수를 받을 수 있을까? 아니면 개체의 자율성 수준은 다른 정신적 능력들과는 독립적으로 변화할까?

잠깐만 고민해보면 그 대답이 명확해진다는 것을 알 수 있다. 실제로 앞서 우리가 논의한 종류의 정교한 정신적 능력들이 높은 수준의 자율성을 가능케 해주는 것들이다. 삶의 보다 넓고 광범위한 측면에 대해 개별화된 선호를 가질 수 있는 능력은 미래를 계획하는 능력을 포함한 추상적이고 복잡한 사고력과 감성 능력 등에 달려 있으며, 이는 창의력과 상상력, 자기인식 및 자기지각 능력에 따라 달라진다. 또한 더 높은 도덕적 지위의 기반을 제공하는 것으로 이전에 확인한 능력들 중 자기관리와 반성 능력 그리고 자율적 선택 능력도 포함된다.

이를 통해 우리는 자율성이 개체의 도덕적 지위를 일반적으로 보장해주는 능력들에 따라 달라진다고 판단할 수 있다. 그래서 우리가 도달한 결론을 이렇게 요약할 수 있다. 사람은 동물보다 도덕적 지위가 더 높으며, 그에 따라 더 강력한 의무론적 권리를 갖고 있다. 하지만 동물 역시 의무론적 권리를 갖고 있으며, 도덕적 지위가 높은 동물은 낮은 동물에 비해 더 강한 권리를 갖는다. 다시 말해 어느 정도 자율성을 갖고 있는 개체라면 어느 정도의 의무론적 입장을 갖게 되며, 자율성의 정도에 따라 의무론적 권리는 강해지거나 약해진다. 나는 이것이 의무론자가 취해야 할 올바른 관점이라고 생각한다. 따라서 제한적 의무론은 거부돼야 한다.

그럼에도 불구하고 제한적 의무론자들은 어떤 개체의 의무론적 입장이 해당 개체의 자율성에 따라 계속 변화한다는 사고방식은 잘못이라고 주장할 수 있다. 개체가 '충분히' 자율적이지 않다면 어떤 종류의 의무론적 입장도 취하지 못한다고 할 것이다. 다시 말해 '매우 높은' 수준의 자율성을 갖고 있지 않으면 그 개체에게는 의무론적 권리가 없다는 것이다. 그리고 알다시피 이들에게 매우 높은 수준의 자율성을 갖는 개체는

'사람'밖에 없다.

　내가 거듭 제한적 의무론을 거부해야 한다고 주장하면서도 아직 논증을 끝맺지 못하는 까닭은, 이 문제가 결코 쉽지 않을뿐더러 마치 두더지 게임처럼 한쪽을 논박해도 다른 쪽에서 반론이 튀어나오기에 일일이 살펴서 방어해야 하기 때문이다. 지금의 논지는 동물을 의무론에서 배제해야 한다는 제한적 의무론자들의 애초 관점이 아니라, 동물이 갖는 자율성의 '제한된 정도'에 대한 반론이다. 즉, 이 주장은 어떤 개체가 의무론적 입장을 가지려면 '어느 정도'의 자율성만으로는 불충분하다는 뜻이다. 이를테면 의무론적 입장을 취하는 데 필요한 자율성 요구 수준에 '차단점(cutoff point)' 지점이 있어서, 거기에 미치지 못하면 의무론적 권리를 제공받지 못한다는 이야기다. 물론 제한적 의무론자라면 이 차단점을 '매우 높게' 설정할 것이다. 상상하기 어려울 것도 없이 오직 '사람'만이 이 차단점을 통과할 만큼 '충분히' 자율적이라는 논리로 끌려가게 된다. 이를 논박하지 못하면 결국 제한적 의무론이 올바른 것으로 판명된다. 제한적 의무론자들이 십분 양보해 동물도 자율성을 갖고 있다는 사실을 인정하더라도, 차단점을 통과할 만큼의 충분한 자율성은 아니라고 하면 그만이다. 결국 사람은 여전히 진정한 의무론적 권리를 갖지만 동물은 그럴 수 없게 된다.

　그렇다면 나는 이렇게 질문하고 싶다. 차단점을 통과할 정도로 충분한 자율성을 갖지 못한 장애를 가진 인간의 경우에는 뭐라고 말할 것인가? 그들도 의무론적 입장을 갖지 못한 것일까? 나라면 현재 심각한 정신 장애가 있는 인간이더라도 어쩌면 고도의 자율성을 가질 수 있었다는 '양식적 인격' 개념으로 그들의 의무론적 권리 근거의 토대를 마련할 것이지만 더 이상 캐묻지는 않겠다.

동물에게 의무론적 권리를 제공하는 사안은 우리의 도덕적 의지와 관련이 있다. 제한적 의무론의 입장에서 사람에게만 적용해야 하는 의무론을 동물로까지 확장하는 문제이므로 우리의 관용도 요구된다. 아니라고만 고집하면 끝까지 아닐 뿐이다. 내가 위에서 설명한 견해를 채택한다는 것은 제한적 의무론자들의 관점을 거부해야 함을 의미한다. 내가 고수하고 있는 견해는 의무론적 입장의 기반이 되는 특성이 무엇이든 간에 이런 특성을 확보한 개체라면 의무론적 입장을 취하지만, 그 수준은 보유한 특성들의 정도에 따라 달라진다는 것이다. 이 관점은 자율성 인정에 요구되는 매우 높은 위치의 차단점이 있다는 제한적 의무론자들의 사고방식을 부정한다. 자율성이 의무론적 입장의 근거가 되는 특성이라면 그 정도에 따라 적어도 가장 약한 형태로나마 의무론적 권리를 생성한다고 보는 것이 맞다. 높은 차단점을 통과해야만 의무론적 입장을 갖는다는 아전인수격 논리로는 절대로 동물이 의무론적 권리를 제공받을 수 없는 것이다.

더욱이 짚고 넘어가야 할 문제가 또 있다. 이 문제는 자율성의 가변적 속성으로 인해 제기될 수 있다. 우리가 동물이 의무론적 권리를 갖기 위해 '어느 정도'의 자율성 수준을 확보해야 한다는 견해에 동의해도 제6장 제4절에서 '정상적 편차'라고 불렀던 문제에 봉착하게 된다. 그런데 제한적 의무론자들의 주장대로 모든 동물은 차단점 아래로 떨어지고 모든 사람은 그것을 통과하더라도, 사람들 사이에서 각각 얼마나 자율성을 갖고 있는지에 따라 편차가 발생한다고 생각하는 것이 여전히 타당해 보인다. 이에 따라 의무론적 입장을 취하기 위한 차단점이 있더라도, 다른 사람들보다 더 높은 수준의 자율성을 가진 사람들은 더 강력한 의무론적 권리를 포함해 더 높은 도덕적 지위를 가져야 한다는 결론에 이를 여지가 계속 남아 있게 된다. 의심할 여지없이 나는 이와 같은 결론은 제한적 의무론자들이 받아들이지 않으리라고 생각한다.[8]

물론 나 역시 정상적 편차 문제에서 자유롭지 못하다. 내가 계층적 관점에서 지금까지 주장해왔듯이 어떤 개체가 갖는 의무론적 권리의 강도는 해당 개체의 자율성 수준에 따라 달라지는데, 그렇게 되면 분명히 어떤 사람은 보다 강한 자율성을 가졌다는 이유로 다른 사람들보다 더욱 강력한 의무론적 권리를 가질 것이다. 정상적 편차는 앞서 계층주의에 대한 우려 요소들 중 내가 명확한 답변을 잠시 보류해놓은 상태이기 때문에 내게 아직 생생히 살아있는 문제다. 하지만 여기에서의 논지는 보다 좁아서, 비록 우리가 차단점 개념을 수용하더라도 정상적 편차 문제에 걸리게 된다. 다시 말해 제한적 의무론 또한 이 문제를 해결해야 하는 것이다.

언뜻 생각하기에 만약 제한적 의무론자들이 차단점보다 상위에 위치한 자율성 수준에는 차이가 없다고 설정한다면 정상적 편차 문제는 생기지 않을 것이다. 그러나 썩 설득력 있는 주장은 못된다. 사람들 사이에서 자신이 살고 싶은 삶의 방식에 대한 장기적 계획의 규모나, 개별화된 선호를 행동으로 옮기려는 노력의 정도가 실제로 제각기 다르다는 것은 명백한 사실이기 때문이다. 따라서 자율성이 의무론적 입장과 관련된 특성이라고 할 때, 사람들이 저마다 가진 의무론적 권리의 정도가 달라질 수 있다는 결론으로부터 벗어나기란 어렵다. 이뿐만 아니라 설령 사람이 확보할 수 있는 자율성에 차단점이 있더라도, 즉 완벽하거나 완전한 자율성 같은 것이 실질적으로 있더라도, 모든 사람이 이 '상한'에 위치해 있다고 생각할 만한 합리적 이유는 없다.

그렇기 때문에 제한적 의무론자들이 동물에 의무론적 권리를 부여하는 것은 거부하면서 사람들 사이에 발생하는 정상적 편차를 부정한다면, (그 아래로의 자율성 수준은 의무론적 권리의 기반이 되지 못한다는) 차단점이 실제로 있다고 주장해야 하는 동시에 차단점 위로는 (더 이상 의무론적 권리를 강하거나 약하게 만드는 편차가 없어서) 도덕적 차이가 비활성화된다는 주장도 해야 한다. 요컨대 '너무 작은' 자율성도 보다 낮은 의무론적 입장의 기반이 되는 데 전혀 영향을 미치지 못하며, 마찬가지로 '너무 큰' 자율성도 보다 높은 의무론적 입장을 취하는 데 아무런 역할도 하지 못한다. 자율성의 이와 같은 '잉여분(surplus)'은 모두 낭비일 뿐이다.[9] 하지만 나는 자율성과 같이 끊임없이 변화하는 도덕적 특성이 왜 이런 식으로 '평평해져야' 하는지 도무지 이해할 수 없다.

: 제4절_전부냐 전무냐, 이분법적 특성 :

제한적 의무론의 근본적인 문제는 이것이다. 제한적 의무론자들은 '자율성'이라는 도덕적 특성을 가리키며 이 특성이야말로 의무론적 입장의 기반이 된다고 말한다. 그런데 이 자율성은 가변적이어서 크거나 작거나 많거나 적을 수 있는 특성이다. 그렇기에 우리는 자율성의 정도와 수준에 따라 그 결과물인 의무론적 권리 역시 다양한 정도로 나타날 것이라고 예상한다. 그러나 이런 접근방식은 제한적 의무론과 충돌한다. 그래서 자율성과 관련한 질문이 재조정된다. 이제 그들은 특정 개체가 '얼마나' 자율적인지 묻는 대신 그 개체가 '충분히' 자율적인지 묻는다. 하지만 애석하게도 이와 같은 논리의 비약이 정당한 동기에 따른 것인지는 분명치 않다.

제한적 의무론자들에게는 의무론적 입장의 근거가 될 만한 특성들을 식별할 필요가 있다. 그리고 그 특성은 특정 개체에게 있든지 없든지 둘 중 하나여야 한다. 더욱이 이런 특성은 보다 크거나 작으면 안 되는데, 일정치 않고 가변적인 속성은 의무론적 권리의 정도가 달라질 가능성으로 연결되기 때문이다. 그렇게 되면 동물에게는 의무론적 권리가 전혀 없고 사람에게는 똑같이 평평하게 있다는 그들의 주장과 배치된다. 의무론적 입장을 취하는 데 기반이 되는 특성인 자율성이 '가변적'이라면, 그런 특성을 가진 모든 개체는 그 크기나 양에 따라 각각 '정도가 다른' 의무론적 권리를 갖게 될 것이다.

따라서 제한적 의무론자들에게는 '어느 정도'나 '얼마만큼'이라는 개념을 원천봉쇄할 수 있는 '이분법적(dichotomous)' 특성이 필요하다. 말하자면 '전부냐 전무냐(all or none)'의 양자택일 식으로, 사람은 누구에게나 동일한 정도로 있고 동물에게는 아예 없어야 하는 것이다. 지금까지 우리의 논지에서 '자율성'은 이 관점을 충족하지 못한다. 이 특성은 전부냐 전무냐가 아니라 그 '정도'에 따라 다양하게 나타난다. 비록 자율성이 제한적 의무론의 토대를 제공하긴 하지만 이분법적 관점으로는 잘못된 논리적 형태가 될 뿐이다.

그렇다고 자율성으로부터 이분법적 특성을 구성하는 작업이 불가능한 일은 아니다. 적절한 '차단점'만 지정하면 쉽게 할 수 있다. 자율성의 가변적 속성을 무시한 채 '충분한' 자율성을 갖고 있느냐 없느냐 하는 이분법적 기준만을 의무론적 입장과 연결시키면 된다. 이렇게 하면 아무리 자율성이 가변적이어도 "충분히 자율적인가?"라는 질문에 지정된 차단점을 기준으로 "그렇다"와 "아니다"라는 두 가지 대답만 가능해진다. 이에 차단점을 가장 높은 수준으로 설정해놓으면 동물은 이 기준을 충족하지 못하므로 의무론적 입장이 아예 없는 반면, 사람은 모두 똑같이 이를 충족하므로 의무론적 입장을 취하며 동일한 의무론적 권리를 확보한다.

이와 같은 사고방식을 설명하는 데 실제로 사용되는 사례가 있다.[10] 평면에 그려져 있는 원(圓)을 떠올려보자. 그리고 점(點)이 있는데, 어떤 점들은 원 안에 있고 다른 점들은 원 바깥에 있다. 이를 이분법적 관점에 대입해보면 점들은 원주상에 있는 점들도 포함해 원 안에 있든지 원 밖에 있든지 둘 중 하나다. 비슷한 맥락에서 점들은 원의 중심에 가깝게 있거나 떨어져 있다.

그런데 이 점들의 위치가 아무리 원 중심에서 가깝거나 멀어도, 단순히 원 안에 있느냐 바깥에 있느냐는 이분법적 특성으로 바라본다면 중심으로부터의 거리는 아무런 의미를 갖지 못한다. 원 안에 있는 점들은 모두 그저 원 안에 있는 것이며 원 바깥에서도 그렇다. 어떤 점이 원 중심에 매우 가깝게 있다고 한들 그 점이 원 안에서 '더 큰 정도'로 위치하는 것은 아니다. 원 안에 있는 점들은 동등하게 자리를 차지하고 있을 따름이다. 마찬가지로 어떤 점이 원주 바깥쪽에 있더라도 이 점이 원 안에 '제한된 정도' 또는 '어느 정도'로 위치한 것은 아니다. 설령 원주에 바짝 붙어 있어도 단지 원 바깥에 있는 점일 뿐이다.

이 논리대로라면 제한적 의무론자들은 자율성이 의무론적 입장에서 도덕적으로 관련된 특성이 아니라고 해야 한다. 나는 점들 각각의 위치가 중요하다고 보는데 이들은 그렇지 않다. 이를테면 위 사례에서 자율성이 원 안에 들 정도로 충분한지 아닌지만 중요하다. 충분하거나 없거나 둘 중 하나다. 각각의 개체가 가진 자율성의 정도가 달라도 충분하다는 요건만 충족시킨다면 모두 똑같이 충분하다. 차이는 인정되지 않는다. 원 바깥에 위치해 있다면 원주에서 가깝든 멀든 간에 충분치 않다. 자율성이 없는 것이다. 이처럼 자율성 자체가 아닌 자율성이 차단점을 통과할 만큼 충분한지 여부를 특성으로 설정해 의무론적 입장을 판단한다면, 아무리 약하게나마 동물이 자율성을 갖고 있더라도 의무론적 입장을 취할 수 없으며 의무론적 권리도 제공받지 못한다. 사람의 경우에는 자율성의 정도 차이와는 상관없이 차단점을 넘을 만큼 충분하므로, 모든 사람들이 똑같은 의무론적 권리를 확보하게 된다.

이것이 제한적 의무론자들이 내세울 수 있는 논리다. 그러나 제한적 의무론자라면 주장할 게 틀림없는 이런 논리는 그 사고방식 자체가 오만함으로 가득 차 있다. 자율성을 '충분한 자율성'으로 이름만 바꿨을 뿐이다. 그 이름이 뜻하는 바는 알 수가 없다. 차단점은 얼마만큼 높은 곳에 있는 것일까? 아마도 동물은 결코 의무론적 입장을 취할 수 없는, 아무리 닿으려 해도 닿지 않는 어딘가에 있을 것이다. 실제로 동물에게 꽤 높은 자율성이 있다는 것이 사실로 밝혀져도 충분한 자율성이 아니라고 하면 그만이다. 이들의 주장이 설득력을 가지려면 의무론적 입장의 근거가 되는 특성이 '자율성'이 아니라 '충분한 자율성'이라고 했을 때 그 속성이 어떻게 달라지는지 설명할 수 있어야 한다. 이는 내가 말한 '어느 정도의 자율성'과는 맥락이 다른 이야기다. "자율성이 어느 정도 있다면 자율성이 있는 것이다"와 "자율성이 충분하게 없다면 자율성이 없는 것이다"는 별개의 문제이기 때문이다. 상식적으로만 봐도 어느 쪽이 말 같을까? 제한적 의무론자들이 논점을 '자율성'에서 '충분한 자율성'으로 건너뛸 때부터 이미 아전인수의 논리가 시작되는 것이다.

자율성이 의무론적 권리를 생성하는 데 어떤 식으로 작용하는지 이해하는 것은 어려운 일이 아니다. 의무론적 권리는 개체가 삶의 방식에 대한 통제력을 상실하지 않도록 보호한다. 또한 개별화된 선호를 통해 행동할 수 있는 여지를 제공한다. 이 모든 것이 자율성에 기인한다. 다시 말해 자율성이 있기 때문에 얻을 수 있는 권리다. 다만 개체가 갖고 있는 자율성의 정도에 따라 제공받을 수 있는 의무론적 권리의 수준도 달라진다. 이처럼 자율성을 바탕으로 의무론적 권리에 대해 생각하는 것은 무척 자연스럽게 보인다. 적어도 어떤 식으로 관련이 있는지 그 개요만이라도 알 수 있다. 방금과 같은 우리의 해석은 어느 정도라도 자율성을 갖고만 있다면 의무론적 권리를 얻을 수 있다는 생각을 뒷받침하는 것이며, 이는 제한적 의무론자가 부정하고 있는 바로 그것이다. 그래서 제한적 의무론자들이 자율성에서 충분한 자율성으로 논리를 비약시키면 우리는 이와 같은 해석을 더 이상 할 수 없게 된다. 이들이 인정할 만큼의 충분한 자율성이 아니면 의무론적 권리에 다다르지 못하기 때문이다(자율성이 있는 건 알겠는데 인정은 안 해줄래).

게다가 자율성이 아니라 '충분한' 자율성을 갖는 것이 관건이라면 고유의 도덕적 중요성을 띠는 '특정한' 자율성이 있다는 셈이 된다. 그런데 무엇이 그렇게 할 수 있는지 알기란 쉽지 않다. 원 밖에서 아무런 역할도 하지 못하고 있던 자율성들을 제치고 갑자기 원 안으로 들어가 어디에선가 나타난 의무론적 권리의 축복을 받게 되는 자율성은 어떤 것일까? 반면 누가 봐도 높은 수준의 자율성인데 전혀 규범적 역할을 하지 못한 채 머물러 있는, 의무론적 입장이 되지 못하고 늘 대기할 수밖에 없는 수준의 자율성은 또한 무엇일까? 이와 같은 질문들이 제한적 의무론자들은 답변할 수 없는 것들이다.[11]

나는 의무론적 입장을 취하기 위해 특정한 자율성을 갖고 있어야 한다는 주장이 비논리적이라기보다 오히려 이 논리에 철학적 동기가 없다는 말을 하고 싶다. 또한 나는 제한적 의무론자들이 설정하려는 차단점 자체가 아니라, 이분법적 구분을 위한 단 하나의 차단점 그리고 그 차단점

제 8 장 · 동물에게는 의무론적 권리가 없는가

의 위치가 매우(어딘지 보이지 않을 정도로) 높다는 사고방식을 자의적이고 정당하지 않은 것으로 본다. 의무론적 입장을 취하려면 특정한 자율성을 가져야 하는 이유가 무엇일까? 어떤 수준의 자율성이든 의무론적 입장을 취하기에 충분하다고 하면 안 되는 것일까?

어쩌면 이 지점에서 제한적 의무론자들의 차단점이 앞서 우리가 살펴본 '임계치'를 떠올리게 할 수도 있을 것 같다. 물론 모든 유형의 임계치가 동기도 없고 설득력도 없다고 주장하려는 것은 아니다. 예컨대 지구의 중력을 벗어나려면 초속 11.2킬로미터라는 이른바 '탈출 속도(escape velocity)'가 요구된다. 그 미만의 속도로는 중력을 이겨내지 못한다. 얼음의 물 분자를 결합하고 있는 화학적 결합을 깨려면 물 분자가 일정 수준의 '운동 에너지(kinetic energy)'를 확보해야 한다. 그렇지 않으면 얼음은 녹지 않는다. 이렇듯 임계치 개념은 우리 주변 곳곳에서 발견할 수 있다.

이와 같은 물리적·화학적 임계치 외에 우리가 이 책에서 논의하고 있는 도덕적 임계치도 마찬가지로 엄연히 존재하며, 더욱이 모든 임계치가 도덕의 영역에서 문제를 야기하는 것도 아니다. 우리가 이미 확인했듯이 대부분의 사람들은 온건한 의무론자이며 의무론적 권리가 임계치와 관련 있다고 여긴다. 충분한 양의 선이 위태로우면 생명권과 같은 의무론적 권리의 무게가 임계치에 이르게 되며 결국 그 권리를 침해하는 행위가 용납된다. 반면 위험에 처한 선이 적다면 임계치에 미치지 못해 의무론적 권리는 고스란히 지켜진다. 즉, 의무론적 권리를 침해하는 행위가 정당화되려면 임계치에 도달해야 하는 것이다.

같은 사례를 다른 방식으로 해석해볼 수도 있다. 우리가 어떤 행동을 하면 실현할 수 있는 일정 양의 선이 있다고 가정해보자. 다른 모든 조건이 동일할 때 이 사실은 우리가 그 행동을 수행해야 하는 몇 가지 이유를 제공해준다. 그런데 그 행동이 어떤 종류의 의무론적 권리를 침해하는 상황도 포함하고 있다고 상상해보자. 그렇다면 그 행동은 허용될 수 없는 게 될까? 꼭 그렇지는 않을 것이다. 만약 침해당할 의무론적 권리가 그 행위로 실현할 수 있는 선을 상쇄할 만큼 강력하지 않다면 행위는 허용된다. 의무론적 권리가 충분히 강력해 실현되는 선보다 더욱 중요한 경우에만 그 행위는 부당한 것이 된다. 따라서 여기에서도 마찬가지로 임계치 문제에 직면하게 되는데, 의무론적 권리가 충분히 강력하지 않으면 그와 같은 상황에서 권리를 침해하는 행위가 허용되는 것이다.

이와 같은 논리는 완벽하게 간단하고 명료하기에 의문을 제기할 만한 여지가 없다. 어떤 특성 또는 요소가 다른 요소를 상쇄하거나 능가할 만큼 충분히 강력할 수 있는 상황에서 자연스럽게 설정되는 개념이 임계치다. 어떤 종류의 의무론적 권리라도(아무리 약한 것이더라도) 취하기 위해서는 그 전에 '충분한 자율성'이 확보돼야 한다는 주장은 들어설 명분이 없다. 미약한 의무론적 권리조차 생기지 못하도록 길 한가운데 서서 방해하는 그것은 과연 무엇일까? 어떤 종류의 의무론적 권리라도 얻기 위해 극복해야 할 도덕적 힘은 도대체 무엇일까?

나는 이 질문에 어떤 답변이 나올 수 있을지 상상할 수 없다. 물론 너무 약한 의무론적 권리라면 이에 대항하는 도덕적 상황을 극복하기에 무리일 수 있을 것이다. 이를테면 특정 수준의 선의 실현을 상쇄할 만큼 충분히 강력하지 못할 수 있다. 하지만 그렇다고 해서 약한 의무론적 권리조차 취하지 못하도록 훼방을 놓는 규범적 힘이 존재할까? 아무리 생각해도 없는 것 같다. 내가 보기에 어떤 종류의 의무론적 권리라도 가지려면 충분한 자율성을 먼저 갖고 있어야 한다는 주장은 지극히 자의적이다.

그게 아니라 내가 계속해서 설명했듯이 아무리 작거나 적은 자율성이더라도 그에 맞는 의무론적 권리의 기반이 되기에 부족함이 없다. 다만 자율성의 정도에 따라 의무론적 권리의 수준도 높아지거나 낮아지고, 강해지거나 약해지는 것이다. 나는 이런 접근방식이 훨씬 더 타당하다고 확신한다.

그럼에도 다시 말하지만 나는 가변적인 자율성이라는 특성을 이분법적 특성으로 구성하는 게 불가능하다고 주장하는 것은 아니다. 분명히 우리는 어디에나 '차단점'을 지정할 수 있으며 이를 기준으로 이보다 크거나(많거나) 작은(적은) 논리적 구분을 할 수 있다. 문제는 왜 그 차단점에 '충분한'이라는 조건을 붙이느냐다. 그로 인해 그 특정한 자율성에 도달할 만큼의 자율성이 아니면 의무론적 권리를 아예 취할 수 없게 되고, 다행히 그 이상이 돼서 권리를 획득하더라도 '얼마만큼'의 자율성을 가졌는지와 상관없이 획일적으로 똑같아지는 것이다. 이것이 핵심 쟁점이다. 그들은 왜 도덕성이 실제로 그렇게 작동된다고 생각할까? 어떤 개체의 자율성은 차단점 바로 아래에 있고 다른 개체는 간신히 차단점 위에 있다고 했을 때, 왜 이 무시해도 될 만한 미미한 차이가 누구는 권리를 갖고 누구는 갖지 못하게 할까? 더욱이 차단점 위와 아래는 모두 뭉뚱그려 권리가 있거나 없게 되고 그 안에서는 아무런 차이가 없게 되는 것일까? 여러분도 이들의 논리가 설득력 있어 보이지 않을 것이다.

그런데 내가 아는 한도 내에서 제한적 의무론자들에게 희미하게나마 유망할 수 있는 논리가 하나 있다. 의무론적 입장과 관련된 도덕적으로 중요한 다른 특성, 자율성이나 충분한 자율성과는 다른 '별개의' 특성이 존재한다고 생각해보자. 또한 이 특성도 이분법적인데, 논리 전개 과정에서 억지로 설정한 게 아니라 '본질상' 이분법적 특성이라고 가정하자.

그리고 이 본질적으로 이분법적인 이 특성이 자율성의 차단점과 관련돼 있어서, 어떤 개체의 자율성이 충분하면 이 특성을 갖게 되고 그렇지 않으면 결여된다고 상상해보자.

만약 이와 같은 사례가 실제로 있다면 우리는 충분히 자율적인지 아닌지 생각할 만한 이유를 찾을 수 있다. 그렇지만 실질적으로 중요한 문제는 이 다른 특성을 갖고 있는지의 여부다. 아울러 이 특성 자체도 이분법적이기 때문에, 자율성이 충분하지 않은 개체는 (이 특성을 확보하지 못하므로) 결과적으로 의무론적 권리가 결여되며, 충분히 자율적인 개체는 (정도와 크기가 고정된 이 특성을 가지므로) 모두가 동일한 수준의 의무론적 권리를 갖게 된다. 이 논리에서는 충분한 자율성이 어떤 도덕적 역할도 하지 않는다. 단지 의무론적 입장과 관련된 이 다른 특성과 연결돼 있을 뿐이다.

이제 앞서 원의 사례로 돌아가보자. 이번에는 원이 아직 없고 중심만 있다고 할 때, 누군가가 점들이 원 안에 있는지 원 밖에 있는지가 중요한 문제라고 강력하게 주장한다면 우리는 이 원을 어떻게 그릴 수 있을까? 중심으로부터의 거리가 점들이 갖는 가변적 속성이어도 원 안과 원 밖을 이분법적으로 구분하기 위해서는 일단 원을 그려야 할 것이다. 중심을 기준으로 일종의 컴퍼스를 이용해 어떤 크기로건 원을 그리는 순간 원주가 차단점이 되며, 그로부터 원 안과 밖이 구분된다. 이때부터는 중심에서 어느 정도 떨어져 있는지가 아닌 원 안인지 밖인지만 중요해진다. 도덕적 차이는 이처럼 어떤 점이 차단점 안에 있는지 밖에 있는지의 구분에서 비롯될까? 이 질문 역시 내가 이미 제한적 의무론자들을 압박했던 것들과 유사하다고 할 수 있다.

어쩌면 이렇게 설명하는 편이 더 적절할 듯하다. 이 원이 둥근 대형 천막이라고 생각해보자. 여러분은 이 천막의 중심에 가깝게, 즉 지붕 아래에 있거나 천막 밖에 있다. 그런데 갑자기 비가 내리기 시작한다. 여러분이 천막 안에 있다면 지붕 덕분에 비를 맞지 않겠지만, 천막 밖에 있다면 내리는 비를 다 맞아야 할 것이다. 이때 여러분이 천막 중심에 얼마나 가까이 있는지는 중요하지 않다. 그저 지붕이 있는 천막 안에만 있으면 비를 맞지 않는다. 천막 밖에서 천막에 얼마나 가까이 있는지도 중요하지 않다. 비를 맞기는 매한가지이기 때문이다. 천막 중심으로부터의 거리가 가변적이라는 사실은 여기에서 아무런 상관이 없다. 이 상황에서 실제로 작동하고 있는 특성은 천막 안이냐 밖이냐다. 이 이분법적 특성이 비가 내린다는 사실과 관련해 천막 안에 있는 게 중요한 이유를 설명해준다.

따라서 나는 제한적 의무론자들이 자율성을 의무론적 입장을 취하는 데 필요한 특성으로 여기되 그 요건은 충분한 자율성이어야 한다는 관점을 견지하려면, 자율성과는 구분되지만 충분한 자율성의 차단점과 관련 있는 본질적으로 이분법적인 다른 특성을 제시해야 한다고 생각한다. 그런 다음 도덕적 권리를 얻을 수 있는 역할을 그 다른 특성이 수행한다고 주장해야 한다. 바로 그 특성이 어떤 개체의 의무론적 권리 획득 여부를 실질적으로 설명해주는 것이다. 그러면 '충분한 자율성'이나 '차단점'이라는 개념을 내세우지 않아도 되기에 자의적이고 정당하지 못한 논리라는 내 우려를 사라지게 할 수 있다.

이렇듯 내 제안대로 제한적 의무론자들이 그 다른 특성을 찾아낸다면 그들의 입장은 지켜질 수 있을 것이다. 하지만 고백건대 나로서는 무엇이 그 다른 특성이 될 수 있는지 모르겠다. 그런 특성이 존재할 가능성을 지적하는 것과 실제로 그것을 찾아내는 일은 별개의 문제다. 어쨌든 그 다른 특성이 제한적 의무론자들의 논리에 타당한 근거를 제공하려면 세 가지 조건을 충족시켜야 한다. 첫째, 그 특성은 의무론적 입장 확보와 권리 획득의 기반이 돼야 한다. 그러려면 이미 의무론적 권리의 기반으로 인정받는 자율성과 긴밀한 연관이 있어야 한다. 둘째, 그 특성은 본질적으로 이분법적이어야 한다. 그래야 차단점에 대해 다시 논리를 세울 필요 없이 그 특성이 결여된 개체는 아예 의무론적 권리를 얻지 못하며, 갖고 있는 개체들은 모두 동일한 의무론적 권리를 획득할 수 있다. 셋째, 그 특성은 사람에게만 있고 동물에게는 없어야 한다.

이와 같은 특성을 발견한다면 적잖은 공적을 이루게 될 것이다.[12] 더욱이 혹시라도 제한적 의무론자들이 이런 특성을 찾아내는 데 성공한다면 심지어 자율성과의 연관성조차 떼어버릴 수 있을지도 모른다. 사실상 그들에게 필요한 것은 의무론적 입장의 기반이 된다는 주장이 설득력을 얻을 수 있는 특성 하나면 되는데, 그 다른 특성이 굳이 자율성과 연결되지 않아도 충분하다면 가능할 것이다. 그러면 본질적으로 이분법적이고 오직 사람에게만 있어야 한다는 두 가지 조건만 충족하면 된다. 신경 쓰이는 자율성을 팽개치고 그 다른 특성에 직접 논리를 제공해 자신들의 제한적 의무론을 옹호할 수 있다.

이미 언급했듯이 나는 이와 같은 모든 조건을 충족시킬 특성을 찾지 못했다. 이는 그런 특성이 없다고도 주장하지 못한다는 뜻이 된다. 그렇기 때문에 제한적 의무론이 폐기돼야 한다는 논증을 깔끔이 마무리하지 못하게 됐다. 이것이 나의 솔직한 고백이다. 그러나 이 점은 제한적 의무론자들도 마찬가지다. 오히려 그 특성이 무엇인지 입증해야 할 임무는 내가 아닌 그들에게 있다. 내 개인적인 관점에서 말하자면 그들이 임무를 성공적으로 완수할 수 있다고 생각하지 않는다. 사실상 불가능한 임

345

무다. 그리고 나는 마땅히 제한적 의무론을 거부해야 한다고 믿는다.

한편으로 일반적인 의무론자들은 의무론적 입장의 근거가 자율성(또는 자율성이라고 할 만한 어떤 특성)에 있다는 보편적인 접근방식을 취하고 있다. 내가 계속해서 주장하듯이 자율성은 이분법적 특성이 아니라 가변적이다. 따라서 내가 이해하는 한 의무론자들이 내려야 할 결론은 의무론적 권리가 다양하게 나타나야 한다는 것이다. 물론 동물이 사람보다 덜 자율적인 것은 인정하더라도 그것이 그들에게 자율성이 없다는 의미가 돼서는 안 된다. 동물 역시 비록 약한 형태일지라도 의무론적 권리를 갖고 있는 것이다.

제9장

동물을 아우르는 계층적 의무론

: 제1절_약한 권리 강한 권리 :

내가 생각하기에 의무론에서 가장 설득력을 갖는 견해는 사람뿐 아니라 동물들에게도 의무론적 입장을 부여하는 것이며, 개체에게 부여된 권리의 '강도(정도)'는 해당 개체의 도덕적 지위에 따라 달라진다. 물론 이는 '계층적' 관점이다. 하지만 마찬가지로 계층적 관점인 제한적 의무론과 달리 이 견해는 동물을 의무론의 대상에서 배제하지 않는다. 다만 의무론 내에서 도덕적 지위의 차이를 인정한다. 동물은 사람보다 약한 의무론적 권리를 가지며, 어떤 동물은 다른 동물보다 약한 권리는 갖는다. 그 이유는 관련 능력이 보다 덜 발달됐거나 덜 정교하기 때문이다. 의무론에서 이 관점을 이제부터 '계층적 의무론(hierarchical deontology)'이라고 부르기로 하자.[1]

내가 이미 지적했듯이 의무론자들은 일반적으로 의무론적 입장의 기반이 되는 특성을 자율성(또는 자율성이라고 할 만한 어떤 특성)이라고 여긴다. 그런데 우리가 사용하게 될 '계층적 의무론'은 매우 광범위한 의미를 담고 있는 용어이므로, 자율성 이외에도 해당 특성이 동물의 의무론적 입장과 그에 따른 의무론적 권리에 아주 조금이라도 영향을 미칠 수 있다면 기꺼이 포함시킬 수 있다. 따라서 앞으로의 논의는 의무론적 권리이긴 하지만 사람보다는 약한 형태인 '동물의 권리'를 인식하는 과정이 될 것이다.

그러나 어떤 이들은 의무론적 권리에 정도의 차이가 있다는 사고방식, 예컨대 사슴이 보유한 위해 당하지 않을 권리는 사람보다 약한 반면 뱀보다는 강하다는 식의 생각은 잘못이라고 주장한다. 이와 같은 우려는 사실 어떤 개체의 권리가 다른 개체보다 강하거나 약하다는 생각이 아니라, 의무론적 권리에 정도 차이가 있다는 사고방식 자체를 향하고 있다. 가끔 제기되는 문제인데다 혼란을 가져오기도 하는데, 의무론적 권리를 갖거나 갖지 못할 수는 있어도 동일한 권리를 갖고 있는 두 개체에서 그 정도가 다를 수는 없다는 논리다. 다음 인용문은 사람과 사람 사이의 권리가 정도의 측면에서 달라지는 것이 불가능하다는 주장이다.

> 권리는 타인이 우리를 어떻게 대우할 수 있는지에 대한 제한이기 때문에, 어떤 사람이 다른 사람보다 약하거나 덜한 권리를 가진다는 것은 의미 없는 발언이다.[2]

물론 이 주장은 사람의 권리와 관련해 제기된 것이다. 그렇지만 권리가 개인이 어떻게 대우받아야 하는지에 대한 제한이라는 것과, 보다 약한 권리에 대한 주장의 의의를 부정한다는 점에서 동물이 갖는 권리에도 그대로 적용될 수 있을 것이다. 그러므로 이 주장은 (만약 계속 이어졌다면)

동물을 포함하는 더 일반적인 개념으로 확장돼 "어떤 개체가 다른 개체보다 약하거나 덜한 권리를 가진다는 것은 의미 없는 발언"이라는 결론으로 연결돼야 한다.

이와 더불어 사람으로만 한정하지 않은 유사한 주장도 있는데, 다음 인용문의 저자는 동물의 권리에 대해서도 말할 생각이 있어 보인다.

> 도덕적 권리의 소유는 정도에 따른 것이 아니다. 이 권리를 소유한 개체들이 동등하게 소유한다.[3]

그렇더라도 권리가 보다 약하거나 강한 버전으로 나타날 수 없다는 것이 정말 사실일까? 어떤 개체가 다른 개체보다 약한 버전을 가졌다는 것을 제외하고 두 개체가 동일한 권리를 갖고 있다는 생각은 혼란을 야기하거나, 비합리적이거나, 아니면 그저 불가능한 것으로 즉시 폐기돼야 할까?

나로서는 그렇게 생각해야 하는 이유를 찾기 어렵다. 언뜻 떠올려봐도 온건한 의무론자들이라면 충분히 이해할 수 있는 사고방식이 있다. 온건한 의무론자들에게는 때때로 의무론적 권리보다 더욱 무겁게 생각해야 할 것이 있기 때문인데, 일반적인 상황에서라면 당연히 금지될 행동이 이런 상황에서라면 허용된다. 다름 아닌 '임계치'에 도달할 때다. 온건한 의무론자들은 충분한 크기의 선이 위태롭다면 권리의 임계치를 넘게 되므로 해당 권리를 침해하는 행위가 용납될 수 있다고 여긴다. 특히 개체가 가진 위해 당하지 않을 권리는 임계치를 갖고 있다는 입장을 견지하고 있다.

예를 들어 우리 앞에 위해 당하지 않을 권리를 가진 A와 B 두 사람이 있다고 가정해보자. 그리고 우리가 어떤 선을 실현해야 하는 불가피한 상황에서 특정 크기의 위해를 가하는 것을 고려하고 있다고 생각해보자. 어느 정도의 선이 실현돼야 위해를 가하는 행위가 정당화될 수 있을까? 다시 말해 특정 크기의 위해를 가하려고 할 때 임계치의 수준은 어느 정도일까?

이에 대한 대답은 "사람마다 달라질 수 있다"이다. 즉, 권리 침해가 허용될 수 있는 수준의 선의 양을 뜻하는 임계치는 설령 위해의 크기가 같더라도 어떤 사람이 다른 사람에 비해 높을 수도 있다. 다시 말해 특정 위해를 A보다 B에게 가하는 것이 더 큰 선을 실현시키는 결과로 정당화될 수 있다. 임계치가 이처럼 달라질 수 있다면 A의 위해 당하지 않을 권리가 B보다 더 강하다고 말하는 것이 솔직하고 자연스럽다. 반면 B는 해당 상황에서 권리의 임계치가 낮다는 사실로 인해 이 경우 더 약한 권리를 갖고 있다고 말하는 것이 합리적이다. 그리고 이와 같은 상황이 전반적인 경우에서 사실이라면(가해질 수 있는 모든 크기의 위해에 대해 B의 임계치가 늘 낮다면), B는 A보다 위해 당하지 않을 권리를 더 약하게 갖는다고 표현하는 것이 당연하다. 결국 어떤 특정 상황에서는 권리가 강도의 측면에서 달라질 수 있는 것이다.

이는 어떤 권리가 다른 권리보다 약하다는 의미가 아니라, 동일한 권리를 소유했을 때 어떤 사람이 다른 사람보다 권리의 강도가 약하거나 강할 수 있는 뜻이다. 특정 권리가 어떤 사람에게는 다른 사람보다 약할 수도 있고 강할 수도 있다는 게 의미 없는 발언이 아니라는 점을 지적한 것이다. 더욱이 우리는 계층적 의무론이 동물을 의무론에 포함시킬 때 가장 설득력 있는 버전이 된다는 사실을 지금까지의 논의를 통해 이해하고 있다. 계층적 관점에서 사람과 동물은 모두 의무론적 권리를 갖고 있지만 그 강도는 각각의 도덕적 지위에 따라 달라진다. 또한 우리가 살폈듯이 도덕적 지위에 따른 권리의 강도 변화를 설명하는 방식 중 하나는 임계치와 관련이 있다. 동물이 갖고 있는 위해 당하지 않을 권리에 대한 임계치는 사람의 임계치보다 낮다고 표현할 수 있다. 물론 임계치가 낮은 이유는 도덕적 지위가 낮기 때문이다. 이와 비슷한 맥락에서 뱀의 임계치는 (어떤 특정 해를 입어야 하는 상황일 때) 사슴보다 낮아질 수 있는 것이다.

어떤 개체의 의무론적 권리가 다른 개체보다 약하거나 강하다고 말할 수 있는 또 다른 방식도 있다. 그 일부는 뒤에서 따로 고려하겠다. 여기에서는 동일한 상황에서 각각의 임계치 수준이 달라지는 방식에 논의의 초점을 맞출 것이다.

그런데 얼핏 보기에도 절대적 의무론자들은 권리가 강도의 측면에서 변할 수 있다는 사고방식에 동의하지 않을 것 같다. 여러분도 알다시피 절대적 의무론자들은 권리에 대한 임계치 설정 자체를 거부하므로, 어떤 개체의 임계치가 다른 개체보다 낮거나 높다는 사고방식을 받아들이기 어렵다(그렇다면 아마도 위 인용문의 두 저자는 모두 절대적 의무론자일 것이다).

그러나 우리는 이미 절대적 의무론을 거부해야 하는 이유를 알고 있다. 비록 절대적 의무론도 의무론을 동물에게까지 확장시키는 논의와 관련이 있지만, 앞서 톰의 사례에서 그가 생존하기 위한 유일한 방법인 사슴이나 송어를 잡아먹는 것을 허용하려면 이 견해를 배격해야 한다. 만약 위해 당하지 않을 권리에 임계치가 없다면 톰은 결코 살아남을 수 없다. 동물을 죽이는 행위가 어떤 경우에서라도 금지되기 때문이다. 물고기를 죽여 톰의 생명을 구하는 게 아무리 더 큰 선을 실현하는 것이더라도 그럴 수 없다. 심지어 쥐 한 마리를 죽여 수백, 수천, 수백만의 인간 생명을 살릴 수 있어도 할 수 없게 되는 것이다.

나는 이와 같은 결론은 수용할 수 없다고 생각한다. 대부분의 의무론 자들도 내 생각에 동의할 것이다. 여러 논리적 정황을 종합해볼 때 절대 적 의무론자들은 결국 제한적 의무론의 입장에 설 수밖에 없다. 의무론 을 동물에게 적용하면서도 자신들의 의무론적 신념(본래는 사람만을 대상 으로 한)을 유지하려면, 마치 단일주의와 결합한 것처럼 사람이든 동물이 든 어떤 상황에서라도 위해를 가하면 안 된다고 주장해야 하는데, 이 설 득력 없는 주장은 계속되는 논박으로 힘을 잃게 되고 급기야 의무론에서 동물을 배제하는 선택밖에는 할 수 없을 것이다. 하지만 나는 앞에서 꽤 많은 지면을 할애해 제한적 의무론이 정당화될 수 없다는 주장을 펼쳤 다. 내가 믿는 것처럼 동물에게도 의무론적 입장을 취하게 하고 그에 맞 는 의무론적 권리를 부여하려면 권리에 임계치를 설정할 수 없다는 관점 은 거부돼야 한다. 동물의 권리에 대한 임계치를 사람보다 낮게 배치해, 톰이 물고기를 죽이지 않으면 안 되는 불가피한 상황에서 임계치를 충족 시킬 수 있도록 하는 것이 타당하다.

그럼에도 불구하고 한 가지 생각해볼 수 있는 사안은, 이런 견해를 어 떤 특정 유형의 절대적 의무론자들은 받아들일 수도 있을 것 같다는 점 이다. 우리는 제7장 제2절에서 절대적 의무론자들은 한 사람이 가진 생 명권을 얼마나 많은 생명을 살릴 수 있는지의 문제와는 상관없이 결코 침해당할 수 없는 권리로 여긴다는 사실을 확인했다. 그렇지만 엄밀히 말해 이들의 의무론적 판단의 대상은 사람이므로, 동물의 생명권과 관련 해서는 얼마나 많은 선이 위태로운지와 상관없이 절대적 의무론의 관점 을 견지하지 않을 수도 있다. 다시 말해 사람의 생명권에는 임계치가 있 을 수 없다는 주장을 굽히지 않으면서 동물에 대해서는 그럴 수 있다는 관점을 가질 수 있다. 그렇게 되면 동물은 생명권 또는 더 일반적으로 위해 당하지 않을 의무론적 권리를 갖고 있지만 그 권리에는 임계치가 있으며, 아마도 톰이 무인도에서 살아남기 위해 사슴과 송어를 잡아먹는 것이 허용되는 정도의 임계치일 것이다.

이와 같은 관점, 즉 사람의 권리에 대해서는 절대적 의무론인데 동물에 대해서는 온건한 의무론인 이런 견해를 '절대적'이라고 부를 수 있을까 없을까? 이 질문에 대한 대답이 실질적 의미를 갖지는 않을 것이다. 오히려 중요한 논점은 이 견해가 합리적이라는 것이며 또한 계층적 의무론의 관점이라는 사실이다. 아울러 동물의 의무론적 권리에는 임계치가 있으나 사람에게는 없다면, 동물의 권리가 더 약하다는 뜻이기 때문에 중요하게 다뤄야 할 명분도 생긴다. 따라서 동물이 사람보다 약한 의무론적 권리를 갖고 있다는 사고방식은 동물윤리에 주목하는 의무론자라면 마땅히 받아들여야 할 관점인 것이다.

하지만 적당히 낮은 임계치로는 톰이 물고기를 잡아먹을 수 없다는 주장을 피하기에 충분치 않다. 우리가 이미 거듭 살폈듯이 사람이 보유한 위해 당하지 않을 권리에 대한 임계치는 극단적으로 높기 때문에, 행여 물고기의 임계치가 이 수준 근처에만 있더라도 톰이 물고기를 죽이는 행위가 금지될 것이다. 동물에 대한 임계치가 사람에 비해 '어느 정도' 낮으면 여전히 그 수준이 지나치게 높은 것이어서 톰은 아무것도 할 수 없게 된다. 결국 동물의 권리에 대한 임계치는 '현저히' 낮아야 하는 것이다.

그렇기에 계층적 의무론의 입장에서 동물의 의무론적 권리에 대한 임계치는 낮은 정도가 아니라 매우, 상당히, 현저하게 낮다. 이 견해는 어떤 식으로 정립될까? 동물 권리의 임계치를 설정할 때 어떤 것들을 고려해야 할까? 이제 우리는 이와 같은 문제들을 풀어갈 것이다.

: 제2절_권리의 임계치와 도덕적 지위에 관한 방정식 :

우리가 지적했듯이 직관적으로 생각해봐도 위해 당하지 않을 권리에 임계치가 있다면 그 수준은 '위해의 크기'에 따라 달라질 것이다. 예컨대 누군가의 피부를 바늘로 살짝 찌르는 것을 정당화할 수 있는 선의 양은 주먹으로 코를 때리는 행위를 정당화하는 선의 양보다 덜할 것이다. 이를 수학적인 용어로 표현하면 임계치 수준은 '위해의 크기에 대한 증가함수'다.

또한 계층적 의무론을 받아들이면 임계치 수준은 '도덕적 지위에 대한 함수'이기도 하다. 다른 모든 조건이 동일할 때 보다 높은 도덕적 지위의 개체는 보다 낮은 개체들보다는 높은 임계치 수준을 갖는다. 이는 일정 크기의 위해를 사람에게 가하는 경우, 이를테면 소에게 가하는 것보다 훨씬 많은 선을 실현해야 함을 의미한다.

이 두 가지 생각을 개략적으로 종합한 결과는 다음의 〈그림 1〉과 같은 그래프로 나타낼 수 있다.

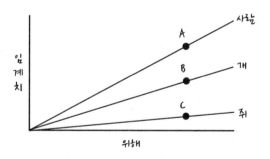

〈그림 1〉 가변 기울기를 취하는 임계치

〈그림 1〉에서 X축은 가해지는 위해의 크기를 나타낸다. Y축은 임계치의 수준, 즉 위험에 처하게 되는 선의 양을 의미한다. 세 개의 선은 각각 사람, 개, 쥐의 가능한 임계치다. 이 그림에서 나는 온건한 의무론의 관점을 채택해 사람에게 위해를 가할 때에도 임계치가 있다고 가정했다. 만약 동물에 대해서만 임계치를 인정하는 견해를 선호하는 사람이라면 맨 위의 선을 영장류 중 하나로 대체하거나 삭제하면 된다.

세 개의 선 모두 우상향으로 '기울어져' 있으며, 이는 위해가 증가하면 임계치도 높아진다는 것을 나타낸다. 그런데 각각의 선들이 똑같은 기울기를 갖고 있지는 않다. 개는 사람 아래에 있고 쥐는 가장 아래에 위치해 있다. 가해지는 위해에 따른 임계치는 도덕적 지위에 따라 달라지기에 개체의 도덕적 지위가 낮을수록 임계치 수준도 떨어진다. 세 개의 점 A, B, C는 이 생각을 표현하고 있다. 같은 위치의 X좌표에 있는 세 개의 점은 동일한 크기의 위해가 가해지는 상황에서의 임계치를 표시한다. Y좌표에서는 점들의 위치가 달라지는데, 이는 동일한 위해가 가해져도 임계치가 다르다는 것을 말해준다. 같은 크기의 위해가 쥐보다 개에게 가해졌을 경우 임계치가 더 높으며, 사람에게 가해지면 더 높아진다.

이것이 우리가 정리하려는 관점의 개략적인 모습이다. 물론 세부 사안은 아직 남아 있다. 우리는 보다 낮은 도덕적 지위를 가진 개체들을 이 그래프에 적용하면 더 낮은 선을 그림으로써 각 선의 Y좌표가 더 작아지리라는 것을 알고 있다. 하지만 정확히 어떤 식으로 이뤄질까? 이에 대한 대답은 모호할 수밖에 없는데, 그 이유는 각 개체들의 임계치 함수가 어떨지 아직까지는 명확한 개념을 잡지 못하고 있기 때문이다. 적어도 내가 보기에는 그렇다.

〈그림 1〉은 특정 유형의 대답만 보여주고 있다. 각각의 임계치 함수는

직선이며 모두 원점에서 출발한다. 이 함수와 관련한 방정식은 'T = mh'
다. T는 임계치 수준, h는 가해지는 위해의 크기, m은 적절한 상수다.
우리가 제7장 제3절에서 단일주의적 온건한 의무론의 입장을 살필 때
사용한 그 수식이다. 단일주의자들은 동물이 사람과 같은 도덕적 지위를
가졌다고 여기기 때문에, 톰이 사슴이나 물고기를 죽이는 것을 허용하
기 위해 얼마만큼의 선을 실현해야 할지 계산할 때 이 방정식이 적절했
다. 그때 물론 우리는 톰이 물고기를 죽이는 게 사람을 죽이는 경우와 비
교해 훨씬 적은 양의 위해를 가한다는 사실을 고려했다. 이에 따라 h가
현저히 작으면 T 역시 현저히 작아지는 결과가 나왔다. 그리고 단일주
의 관점에서는 사람이든 동물이든 기본 방정식은 언제나 동일하기 때문
에 m값도 항상 같아야 한다. 이를 그래프에 적용하면 임계치 함수가 어
떤 개체들에게나 똑같이 적용되기 때문에 단 하나의 선만 그리면 될 것
이다.

　그러나 지금 우리는 동물의 권리에 대한 임계치가 사람보다 낮다는 계
층적 의무론의 입장을 살펴보고 있다. 이 관점은 상수 m이 고정되지 않
고 위해를 당하는 개체의 도덕적 지위에 따라 달라질 수 있는 가능성을
열어둔다. 〈그림 1〉이 이를 표현하고 있다. 각각의 도덕적 지위를 대표
하는 수많은 직선이 있겠지만 실제 그래프에는 세 개만 표시했다. 이 세
개의 선은 동일한 방정식을 적용한 것으로 원점을 통과하는 직선이다.
m값이 각 선마다 다르기 때문에 기울기 또한 각각 다르다. 〈그림 1〉은
이런 식으로 임계치 함수가 개체의 도덕적 지위에 따라 어떻게 변화하는
지 보여주고 있다. 개체의 도덕적 지위가 낮으면 m값도 이에 따라 감소
한다. 동물은 사람보다 낮은 도덕적 지위를 가지므로 적절한 m값도 낮
아져 동일한 크기의 위해에 대한 권리의 임계치도 감소한다.

하지만 이미 언급했듯이 〈그림 1〉은 동물의 낮은 임계치를 나타내는 방법들 중 하나일 뿐이다. 고려해야 하는 다른 가능성도 있다. 〈그림 1〉에 표시된 각각의 선이 '직선'이라는 사실에 주목해보자. 이는 가해지는 위해의 크기와 함께 증가하는 해당 임계치가 직선으로 증가한다는 것을 의미한다. 가해지는 위해가 한 단위씩 증가할 때마다 임계치 또한 같은 수준으로 증가한다. 이 부분이 문제가 될 수 있다. 어떤 이들은 임계치가 이런 방식으로 변화한다고 생각하지 않을 것이다. 오히려 위해의 크기를 증가시키면서 추가되는 위해가 많아질수록 임계치가 가파르게 증가한다고 생각할 수도 있다. 그렇다면 임계치 함수는 직선이 아닌 '곡선'의 형태를 띠어야 한다. 〈그림 2〉가 이를 적용한 것이다.

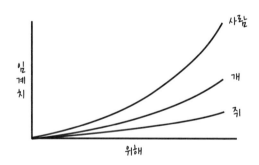

〈그림 2〉 가변 지수 함수를 취하는 임계치

이렇게 곡선 형태의 함수를 만들어내는 방정식은 여러 가지가 있겠지만 가장 간단한 수식은 'T = h^n'이다. 여기에서는 임계치가 h의 크기에 따라 직선이 아닌 곡선의 '지수 함수(exponential function)' 형태로 증가하는데, n은 적절한 지수를 나타낸다. 임계치 T를 계산하려면 h를 n제곱해야 한다. 위해가 커지면 커질수록 그 위해를 허용하기 위해 실현돼야 하는 선의 양이 곡선 형태로 증가한다. 이때 임계치가 h의 증가에 따라 지수 함수적으로 증가하려면 n값은 1보다 커야 한다는 점에 유의하자.[4]

이 함수 역시 계층적 의무론에 적용할 수 있다. 물론 단일주의에서도 이 함수를 사용할 수 있기는 하다. 그러나 단일주의자는 사람이든 동물이든 상관없이 동일한 n값을 대입해 T를 구하겠지만, 계층적 의무론자라면 n값이 위해를 당하는 개체의 도덕적 지위에 따라 달라진다고 할 것이다. 나는 〈그림 2〉를 통해 이 같은 관점을 표현했다.[5] h값이 동일하더라도 개는 사람보다 낮은 n값을 갖기 때문에 사람보다 낮은 임계치가 나오며, 마찬가지로 쥐의 임계치도 개보다 낮아지게 된다.[6]

임계치가 도덕적 지위에 따라 달라질 수 있는 또 다른 방법도 있다. 〈그림 1〉과 〈그림 2〉에서 세 개의 선이 모두 '원점'으로부터 시작되고 있다는 사실을 고려해보자. 언뜻 생각하기에 이런 특징은 문제가 없는 것으로 보일 수 있다. 그런데 어쨌든 우리는 위해 당하지 않을 권리에 대한 임계치 함수에 관해 논의하고 있다. 만약 어떤 특정 행위가 '희생자'에게 실질적으로 어떤 위해도 가하지 않는다면(이는 물론 X축에 0의 값으로 나타난다), 그 권리는 실제로 어떤 식으로든 침해되지 않는 것이다. 그렇게 되면 임계치에 대한 질문 자체가 성립되지 않는다. 권리에 대한 침해 행위가 없다면 당연하게도 침해 행위를 정당화하기 위해 필요한 최소한의 선역시 설정할 필요가 없다.

그럼에도 불구하고 이 선들이 원점을 통과하게 하려면 대부분의 사람들이 거부할 게 틀림없는 주장을 해야 한다. 가해지는 위해의 크기를 계속 줄이면 임계치가 0에 수렴하게 된다. 이는 우리가 믿고 있는 바와는 거리가 멀다. 위해의 크기가 극히 작더라도 임계치 수준을 0으로 만들지는 못한다. 위해가 거의 없는 정도의 극히 작은 위해를 가하더라도 일종의 '잔여' 불쾌감이 있기 때문에 임계치는 무시할 수 없는 수준으로 미약하게나마 남아 있다. 이는 항상 아무리 사소한 위해라도 가해지기 전에 미리 이를 상쇄하기 위한 추가적인 선의 일정 양이 '기준값'으로서 존재한다는 것을 의미한다. 이를 그래프로 표시하면 위해의 크기가 X축을 따라 왼쪽으로 이동해 원점 다가가더라도 Y축에는 적정한 양수값까지 도달한다. 〈그림 3〉과 같다.

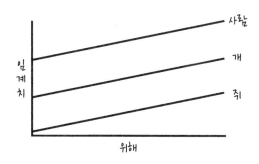

〈그림 3〉 가변 Y절편을 취하는 임계치

나는 여기에서도 마찬가지로 계층적 의무론이 이 새로운 관점을 어떻게 활용할 수 있는지를 명확히 할 수 있는 방식으로 〈그림 3〉을 그렸다. 각각의 선은 Y축 양의 좌표에서 시작되는데, 이는 의무론적 입장을 갖는 개체에게는 설령 아무리 작은 위해 행위라도 제거될 수 없는 잔여 도덕적 금기 사항이 있다는 뜻이다. 단일주의자라면 Y절편이 사람이든 동물이든 관계없이 모든 개체에게 동일해야 한다고 말하겠지만, 계층적 의무론자라면 Y절편의 값은 해당 개체의 도덕적 지위에 따라 달라진다고 주장할 수 있다. 어떤 개체라도 의무론적 입장을 취한다면 해당 개체에게 위해를 가하는 데 필연적으로 문제가 되는 금기 사항이 있는 것이며, 다만 그 금기 사항의 하한선 크기는 개체의 도덕적 지위에 따라 달라진다. 간신히 의무론적 입장을 취하는 존재라면 하한선이 거의 0에 가까울 것이다.

나는 〈그림 3〉에서 다시 한번 임계치 함수를 동일한 기울기를 가진 직선으로 표시했다. 세 개의 선은 Y축과 만나는 지점에서만 차이가 있다. 따라서 이 함수의 방정식은 'T = mh + b'라는 형식을 취한다. 여기에서 m은 세 개의 선 모두에서 동일하다. 새로운 요소는 b뿐인데, 이는 임계치의 기준선, 즉 어떤 유형의 위해라도 가해지기 전에 미리 이를 상쇄하기 위한 최소 선의 양이다. 직관적으로 이 값은 개보다 쥐가 작고, 사람보다 개가 작으므로 적절히 다르게 설정된다.

여기까지 우리는 계층적 의무론에서 도덕적 지위 차이에 따라 임계치를 조정할 수 있는 세 가지 방식을 살펴봤다. 세 개의 그래프는 각기 다른 특징을 갖고 있다. 〈그림 1〉에서는 기울기 m만 변하고, 〈그림 2〉에서는 지수 n만 달라지며, 〈그림 3〉에서는 Y절편의 기준값 b만 변화한다.

하지만 적어도 원칙적으로 계층적 의무론은 이 세 가지의 방식 모두를 활용할 필요가 있어 보인다. 이 경우 적절한 임계치 함수에 대한 방정식은 'T = mh^n + b'가 된다. 그러면 T의 수준에 영향을 미치는 h에 대해 세 개의 계수 m, n, b를 갖게 된다. 계층적 의무론자들은 이 세 개의 계수 모두 도덕적 지위에 따라 변화한다고 주장할 것이다. 이와 같은 생각을 적용한 것이 〈그림 4〉다.

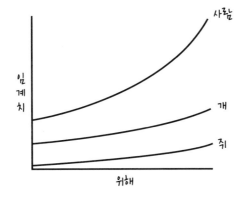

<그림 4> 가변 기울기, 가변 지수 함수, 가변 Y절편을 취하는 임계치

　도덕적 지위에 따라 달라지는 세 개의 계수 모두와 관련된 기본적인 관점은 이들 계수가 작아지면 해당 개체의 도덕적 지위가 낮아진다는 것이다. 만약 도덕적 지위를 하나의 숫자로 적절히 표시할 수 있다면 그것이 우리가 기대하는 바일 것이다. 그런데 이미 제5장 제1절에서 지적했듯이 보다 적절한 도덕적 지위 수치는 n-튜플을 통해 표시할 수 있으며, 이때는 각기 다른 능력치들이 개체의 규범적 특성의 각기 다른 차원과 연관성을 갖게 된다. 이런 유형의 보다 복잡한 관점에서는 각각의 계수가 각기 다른(아마 겹치기도 하는) 능력치들의 조합에 반응한다는 사실이 입증될 것이다. 이를테면 다람쥐는 박쥐보다 기울기 계수는 낮지만 Y절편은 더 높을 수 있다. 만약 그렇다면 다람쥐의 임계치 함수는 어떤 구간에서는 박쥐와 비교했을 때 낮을 수 있지만, 다른 구간에서는 높을 수 있다. 이는 어떤 범위에서는 동일한 위해가 가해질 때 다람쥐의 임계치가 박쥐보다 높지만, 다른 범위에서는 박쥐보다 낮아지는 역전 현상이 일어날 수 있다는 의미다.

포괄적인 논의 과정에서 이런 가능성에 대한 주의 깊은 고려가 필요할 것이다. 그렇지만 우리의 표준적인 논의를 지속하기 위해 이 부분은 미뤄두고 도덕적 지위 전반을 나타내는 수치가 하나로 충분하다는 가정을 유지하자. 아울러 세 개의 계수가 도덕적 지위에 따라 변할 경우 같은 방향으로 달라진다는 가정도 유지할 것이다. 물론 우리가 이 모든 전제에 동의하더라도, 각각의 계수가 도덕적 지위 변화에 따라 정확히 어떻게 달라지는지를 결정하는 미해결 과제는 여전히 남아 있다. 이 또한 우리가 여기에서 풀어보기에는 너무 복잡한 질문이다. 그래도 몇 가지는 개략적으로 살펴보겠다.

우선 낮은 도덕적 지위로 계수값이 작아질 때 우리가 자연스럽게 유추해볼 수 있는 부분은 도덕적 지위가 0에 근접함에 따라 계수도 가장 낮은 값에 수렴하리라는 점이다. 도덕적 지위가 0에 가까운 동물의 경우 기울기 m은 1에 가깝고, 지수 n은 1에 근접하며, Y절편 b는 0에 수렴한다.[7] 이는 도덕적 지위가 0에 가깝다는 사실을 뜻하는데, 〈그림 4〉의 임계치 함수 방정식 '$T = mh^n + b$'에 따라 '$T = h$', 즉 임계치는 위해의 크기에 수렴한다고 할 수 있다. 0에 가까운 도덕적 지위를 가진 개체에 위해를 가하는 행위를 허용하기 위해서는 해당 위해만큼의 선(좋은 결과)을 실현하면 된다는 의미다. 위해를 가하는 행위가 결과적으로 약간의 선만 창출할 수 있다면 그 위해는 용납될 수 있다는 것이다.

이렇게 되면 사실상 도덕적 지위가 0에 가까울 때 의무론적 권리라는 측면에서의 강도도 0에 가까워지므로, 특정 동물을 의무론이 아니라 결과주의적 관점에서 대하는 것이 허용된다. 결국 이 생각은 앞서 제8장 제2절의 마지막 부분에서 언급한 자율성이 없는 동물로 연결되는데, 의무론은 어떤 종류더라도 자율성을 가진 동물의 '도덕적 틀'에 적합한 반면, 결과주의는 자율성이 전적으로 결여돼 있는 동물에 대해 올바른 접근방식이 될 수도 있다. 의심할 여지없이 이와 같은 견해는 의무론적 입장을 가진 동물과 그것을 완전히 결여한 동물 사이에서 어쩔 수 없는 일종의 극단적 단절이 존재한다는 것으로 보일 수 있다. 그러나 권리에 대한 임계치가 위에서 설명한 방식으로 감소한다면 단절은 전혀 없다고 할 수 있다. 단순히 도덕적 지위가 0에 가까워질수록 생성된 권리의 의무론적 측면이 갖는 강도도 0에 가까워지면서 사라지는 것이다. 그래도 어떤 이들은 의무론적 입장이 어쨌든 어떤 종류라도 도덕적 지위를 가진 동물에게 적용된다는 관점을 고수하면서, 그렇기 때문에 결과주의는 도덕적 틀이 될 수 없다고 할 것이다. 하지만 전적으로 현실적인 시각으로 본다면 도덕적 지위를 거의 갖지 못하는 동물에 대해 결과주의가 바람직한 접근방식이라고 말하는 게 지나치다고는 할 수 없을 것이다.

다음으로 고려해볼 사안은 이 부분이다. 계수값이 도덕적 지위에 따라 이와 같은 방식으로 달라진다고 했을 때, 이는 특정 개체에 가해지는 위해의 크기와 도덕적 지위 수준만 있다면 그것만으로도 해당 개체의 임계치를 충분히 설정할 수 있다는 의미가 된다. 다시 말해 임계치가 위해의 크기와 도덕적 지위의 단일 함수이며 이 함수는 사람과 동물 모두에게 유효하다는 뜻이다. 그렇다면 단일주의적 의무론자들이 주장하는 내용 중 일부는 옳다고 이해될 수 있는데, 같은 방정식을 사람이든 동물이든 임계치 설정의 공통 방정식으로 사용할 수 있다는 이야기다. 그렇지만 단일주의자들은 개체의 도덕적 지위 차이를 인정하지 않기 때문에 도덕적 지위와 임계치의 연관성 자체를 부정한다. 이런 함수에 관심이 없는 것이다.

이번에는 바로 앞 절 마지막에 제기한 논점으로 돌아가보자. 계층적 의무론자가 무인도에서 톰의 생존을 위해 사슴이나 물고기를 잡아먹는 행위를 허용하고자 한다면, 이 동물들의 낮은 도덕적 지위가 임계치를 사람과 비교했을 때 '조금' 감소시키거나 '어느 정도' 감소시키는 것만으로는 충분치 않다. 임계치가 '현저히' 낮아야 한다. 물론 한두 개의 계수를 감소시킬 가능성을 인지하면서 이 문제의 만족할 만한 해결책을 찾을 수도 있겠지만, 이 또한 아직 세부 사안까지는 알려주지 않는다. 그렇더라도 여기에서 더욱 구체적인 제안을 평가하지는 않겠다. 도덕철학 이론가들이 임계치 함수와 그 기본 방정식에 대해 더 많은 것을 확립할 때까지는 정확히 어떤 계수로 작업해야 하는지 그리고 그 계수를 조정하는 게 임계치 결과에 어떤 영향을 미치는지 알 수 없다. 그렇기 때문에 당분간 우리는 최소한 이론적으로 적절한 버전의 계층적 의무론이 동물에 대해 의무론적 입장을 부여할 수 있으며, 동물들에게 부여된 권리가 정당하게 침해될 수 있다는 사실을 아는 정도로만 만족해야 할 것이다.

무엇보다 우리에게는 논의선상에서 매번 다시 찾게 되는 무인도의 톰이 굶어 죽지 않기 위해 동물을 잡아먹어야만 하는 사례에서, 정말로 톰이 생존하려면 동물에게 위해를 가하는 행위가 절실히 필요하다는 사실을 인식하는 것이 매우 중요하다. 그가 적절한 영양을 얻을 수 있는 다른 방법이 전무하기 때문이다. 계층적 의무론자가 톰이 살아남아야 하는 명분으로 내세울 수 있는 것은 동물의 생명권을 침해하는 것이 더 큰 선의 실현이라는 이 논리 말고는 없다. 다른 방법이 전혀 없을 때, 보다 신중하게 표현하면 도덕적으로 더 바람직한 다른 방법이 없을 때, 적절한 선을 실현하는 데 불가피한 경우에 한해서 동물의 생명권을 침해하는 행위가 정당화될 수 있다. 톰은 바로 이런 경우에 해당된다. 그러나, 이것이 내가 도덕적으로 지적하고 싶은 논점인데, 우리의 경우에는 해당되지 않는다. 여러분이나 내게는 생존을 위해 동물을 먹는 행위가 필수불가결하지 않다. 따라서 우리가 동물을 먹는 문제와 관련해 지금의 계산을 해보면, 임계치와 비교할 수 있는 적절한 선은 우리의 생존이 아니라 동물의 살을 먹음으로써 얻게 되는 즐거움이라고 할 수 있다. 이는 분명히 육식을 합리화하기 매우 어렵게 만들며 아마도 불가능하다는 결론으로 연결될 것이다.

분위기가 무거워지니 이쯤에서 이제 어떤 임계치 함수가 나올 수 있는지 다소 다른 가능성으로 넘어가보자. 〈그림 5〉를 살펴보자.

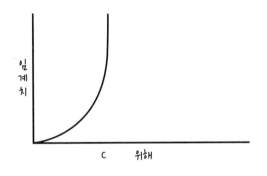

〈그림 5〉 무한을 향하는 임계치 함수

선이 하나라는 것 외에 이전 그래프와의 결정적인 차이는, 더 이상 각각의 위해 크기에 대응하는 유한한 임계치가 없다는 점이다. 아주 작은 위해에 대해서는 임계치가 존재하지만, 우리가 보다 큰 위해라고 판단할 수 있는 특정 지점부터는 사라져버린다. 지나치게 큰 위해, 즉 X축에 표시된 c보다 더 큰 위해의 경우 임계치는 '무한대'로 향한다. 다시 말해 실현할 수 있는 선이 아무리 커도 이 이상의 위해를 가하는 행위가 허용되지 않는다.

이와 같은 관점은 절대적 의무론자들에게 꽤 매력적일 수 있을 것이다. 절대적 의무론의 가장 극단적인 버전은 얼마나 많은 선이 사라질 위험에 처하든, 가해지는 위해가 얼마나 작든 상관없이 무고한 개체에게 위해를 가하는 행위는 절대로 용납할 수 없다는 것이다. 하지만 일부 절대적 의무론자들은 임계치를 거부하는 데 보다 온건한 입장이어서, 특정 위해라면 그것을 통해 실현될 선이 아무리 크더라도 정당화할 수 없지만, 대단히 작은 다른 종류의 위해라면 허용될 수도 있다. 실질적으로 위험에 처한 크기가 충분하다면 정당화할 수 있다고 생각할 수도 있다. 예컨대 무고한 사람을 살해하는 행위는 얼마나 큰 선이 실현되든 절대로 허용되지 않는다. 팔다리 중 하나를 잃게 한다거나 사지를 마비시키는, 죽음은 아니지만 치명적인 위해에 대해서도 마찬가지다. 그런데 〈그림 5〉의 c보다 더 작은 위해에 대해서는 유한한 임계치가 있다고 여긴다. 위해에 충분히 상응하는 선을 실현한다면 누군가의 코에 주먹을 날리는 정도는 허용될 수 있다는 이야기다.

이와 같은 관점을 절대적 의무론이라고 불러야 할까 말까? 전형적인 절대적 의무론의 입장에서 보면 작은 위해에 대해서는 온건한 의무론과 유사하고 충분히 큰 위해에 대해서만 절대적 입장이므로 아마도 절대적 의무론이 아니라고 할 것이다. 물론 여기에서도 이런 관점을 무엇으로 부르든 실질적으로 달라지는 것은 없다. 중요한 것은 이 관점이 임계치 함수의 본질에 대해 생각할 때 합리적으로 보이며 많은 사람들이 끌리는 견해라는 사실이다. 어쨌든 나는 스스로를 절대적 의무론자라고 일컫는 사람들도 이 관점을 타당하게 여기리라고 생각한다. 비록 나는 수십억 명의 인간 생명을 구할 수 있는 유일한 방법이더라도 무고한 사람을 바늘로 찌르는 것조차 허용할 수 없다고 주장하는 절대적 의무론자 몇 사람을 알고 있지만, 그 밖에 내가 접한 대부분의 절대적 의무론자들은 매우 작은 위해를 가하는 경우에서 임계치 개념을 받아들일 준비가 돼 있었다.

〈그림 5〉에서 c가 유한한 임계치를 사라지게 하는 위해의 수준을 나타내도록 이와 같은 곡선을 생성하는 가장 간단한 방정식은 'T = h/(c−h)'이며, 이때 h값는 c보다 작아야 한다. 그렇지 않으면 성립되지 않는다. 그리고 지금의 논의선상에서 염두에 둬야 할 핵심은 c값이 도덕적 지위에 따라 변할 수 있으므로 이 함수를 계층적 의무론자들이 사용할 수 있다는 점이다. 좀 더 구체적으로 설명하면 c값은 도덕적 지위에 반비례해서 달라질 수 있기 때문에 개체의 도덕적 지위가 높으면 높을수록 위해가 더 이상 커지는 것이 허용되지 않는 일종의 차단점에 더 빨리 도달하게 된다. 반면 도덕적 지위가 낮을수록 그 차단점의 위치는 X축을 따라 우측으로 이동하게 된다.

예를 들어 특정 크기의 위해가 사람에게 가해지는 위해의 경우에는 유한한 임계치가 없을 수도 있지만, 도덕적 지위가 충분히 낮은 동물의 경우에는 여전히 존재할 수 있다. 실제로 충분히 낮은 도덕적 지위를 가진 동물이라면 차단점이 높은 수준의 위해로 설정될 것이기 때문에 현실적인 이유로 우리가 가할 수 있는 모든 위해가 유한한 임계치를 가질 수도 있다. 이론적으로는 임계치가 궁극적으로 무한대를 향하지만, 그러려면 실제로 가할 수 없는 크기의 위해를 필요로 하게 된다. 이를테면 우리가 특정 동물에게 가할 수 있는 위해의 최대 범위가 있다고 가정했을 때, c값으로 표시된 위해의 수준을 넘어설 때까지 위해를 가하는 게 실제로 가능한지 여부가 남아 있는 것이다.

그런데 한편으로 우리는 계수 c가 도덕적 지위에 반비례해 변하는 이 함수를 이미 살핀 다른 함수에서의 계수, 즉 '가변 기울기', '가변 지수 함수', '가변 Y절편'과 조합할 수 있을 것이다. 이를 방정식으로 나타내면 'T = m[h/(c−h)]^n + b'가 된다. 이때에도 h값은 c보다 작아야 하며, 그렇지 않으면 함수가 성립되지 않는다. 각각의 계수 m, n, b, c는 개체의 도덕적 지위에 따라 적절히 달라진다. 그리고 이 방정식은 〈그림 6〉과 같은 곡선 조합을 만들어낸다.

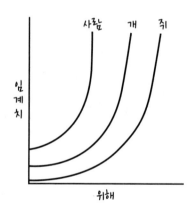

〈그림 6〉 가변 기울기, 가변 지수 함수, 가변 Y절편을 취하고 무한대를 향하는 임계치 함수

물론 임계치 함수에는 여기에서 고려한 것들보다 더 다양한 가능성이 있기 때문에 이보다 훨씬 복잡한 형태를 띨 수 있다.[8] 그래도 어쨌건 우리는 논의의 목적에 합당한 몇 가지 사례를 통해 계층적 의무론이 임계치 함수의 본질과 관련한 설득력 있고 특별한 관점이라는 사실을 확인했

다. 이로써 의무론은 동물의 의무론적 입장과 그에 따른 권리를 인정하면서도 그것이 약한 형태라는 사실을 받아들일 수 있게 됐다.

: 제3절_동물의 권리를 침해하기 위한 조건 :

위해 당하지 않을 권리에 대한 임계치가 유한한 일반적인 경우를 다시 생각해보자. 사라질 위험에 처한 선의 양이 임계치에 도달하거나 넘을 정도로 충분히 큰 경우, 가해질 위해가 더 좋은 결과를 가져올 수 있는 유일한 방법이라면 그 행위는 허용된다. 그리고 일반적으로 이처럼 권리를 침해할 때 충분한 크기의 선을 가져올 수 있다는 것은 그 실현되는 선의 '수혜자(beneficiaries)'인 개체의 복지를 증가시킨다(또는 잃게 될 복지를 방지한다)는 뜻이다. 다시 말해 권리 침해를 당하는 쪽과 선의 실현으로 이익을 얻는 쪽 각각의 복지를 모두 고려해야 관련 임계치에 도달할 수 있다.

이런 맥락을 염두에 두고 임계치에 관한 앞의 사례로 돌아가 논의를 연결해보자. 무고한 한 사람을 죽이는 행위가 허용되기 위해 1,000명의 사람들을 구해야 하는 상황에서 임계치에 도달하려면, 수혜자 1,000명 각각이 가진 복지의 가치도 개별적으로 고려해 반영해야 한다. 즉, 첫 번째 사람의 복지 가치, 두 번째 사람의 가치, 세 번째 사람, 네 번째, 다섯 번째 식으로 제각기 고려해 합산해야 한다. 또는 다섯 사람이 1시간 동안 고문당하는 것을 피할 수 있는 유일한 방법이 누군가의 코를 주먹으로 때리는 행위를 허용하는 것일 때 임계치를 충족하려면, 수혜자 다섯 사람이 잃게 될 복지의 양(1시간 동안 고문을 당하지 않아도 되는)이 충분히 커야 한다. 이렇게 보면 위해의 크기에 상응하는 복지의 양이라는 측면에서 임계치를 설명하는 것도 자연스러워 보인다.

그러나 엄격히 말하면 임계치는 복지가 아니라 위험에 처한 선의 양으로 설명돼야 한다. 복지만으로는 그보다 범주가 넓은 선의 개념을 전부 충족하지 못할뿐더러, 복지 증가(또는 상실) 말고도 임계치 도달에 결정적 역할을 하는 다른 요인들이 있기 때문이다. 예컨대 우리가 살펴본 '분배' 원칙들을 떠올려보면, 권리를 침해함으로써 얻을 수 있는 결과에 복지의 양뿐 아니라 복지의 분배 또한 관련돼 있다. 임계치를 충족시켜 허용되는 권리 침해 행위가 불평등 완화나 소외 계층의 권리 강화에 기여할 수도 있다. 임계치 충족에서 가장 중요한 사안은 복지 등 모든 요소를 포함해 사라질 위험에 처한 선의 크기가 되는 것이다.

내가 이 점을 강조하는 이유는 계층적 의무론이 개체의 도덕적 지위에 대해 고려하는 방식을 보여주기 때문이다. 특정 임계치에 도달했는지 여부를 계산할 때 도덕적 지위를 감안하지 않고 모든 개체의 복지에 동등한 가중치를 부여하면 곤란하다. 도덕적 지위가 더 높은 개체의 복지는 관련 임계치에 더 큰 영향을 미친다. 동물의 복지는 사람과 비교해 임계치 계산에 더 적게 고려된다. 동물의 삶이 일반적으로 사람보다 적은 복지를 누린다는 사실을 재확인하려는 게 아니다. 그것은 이미 분명한 사실이며, 그런 까닭으로 이를테면 소가 아니라 사람의 삶이 임계치에 더 빨리 도달한다. 하지만 내가 여기에서 설명하고자 하는 가능성은 훨씬 더 극단적인데, 설령 소가 잃게 될 복지의 양이 사람과 같은 경우더라도 임계치를 계산할 때 소보다 사람의 이익이 더 많이 고려된다. 요컨대 개체의 도덕적 지위가 낮을수록 관련 임계치에 도달하기 위해 측정되는 복지의 '단위' 가치가 더 적다. 이에 따라 소의 복지는 사람에 비해 낮게 평가되고, 뱀이나 새의 경우에는 더욱 낮아진다.

그런데 이 개념은 내가 이제 와서 새롭게 제기하는 것이 아니다. 이미 제4장 제3절에서 살핀 도덕적 지위에 따라 복지 결과의 가치가 달라진다는 개념을 임계치와 연결한 것뿐이다. 다른 모든 조건이 동일할 때 동물의 복지 증가분이 선의 크기에 기여하는 양은 사람보다 적다. 임계치 도달에 미치는 영향 또한 낮은 것이다.

지금 우리는 이전에 살펴본 개념을 임계치에 적용하고 있다. 임계치는 권리에 대한 침해 행위를 정당화하기 위해 실현되는 선의 크기라는 측면에서 고정돼 있다. 따라서 복지의 가치가 해당 개체의 도덕적 지위에 따라 달라진다고 했을 때, 위험에 처한 동물의 복지가 특정 임계치에 도달하기 위해서는 사람보다 훨씬 많은 양을 필요로 하게 된다. 단순히 위험에 처한 복지의 총량이 아니라 도덕적 지위를 감안해 조정된 복지를 기준으로 측정해야 하는 것이다.

그러므로 특정 권리 침해의 허용 여부를 판단해야 하는 경우 도덕적 지위를 적어도 두 가지 측면에서 고려하는 것이 중요하다. 권리를 침해당하는 개체의 도덕적 지위도 임계치 수준 설정에 영향을 미치며, 그 결과 실현되는 선의 수혜를 받을 개체의 도덕적 지위 또한 임계치 도달을 결정하는 요소로 작용한다. 수혜 개체의 도덕적 지위가 낮을수록 그 잠재적 이익이 임계치 도달에 미치는 영향도 덜 고려된다.

하지만 짚고 넘어가야 할 부분이 있다. 우리가 도덕적 지위를 감안해 조정한 잠재적 이익의 합산치가 임계치에 도달했는지 여부를 확인하고자 할 때 각각의 모든 이익을 더하기만 하면 될까, 아니면 충분히 크다는 합리적 판단이 있어야 할까? 무고한 한 사람을 죽여야 하는 상황을 다시 한번 가정해보자. 이번에는 한 사람을 희생시켜 1만 명의 목숨을 구한다고 해보자. 이정도면 어떨까? 이때에도 일일이 따져봐야 할까? 그렇지는 않을 것이다. 1만 명의 인간 생명을 합산하면 정말로 큰 선을 실현하는 결과를 가져올 수 있을 것이다. 그런데 1만 명의 목숨을 구하는 게 아니라, 한 사람을 죽여 이들 1만 명이 2시간 동안 '영화 관람'을 할 수 있도록 해주는 경우라고 생각해보자(물론 이때에도 마찬가지로 1만 명이 이익을 얻을 수 있는 유일한 방법이라고 가정하자). 이와 같은 이익도 헤아려야 할까? 1만 명의 영화 관람으로 발생하는 복지 증가분도 합치면 분명히 실질적인 임계치 증가에 영향을 미친다. 그러나 아무리 그렇더라도 임계치 충족 여부를 단순히 이렇게 계산하려는 사람들은 없을 것이다.

1만 명의 인간 생명을 구하고자 한 사람을 죽일 수 있다고 여기는 사람들조차도, 영화 관람의 이익을 얻게 해주기 위해 한 사람을 희생시킨다는 제안에 대해서는 수혜자의 수가 1만 명이 아니라 100억 명일지라도 반대할 것이다. 내가 이 사례를 든 것은 이런 경우 모두 합산돼야 할 각각의 이익은 아무리 합쳐봐야 임계치에 도달하지 못한다는 말을 하기 위해서다. 한 사람이 입어야 할 위해가 생명을 잃는 정도의 현저히 중대한 사안에서라면, 그에 상응해 얻게 될 이 같은 이익은 고려 대상에 포함될 수 없다는 이야기다.

그렇지만 이 부분을 지적하는 것이 영화 관람과 같은 이익으로 실현되는 선은 절대적 의미에서 작아도 너무 작아 그 어떤 임계치에도 영향을 미치지 않는다는 의미는 아니다. 만약 한 사람에게 가해지는 위해의 크기가 '외출 금지'처럼 작은 것이라면 이런 이익들을 고려하는 것도 도덕적으로 충분히 정당할 것이다. 그렇기 때문에 수혜 개체의 이익이 임계치에 도달하기 위해서 특정 크기나 조건을 충족해야 한다는 뜻도 아니다. 내 말의 요지는 임계치 충족에 고려해야 할 수혜자의 이익도 충분히 커야 하지만, 어쨌든 임계치 계산에 가장 핵심적인 함수관계는 위해의 크기에 있다는 것이다. 개체의 생명이 걸린 위해일 때 영화 관람은 임계치 고려 대상이 되기에 극단적으로 사소한 이익이지만, 위해의 크기가 매우 작은 경우라면 이런 것들도 고려될 수 있다.

물론 모든 이들이 이 직관을 공유하는 것은 아니겠지만, 그리고 공감하는 사람들조차 이를 지지할 준비가 돼 있지 않을 수 있지만, 실제로 많은 의무론자들은 이렇게 생각하고 있다. 이 생각에 동의하는 사람이라면 임계치 도달에 고려해야 할 선의 크기나 조건에 적절한 제한을 둘 필요가 있으며, 이 제한은 위해의 크기에 상응하는 것으로 '상대화(relativize)' 해야 한다.[9]

이 같은 논의선상에서 가장 간단한 접근방식은, 이를테면 이 수준 미만으로는 이익이나 선을 고려하지 않는다는 일종의 차단점을 특정 위해의 고정된 '분수(fraction)'인 f로 설정하는 것이다. 예컨대 위해를 정당화하기 위해 실현되는 선을 가해지는 위해의 1/100이나 1/10 또는 보다 보수적으로 1/2 정도로 규정해 함수에 대입하는 것이다. 이 분수가 크면 클수록 차단점이 높아져 임계치 충족 여부를 결정할 때 고려되는 선의 크기가 작아진다. 우리의 논의 목적에 따라 여기에서 차단점이 될 f값을 확정지을 필요는 없다. 다만 1보다 작을 것이라는 점만 기억해두자. 누군가의 생명을 빼앗는 상황에서 수혜자들을 영화관에 보내는 것은 이 분수가 1보다 높아도 임계치 충족에 무의미해지기 때문에 문제가 없지만, 팔다리를 잃지 않게 한다거나 사지 마비를 막는 등의 경우에는 논란의 여지가 있을 것이기 때문이다.

이 접근방식에 따르면 가해지는 위해의 최소 f배에 해당하는 선의 크기로 임계치 충족 여부를 계산할 수 있다. 이를 통해 우리가 찾고자 하는 가변 차단점을 설정할 수 있는데, 우리가 분수 f를 고정값으로 설정하더라도 위해의 크기에 따라 차단점 수준 또한 달라질 것이다. 그런데 이처럼 실현되는 선의 크기에 제한을 두는 방법을 채택한다는 것은 계층적 의무론이 도덕적 지위를 고려하는 또 다른 방식을 제시하게 된다. 사실상 f값은 정확한 값이 확정되지 않은 변수이며, f라는 제한 변수를 대입하면 가해지는 위해의 크기에 대한 함수가 아니라 해를 입는 개체의 도덕적 지위에 대한 함수가 되기 때문이다. f값은 도덕적 지위가 높을수록 크고 낮을수록 작다. 위해의 대상은 도덕적 지위가 높고 수혜자들은 낮을 때, 그 지위 격차에 따라 이들 수혜 개체가 얻게 될 이익이 차단점을 통과할 기회는 줄어들게 된다.

이는 위해의 크기를 일정하게 유지하더라도 특정 수혜 개체의 이익이 임계치에 영향을 미칠 만큼 충분한지의 여부가 해를 입는 개체의 도덕적 지위에 영향을 받는다는 의미다. 예를 들어 해를 입는 개체가 사람이고 이익을 얻는 쪽이 동물이라면 그 이익은 고려되기에 지나치게 작을 수 있지만, 같은 이익이라도 해를 입는 개체가 토끼나 뱀이고 수혜자가 사람이라면 충분히 클 수 있는 것이다. 동물의 낮은 도덕적 지위가 f값을 작게 만들기 때문이다.

이 논점은 여기까지만 살펴보자. 임계치 충족 여부에 영향을 미치는 관련 이익의 최소 크기를 결정하는 데 가변적 제한을 두는 이 같은 방법이 대부분의 상황에 부합하는지 평가할 시간은 없다. 그래도 이 견해를 받아들이는 것이 흥미로운 의미를 가질 수 있다는 점은 지적하고 싶다. 우리가 제4장 제2절에서 논의한대로 도덕적 지위가 매우 낮은 동물은 삶의 질과 관련해 상대적으로 제한된 범위를 가진다. 최선의 환경에서도 충분한 복지를 누릴 수 없을지 모르며, 최악의 상황이더라도 복지에서 잃을 게 그리 많지 않을 수도 있다. 이런 점을 감안해 생각해보면, 정작 지위가 낮은 개체들에게는 어떤 이익도 주지 못하는 위해라도 높은 도덕적 지위를 가진(이에 따라 더 큰 f값을 갖는) 존재들에게는 차단점을 통과하기에 충분히 클 수도 있다. 아마도 무시할 정도의 작은 위해를 제외하고 사람처럼 상당히 높은 지위를 가진 존재의 권리를 침해하는 문제일 때, 도덕적 지위가 아주 낮은 동물에게는 어떤 이익도 배려되지 않을 것이다.

이게 사실이라면 실용적 목적에 따라 도덕적 지위가 높은 존재에게 중대한 위해를 가하는 행위의 허용 여부를 판단할 경우, 지위가 매우 낮은 동물이 취할 이익은 철저히 무시될 수 있다. 이들에게 주어질 잠재적 이익은 헤아리기에 너무 작기 때문이다. 예를 들어 새우에게 지각 능력이 있다고 할지라도 사람이 중대한 해를 입는 상황에서 새우의 복지는 사람에게 가해질 위해와 아무런 연관성을 갖지 못할 것이다.

그러나 임계치 충족 여부를 결정하는 문제에서 개체의 도덕적 지위에 따라 상대화시키는 이 같은 가변적 제한(고정된 f값을 설정하지 않는)을 의무론자들이 받아들일지에 대해서는 확실치 않다. 궁극적으로는 계층적 의무론자들이 수용해야 할 접근방식이 아닐지도 모른다. 그럼에도 불구하고 이 방식을 언급한 까닭은 이것이 보다 직관적인 설득력을 갖기 때문이다. 더욱이 우리가 도덕적 지위 개념을 도덕 이론에 포함시킬 때 이런 방식이 아니고서는 즉각적으로 나오게 될 갖가지 질문에 설명할 수 있는 다른 수단이 없다.

사실 이보다 더욱 극단적인 관점도 있다. 해를 입을 개체의 도덕적 지위와 비교해 너무 낮은 개체의 이익은 고려 대상이 되지 못한다는 입장에서 한 걸음 더 나아가, 심지어 차단점을 통과할 수 있을 정도의 이익이더라도 여전히 임계치에 영향을 미치지 못한다는 관점이다. 수혜 개체의 도덕적 지위가 해를 입을 개체와 비교해 그 차이가 너무 크다면, 설령 그 이익이 아무리 크더라도(해당 수혜 개체들의 수가 엄청나게 많다고 생각해보자) 간단히 무시된다는 것이다. 내가 생각하기에 이 관점은 너무 멀리 나간 것이어서 공감이 되지 않는다. 나는 이보다 덜 극단적인 위의 내 접근 방식이 타당하다고 생각한다.

이번에는 때때로 의무론자들이 제안하는 임계치 충족의 또 다른 조건에 관해 살펴보겠다.[10] 한 사람을 죽이는 것이 1만 명 인간 생명을 구할 수 있는 유일한 방법이던 이전 사례를 떠올려보자. 그런데 이제는 한 사람의 희생으로 1만 명의 목숨을 구하는 게 아니라 수많은 사람들의 팔다리가 온전히 보존될 수 있는 경우다. 다시 말해 한 사람을 죽이지 않으면 많은 사람들이 팔다리를 잃게 된다. 이때 우리가 다수의 사람들의 팔다리를 잃지 않는 이익이 한 사람의 생명권 침해를 허용할 수 있는 임계치에 도달한다는 데 동의한다고 가정해보자. 물론 당연하게도 그저 한 사람의 팔다리를 잃지 않는 정도로는 임계치에 도달할 만큼 충분한 선을 제공하지 못하겠지만, 내가 주목하는 대목은 주어진 이익이 임계치에 영향을 미친다고 했을 때 팔다리를 보존하는 이익이 그에 상응하는 크기의 선이라는 지금의 가정이다. 그렇다면 아마도 이 경우에는 잃지 않아도 될 팔다리의 수가 관건이 될 것이다. 즉, 한 사람을 죽이는 행위가 수많은 사람들의 팔다리를 보존하는 유일한 방법이라면, 과연 몇 명의 팔다리가 보존돼야 임계치를 충족시킬 만큼의 이익이 되는 것일까? 1만 명이면 될까? 하지만 대부분의 사람들에게 아무리 임계치에 도달하더라도 이를 위해 무고한 한 사람을 죽이는 것은 용납할 수 없다는 직관이 발동될 것이다.

왜 안 될까? 비록 임계치 함수의 관점에서 사라질 위험에 처한 선의 총량이 충분히 크더라도, 그 수많은 수혜자들 중 그 누구도 희생자의 목숨에 필적할 이익을 얻는 사람은 없기 때문이다. 목숨과 비교해 팔다리를 잃는 것도 분명히 사소한 위해는 아니지만, 그럼에도 불구하고 생명을 잃는 것이 훨씬 더 큰 위해다. 그렇기에 누군가의 생명을 빼앗는 위해를 가한다는 것은 다른 사람들에게 그들이 잃을 것 이상의 모든 것을 요구하는 셈이다. 의무론자들은 이를 받아들일 수 없을 것이다. 요컨대 위해 당하지 않을 권리에 대한 임계치는 실현될 선의 총량만으로는 도달할 수 없다. 적어도 하나 이상의 수혜 개체들이 위해를 당하는 개체에 필적하는 이익을 잃게 되는 경우에만 충족시킬 수 있을 것이다.

결국 우리가 1만 명과 연관된 상황에 한 사람을 죽여야 할 경우에는 모든 수혜자들이 희생자와 동일한 수준의 무엇인가를 잃게 될 위험에 처해 있어야 한다. 지나친 요구조건일 수도 있으니 내 생각이 나아가는 대로만 말하자면 최소한 수혜자들 일부는 희생자만큼의 위험에 처해 있어야 한다. 특정 크기의 위해를 가하려고 고려할 때마다 희생 개체가 잃게 되는 것과 똑같은 양을 잃게 될 하나 이상의 수혜 개체들이 있어야 한다고 전제하면 될 것이다.[11]

임계치 함수에 적용할 수 있는 다른 추가조건도 있다. 어떤 이들은 훨씬 더 까다로운 조건을 선호할 수 있다. 적어도 하나 이상의 수혜 개체들이 잃게 될 이익이 피해 개체보다 커야 하며, 아마도 그 양이 더욱 많아야 할 것이다. 반면 어떤 이들은 훨씬 덜 까다로운 조건을 선호할지도 모르는데, 최소한 하나 이상의 수혜 개체들이 거의 같은 수준의 잃을 위험에 처해야 하지만 그 양이 정확히 동일한 것은 아니며, 피해 개체가 잃을 이익에 상응하는 부분 또는 비율이면 된다는 조건이다. 이 두 가지 관점은 요구조건을 명확히 규정하지는 못하더라도 한 가지 사고방식을 공유하고 있다. 하나 이상의 수혜 개체들이 잃게 될 이익이 해를 입을 개체가 잃게 될 이익에 상응하는 '비율(proportion)' p를 설정할 수 있다는 생각이다. 더 까다로운 조건에서는 p값이 1보다 크게 설정될 것이며, 덜 까다로운 조건에서는 1보다 작을 것이다. 우리의 원래 논의선상에서는 p값을 그냥 1로 두면 된다.

물론 모든 의무론자들이 임계치 함수에서 이와 같은 추가조건을 원하는 것은 아니다. 다소 지루할 수 있는데도 군이 언급하고 넘어가려는 이유는 계층적 의무론에서 도덕적 지위를 다루는 방식이 이렇기 때문이다. 계층적 의무론자라면 가능한 모든 조건을 고려해야 한다. 이 경우에도 모든 상황에서 고정된 단일 비율 p를 도덕적 지위의 함수에 따라 달라지는 가변 p로 설정할 수도 있다. 아마도 p는 의무론적 권리를 갖고 있는 개체의 도덕적 지위가 높을수록 더 커질 것이다. 이 관점을 따른다면 권리를 침해당할 개체가 매우 낮은 도덕적 지위를 가진 동물일 때는 수혜 개체가 잃게 될 이익은 특별히 중요하지 않다는 생각을 피력할 수 있다. 반대로 도덕적 지위가 높다면 이 조건은 중요한 것이 되므로 하나 이상의 수혜 개체들이 잃게 될 이익은 더 커져야 한다. 도덕적 지위가 상대적으로 높은 개체가 해를 입는 것이 허용되려면 수혜 개체들의 잠재 이익이 이에 상응할 정도로 커야 하며, 반대의 경우라면 감소할 것이다.

마찬가지로 나는 이와 같은 추가조건에 도덕적 지위를 반영함으로써 상대화한 버전을 수용해야 하는지 그렇지 않은지를 평가하지는 않을 것이다. 여기에서 살핀 개략적인 수준보다 더욱 심도 깊은 분석이 요구되는 일이다. 그래도 어쨌든 우리가 이 접근방식을 받아들이거나, 이전의 제안(임계치 충족 여부를 고려해야 할 선의 크기에 제한을 두고 이 제한을 해를 입는 개체의 도덕적 지위에 상응하는 것으로 상대화해야 한다는 접근방식)을 수용하거나, 아니면 둘 다 받아들인다고 가정했을 때 이는 모두 동물의 의무론적 권리가 사람의 권리보다 약하다는 사실을 구성한다.

우리의 주된 논점은 동물이 갖고 있는 상대적으로 약한 권리를 그들이 낮은 임계치를 가진다는 사실을 통해 드러내는 것이었다. 임계치 충족 여부를 판단하는 데 적절한 추가조건, 즉 수혜 개체들의 충분히 큰 이익만 고려하면 되는지, 또는 최소한 하나 이상의 개체들이 잃을 이익이 해를 입을 개체에게 가해질 위해의 크기와 같아야 하는지 등을 계속해서 살펴 들어가다 보면, 결국 동물의 도덕적 지위가 더 낮기 때문에 (이미 낮은) 임계치를 충족할 수 있는 방식에 대한 요구조건이 덜 제한적이라는 사실을 알 수 있게 된다.

: 제4절_더 살펴야 할 도덕 원칙 :

계층적 의무론이 동물의 의무론적 입장을 확장해주며, 이는 사람과 동물 그리고 동물과 동물 사이에 존재하는 도덕적 지위의 차이를 고려하는 방식으로 이뤄진다. 지금 우리는 '위해 당하지 않을 권리'를 이해하는 접근 방식에 초점을 맞추고 있지만, 의무론에서는 일반적으로 이것 말고도 다양한 도덕 원칙들을 수용하고 있다. 따라서 계층적 의무론을 체계적으로 탐구하려면 도덕적 지위를 고려하는 데 이와 같은 여러 원칙을 적용할 때의 영향에 대해서도 살펴볼 필요가 있다.

아마도 결과 중 일부는 우리가 이미 고려했던 것들과 유사할 것이다. 그리고 온전한 의무론자들은 충분한 선이 위태로울 때 침해를 허용할 수 있는 권리로 '위해 당하지 않을 권리'만 꼽지는 않을 것이다. 다른 많은 권리들(아마도 대부분 또는 전부)에도 임계치가 있다. 그렇기에 여기에서도 동물은 상응하는 권리를 가질 것으로 예상할 수 있지만, 위해 당하지 않을 권리와 마찬가지로 임계치는 개체의 도덕적 지위에 따라 변하므로 침해당할 권리를 가진 쪽이 사람이 아니라 동물이라면 쉽게 도달하게 된다. 비슷한 맥락에서 권리 소유자가 사람일 때 임계치 충족 조건에 제약이 있다면, 동물 역시 비록 제약이 따르긴 하겠지만 낮은 도덕적 지위를 감안해 적절히 낮아진다고 할 수 있다.

물론 이런 것들을 널리 일반화하는 데에는 예외가 있을 수 있다. 특정 권리의 경우에는 개체가 의무론적 입장을 취하는 것 이상의 무엇인가를 필요로 할지도 모른다. 다시 말해 어떤 권리는 어느 정도의 '자율성'을 갖추는 것 외에 추가적인 특성이나 능력을 요구할 수도 있다. 그렇다면 일부 또는 모든 동물은 이와 관련된 추가적 특성을 전혀 갖고 있지 못할 수 있다. 그런 경우라면 동물은 약한 형태의 의무론적 권리를 가진 게 아니라 아예 권리를 전적으로 결여한 것이다. 예를 들어 어떤 이들은 거짓말에 속지 않을 권리를 가지려면 허위 주장을 이해하는 능력이 요구되기 때문에, 우리의 언어를 이해하지 못하는 동물에게는 거짓말에 속지 않을 권리가 없다고 말할 것이다.

사람의 말을 이해하지 못하는 동물에게 거짓말을 한다는 발상이 합리적인지는 모르겠지만, 어쨌든 이런 사례에서도 반대 방향으로 너무 성급하게 일반화하지 않은 것이 중요하다. 언뜻 떠올려봐도 어떤 동물들은 우리의 말을 적어도 일부는 확실히 이해하는 것으로 보인다. 이런 사실만으로도 동물이 거짓말에 속지 않을 권리를 갖지 못한다는 명확한 이유를 찾을 수 없다. 한편으로 다른 측면에서 보면 어떤 동물에게 거짓말을 할 수 있는지의 여부를 떠나 동물을 속이는 행위가 빈번히 일어난다. 그러므로 일반적인 의무론자가 사람을 속이는 행위를 허용하지 않는 것처럼, 계층적 의무론자는 여기에 더해 동물을 속이는 행위도 도덕적으로 잘못이라고 주장할 수 있다. 다만 거짓말에 속지 않을 권리는 동물이 사람보다 약한 형태로 있을 것이며, 어떤 동물은 다른 동물에 비해 더 약할 것이다.

그런데 경우에 따라서는 도덕적 지위에서의 차이가 임계치 수준에서의 차이(또는 임계치를 충족시키는 조건에 대한 제한)를 만들어내지 못하기에 동물도 특정 권리만큼은 사람과 같은 수준을 가진다고 말할 수도 있다. 계층적 의무론자는 모든 경우에서 동물의 권리가 사람보다 약하다고 주장할 필요가 없으며, 단지 일반적인 경우에서 그렇다고 하면 된다. 하지만 전체적으로 볼 때 동물은 권리의 기반이 되는 다양한 특성이나 능력 측면에서 대부분 덜 발달되거나 덜 정교한 형태를 갖기 때문에, 일반적으로 동물의 의무론적 권리가 사람보다 약하다고 하는 것이다.

도덕적 지위의 차이는 우리가 방금 고려한 것 이상으로 다른 권리에 대해서도 의미를 가질 가능성이 높아 보인다. 실제로 이 시점 이후부터는 다양한 종류의 도덕 원칙이 의무론적 권리의 관점에서 제대로 이해되는지 여부와 상관없이 도덕적 지위의 격차가 그런 원칙들에서 중요한 역할을 하게 될 것이다. 예컨대 대부분의 의무론자들이 인정하는 '타인을 도울 의무'에 대해 생각해보자. '의무(duty)'라는 용어를 쓴 이유는 비록 일부 의무론자들이 사람에게 '도움을 받을 수 있는 권리'가 있다고 주장하지만, 대개는 이런 권리를 부정하고 대신 '도움(aid)의 의무' 또는 '선행(beneficence)의 의무'라고 표현하는 것을 선호하기 때문이다. 물론 나는 이 부분을 파고들지는 않을 것이며 단지 통상적인 용례를 따를 것이다. 그리고 이 의무의 강도에 대한 논쟁, 이를테면 사람이 다른 사람의 복지를 향상시키기 위해서 정확히 얼마만큼 희생해야 하는지와 관련한 논쟁이 있지만, 어쨌든 대다수의 의무론자들은 이 의무를 매우 중요하게 다루고 있다.

우리가 동물이 도덕적 입장을 취한다는 사실을 인지한 이상, 이제는 우리에게 사람뿐 아니라 동물을 도울 의무도 있다는 것을 인식할 필요가 있다. 우리가 다른 사람들의 복지를 증진시켜야 하는 것처럼(도움을 제공하는 데 지불해야 할 비용이 불합리하게 크지 않다는 것을 전제로), 동물의 복지 역시 증진시켜야 하는 것이다(사람의 경우와 마찬가지 조건을 전제로). 생각하기로는 아마도 제한적 의무론자들이라면 이 주장에 반론을 제기하면서, 타인을 도울 의무는 오직 의무론적 입장을 취하는 사람에게만 해당되며 동물에게는 그런 입장이 없다고 주장할 것이다. 그러나 우리는 이미 제한적 의무론을 거부해야 하는 이유를 알고 있다.

나는 이 책을 읽고 있는 여러분이라면 내 의견에 동의할 것이라고 믿는다. 우리는 동물의 복지를 증진시키고 그들에게 도움을 줄 이유를 갖게 됐다. 진정으로 우리는 다른 사람들을 도와야 하듯이 동물들에게도 그래야 할 의무를 가졌다. 이는 또한 우리 인생의 가치를 높이는 일이기도 하다. 제2장 제3절과 제5장 제3절에서 우리는 사람에게 동물보다 높은 도덕적 지위를 갖게 하는 요소들에 대해 살핀 바 있다. 우리는 그 어떤 존재도 아닌 사람이다. 사람만의 품격을 가진 존재인 것이다.

하지만 그럼에도 불구하고 이 의무가 사람을 돕는 게 아닌 동물을 돕는 사안이 되면 상대적으로 약해질 수밖에 없다는 사실을 알게 된다. 물론 일정 부분 이런 판단은 동물과 비교해 사람이 잃게 될 복지를 더 많이 갖고 있다는 익숙한 생각을 반영한 것일 수 있다. 논의를 본격적으로 시작하던 꽤 이전 제2장 제2절의 시점으로 돌아가보자. 우리가 사람의 목숨과 이를테면 이번에는 캥거루의 목숨 가운데 한쪽을 선택해야 할 때, 극단적으로 비정상적인 상황이 아니라면 사람이 캥거루보다 잃게 될 복지의 양을 훨씬 더 많이 갖고 있으므로, 캥거루가 아닌 사람을 구하는 것이 즉각적이고 자연스럽게 더 많은 선을 실현하는 셈이 된다. 개구리나 이구아나가 아니라 사람의 생명을 구하는 경우라면 결과는 더욱 분명해진다. 다른 모든 조건이 동일할 때 사람은 동물보다 더 많은 복지를 누리고 있기에, 동물을 도와야 할 의무는 사람을 도와야 할 의무보다 약해지며 충돌 시에는 아예 무시되는 것이다.

그러나 이 관점이 기본이기는 해도 사람이 아닌 동물을 도와야 할 의무가 약해진다는 생각의 모든 범주를 아우르는 것은 아니다. 대부분의 사람들은 심지어 똑같은 복지의 양을 잃게 될 위험에 처하더라도 도덕적 지위가 매우 낮은 동물은 말할 것도 없이 캥거루보다 사람을 돕는 게 도덕적으로 더 절실하다고 생각할 것이다. 우리가 일반적으로 동물보다 사람에게 더 많은 도움을 줘야 한다는 정도가 아니라 복지의 '단위' 자체도 사람의 가중치가 더 높다는 뜻이다. 도움을 받는 동물의 도덕적 지위가 낮을수록 도움을 줘야 할 의무의 도덕적 이유 또한 약해진다.

그런데 내가 생각하기에 이는 중요한 논점이기는 하지만 완전히 새로운 것은 아니다. 나는 이미 제4장 제3절에서 복지 한 단위가 갖는 도덕적 가치가 그 복지의 대상이 '누구인지에 따라' 도덕적 지위에 따른 차이를 만들어낸다고 주장했다. 복지의 증가분이 도덕적 지위가 더 높은 개체에게 귀속될 경우 결과의 가치가 더 커진다. 더 많은 선이 실현된다는 의미다. 그렇다면 다른 개체를 도울 의무는 실질적으로 선을 실행하는(선행의) 의무 또는 그로부터 파생되는 의무라는 것이 더 정확한 관점이다. 다른 모든 조건이 동일할 때 복지의 가치가 도덕적 지위에 따라 달라진다면 도움을 받는 개체의 도덕적 지위가 높을수록 더 큰 선이 실현되는 것이다. 도덕적 지위가 낮은 개체보다 높은 개체를 돕는 것이 더 많은 선을 실현하는 결과를 가져오게 되므로 '도움의 의무'가 더욱 강력해진다. 따라서 사람이 아닌 동물을 도울 때 도움의 의무가 약해진다는 의미는, 도덕적 지위를 적절히 측정할 수 있다면 이를 감안해 복지 수준을 조정해야 한다는 이전의 주장과 연결되는 것이다.

하지만 때때로 도움의 의무는 유달리 까다로운 형태를 취하기도 한다. 의무론자들은 '구조(rescue)의 의무'에 대해 강조하는데, 우리에게는 어떤 개체가 즉각적인 조치를 취하지 않으면 큰 화를 입게 될 긴급하고 절박한 상황에 처해 있을 때 반드시 그들을 도와야 할 강력한 의무가 있다는 것이다. 이런 경우 우리는 구조의 의무를 갖게 되며, 이 의무는 일반적이고 일상적인 다른 의무(또는 선한 행위)와 비교해 압도적으로 강력하다(대부분의 사람들에게 요구되며 벗어날 수 없을 정도로). 예를 들면 어린 아이가 우리의 눈앞에서 물에 빠질 경우 그 즉시 우리는 아이를 구조하기 위해 할 수 있는 모든 노력을 기울여야 한다고 생각할 것이다. 이때의 의무감은 이를테면 자선 활동으로 기부를 하는 것보다 훨씬 더 큰 잠재적 비용과 불편을 감수할 정도로 크다. 마찬가지로 광산 붕괴 사고가 발생할 때 대부분의 사람들은 광부들을 구조하기 위해 가능한 모든 수단을 동원해야 한다는 강력한 의무감을 가질 것이다.

흥미로운 사실은 구조의 의무가 더 큰 선을 실현해야 하는 일반적인 요구 사항 중 일부로 포함될 수 있는지의 여부에 대해서는 아직 명확히 정리되지 않았다는 점이다. 구조의 의무는 도덕적으로 더 큰 가중치를 받기도 하지만, 경우에 따라 전반적으로 훨씬 더 좋은 결과를 가져올 수 있는 가능성을 방해하기도 한다. 위 광산 붕괴 사례에서 대다수의 사람들은 동원할 수 있는 모든 자원으로 위험에 처한 광부들을 구하려고 하겠지만, 만약 그 자원이 광산의 안전시설 강화에 사용된다면 더 많은 생명을 구하게 될지도 모른다(장기적으로 보면 그럴 수 있다는 뜻이다). 이런 식으로 바라보면 의무론적 규범 이론의 다른 요소들처럼 구조의 의무 또한 우리로 하여금 최선의 결과를 가져오지 못하는 방식으로 행동하도록 요구할 수 있다. 물론 이는 아직 식별되지 않은 잠재적인(통계적인) 많은 수의 개체를 구하는 것보다 지금 이 순간 위험에 처한 개체를 구하는 것이 더 중요하다는 자연스러운 직관에서 비롯된 것이다.

그리고 어쨌건 구조의 의무가 의무론적으로 중요하다면 동물의 의무론적 입장도 감안해 동물 역시 이 의무의 대상이 돼야 한다. 우리에게는 사람뿐 아니라 동물에 대해서도 구조의 의무가 있다. 그렇지만 이때에도 계층적 의무론자는 동물을 구조하는 사안에서 의무의 강도가 약해진다고 말할 수 있다. 비록 같은 양의 복지가 위험에 처하더라도 사슴보다 사람을 구해야 하는 구조의 의무가 더 강하다. 의무 또한 개체의 도덕적 지위에 따라 달라지므로 구조가 필요한 개체의 도덕적 지위가 낮을수록 구조의 의무는 약해진다.

그런데 이와 같은 견해는 우리가 지금까지 논의해온 계층주의의 또 다른 표현방식이라는 측면에서는 중요하지만, 복지의 가치가 도덕적 지위에 따라 달라진다는 것과는 논리적으로 별개의 관점이라는 사실을 유념해야 한다. 방금 살폈듯이 구조의 의무는 더 큰 선을 실현해야 한다는 맥락과 어긋나는 경우로 인해 일반적인 다른 의무와는 차이가 있다. 내 생각이 사실이라면 구조의 의무 또한 도덕적 지위에 따라 달라지는 것은 맞지만, 도덕적 지위가 복지 가치에 영향을 미친다는 제안에는 명확한 의미를 제공하지 못한다. 오히려 도덕적 지위가 개체의 복지와 그 결과에 따른 선의 증가에 기여할 뿐 아니라, 구조 요구의 강도에도 영향을 미친다는 추가적이고 개별적인 주장이 되는 것이다.

다음으로는 도움의 의무, 선행의 의무, 구조의 의무 등에 제한이 있다는 사실을 고려해보자. 이는 대다수 의무론자들의 관점이기도 하다. 각각의 행동 주체들이 다른 개체를 돕거나 다른 방식으로 선행을 하는 데 떠안아야 할 비용이 너무 크다면, 개별 행동 주체들은 그와 같은 의무를 수행할 도덕적 필요성을 느끼지 못하거나 적게 느끼게 된다. 예를 들어 어떤 사람이 저축한 돈을 자신이나 가족을 위해 쓰는 대신 자선 단체에 기부함으로써 많은 사람들을 돕고 더 큰 선을 실현할 수는 있겠지만, 대부분의 사람들이 그와 같은 '희생'을 의무라고 생각하지는 않는다.

이는 의무론이 결과주의와 구분되는 또 다른 방식인데, 결과주의에서는 특정 희생이 전체적인 결과를 더 좋게 한다면 실제로 그 행동이 도덕적으로 요구된다. 이와 대조적으로 의무론에서는 이런 도움과 선행은 필요하지만 그에 따르는 희생이 지나치게 클 때에는 하지 않아도 된다고 여긴다. 이 경우 다른 사람들을 돕는 행동은 도덕적으로 '선택(option)' 사항이 된다. 여러분은 도덕적인 희생을 할 수 있으며, 분명히 도덕적으로 칭찬받을 만한 행동이지만, 실제로 그렇게 할 필요는 없다. 대신 여러분의 돈을 저축하거나 다른 적절한 용도로 사용할 수도 있다. 또한 구조의 의무에서도, 이 의무가 특별히 중요함에도 불구하고, 이를 수행하기 위해 부담해야 할 비용이 너무 크다면 포기해도 된다고 말한다. 대부분의 의무론자들은 '도덕적 선택'이라는 개념을 인정하는데, 이는 떠안아야 할 부담이 지나치게 큰 경우 다른 개체를 돕거나 선행을 하지 않아도 용납된다는 것을 의미한다. 그렇다고 이 선택권이 무제한적인 것이어서 다른 개체들을 이해 아무것도 할 필요가 없다는 뜻은 아니다.

그렇다면 여기에서 질문을 던져볼 수 있을 것이다. 다른 개체들에게 도움을 주기 위해 필요한 비용은 얼마나 될까? 적어도 직관적으로 드는 생각은 그 비용이 우리가 얼마나 큰 선을 실현할 수 있는지에 달려 있는 것 같다. 도덕적 선택권은 우리가 자신이나 가족, 친구의 복지 또는 여러 다른 이익 등을 고려해 공정한 시각에서 판단할 수 있는 것보다 더 큰 가중치를 부여해주지만, 거기에 무한대의 무게를 실어줄 수는 없다. 희생은 적정 수준의 선이 실현되는 경우에만 선택 사항이 되며, 만약 충분히 큰 선이 사라질 위험에 처한다면 희생은 '의무'가 될 수 있다고 보는 것이 도덕적으로 타당할 것이다.

부담해야 할 비용이 지나치게 크다고 할 때 정확히 어떤 비용을 말하는 것일까? 도덕적 선택권에서 우리가 자신의 이익을 선택하는 것은 어느 정도까지 허용될까? 이와 같은 질문에 답하는 것이 쉬운 일은 아니지만 기본적인 개념은 이런 것이다. 특정 희생이 가져올 수 있는 선과 비교해 선택이 되는지 의무가 되는지를 판단하는 문제에서 비용은 불균형적으로 계산될 수 있다. 이와 같은 도덕적 계산을 할 때 여러분은 이 비용의 z값이 적절하다면 각각의 비용에 대해 객관적으로(공정하게) 최대 z배까지 가중치를 줄 수 있다. 여러분의 희생이 비록 다른 개체에게 이익이 돼서 선을 실현하더라도, 이 비용에 z값을 곱했을 때 나온 결과가 다른 개체들을 통해 실현된 선보다 크면 여러분은 희생하지 않아도 된다. 예컨대 C가 여러분이 부담해야 할 비용이고 G가 다른 개체들이 얻을 이익이라고 하면, C가 G보다 작더라도 C의 z배가 G보다 크다면 희생하지 않는 것이 허용된다는 의미다.

도덕적 선택권은 여러분이 도덕적으로 최선이 아닌 행동을 할 수 있는 권한도 부여해준다. 하지만 허용 범위는 선택권의 크기에 따라 변하므로, 방금 설명한 접근방식에서 허용될 수 있는 범위는 z값에 따라 달라진다. z값이 1보다 약간 큰 경우 행동 주체의 개인적 이익은 객관적인(공정한) 가중치보다 약간 큰 정도로 허용될 것이기에, 도덕적으로 최선이 아닌 행동에 대한 허용 범위는 매우 작을 것이다. 이와 반대로 z값이 현저히 크면 행동 주체의 개인적 이익을 추구할 수 있는 여지도 현저히 커져서 허용 범위가 훨씬 넓어진다(상식선에서 도덕적 선택권의 크기를 생각했을 때 z값은 실제로 꽤 클 것 같다).

도덕적 선택권의 크기를 이런 의미로 바라본다면 계층적 의무론이 도덕적 지위를 고려할 수 있는 또 다른 측면이 있음을 알게 된다. z값이 모든 행동 주체에 대해 고정돼 있지 않고 각각의 도덕적 지위에 따른 가변 값이라고 생각해보자. 즉, 도덕적 지위가 높은 행동 주체들은 z값이 크고, 지위가 낮은 행동 주체들은 작다. 이렇게 되면 높은 도덕적 지위를 가진 행동 주체들에게는 보다 큰 도덕적 선택권이 허용되는 반면, 낮은 지위를 가진 행동 주체들에게는 선택권이 더 제한된다.

대부분 또는 모든 동물에게는 사람에게 부여되는 것과 같은 도덕적 의무나 책임이 없기 때문에 도덕적 행동 주체가 아니라고 할 수 있다. 동물은 도덕적 지위의 기반을 제공하는 정신적 특성 중 규범적 반성 능력과 자기관리 능력을 결여하고 있다. 예를 들어 사자는 다른 동물에게 도움을 줄 의무를 갖고 있지 않기 때문에 물에 빠진 가젤을 구할 필요가 없다. 따라서 도덕적 선택권의 크기 개념은 동물에게 적용하지 못한다. 동물이 도덕적 의무를 갖지 않는 이상 그런 의무의 범위를 제한하는 선택권은 고려할 여지가 없는 것이다.

이런 이유로 도덕적 선택권의 크기가 개체의 도덕적 지위에 따라 달라진다는 관점은 설득력을 잃게 됐다. 동물은 사람보다 낮은 도덕적 지위를 갖고 있지만 도덕적 의무의 제약을 받지 않으므로 도덕적 선택을 할 수 없다. 그렇기 때문에 낮은 도덕적 지위에 따라 도덕적 선택권의 크기

도 작다는 주장은 더 이상 유효하지 않다.[12]

그러나 사람이 아닌 개체가 도덕적 행동 주체가 될 수 없다는 것이 사실이고, 사람보다 낮은 도덕적 지위를 가진 개체가 더 작은 선택권을 갖는다는 것이 비합리적이더라도, 우리보다 도덕적 지위가 높은 존재가 있거나 나타날 가능성을 간과해서는 안 된다. 사람이 가진 것보다 훨씬 더 발달되고 정교한 능력을 보유한 '우월한' 존재의 실재 가능성에 대해 떠올려보자. 짐작건대 이와 같은 존재는 분명히 도덕적 행동 주체일 것이며 도움 및 구조의 의무와 같은 도덕적 의무의 대상일 것이다. 그렇다면 이런 종류의 존재에 대해서도 그 의무에는 제한이 없는지, 아니면 제한할 수 있는 도덕적 선택권이 있는지 등과 관련한 질문이 생길 것이다. 또한 사람보다 우월한 존재에게도 선택권이 있다면, 이들이 가진 선택권의 크기는 우리와 비교할 때 얼마나 큰지 궁금할 것이다. 앞서 접근방식을 따르면 이들의 보다 높은 도덕적 지위에 따라 z값은 사람에게 적용되는 것보다 더 클 것이며, 이에 따라 더욱 큰 선택권을 가지므로 스스로의 이익을 추구하는 행위가 더욱 폭넓게 허용될 것이다.

이 관점은 설득력을 가질까? 물론 도덕적 선택권을 포함해 도덕성을 떠받치고 있는 기반과 근거에 따라 달라질 것이다. 이 질문은 논쟁의 여지가 많고 무척 복잡한 문제이기 때문에 더 깊숙이 들어가지는 않겠지만, 두 가지 가능성에 대해서는 빠르게 언급하고 넘어가겠다. 첫 번째 가능성은 이것이다. 도덕적 선택권은 도덕성이 인간의 본성과 일종의 타협을 한 결과로 볼 수 있다. 일반적인 인간 성인은 완벽하게 공정한 관점을 체계적으로 채택해 행동하는 게 어렵거나 불가능하다는 사실이 수용됐다는 이야기다. 그런데 사람보다 우월한 존재라면 도덕적으로 공정한 관점을 통해 동기를 부여받는 것이 쉬울지도 모른다. 따라서 도덕적 선택권에 대한 다소 부정적인 견해가 옳다면(선택권이 인간 본성과의 타협이라면), 사람보다 우월한 존재는 사실상 더 작은 선택권을 갖거나 아니면 아예 갖지 못할 수도 있다.

두 번째 견해는 이렇다. 도덕적 선택권은 우리의 자율성이 갖는 가치와 중요성 그리고 우리의 삶이 나아가고자 하는 방향에 대한 개별화된 선호 및 이에 따라 행동할 수 있는 능력이 반영된 결과라고 볼 수도 있다. 이는 아마도 선택권을 좀 더 긍정적으로 바라보는 견해인데, 우리가 각자의 삶을 가꿔나가고 스스로 계획한 것들과 좋은 관계를 형성해나가는 데 필요한 여유를 두기 위한 것이 도덕적 선택권이라는 의견이다. 그러므로 선택권에 대한 이 긍정적인 견해가 맞다면, 사람보다 우월한 존재는 실질적으로 우리보다 더 큰 선택권을 가질 수 있다. 사람보다 훨씬 높은 자율성으로 자신들의 삶을 영위해나가기 위해서 도덕적으로 보호받는 더 넓은 공간을 가질 자격이 있기 때문이다.

방금 말했듯이 이 질문은 여기까지만 다루겠다. 우리의 목적은 도덕적 선택권이 행동 주체의 도덕적 지위에 따라 달라지는지의 여부를 입증하는 것이 아니며, 도움 및 구조의 의무가 그것을 필요로 하는 개체의 도덕적 지위에 따라 달라지는지를 입증하는 것도 아니다. 내가 설명하고자 한 요점은 계층적 의무론에서 도덕적 지위가 갖는 잠재적 중요성은 위해 당하지 않을 권리에 대한 올바른 이해에서 그 역할이 절대로 제한되지 않는다는 사실이다. 이와 달리 도덕적 지위는 우리의 전반적인 규범 이론 안에서 대다수의 원칙들에 체계적인 영향을 미칠 가능성이 높다. 우리가 동물들 도덕적 입장을 인지하는 데 좀 더 진지하게 접근한다면, 개체의 도덕적 지위의 차이와 관련한 도덕적 중요성을 적절히 고려하기 위해 그동안 사람만을 향해 있던 갖가지 도덕적 원칙들을 보완하고 재해석할 수 있지 않을까 생각한다.

어쨌든 사람보다 우월한 존재의 실재 가능성은 우리의 도덕적 사고를 확장해주며 의무론적 관점에서 생각할 거리를 제공해준다. 그렇지만 어디까지나 잠재적인 논리이므로 우월한 존재의 가능성을 고려하지 않아도 되는 결과주의에서 의무론으로의 전향을 고민할 필요는 없을 것이다 (결과주의자인 사람들에게는). 그럼에도 불구하고 계층적 의무론자라면 우리보다 훨씬 더 높은 자율성을 포함해 거의 모든 부분에서 더 월등한 정신적 능력을 가진 존재가 실재할 가능성에 개방적이어야 한다. 계층적 의무론의 관점에서 이 같은 존재는 (권리 침해에 대한 더 높은 임계치는 물론 임계치 충족의 더 엄중한 제한과 더불어) 우리보다 훨씬 강력한 권리를 가질 수 있다. 나아가 다른 모든 조건이 동일할 때 이들은 도움과 구조를 요구할 수 있는 더욱 강력한 권리를 갖는다.

이것이 문제가 있는 생각일까? 어떤 이들에게는 의심할 여지없이 그러겠지만, 나로서는 이 가능성이 무시돼야 할 까닭을 찾지 못하겠다. 제6장 제2절에서 설명한 것처럼 어떤 존재들에게 우리보다 높은 도덕적 지위를 부여한다는 것이 그들로 하여금 우리를 학대하거나 우리의 권리를 무시하도록 허용한다는 의미는 아니다. 충분히 철학적인 악몽이 될지는 모르겠지만, 무엇이 그런 행위들을 정당화할 수 있는지는 이해하기 어렵다. 설령 사람인 우리보다 더 큰 권리와 더 중요한 이해관계를 갖는 존재가 실재하더라도, 우리의 권리는 사라지지 않으며 우리의 이해관계도 여전히 중요한 문제가 될 것이다. 한편으로 우월한 존재는 우리보다 큰 도덕적 선택권을 갖고 있으므로 우리가 다른 개체들을 돕는 방식처럼 행동할 필요가 없을 수도 있다. 하지만 그 반대일 수도 있는데, 우리보다 압도적으로 높은 규범적 반성 능력과 자기관리 능력을 비롯한 정신적 능력 때문에 실질적으로는 아주 작은 선택권밖에 갖지 못할 수도 있다. 만약 그렇다면 우월한 존재는 지금 우리가 가진 것보다 더 큰 의무를 지고 사람을 포함해 도움이 필요한 모든 개체들을 도와야 할 것이다.

지나가던 길에 하나 더 지적하자면 계층적 의무론은 앞서 제6장 제3절에서 살펴본 '가장자리 상황' 문제에도 직면하게 된다. 의무론적 권리가 도덕적 지위에 따라 달라진다면 계층적 의무론자들은 심각한 정신 장애를 가진 인간들이 우리보다 약한 권리를 갖는다는 결론을 어떻게 피해갈지 찾아내기 어렵다. 이 문제는 내가 제안한 '양식적 인격'이 인간의 정신적 능력에 기반을 둔 수준의 높은 도덕적 지위를 부여한다는 사실을 유념한다면 완화될 수 있을 것이다. 그러나, 나는 사실 설득력이 떨어진다고 보는데, 우리가 양식적 인격이 실제 사람(또는 인간과 같은 사람)과 동일한 도덕적 지위를 갖는다는 주장을 뚝심 있게 밀어붙이지 못한다면, 심각한 장애를 가진 인간은 일반적인 인간 성인만큼의 권리를 갖지 못한다는 결론을 피하긴 어려울 것이다.

물론 제한적 의무론자들이라면 심각한 장애를 가진 인간들의 의무론적 입장을 인정한다고 말함으로써 이 결론을 피할 수 있다. 제한적 의무론자들이 어떤 종류의 의무론적 입장이라도 갖고만 있다면 똑같은 강도의 권리를 가진다고 주장하는 상황을 상상해보자. 심각한 장애를 가진 인간들이 의무론적 입장을 갖고 있다는 제한적 의무론자들의 주장이 사실이라면 곧 이들의 의무론적 권리 또한 모든 면에서 우리와 같다는 주장으로 이어지게 된다. 하지만 그러면 속수무책으로 심각한 정신 장애가 있는 인간들은 의무론적 입장을 취하지만 동물은 그렇지 못하다는 결론과 연결된다. 동물을 의무론적 입장에서 배제해야 하는 것이다. 또한 우리가 이미 긴 지면을 할애해 살폈듯이 이때 계층주의가 끼어들지 못하고 단일주의적 틀 안에서의 논지로 흐를 경우, 의무론적 입장을 동물로까지 확장할 때 우리가 받아들이기 어려운 의미를 갖게 된다. 여기에서도 마찬가지로 양식적 인격의 중요성을 호소해 논지를 다소 약화시킬 수는 있겠지만, 아마도 이와 같은 우려에 대응하기에는 충분치 않을 것이다.

불행한 일이긴 하지만 사람의 정신적 능력도 얼마든지 훼손되고 결여될 수 있다는 점을 감안할 때, 장애의 상태가 심각할 경우 단순히 양식적 인격만으로 온전한 사람의 수준까지 도덕적 지위를 올리는 데는 뚜렷한 한계가 있다고 인정할 수밖에 없다. 심각한 정신 장애를 가진 인간이 통상적인 인간 성인과 동일한 정도와 크기의 권리를 갖는다면 대부분의(또는 모든) 동물에 대해서도 같은 주장을 할 수 있는데, 이는 앞서 우리가 살펴본 것처럼 동의할 수 없는 논리가 되는 것이다. 내가 아는 한 유일하게 수용할 수 있는 의무론적 관점은 계층적 의무론이며, 심각한 장애를 가진 인간은 일반적인 사람들보다 약한 의무론적 권리를 갖고 있다.

'우월한 존재'에 이어 '가장자리 상황'까지 살폈으니, 마지막으로 의무론적 권리에서 '정상적 편차' 문제(제6장 제4절을 참조할 것)를 잠깐만 언급하고 이 장을 마무리하겠다. 사실 계층적 의무론을 받아들이더라도 정상적 편차와 관련해서는 모든 이들이 만족할 만한 답이 아직 없는 상황이다. 내가 생각하기에 계층적 관점에 끌리던 이들을 주저하게 만드는 가장 큰 걸림돌이 '정상적 편차' 문제일 것 같다. 계층적 관점은 일반적인 인간 성인들 사이에서 발견되는 능력의 차이가 비록 작지만 실질적인 도덕적 지위의 격차를 만들어낸다고 본다. 따라서 계층적 관점과 의무론이 결합된 계층적 의무론에서는 자연스럽게 그 도덕적 지위의 차이가 의무론적 권리에서의 차이로 연결된다. 즉, 보통의 인간 성인들끼리도 의무론적 권리에 차이가 있다. 어떤 일반적인 인간 성인은 다른 인간 성인보다 높거나 낮은 의무론적 권리를 갖고 있다. 계층적 의무론은 이 견해를 폐기할 수 없다. 많은 이들이 이 관점에 문제가 있다고 생각할 것이다. 그러나 아직 약속 어음을 회수하기 전이니 조금만 더 기다려보자(우리는 제11장 제2절에서 '실천적 현실주의'와 함께 이 문제를 다시 다루기로 했다).

제10장

동물에게 자기방어권이 있는가

: 제1절_스스로를 지킬 권리 :

일반적인 상황이라면 어떤 사람이 다른 사람에게 위해를 가하거나 죽이는 행위는 도덕적으로 정당화될 수 없다. 우리 모두가 위해 당하지 않을 권리(생명권)를 갖고 있기 때문이다. 물론 우리는 이 권리가 침해될 수 있는 중요한 예외 상황에 대해 꽤 오랫동안 논의했다. 예외 상황은 다른 사람의 위해 당하지 않을 권리에 대한 '임계치'가 충족되는 경우에 발생한다. 하지만 아직 우리가 검토하지 않은 두 번째 중요한 예외가 있다. 우리는 이 장에서 바로 이 예외 상황에 논의의 초점을 맞추게 될 것이다. 이 예외는 어떤 사람이 다른 사람의 정당하지 못한 공격으로부터 스스로를 '방어할' 목적으로 위해를 가하는 경우에 발생한다.

우리 대부분은 자신을 공격하는 상대에게 위해를 가하거나 심지어 죽이는 것까지 포함해 우리에게 '스스로를 지킬 권리'가 있다고 믿는다. 물론 일반적인 경우에는 다른 사람에게 해를 입히거나 죽이는 행위가 도덕적으로 금지돼 있지만, 예컨대 만약 브렌다(Brenda)가 아널드(Arnold)를 먼저 죽이지 않으면 틀림없이 아널드로부터 죽임을 당하는 상황일 때는 브렌다가 아널드에게 위해를 가하거나 심지어 죽이는 행위까지 허용될 수 있다. 브렌다에게 이런 행위가 허용되는 근거는 다름 아닌 '자기방어(self-defense)'의 권리, 즉 '자기방어권'이 있기 때문이다.

그렇다고 모든 이들이 이와 같은 일반적인 믿음을 받아들이는 것은 아니다. 평화주의자(pacifist)는 이런 권리가 없다고 주장한다. 그들은 어떤 경우에도 타인에게 위해를 가하는 행동은 잘못이며, 다른 사람이 내게 해를 입히려고 한다는 이유로 그런 행동이 허용돼서는 안 된다고 말한다. 그러나 어디까지나 소수의 견해인데다 여기에 이끌리는 사람들도 극히 적다. 나는 이 소수의 주장을 변론하지 않고 단순히 잘못됐다고 가정하고자 한다. 다양한 분배 원칙들과 위해 당하지 않을 권리 등 우리가 논의한 다른 기본적 도덕 원칙들과 마찬가지로, 내 목적은 여러 도덕적 사고방식이 동물을 헤아리는 문제와 관련해 어떤 의미를 갖는지 살피는 것이지 각각의 입장을 대변하는 것은 아니기 때문이다.

따라서 같은 이유로 나는 자기방어 권리의 논리적 기반에 대한 갖가지 견해들을 해석하지 않을 것이다. 또한 자기방어권이 허용될 때 공격을 한 사람이 상대방의 위해 당하지 않을 권리를 침해한 것인지 박탈한 것인지, 아니면 공격을 당한 쪽이 위해 당하지 않을 권리를 포기한 것인지 상실한 것인지, 그것도 아니면 이것저것 필요 없고 평화주의자들이 주장하듯 위해 당하지 않을 권리는 자기방어권으로도 상쇄될 수 불가침의 권리인지 등에 대한 입장도 밝히지 않을 것이다. 우리의 논의 목적상 자기방어권이 있다고 하면 충분하며, 누군가 여러분을 해치려고 한다면 자신을 지키기 위해 상대방에게 위해를 가하거나 극단적인 경우 살인 행위도 허용될 수 있는 것이다.

그리고 자기방어권에 대해서도 위해 당하지 않을 권리와 마찬가지로 의무론과 결과주의가 입장 차이를 보인다. 의무론은 이와 같은 추가적 권리 또한 도덕적 중요성을 가진다고 보며, 결과주의는 올바른 의사결정의 지침에 불과하다고 여긴다. 하지만 결과주의 관점에서는 논지 확장의 여지가 별로 없기 때문에 나는 계속 의무론적 관점에서 이 논의를 이어갈 것이다.

여러분도 알다시피 세상사가 그리 단순하지는 않다. 스스로를 방어하는 문제에서도 생각해볼 것들이 많다. 그래서 자기방어권에 관해 몇 가지 따져봐야 할 중요한 특성을 크게 세 가지만 제시하려고 한다. 첫 번째는 우리의 논의와 가장 깊게 관련된 문제로, 의심의 여지없이 자기방어권이 허용되는 상황이더라도 얼마만큼의 위해를 가하는 것이 정당한지에 대해서는 '제한'이 있다는 것이다. 만약 상대방이 전적으로 여러분을 죽이려고 할 때는 문제가 없다. 자기방어권을 행사해 상대방을 죽일 수 있다는 것이 확실하기 때문이다. 그런데 공격한 사람이 여러분을 죽이려는 게 아니라 그보다 약한 방식, 이를테면 상대가 여러분의 얼굴을 때린다고 가정해보자. 물론 여러분은 이 또한 정당하지 않은 공격이라고 판단할 수 있으며, 상대의 행동을 멈출 수 있는 다른 방법이 없다면 그 사람을 공격해 여러분 자신을 방어하는 행위가 허용된다. 그렇지만 이때 상대의 공격을 멈추기 위해 그 사람을 살해하는 행위는 허용되지 않는다. 그렇게 되면 여러분의 대응은 균형에 맞지 않는 '과잉 방어'가 된다. 달리 말해 여러분이 가진 자기방어권에는 상대방에게 어느 정도까지 위해를 가할 수 있는지에 대한 상한이 있으며, 이 상한은 그 사람이 여러분에게 가하려는 위해의 양(크기)에 대한 함수다.

하지만 이것이 상대가 여러분에게 가하는 것 이상으로 위해를 가할 수 없다는 뜻은 아니다. 또는 상대방과 동일하거나 더 작은 위해를 가할 수 있다는 의미도 아니다. 직관적으로만 생각해도 공격을 방어해 상대를 제 압하려면 그보다 더 큰 위해를 가할 수밖에 없다. 설령 상대가 여러분을 죽이지 않고 팔만 자르려고 했더라도, 그런 일을 당하지 않기 위한 유일 한 방법이 그 사람을 죽이는 것이라면 그렇게 할 수 있다. 이처럼 정당하 지 않은 공격으로부터 스스로를 방어해야 하는 경우 상대방이 여러분에 게 가하려고 한 것보다 더 큰 위해를 그 사람에게 가할 수 있다. 다만 여 러분의 얼굴을 때리는 행위를 막아내고자 상대방을 죽이는 것은 허용되 지 않듯이 자기방어권에는 제한이 있으며, 어쨌든 여러분이 스스로를 방 어하기 위해 가하는 게 허용되는 위해의 양은 상대방이 가하려고 한 위 해의 양과 함수관계에 있다.

여러분이 상대방에게 위해를 가할 수 있도록 허용된 양을 H라 하고 상대방이 여러분에게 가하려고 한 위해의 양을 h라고 하면 통상적으로 'H > h', 즉 H가 h보다 크겠지만, 그럼에도 불구하고 결국 H는 h의 크기 에 따라 제한된다. 아마도 H는 h의 d배가 될 것이다. 어쩌면 d는 두 배 가 될 수도 있고 더 클 수도 있다. d를 적절한 승수로 정하면 이 함수의 방정식은 다음과 같다.

$$H = dh$$

그런데 항상 그렇듯 제대로 된 방정식은 이보다 훨씬 복잡하리라고 생 각한다. 물론 우리가 이 작업을 할 필요는 없으며 d값을 결정하는 것도 논의선상에서 그리 중요한 일은 아니다. 여기에서 중요한 논점은 자기방어권으로 허용되는 위해의 크기에 '과잉'을 금지하는 이른바 '비례 원칙 (proportionality)'이 있어서 '공격자(attacker)'에게 위해를 가하는 것을 허용하되 그 양에는 '제한'이 있다는 사실이다.

두 번째 특성은 자기방어권에 '필요조건'이 포함된다는 것이다. 상대방에게 가하려고 하는 위해의 양이 비례 원칙에 따라 설정된 제한 내에 있더라도, 상대의 공격으로부터 스스로를 방어할 때 반드시 그 위해 행위의 필요조건이 충족될 때만 허용된다. 아널드가 브렌다를 죽이려는 상황으로 돌아가보자. 하지만 이번에는 브렌다가 자신을 지키기 위해 아널드를 죽일 필요는 없다고 가정해보자. 이를테면 브렌다가 "꺄악!" 하고 큰 소리로 비명을 지르니 아널드가 깜짝 놀라 들고 있던 무기를 떨어뜨리고 부리나케 도망쳤다. 만약 아널드가 그러리라는 것을 알면서도 브렌다가 총을 쏴서 그를 죽였다면, 비록 그 위해의 크기가 비례 원칙에 따른 제한 내에 들었더라도 브렌다의 행위는 도덕적으로 허용되지 않는다. 자기방어권 행사로 인한 살인은 오직 불가항력적으로 그것이 필요한 경우에만 허용된다. 이와 비슷하게 아널드와 비교적 멀리 떨어져 있는 상황에서 총으로 그를 무력화할 수 있을 때, 브렌다가 그의 머리나 심장을 맞혀 죽이는 것은 허용되지 않는다. 자기방어권을 행사할 때 허용되는 위해의 크기는, 아무리 부당한 공격에 저항해 스스로를 지키는 경우라고 해도 방어에 성공할 정도의 양으로 제한되는 것이다.

확실히 이 사안도 적절히 서술하기가 쉽지 않을 것 같다. 필요조건을 일일이 열거하기도 어려울뿐더러, 완벽한 설명을 하려면 스스로를 방어하는 여러 가지 방법들이 효과적이지 않을 수 있다는 사실까지 고려해야 하기 때문이다. 자기방어에 성공적이지 못할 수도 있고, 상대의 위해를 전부가 아니라 부분적으로만 막아낼 수도 있을 것이다. 게다가 자신을 방어할 때 성공 가능성이 가장 높으면서 도덕적으로 허용될 수 있는 방식을 미리 결정하기란 거의 불가능하다. 그러니 필요조건이 무엇이든 간에 모두 충족됐다 치고 위해의 크기만 따지기로 하자. 앞으로 논의에서도 필요조건은 이미 충족이 돼 있는 상황이라고 가정하자. 행동 주체가 자기방어의 수단으로 취하는 행동에서 위해의 크기 외에 추가적인 필요조건은 없다고 해두자는 이야기다.

세 번째는 자기방어권이라는 개념이 우리가 논의한 것보다 '넓은 범주'를 취한다는 사실이다. 다시 말해 자기방어권은 단순히 우리 자신을 방어하는 행동만을 일컫는 것이 아니다. 다른 사람들도 여러분의 방어 행동에 가담할 수 있다. 아널드가 브렌다를 공격할 때 브렌다에게만 자기방어권이 허용되는 것이 아니라, 브렌다를 도와 함께 아널드에 대항하는 '제3자'에게도 허용된다. 즉, 자기방어권을 자기방어에만 국한된 개념이 아닌 넓은 범주에서 '방어의 권리'라고 말할 수도 있다. 만약 여러분이 자신을 방어할 수 없다면 대신 제3자가 여러분을 지켜줄 수 있다. 여러분이 스스로를 지킬 수 있더라도 마찬가지로 제3자가 힘을 보태줄 수 있다. 물론 여러분의 자기방어권 행사에 제3자가 가담해도 위 두 가지 특성은 여전히 유효하다. 여러분과 제3자가 방어하는 과정에서 상대방에게 가할 수 있는 위해의 양에는 비례 원칙에 따른 '제한'이 있으며, 또한 '필요조건'이 충족된 상황에서 충분히 효과적인 다른 방법이 없어야 한다. 그래도 어쨌든 결정적인 논지는 제3자가 공격당하고 있는 누군가를 도와 방어하는 행동이 허용된다는 사실이다. 스스로를 방어하고자 위해를 가할 수 있는 권리는 잠재적 희생자에게만 있는 게 아니다.

이 마지막 세 번째 특성은 특히 중요하다. 왜냐하면 이제부터 우리는 자기방어를 '동물'에 적용하는 문제로 넘어갈 것이기 때문이다. 나는 동물이 공격당하는 상황과 공격하는 상황을 모두 살펴보고자 한다. 미리 말해두자면 우리가 앞으로 논의할 내용 중에는 사람이 공격자나 잠재적 희생자 역할로 등장한다. 그렇지만 대부분의 경우 내 주안점은 우리에게 제3자로서 허용될 수 있는 역할에 관한 것들이다. 다시 말해 우리가 공격을 하는 입장도 공격을 당하는 입장도 아니라는 것을 전제로 한 상태에서 동물의 자기방어권을 논의할 때, 나와 여러분에게 제3자로서 허용될 수 있는 행동에 어떤 것들이 있는지 짚어볼 것이다. 이에 따라 앞으로의 사례에서 공격을 당하는 개체들이 등장할 경우 여러분 스스로를 제3자라고 가정하기 바란다. 나는 이 경우 여러분의 행동에 대한 허용 가능성을 탐구할 것이다.

하나만 더 밝혀두건대 다음에 이어질 내용은 계층주의가 동물윤리에서 가장 적절한 대안적 관점이라는 이 책의 핵심 주장을 변론하는 데 있지 않다. 이제껏 나는 '가치론(선에 관한 이론)'에 계층적 관점을 도입해야 할 이유와 명분을 설명했으며, 계층주의와 의무론을 결합한 '계층적 의무론'을 제안했다. 그러므로 계층주의가 자기방어권을 올바르게 이해하는 데에도 마찬가지 역할을 하리라는 것이 그리 놀라운 전망은 아니다. 하지만 더 나아가 나는 동물윤리를 명시적으로 다루기 위해 인간 사회의 규범적 이론을 동물로까지 확장해야 한다고 역설했는데, 동물의 자기방어권 논의도 이와 같은 맥락의 확장 작업이 될 것이다. 의심할 여지없이 이 주제는 어떤 '사람'이 다른 '사람'을 공격하는 상황으로 국한할 때조차 복잡하고 어려운 문제다. 그러나 여러분이 이제 곧 느끼게 될 테지만, 이 논의와 관련된 개체가 동물이 될 때 문제는 우리가 예상했던 것보다 더욱 혼란스러워질 것이다.

: 제2절_사람에 대한 동물의 자기방어권 :

방금 우리는 자기방어권의 세 가지 중요한 특성 중 '제3자'의 개입에 관해 살폈다. 한 사람이 다른 사람을 공격할 때, 공격당하는 사람의 자기방어권에 제3자가 가담하는 것이 허용된다. 또한 이 잠재적 희생자가 스스로를 지킬 능력의 여부를 떠나 제3자가 이 사람을 돕는 행위도 허용된다. 다시 말해 제3자의 개입이 자신을 방어할 능력이 없는 개체인 경우에만 가능한 것은 아니다.

그렇다면 우리에게는 우리 눈앞에서 공격을 당하고 있는 사람을 도와 방어에 가담해야 할 도덕적 의무가 있는 것일까? 이에 대한 대답은 제9장 제4절에서 검토한 일부 도덕 원칙들, 즉 '도움의 의무'나 '구조의 의무'를 바라보는 우리의 입장에 따라 달라질 것이다. 여기에서도 틀림없이 만약 제3자가 부담해야 할 비용(위험)이 충분히 작다면 우리에게 잠재적 희생자를 도와야 할 도덕적 '요구'는 강해질 것이다. 아마도 우리 대부분은 적어도 어떤 상황에서는 다른 사람을 도와 함께 자기방어권을 행사하는 것이 우리에게 요구되는 도덕적 의무라는 데 동의할 것이다.

그런데 일단 도덕적 의무에 관한 질문은 제쳐두고 보다 쉬운 질문에 초점을 맞춰보자. 질문은 이것이다. "우리가 잠재적 피해자의 자기방어권 행사에 가담해도 되는가?" 이 질문에 대한 답은 명확한데, 특별한 예외 상황이 아니라면 그런 의무가 있든 없든 잠재적 희생자를 방어해주는 행위가 허용된다. 설령 비용(위험 부담)이 상당하더라도, 그래서 잠재적 희생자를 도와 방어해줄 의무가 없더라도 그 행위는 허용된다. 어떤 사람이 정당한 이유 없이 다른 사람을 공격하는 경우 제3자에는 일반적으로 그 공격을 방해하거나 무력화하기 위해 힘을 사용하는 것이 허용되며, 제3자는 잠재적 희생자를 방어해주는 과정에서 공격자에게 위해를 가할 수 있다.

여기까지는 '사람'이 '사람'을 공격하는 상황이다. 하지만 우리가 이제 이 그림 속에 '동물'을 그려 넣게 되면, 동물은 공격자와 희생자 중 어느 한쪽이거나 양쪽 모두가 될 수 있기 때문에 고려해야 할 세 가지 상황이 생긴다. 첫째, 동물이 사람에게 공격당할 때 우리가 동물을 방어해주는 상황이다. 둘째, 사람이 동물에게 공격당할 때 우리가 동물에 대항해 사람을 방어해주는 경우다. 셋째, 동물이 동물을 공격할 때 우리가 한 동물을 다른 동물로부터 방어해주는 상황이다. 이제부터 이 세 가지 경우를 차례대로 살펴보기로 하자.

첫 번째 상황부터 고려해보자. 동물이 사람으로부터 공격을 당하고 있다. 물론 이 공격은 정당한 이유가 없는 것으로 가정한다. 동물이 먼저 사람을 위협하거나 공격함으로써 '촉발된' 것이 아니라(이와 같은 경우는 나중에 살펴볼 것이다), 순전히 사람이 해당 동물에게 위해를 가할 목적으로 공격하고 있다. 스포츠로 엽총 사냥을 즐기는 경우가 될 수 있는데, 어떤 사람이 그저 '즐거움'을 위해 어떤 동물, 이를테면 '사자'를 죽이기로 결정했다고 생각해보자.

이 사자는 스스로를 방어할 권리를 갖고 있다. 이상하게 들릴 수도 있음을 인정한다. 통상적으로 우리는 처음부터 동물의 도덕적 입장에 서서 이와 같은 개념으로 생각하는 데 익숙지 않다. 그래도 적응해보자. 사자에게 자기방어권이 있다면, 당연히 제3자가 방어를 도와줄 수 있다는 논리도 따르게 된다. 다시 말해 우리로 하여금 이 사람(사냥꾼이라고 부르기로 하자)의 사자 사냥을 강제로 멈추게 하는 행위가 허용된다. 공격을 당하는 사자를 방어해줄 수 있는 유일한 방법이라면 사냥꾼에게 위해를 가할 수 있다는 의미다. 여러분에게도 엽총이 있고 사냥꾼이 사자를 죽이

403

지 못하도록 할 수 있는 유일한 방법이 사냥꾼을 먼저 쏴서 부상을 입히는 것뿐이라고 생각해보자. 이 정도는 도덕적으로 허용될 수 있는 행위일 것 같다.

여러분이 당황했을지도 모르겠다. 사실 이는 놀라운 결론이다. 인간 사냥꾼에게 부상을 입힘으로써 그가 사자를 죽이는 것을 방해하는 행위가 도덕적으로 허용된다는 생각이 정상적이라고 할 사람들은 거의 없을 것이다. 그러나 이는 명백히 동물에게 자기방어권이 있다는 것을 심각하게 받아들인 결과일 뿐이다. 동물이 이 권리를 갖고 있다면, 제3자가 개입해 방어를 해주고자 해당 동물을 공격하는 사람에게 위해를 가하거나, 심지어 불가피한 경우 상당한 해를 끼치는 행위도 허용된다고 볼 수 있다.

우리는 이 주장을 거부해야 할까? 동물은 자기방어를 할 권리가 없다고 해야 할까? 분명히 어떤 이들은 그렇다고 할 것이다. 예컨대 제한적 의무론자들이라면 우선 의무론적 입장을 취하는 개체들만 자기방어권을 갖고 있다고 규정한 뒤, 동물에게는 의무론적 입장 자체가 없다고 주장할 것이다.

그렇지만 이미 나는 긴 지면을 통해 동물에게 의무론적 입장이 없다는 그들의 주장을 논박했다. 동물이 사람보다 자율성이 떨어질지는 모르지만 자율성이 아예 결여됐다는 사고방식은 잘못이며, 의무론적 입장을 취하려면 '충분한' 자율성을 가져야 한다는 주장 역시 아전인수격 논리임을 확인했다. 동물도 명백히 의무론적 입장을 가지며, 이에 따라 자기방어권을 비롯한 여러 의무론적 권리도 갖고 있다는 제안이 훨씬 타당한 것이다. 물론 이 권리 또한 도덕적 지위에 따라 달라진다.

동물을 정당한 이유 없이 해치려는 사람에게 위해를 가하는 행위가 절대로 용납될 수 없다고 주장하는 것이 오히려 얼마나 설득력이 없는지 쉬운 예를 들어 설명해보자. 고양이에게 휘발유를 끼얹고 불을 붙이려고 하는 십대 청소년을 떠올려보자. 깜짝 놀란 여러분이 재빨리 그 청소년의 뺨을 한 대 후려침으로써 고양이가 무사히 도망치는 광경을 머릿속에서 그려보자. 진정으로 그 행위가 잘못됐을까? 그래서는 안 됐다고 주장해야 할까? 사람에게 위해를 가하는 것이 동물을 구할 수 있는 유일한 방법이더라도, 그래도 무조건 사람에게는 해를 끼치는 행동은 하지 말아야 할까? 내게는 그저 말도 안 되는 소리로만 들린다. 동물도 스스로를 방어할 권리가 있다는 생각이 더 자연스럽고 설득력 있다. 내가 생각하기에 이 사례에서 고려해야 할 사안은, 우리가 사람으로부터 해를 입으려는 동물을 제3자로서 방어해줄 때 그 사람에게 얼마만큼의 위해를 가할 수 있느냐의 문제만 있을 뿐이다. 위해의 크기 말이다.

다시 사냥꾼과 사자의 사례로 돌아가보자. 아마도 이제 우리는 사자의 생명을 구하기 위해 사냥꾼에게 약간의 위해를 가할 수 있을 것이다. 그런데 정확히 얼마만큼의 위해가 허용될까? 실제로 사자의 죽음을 막기 위해 사냥꾼을 죽여도 될까? 쉽게 대답할 수 있는 질문은 아니다. 이때에도 우리는 위해의 양에서 비례 원칙을 떠올릴 필요가 있다. 잠재적 희생자를 방어해주고자 공격자에게 위해를 가할 수는 있지만, 그 위해의 크기에는 제한이 있다. 위해의 양에 관한 함수 'H = dh'를 떠올려보자. 이 수식은 위해가 허용되는 크기의 상한을 보여주는데, H는 승수 d와 공격자가 잠재적 희생자에게 가하는 위해의 양인 h에 달려 있다.

여기에서 d값을 결정하려고 시도하지는 않겠지만, 어쨌든 우리는 공격자가 잠재적 희생자를 죽이는 행위를 막으려면 공격자에게 가해야 할 위해가 충분히 커야 한다는 사실을 알고 있다. 그렇다면 사냥꾼이 사자에게 가하는 치명적인 공격을 멈추고자 그에 상응하는 위해, 즉 사냥꾼을 죽일 정도의 위해를 가할 수 있다고 결론 내릴 수 있을까? 그렇지 않다. 우리는 이미 도덕적 지위의 격차로 인해 동물인 사자의 생명과 사람인 사냥꾼의 생명이 그 가치에서 다르다는 사실을 알고 있다. 희생자가 사람이 아니라 사자일 경우 h값이 작아지므로 H값도 작아진다. 따라서 사자의 생명을 구하고자 사냥꾼을 죽이는 행위가 허용되는지의 여부에 대해 즉각적인 추론은 어렵다. 아마도 비례 원칙의 조건에 따라 설정되는 제한이 낮아야 할 것이다.

다른 측면에서도 사냥꾼을 죽이는 행위의 허용 여부를 알 수 없기는 마찬가지다. 확실히 알 수 있는 한 가지는 우리가 사냥꾼을 죽이면 그가 사자에게 가하는 위해보다 더 큰 위해를 그에게 가하는 셈이라는 사실뿐이다. 위해의 양에 관한 비례 원칙에 따라 공격자가 잠재적 희생자에게 가하는 것 이상의 위해를 공격자에게 가할 수 없다면, 사냥꾼을 죽이는 행위는 잘못이라는 논리가 뒤따를 것이다. 하지만 우리는 비례 원칙의 조건이 이보다 덜 제한적이라는 것도 잘 알고 있는데, 잠재적 희생자를 방어하는 과정에서 공격자가 가할 수 있는 위해보다 더 많은 위해를 입힐 수 있다. 즉, d는 1보다 큰 값, 아마도 1보다 훨씬 큰 값을 갖게 되므로, 공격자가 가하려고 위해의 양보다 더 큰 위해를 가하는 행위가 허용될 것이다. 이렇게 보면 사자가 죽임을 당하는 게 보다 작은 위해를 입는 것인데도 불구하고 결국 사냥꾼을 죽이는 행위가 허용될 수 있다.

물론 나는 대다수의 사람들이 이 가능성은 일축하고 싶어 한다는 것을 알고 있다. 내가 생각하기에 이와 같은 사례에 대한 일반적인 반응은 다음과 같다.

동물을 죽이는 것은 분명히 잘못이고 그 동물에게도 잘못된 것이지만, 제3자가 잘못한 인간 공격자를 죽이는 것은 비록 그 동물의 생명을 구하는 유일한 방법일지라도 여전히 허용되지 않을 것이다.[1]

그러나 내게는 사자를 방어해주고자 사냥꾼을 죽이는 것이 우리가 열어둬야 할 가능성으로 보인다. 사자가 죽임을 당할 때의 위해에 대한 h값은 말할 것도 없이 승수 d값을 정확히 추산하지 못하는 이상, 아직은 사냥꾼을 죽이는 행위가 허용되는지의 여부를 알 수 있는 입장은 아니라고 생각한다. 또한 우리가 고려해야 할 복잡한 문제가 더 있다. 잠재적 희생자가 사람에서 동물인 경우로 넘어갈 때 d값이 유지되는 게 정말로 사실일까? 아니면 계층적 의무론이 도덕 원칙에 끼어들어야 하는 또 다른 방식일까? 앞서 우리가 살펴본 임계치나 선택권의 크기와 관련한 계수들이 고정값이 아니라 가변값인 것처럼, 비례 원칙 조건에 의한 방어적 위해 수준을 결정하는 데 사용되는 이 승수 d값 또한 도덕적 지위에 따라 변하는 것일지도 모른다.

내가 반복해서 이야기했듯이 동물의 낮은 도덕적 지위는 다양한 방식으로 동물이 약한 의무론적 권리를 갖도록 만든다. 그렇다면 동물의 자기방어와 관련해서도 이것이 사실인지 확인하는 게 자연스러울 것이다. 결국 자기방어권도 어떤 개체의 이익과 복지의 위해 당하지 않을 권리가 위험에 처했을 때 이를 보호하기 위한 또 다른 장치로 발동한다. 하지만 위해 당하지 않을 권리가 낮은 도덕적 지위를 가진 개체들에서 약하다면 자기방어권도 약해진다고 생각하는 것이 합리적으로 보인다. 우리가 대상을 사람보다 낮은 도덕적 지위를 가진 개체로 옮기면 비례 원칙에 대한 조건이 허용 불가 쪽으로 움직일 수도 있는 것이다. 통상적인 경우라면 잠재적 희생자(또는 희생자를 도와 방어해주는 사람)는 공격자가 가하려고 했던 것보다 더 많은 위해를 가할 수 있다. 그렇지만 희생자(또는 희생자를 도와 방어해주는 사람)가 더 크게 가할 수 있는 위해의 범위는 희생자의 도덕적 지위가 낮아짐에 따라 감소하게 된다. 이는 비례 원칙에 따른 방어적 위해의 제한 수준을 결정하는 승수 d값이 희생자의 도덕적 지위가 낮을수록 더 작아진다는 의미다.

이와 같은 관점이 옳다면 우리가 사냥꾼이 사자를 죽이는 것을 막고자 사냥꾼에게 가할 수 있는 위해의 크기가 어느 정도인지에 대한 추가적 불확실성이 분명히 제기된다. 우리가 사람을 도와 방어해주는 경우의 d값을 어떻게 설정하든, 사람이 아닌 사자를 방어해주는 문제에서 사자의 낮은 도덕적 지위를 감안하게 되면 적절한 d값은 낮아지게 될 것이다. 따라서 잠재적 희생자가 사자일 때 비례 원칙 조건에 따른 제한이 낮아지는 방식은 하나가 아닌 두 가지임을 알 수 있다. 하나는 도덕적 지위의 차이로 인해 희생자에게 가해지는 위해의 크기가 상대적으로 작게 고려된다는 것이며, 다른 하나는 관련 승수 d값 또한 작아진다는 것이다. 사냥꾼에게 가할 수 있는 위해의 크기 H는 이렇게 제한된 두 가지 값을 곱하는 것이므로 감소폭은 더욱 커지게 된다.

자, 그러면 이제 우리에게 사냥꾼을 죽이는 행위가 금지되는 것일까? 그렇지는 않다. 연구와 토론이 더 많이 필요한 사안이다. 우리는 아직 이 질문에 확실히 답할 수 있을 정도로 준비돼 있지 않다. 위의 의견도 우리가 생각해볼 수 있는 것들 가운데 일부일 것이다. 우리가 확실히 알 수 있는 것은 현재의 도덕 이론에서 이런 상황을 완전히 배제할 만한 견해가 없다는 사실뿐이다.

그리고 설령 사자를 구하기 위해 사냥꾼을 죽이는 행위가 허용되더라도, 사냥꾼이 죽이려는 동물의 도덕적 지위에 따라 달라진다고 주장해야 합리적이다. 예를 들어 새는 사자보다 도덕적 지위가 낮으며 물고기는 더 낮다. 그렇기 때문에 비례 원칙의 조건에 의해 제한되는 허용 가능한 위해의 상한은 더 낮아진다. 한편으로 d값은 그에 상응해 낮아질 것이며, 다른 한편으로 잠재적 희생자인 동물에게 가해지는 위해 역시 함께 낮아질 것이다. 그러면 사자 사냥에 대해 우리가 어떤 결론을 내든 간에 다른 많은 동물, 즉 충분히 낮은 도덕적 지위를 가진 동물을 방어해주고자 사냥꾼을 죽이는 행위는 도덕적으로 금지된 불균형적 대응이 될 것으로 보인다.

그렇지만 비록 우리가 이 논점을 인정하더라도, 그것이 이를테면 새나 물고기의 경우에는 우리가 이들을 방어해주기 위해 사냥꾼에게 부상(살해가 아니라)을 입히는 것조차 허용될 수 없다는 의미로 받아들여야 하는 것은 아니다. 도덕적 지위에 따라 달라지는 비례 원칙 조건의 제한과 같은 개념이 보여주는 것은 단순히 사냥꾼에게 가할 수 있는 위해의 크기에 상한이 있다는 것이며, 이 상한은 동물의 도덕적 지위가 낮을수록 더 낮아진다는 것 정도다. 우리로 하여금 그 어떤 위해를 가하는 행위도 허용할 수 없다는 것과는 다른 문제다. 그저 이론적으로 우리가 잠재적 희생자가 될 어떤 동물을 방어해주기로 결정했을 때 사냥꾼에게 가할 수 있는 위해의 일정 크기가 있다는 지침 정도가 될 것이다.

물론 당연히 현실적인 고려 사항도 이 논의에 포함돼야 할 것이다. 부당한 위해로부터 동물을 방어해주고자 우리가 힘을 사용한다면, 장기적으로 볼 때 불가피한 역효과를 유발할 수 있다. 확실히 몇몇 동물들을 위험에서 빠져나오도록 돕는 데 성공할 수 있겠지만, 우리가 동물을 공격하려는 사람들에게 계속해서 위해를 가한다면 동물을 보호한다는 명분에서 다른 사람들로부터 지지를 얻지 못할 것이다. 더욱이 동물윤리에 대한 더 많은 이들의 관심과 공감을 이끌어내겠다는 우리의 목적과 반대로 수많은 사람들로부터 위험하고 극단적인 사고방식과 행동이라는 맹렬한 비난을 받을 수도 있다. 그러므로 아무리 원칙적으로 동물의 자기방어권을 지켜주기 위해 사람에게 위해를 가하는(심지어 죽이는) 행위가 허용된다고 할지라도, 이 같은 행동을 금지해야 할 강력한 다른 도덕적 이유가 있을 수 있는 것이다.

나는 이 문제를 심각하게 다뤄야 한다고 생각한다. 또한 동시에 의무론자라면 적어도 이 논점에 대해 머뭇거릴 수밖에 없다는 점을 지적하고 싶다. 우리가 이미 논의했듯이 의무론자들은 구조의 의무를 대단히 중요하게 여긴다. 더욱이 이들에게 구조의 의무는 다른 도덕적 의무와 같이 어떤 행위의 결과가 더 큰 선을 실현하지 못한다는 이유 때문에 무시될 수 있는 것이 아니다. 앞서 우리가 자원을 다른 곳에 사용하면 장기적으로 더 좋은 결과를 내는데도 불구하고 당장 도움이 필요한 사람들을 구조해야 한다는 생각이 자연스러운 직관이며 통상적인 의무론의 입장이라는 점을 떠올려보자. 그렇다면 동물이 의무론적 입장을 취한다고 했을 때 마찬가지로 구조의 의무를 통해 보호받아야 하는 것이며, 장기적으로 더 많은 동물들을 위한다는 그 어떤 이유로도 해당 동물을 구하지 않는 행위를 정당화할 수 없다. 엄격히 말해 의무론적 관점에서는 지금처럼 위험에 처한 동물을 도와주는 문제일 때에도 결과주의적 사고방식을 배척해야 하는 것이다.

물론 나는 사람보다 동물을 도울 때 구조의 의무가 약해진다고 주장했다. 그리고 원래의 질문은 동물에게 부당한 위해를 가하려는 사람을 상대로 우리가 위해를 가할 수 있느냐였다. 그러나 어쨌건 구조의 의무에 대한 의무론자들의 입장은 공격당하는 동물을 구하는 문제에서 결과주의자들의 사고방식을 따르는 데 반대한다는 점을 지적한 것이다.

마지막으로 하나만 확실히 하고 넘어가기로 하자. 우리는 지금 사냥꾼의 공격으로부터 동물을 방어해주기 위해 사냥꾼에게 위해를 가하는 것이 허용되는지 여부를 논의하면서, 사냥꾼의 동물 살상 행위에 아무런 정당한 이유가 없음을 전제했다. 내 개인적인 관점은 이런 경우, 즉 어떤 사람이 동물을 죽여야 할 이유가 단지 스포츠 사냥처럼 자신의 즐거움을 위한 것이라면, 그 행위가 정당화될 수 있는 명분은 전혀 없다고 생각한다. 하지만 어떤 사람이 자신과 가족을 먹여 살리기 위해 사냥을 하는 경우라면 논점은 완전히 달라진다. 실제로도 나는 이 책에서 무인도의 톰과 같은 사례를 통해 계속 표명했듯이, 어떤 사람에게 사냥(또는 낚시 등)이 생존을 위한 유일한 방법이라면 그 행위를 허용하는 것이 도덕적으로 옳다고 주장할 것이다. 살아남기 위해 동물을 사냥하는 행위(먹는 것을 포함해)를 허용해야 한다는 생각과 스포츠 활동으로 사냥을 허용해야 한다는 생각은 사고방식의 뿌리부터 다른 것이다.[2]

: 제3절_동물에 대한 사람의 자기방어권 :

이제 다른 종류의 상황으로 눈을 돌려 사람이 동물을 공격하는 게 아니라 동물이 사람을 공격하는 경우를 살펴보자. 예컨대 아프리카 초원에서 활동하던 사자 한 마리가 어느 날 인근 마을로 들어와서는, 사람이 아무런 도발을 하지 않았는데도 불구하고 그 사람을 공격하려는 상황이다. 우리가 아무 조치도 취하지 않으면 곧 사자가 그 사람을 죽인다고 가정해보자. 이 경우 제3자가 할 수 있는 행동은 무엇일까? 우리가 잠재적 희생자를 방어하기 위해 그 사자를 죽여도 될까?

　일반적으로 동물이 사람을 아무런 이유 없이 공격하는 일은 상대적으로 드물다(물론 일어나기는 하지만). 이와는 대조적으로 인간은 식량으로 이용하고자 매년 수십억 번 동물을 공격해 죽인다. 동물들을 식량으로 삼는다(살기 위해 반드시 동물의 고기를 먹지 않아도 되지만). 그런데 어쨌든 발생 빈도와는 상관없이 흥미로운 철학적 문제를 제기하므로 동물이 사람을 공격하는 상황을 살펴보는 게 도움이 될 것이다.

　얼핏 생각해봐도 이 경우는 앞서 사람이 동물을 해치려는 상황보다 훨씬 단순해 보이기 때문에 내가 이런 이야기를 하는 것이 의아할지도 모르겠다. 동물에게도 자기방어권이 있다는 주장에는 이견의 여지가 있겠지만, 사람이 자기방어권을 갖고 있다는 데 반대할 사람은 아무도 없을 것이다(평화주의자의 경우는 제쳐두자). 따라서 이에 대한 논쟁은 현재 시나리오에서 아예 일어날 여지도 없을 텐데, 이 사례에서 사자에게 위해를 당하는 사람은 자기방어권을 갖고 있는 게 확실하며 제3자 또한 함께 방어에 가담할 수 있다는 것이 명백해 보인다.

　비슷한 맥락에서 바로 앞 절에서 제기한 사안, 즉 비례 원칙의 조건에 의해 설정된 방어적 위해의 제한 수준을 결정하는 데 필요한 승수 d값은 잠재적 희생자가 낮은 도덕적 지위를 가진 경우 작아지지만 그와 관련된 문제 역시 생기지 않을 것이다. 지금의 사례에서 잠재적 희생자는 사람이므로, 사람이 사람을 공격하는 본래 사례에서의 희생자와 동일한 도덕적 지위를 갖고 있다. 그렇기 때문에 희생자 쪽의 낮은 도덕적 지위로 인해 d값이 낮아지게 되는 우려 사안도 발생하지 않는다.

　이에 더해 지금의 경우에는 공격자가 동물이고 희생자가 사람이기에, 우리가 사자를 죽이더라도 사자에게 가해지는 위해의 크기는 실질적으

어떻게 동물들을 헤아릴 것인가

로 사자가 사람에게 가하려고 한 위해보다 작을 것으로 보인다. 사람보다 낮은 도덕적 지위를 가진 사자는 제 목숨을 잃을 때 희생자인 사람이 생명을 빼앗기는 것보다 현저히 적은 양만 잃게 된다. 이처럼 사자를 죽이는 위해의 크기가 비례 원칙 조건에 의한 제한 이내에 있다는 사실이 더욱 분명해지리라고 생각된다. 일반적으로 잠재적 희생자인 사람에게는 공격자가 가하려고 한 위해보다 훨씬 큰 위해를 공격자에게 가할 수 있는 행위가 허용된다. 현재 사례에서는 도덕적 차이로 인해 보다 크지 않은 위해가 가해지기 때문에 결국 사자를 죽이는 행위는 타당한 제한 범위 이내에 든다.

이를 종합해볼 때 우리가 사자를 죽이는 행위가 너무 쉽게 허용되므로, 이 사례에 대해 더 이상 살펴볼 논점도 없어 보인다. 게다가 대부분의 사람들이 사자를 죽이는 행위가 허용된다는 데 동의할 것이 분명하기 때문에, 최소한 계층적 의무론이 일반적 상식과 일치하는 사례가 확보됐다는 정도의 의의는 있을 수 있겠지만, 무엇이 흥미로운 철학적 문제를 제기하는지는 감이 잘 오지 않을 수 있다.

그러나 이 모든 것에도 불구하고 우리가 여전히 살펴봐야 할 복잡한 문제가 남아 있다. 우리는 이 사례에 대해 비례 원칙의 조건이 무엇을 지적할 수 있는지 다시 한번 생각해볼 필요가 있다. 우선 여기에서 희생자는 사람이기 때문에 도덕적 지위가 승수 d값을 낮출 이유는 없다는 점을 지적할 수 있을 것이다. 잠재적 희생자의 도덕적 지위가 낮은 경우라면 d가 작은 값을 가질 수 있겠지만, 이 사례에서 그런 일은 벌어지지 않는다. 사람이 사람을 공격하는 사례에서처럼 d값을 통상적인 수준보다 낮게 설정할 까닭이 없는 것이다.

그런데 오히려 반대로 사람이 사람을 공격하는 경우보다 이 사례에서

413

의 d값이 훨씬 더 높지 않을까 생각해볼 수 있다. 왜냐하면 이때의 d값 또한 공격자가 사람이 아니라 동물이라는 사실에 영향을 받을 수 있어 보이기 때문이다. 이 사례에서 도덕적 지위를 반영한 자기방어권은 사람에 비해 낮은 도덕적 지위를 가진 개체에 대항해 행사된다. 사자의 낮은 도덕적 지위가 사람의 높은 d값이라는 결과를 야기하는 것이다.

이해가 어렵다면 이런 식으로 생각해보자. 알다시피 잠재적 희생자와 그를 도우려는 제3자에게는 공격자가 희생자에게 가하려고 한 것보다 더 큰 위해를 공격자에게 가하는 게 허용된다. 또 알다시피 희생자 자신 또는 제3자가 희생자를 방어해주는 목적에서 가할 수 있는 위해에는 비례 원칙에 따른 제한이 있다. 이 제한은 부당한 공격이라는 본질에 공격자가 도덕적 입장을 가진 존재라는 사실이 반영돼 설정된다. 예를 들어 굴러 떨어지는 바위에 가할 수 있는 위해의 크기에는 제한이 없을 것이다. 따라서 공격자의 도덕적 지위가 희생자보다 현저히 낮다면 공격자에게 더욱 큰 위해를 가하는 행위가 허용된다고 볼 수 있다. 결국 공격자의 도덕적 지위가 낮으면 낮을수록 d값이 증가해 더욱 큰 위해가 가해질 수 있다.

이 관점이 합리적이라면 비례 원칙의 조건은 두 가지 다른 방식으로 도덕적 지위에 따라 달라진다. 한편으로는 앞 절에서 논의했듯이 희생자의 도덕적 지위가 낮을 때 d값이 낮아져 보다 작은 크기의 위해를 가할 수 있다. 다른 한편으로는 방금 지적했듯이 공격자의 도덕적 지위가 낮을 때 d값이 커지면서 더 큰 위해를 가할 수 있게 된다. 요컨대 비례 원칙 조건은 희생자의 도덕적 지위와 공격자의 지위 양쪽 모두에 따라 달라질 수 있는 것이다.

이 두 가지 방식은 공통적인 사고방식을 배경으로 하고 있다. 자기방어권의 제한이 공격자의 도덕적 입장을 반영하는 것과 마찬가지로, 자기 방어권의 허용 가능성도 최소한 부분적으로는 잠재적 희생자의 도덕적 입장을 반영한다. 그러므로 우리가 낮은 도덕적 지위를 가진 희생자를 가정할 때 비례 원칙 조건이 더욱 제한되는 것처럼, 도덕적 지위가 낮은 공격자를 상상하면 보다 덜 제한적일 수 있다.

이는 공격자가 사람인 경우에만 집중할 경우 쉽게 간과하게 되는 흥미로운 가능성이다. 하지만 이 생각이 옳더라도 단순히 이미 우리가 도달했던 결론, 다시 말해 사자를 죽이는 행위가 허용된다는 결론을 강화하기만 할 따름이다. 비례 원칙의 조건이 이렇게 공격자의 도덕적 지위가 낮을 때 d값이 높아지는 두 번째 방식으로 발동한다면, 사자는 사람보다 낮은 도덕적 지위를 가지므로 비례 원칙에 따라 설정된 상한을 높이는 역할만 하게 된다. 그리고 우리는 이미 이 사례에서 상한에 도달할 수 있다는 점을 확신하기 때문에, 사자를 죽이는 행동이 허용되지 않을 수도 있다는 우려는 사라지는 것이다.

그러나 우리가 아직 고려하지 못한 추가적인 사안이 있다. 정말로 이런 경우 사자를 죽여도 되는지 진지하게 질문을 던져보는 것이다. 다시 말해 우리가 일반적으로 떠올릴 수 있는 고의적인 위해에 대해 생각할 때, 과연 이 사자가 그런 사례에 해당하는지 의문을 제기해볼 필요가 있다. 어떤 사람이 다른 사람을 공격하는 전형적인 경우를 상상할 때 통상적으로 우리가 염두에 두고 있는 것은 무엇일까? 부분적인 목록은 다음과 같을 것이다.

첫째, 공격하는 행동 주체는 스스로 통제해 그 행동을 하는 것이다(실제로 우리는 공격자가 전적으로 책임 있는 도덕적 행동 주체라고 여긴다).

둘째, 공격자는 자신의 행동이 잠재적 피해자에게 해를 입힌다는 사실을 인지하고 있으며 정확히 그것을 목표로 하고 있다.

셋째, 공격자는 현재 상황을 적절히 파악하고 있으며, 공격은 그 이해를 바탕으로 한 행동이다. 넷째, 공격자는 자신의 행동이 도덕적으로 정당하다고 생각할 수도 있고 그렇지 않을 수도 있지만, 적어도 그 행동이 도덕적 평가의 대상이 된다는 것과 도덕적 정당성이 요구된다는 사실은 알고 있다.

다섯째, 공격자는 자신의 행동이 정당하다고(옳건 그르건) 믿고 있든지 아니면 신경 쓰지 않고 있다. 그런데 여기에 한 가지 전제를 둬야 할 것이다. 우리가 논의하는 사례는 모두 '자기방어권'을 발동시키는 공격 행위이므로, 여기에서의 공격은 도덕적으로 정당화될 수 없는 것이라고 가정하자.

이 목록은 전형적인 고의적 공격에 어떤 요소가 있는지 완벽히 설명하기 위해 제시한 것은 아니지만, 때때로 이와 같은 종류의 고의적인 공격이 아니면서 다른 개체에게 위해를 가하는 경우가 있다는 사실을 이해하기에는 충분할 것이다. 철학자들은 이런 경우를 설명하기 위해 '무고한 위협(innocent threat)'이라는 개념을 사용하기도 한다.

무고한 위협과 관련해 철학 문헌에서 종종 언급되는 두 가지 사례가 있다. 첫 번째 사례는 이렇다. 거센 바람이 몰아쳐서 어떤 사람이 땅에서 들어 올려졌다가 이제 막 떨어지려는데, 하필 떨어질 곳에 구덩이가 있고 그 구덩이 안에 갇혀 있는 다른 사람이 있어서 꼼짝없이 그 사람을 죽이게 된다고 상상해보자. 이 인간 투사체는 구덩이에 갇힌 사람에게 가해질 위협에 대해 알고 있지만 자신의 행동을 통제할 수 없으며(고의로 스스로를 던진 게 아니므로), 다른 사람에게 위해를 가하겠다는 것을 목표로 삼지도 않았다. 다음은 두 번째 사례다. 어떤 어린 아이가 장전된 총을 장난감 총인 줄 알고 다른 사람의 심장을 겨냥해 방아쇠를 당기려 하고 있다. 이 사례에서 아이는 자신의 행동을 통제하고는 있지만 그 행동이 무엇을 의미하는지는 전혀 알지 못하는 상태다.[3]

두 사례에서 인간 투사체와 총을 쏘려는 어린 아이는 모두 위 목록의 요소를 갖춘 전형적인 공격자가 되지 못한다. 두 가지 경우가 같지는 않지만 고의적 위해라고 판단하기에 중요한 요소가 빠져 있다. 이 두 사람이 다른 누군가에게 위협을 가하고 있다는 사실은 부정할 수 없으며, 그들을 멈추지 않으면 다른 사람이 죽는다(첫 번째 사례의 경우 인간 투사체가 된 사람도 죽을 가능성이 크다). 결국 인간 투사체와 어린 아이는 모두 '무고한 위협'이 되는데, 상대방에게 위해를 가하려 하고 있지만 누구도 고의적인 공격자는 아니다.

이제 잠시만 생각해보면 우리의 사례에서 사자가 어떤 종류의 무고한 위협임을 알 수 있게 된다. 물론 확실히 사자는 위 목록 중 일부 요소는 갖추고 있다. 마을에서 사람을 공격하려는 사자는 자신의 행동을 통제하고 있으며(통상적인 공격자와 같고 인간 투사체와는 달리), 아마도 자신이 하는 행동이 위협이 된다는 사실을 알고 있을 것이다. 우리는 심지어 사자가 희생자를 해치려는 의도를 갖고 있다고도 여길 수 있다(통상적인 공격자와 같고 인간 투사체와 총을 쏘려는 어린 아이와는 달리). 하지만 그럼에도 불구하고 사자는 자신의 행동이 도덕적으로 정당한지 아닌지 인지하거나, 사람을 공격하는 행위가 도덕적으로 문제가 된다는 규범적 반성을 할 수 있는 능력을 갖고 있지 않다. 실제로 동물은 이와 같은 규범적 반성 능력이나 자기관리 능력을 결여하고 있기에 도덕적 의무가 없다. 그래서 도덕적 지위도 낮다. 이 사자가 무고한 위협이 되는 가장 큰 이유도 도덕적 행동 주체가 아니기 때문일 것이다.

그렇다면 새로운 질문이 제기된다. 자기방어권은 오직 고의적 공격에 대한 방어에만 국한되는 것일까? 아니면 무고한 위협에 대한 행동까지 포함될까? 우리(또는 다른 누군가)가 인간 투사체나 총을 쏘려는 어린 아이에게 위해를 가해 공격을 막아낼 수 있다면, 자기방어권은 이 행위를 허용할 수 있는 명분이 될까?

그리 놀랍지도 않지만 이 질문에 대한 대답에는 의견 일치가 이뤄지지 않고 있다. 어떤 이들은 무고한 위협이 결백하다는 사실에 주목한다. 이들은 이를 근거로 자기방어권은 고의적인 공격에 속하지 않는 공격자에 대해서는 자기방어권을 행사해 위해를 가하면 안 된다는 입장을 견지한다. 반면 다른 이들은 무고한 위협도 엄연히 위해라는 사실에 초점을 맞춰, 설령 고의적인 공격이 아니더라도 자기방어권은 행사돼야 한다는 입장을 고수한다.

물론 가능한 세 번째 입장도 있을 텐데, 각각의 무고한 위협에 대해 대답이 제각기 달라질 수 있다는 것이다. 우리가 이미 살펴봤듯이 무고한 위협이 되는 조건에도 여러 가지가 있다. 위 사례에서 인간 투사체는 자신의 행동을 통제할 수 없다. 하물며 이 사람은 아무런 행동조차 하지 못하는 상태다. 그렇지만 무슨 일이 벌어질지 인지하고 있다. 이를 '무고한 방관자(innocent bystander)'로 보는 개념도 있다.[4] 반면 총을 든 아이는 자기통제 아래에서 행동하고 있는 중이다. 다만 자신이 무엇을 하려는지 알지 못하는 상황이다. 짐작건대 이런 각각의 조건들이 결국 위해에 대항해 행동할 수 있는지의 여부와 관련한 도덕적 차이를 만들어낼 것이다.

우리의 사례에서 사자는 자신의 행동을 통제하고 있으며, 잠재적 희생자에게 위해를 가하려는 목표를 갖고 있지만, 규범적 반성 능력을 결여하고 있기 때문에 해당 공격이 비도덕적 행동은 아니라는 사실(공격을 정당화할 수는 없지만)에 주목할 필요가 있다. 만약 다양한 형태의 무고한 위협에 대한 보다 정교한 분석이 이뤄진다면, 동물의 공격 행위에 대응해 방어적 위해가 어디까지 허용되는지 확인할 수 있을지도 모른다. 그렇지만 여전히 최선의 대답이 무엇인지에 대해서는 일치된 의견이 나오지 못할 수도 있다.

나는 여기에서 이 문제를 해결하고자 시도하지는 않을 것이다. 대신 나올 수 있는 두 가지 결론은 살피고 가겠다. 어쨌든 둘 중 하나일 테니 말이다. 첫째, 무고한 위협(모든 또는 동물에 의한 경우)에 대한 방어적 위해는 허용된다. 둘째, 무고한 위협(모든 또는 동물에 의한 경우)에 대한 방어적 위해는 허용되지 않는다. 내 개인적인 관점은 첫 번째다. 하지만 어느 쪽이든 무고한 위협은 동물에 대한 방어권 행사와 관련해 복잡한 논의를 이끌어낸다.

첫 번째 결론부터 살펴보자. 무고한 위협에 대한 방어적 위해가 실제로 허용된다고 가정해보자. 이제 우리는 사자를 죽일 수 있다고 결론 내릴 수 있을까? 틀림없이 사자는 무고한 위협일 뿐이며 고의적인 공격자가 아니다. 그런데도 무고한 위협조차 방어적 위해를 가할 수 있는 적절한 이유만 제공된다면 인간 희생자를 방어해주기 위해 사자에게 위해를 가할 수 있다는 논리로 이어질 수 있을까?

반드시 그런 것은 아니다. 비록 우리가 무고한 위협에 방어하는 행위를 허용한다는 데 동의하더라도, 무고한 위협의 '순수성'이 우리가 가할 수 있는 위해의 크기에 어떤 영향을 미친다고 주장할 수 있다. 직관적으로 생각해도 전형적인 공격자들에게 가할 수 있는 위해의 크기보다는 작은 위해를 가하는 것이 적절해 보인다. 여기에서 적절한 수준이란 한두 가지 이상의 요소에서 고의적 공격의 범주에 들어가지 않는 무고한 위협에 대응할 때 허용되는 수준일 것이다. 우리는 무고한 위협에 가할 수 있는 방어적 위해를 비례 원칙 조건에 따라 설정된 제한을 통해 보다 엄격히 판단하고 싶어 할지도 모른다. d값이 더 작아지는 것이다.

이 관점이 맞다면 사자를 죽이는 문제는 여전히 결정되지 않은 채 남아 있게 된다. 만약 사자가 전형적인 공격자라면 d값이 충분히 높아지므로 사자를 죽이는 행위가 확실히 허용될 것이다. 그러나 사자의 순수성이 d값을 낮추면 허용되는 위해의 상한도 이에 따라 함께 내려간다. 그렇게 충분히 내려간다면 아마도 결국 사자를 죽이는 행위가 금지될 것이다. 물론 희생자를 방어하고자 사자에게 어느 정도의 위해를 가하는 것은 허용될 수 있지만, 허용되는 위해의 양이 지나치게 작아지면 효과가 없을 수도 있다.

내 개인적인 관점에서는 d값이 그렇게까지 내려갈 것 같지는 않다. 내 직관은 장난감 총인 줄 알고 방아쇠를 당기려고 하는 어린 아이를 죽일 수 있다는 것이다. 또한 이 경우 비례 원칙 조건에 따라 설정된 제한이 살인을 정당화하기에 충분하다면, 사자를 죽이는 문제에서도 똑같이 적용되지 않는다고 생각할 이유가 없다. 그럼에도 불구하고 아직은 d값이 무고한 위협의 순수성에 따라 어떻게 달라지는지에 대한 이론이 없기 때문에 이 결론은 여전히 논쟁의 여지를 남길 것이다.[5]

이제 두 번째 결론으로 돌아가서, 무고한 위협에 대한 방어적 위해가 허용되지 않는다고 가정해보자. 그렇게 되면 이 절의 첫 부분에서 제기된 질문, 즉 사자에게 대한 방어적 위해의 허용 가능성 논의 자체가 잘못이 된다. 이 논의는 어쨌든 공격하는 사자가 정당한 이유 없이 공격을 시작했기 때문에 방어적 위해의 대상이라고 가정했다. 그런데 무고한 위협에 대한 방어적 위해가 금지된다면, 사자가 무고한 위협임을 감안할 때 자기방어권은 설 자리를 잃는다. 결국 인간 희생자를 방어해주기 위해 사자를 죽이는 행위가 허용되는지 여부에 대한 논리적 근거를 상실한 채, 사자는 무고한 위협에 불과하기 때문에 절대로 죽일 수 없다는 결론만 남게 된다.

그러나 사실 이런 논리는 다소 성급하다. 무고한 위협에 대응한 방어적 위해는 허용되지 않는다는 말과, 무고한 위협에 위해를 가하는 것은 정당화될 수 없다는 말은 전혀 다른 뜻이다. 무고한 위협이 실제 위협이라는 단순한 사실이 위해에 대한 특별한 정당성을 제공하지 않는다고 주장할 수도 있다. 무고한 위협인 사자에게 위해를 가하는 것은 방어적 위해가 아니라, 도덕적으로 위해를 가하지 않는 네 발 달린 상대에게 해를 입히는 행위인 셈이다.

물론 일반적으로 여러분을 위협하지 않는(또는 여러분이 도우려는 누군가를 위협하지 않는) 상대에게 위해를 가하는 행위는 금지된다. 그렇지만 우리가 이미 알고 있듯이 온건한 의무론자들은 이와 같은 일반화에 중요한 예외가 있다고 믿는다. 충분한 크기의 선이 사라질 위험에 처했다면 비록 어떤 위협도 가하지 않는 상대라고 해도 해를 입히는 행위가 허용된다. 이는 해당 개체의 가진 위해 당하지 않을 권리가 임계치에 도달했다는 의미다. 그렇다면 사자가 무고한 위협이라서 자기방어권을 행사해 위해를 가하는 것이 허용되지 않더라도 사자에게 위해를 가하는 것이 가능해진다. 희생자의 생명을 구하는 것이 사자의 위해 당하지 않을 권리를 침해해도 될 정도의 임계치를 충족해야 한다는 조건이 붙겠지만, 마침내 사자를 죽일 수 있게 되는 것이다.

임계치 개념까지 끌어온 이 주장이 설득력을 가질까? 나는 그렇게 생각한다. 계층적 의무론의 입장에서는 굳이 이런 식으로 설명할 필요도 없겠지만 말이다. 앞서 나는 톰이 살아남기 위한 유일한 방법일 때 사슴을 죽이는 행위가 허용된다고 말했다. 그때 나는 굳이 톰의 자기방어권에 호소하지 않았다(사슴이 톰에게 위협이 되지 않음은 분명하다). 톰의 생명을 구하는 것(단 1년이라도)이 사슴의 위해 당하지 않을 권리를 압도할 정도로 큰 선을 실현한다는 주장만으로도 설득력을 확보할 수 있기 때문이다. 마찬가지로 나는 사자의 잠재적 희생자인 사람의 생명을 구하는 것이 사자의 위해 당하지 않을 권리를 압도할 정도로 큰 선을 실현한다고 생각한다. 아마도 두 경우의 임계치는 비슷한 수준일 것이며, 사자의 희생자를 구하는 쪽이 톰의 사례보다 좀 더 큰 선을 실현할 수 있을 듯하다.

따라서 사자의 무고한 위협이 방어적 위해를 당하지 않는다는 주장에 동의하더라도, 사자가 가진 위해 당하지 않을 권리가 실현될 수 있는 선의 크기에 압도당하기 때문에, 우리는 여전히 사자를 죽이는 행위가 허용된다는 결론을 내릴 수 있다. 만약 사자가 사람과 같은 도덕적 지위를 가졌다면 임계치가 엄청나게 높아지므로 이런 결론이 나올 수 없다. 동물이 사람보다 도덕적 지위가 훨씬 낮기 때문에 이와 같은 관점이 가능해지는 것이다.

자기방어권이 무고한 위협에 대한 방어적 위해를 정당화하지 못하더라도 사자를 죽이는 행위가 허용될 수 있다는 내 주장이 옳다고 해보자. 그러면 자기방어권이 방어적 위해를 허용하는 경우에는 사자를 죽이는 행위가 더욱 쉽게 허용될 것이다. 결국 자기방어권은 방어적 위해가 정당화되지 못하는 특정 상황에서조차 제한된 크기의 위해를 허용하는 셈인데, 그렇다면 이미 정당성을 확보한 위해의 경우에는 그것을 배제하는 데 아무런 역할도 할 수 없다. 설령 무고한 위협의 순수성이 d값을 고의적 공격자인 경우보다 현저히 낮추더라도 별개의 정당성, 즉 희생자의 생명을 구할 때 실현되는 선에 의해 임계치가 충족됨으로써 사자를 죽이는 행위가 허용되는 것이다.

마지막으로 복잡한 문제 하나만 더 짚고 넘어가보자. 동물에 대한 방어적 위해의 허용 가능성을 논증하면서 나는 줄곧 동물의 공격이 아무런 이유가 없는 것임을 전제했다. 그런데 만약 그렇지 않다면 양상은 다소 달라진다.

아널드가 브렌다를 공격하는 상황으로 돌아가보자. 브렌다는 자신을 방어할 수 있으며 제3자의 도움을 받아도 괜찮을 것이다. 하지만 브렌다가 아널드에게 공격을 당하는 까닭이 브렌다가 먼저 '시작했기' 때문이라면 어떻게 될까? 아마도 브렌다가 아널드를 먼저 공격했거나 아니면 다른 사람(이번에는 아널드가 제3자로서 방어해주려는)에게 위해를 가했을 것이다. 이 경우 브렌다를 향한 아널드의 공격은 정당화되며(비례 원칙과 필요조건을 충족하는 한), 브렌다는 아널드에게 위해를 가하기 위한 자기방어권을 행사할 수 없다. 다시 말해 만약 여러분이 자신을 방어해야 할 이유가 여러분 자신에게 있다면 자기방어권이 발동되지 않는다. 또한 여러분이 자신을 방어해야 할 이유가 여러분 자신에게 있다면 제3자도 여러분의 방어에 가담할 수 없다.

이제 사자가 인간을 공격한 이유가 인간이 먼저 공격했기 때문이라고 가정해보자. 사자가 어슬렁거리며 마을로 들어서는 모습 대신, 사냥꾼 한 명이 먼저 사자에게 총을 쏘기 시작했고 사자가 자신을 방어하고자 사냥꾼을 향해 돌진하는 광경을 상상해보자. 이 경우에도 사냥꾼이 사자의 공격을 방어하기 위해 사격을 한다고 주장할 수는 없을 것이다. 사냥꾼이 공격을 먼저 시작했기 때문에 상대방이나 제3자가 자신을 공격하는 것에 대항해 자기방어권을 행사한다고 주장할 수 없는 것이다.

그러나 다음과 같은 경우라면 충분히 의문을 가질 수 있다. 비록 사냥꾼이 적대 행위를 시작했다는 이유로 자기방어권이 차단됐더라도, 그가 스스로의 생명을 구함으로써 실현되는 선이 사자의 위해 당하지 않을 권리를 압도한다는 사실을 감안한다면, 여전히 자신을 방어하는 행위가 허용된다고 주장할 수 있을까? 당연한 말이지만 그가 사자가 아닌 사람에게 총을 쐈다면 이 주장은 전혀 설득력을 얻지 못하며, 상대방은 이제 사냥꾼에게 치명적인 위해를 가하며 자신을 방어하고자 할 것이다. 다른 사람을 죽이는 문제일 때 사냥꾼의 생명은 임계치를 충족시키기에 충분하지 않다. 하지만 그래도 사자의 위해 당하지 않을 권리는 사람보다 낮을 것이기에, 설령 애초에 문제를 야기한 쪽이 사냥꾼이더라도 결국 사자를 죽이는 행위가 정당화되지 않을까 궁금할 수 있다.

그럼에도 불구하고 나는 권리의 임계치에 도달하기 위해서 어떤 대가가 따르는지 고려할 때 이런 식의 논리가 성립되지 않는다고 믿는다. 온건한 의무론자들은 충분한 선이 사라질 위험에 처했다면 위해를 가하는 행위가 허용된다고 여긴다. 그렇지만 누군가의 복지가 위험해진 원인이 자신의 정당하지 못한 행위 때문이라면, 그 사람은 위해 당하지 않을 권리의 임계치를 충족시키는 데 선(복지)을 고려할 수 없게 된다. 애초부터 비도덕적으로 행동하지 않았다면 다른 누군가에게 위해를 가할 필요가 없기 때문이다. 그러므로 사자가 사냥꾼의 선제공격에 대항해 자신을 방어할 때 사냥꾼에게는 더 이상 자기방어권이 허용되지 않는다.

하지만 확실치 않은 다른 경우도 있다. 어떤 등산객이 단순한 호기심에 곰이 살고 있는 동굴인 줄 알면서도 그곳에 들어간다(위해를 가할 의도는 전혀 없다). 그러자 인기척에 놀란 어미 곰이 자신의 새끼들을 해치려는 줄 알고 등산객을 향해 돌진한다. 이 경우 등산객은 자기방어권을 상실할 정도로 어미 곰의 공격을 유발한 것일까? 아니면 정당하게 자신의 복지가 어미 곰의 위해 당하지 않을 권리를 압도한다고 할 수 있을까? 이 밖에도 생각해볼 만한 단순하지 않은 사례들은 얼마든지 있을 테지만, 이쯤에서 접고 우리의 논의를 계속 이어가기로 하자.

: 제4절_동물에 대한 동물의 자기방어권 :

이제 동물과 관련한 마지막 유형인 어떤 동물이 다른 동물을 공격하는 상황을 살펴보자. 사자가 얼룩말을 공격한다고(얼룩말이 도발하지 않았는데도) 가정해보자. 동물이 의무론적 입장에 따른 자기방어권을 갖고 있다고 할 때, 우리가 제3자로서 얼룩말을 도와 방어해주는 행위는 허용될 수 있을까? 만약 얼룩말을 구할 수 있는 유일한 방법이 사자를 먼저 죽이는 것이라면, 우리에게 그것이 허용될까?

나는 여느 때처럼 얼룩말을 돕는 행위가 필요한지를 묻고 있는 것이 아니다. 의심의 여지없이 도움의 의무나 구조의 의무에 대한 우리의 관점이 이 질문의 답변에 영향을 미칠 것이다.[6] 그렇지만 이 문제는 뒤로 하고 그 대신 우리에게 무엇이 허용될 수 있는지에만 집중해보자. 우리는 그 사자를 죽일 수 있을까? 이전 단계에서 우리가 논의한 복잡한 문제들이 여기에서도 마찬가지로 적용된다. 그런 문제 중 몇 가지를 고려해보자.[7]

유의해야 할 논점은, 사자는 도덕적 행동 주체가 아니므로 단지 '무고한 위협'이라는 것이다. 그래서 우리는 또 한번 자기방어권이 무고한 위협을 상대로 방어적 위해를 가할 수 있느냐는 질문을 마주하게 됐다. 이 질문에 대한 우리의 대답이 얼룩말을 보호하기 위해 사자에게 위해를 가하는 행위의 허용 가능성에 영향을 미치게 될 것이다.

그런데 어쩌면 이 질문을 고려할 필요가 없다고 생각할 수도 있다. 나는 사자의 희생자가 인간인 경우를 논의할 때 비록 무고한 위협에 방어적 위해를 가하지 못하더라도, 즉 무고한 위협의 순수성이 방어적인 위해에 특별한 책임을 지지 않더라도, 사자가 갖고 있는 위해 당하지 않을 권리가 실현되는 선의 크기에 압도된다고 설명했다. 생명을 구함으로써 실현한 선이 사자의 위해 당하지 않을 권리에 대한 임계치를 충족한다는 사실만으로 충분하기에, 방어적 위해의 허용 가능성 여부를 묻는 질문은 필요 없게 된다. 그렇다면 여기에서도 마찬가지로 임계치에 도달했으니 사자를 죽일 수 있다고 할 수 있을까? 또한 이런 방식으로 무고한 위협에 위해를 가하는 행위가 허용되느냐는 질문도 살짝 비켜갈 수 있을까?

그러나 유감스럽게도 잠재적 희생자가 사람이던 상황에서 동물인 상황으로 옮겨왔다는 점을 감안하면, 지금의 경우 정말로 임계치를 충족했는지 확실하지 않다. 우리가 사자를 죽여서 실현하는 선은 사람이 아닌 얼룩말의 생명을 구하는 것이기 때문이다. 얼핏 생각해도 이를 통해 훨씬 적은 양의 복지만이 지켜질 것이다. 더욱이 지켜지는 복지 또한 얼룩말의 사람보다 낮은 도덕적 지위로 인해 각 단위마다 상당히 가볍게 고려될 것이다. 이 두 가지 논점만으로도 얼룩말의 생명을 구하는 것은 사람에 비해 현저히 작은 선만 실현한다는 사실을 알 수 있다. 사람의 생명을 구하는 경우라면 사자의 권리를 침해하기에 충분한 선이 실현되지만, 얼룩말을 구하는 경우라면 임계치를 충족한다고 믿을 만한 확실한 이유를 찾을 수 없게 되는 것이다.

이것 말고도 얼룩말을 구하는 문제에서 충분한 선을 실현하지 못한다고 봐야 할 이유가 있다. 평균 수명만 놓고 보면 야생의 얼룩말은 사자보다 길면 10년 정도 더 살 수 있으므로, 사자가 죽음으로써 잃게 될 복지보다 얼룩말이 잃는 복지가 더 많다. 그렇다고는 하나 도덕적 지위를 감안하면 극히 작은 양이다. 설령 우리가 사자에게 가하는 위해의 두 배에 해당하는 선을 실현한다고 가정해도, 이 정도로는 사자가 갖고 있는 위해 당하지 않을 권리에 대한 임계치를 충족하는 데 턱없이 부족하다. 사자의 권리가 압도됐다고 말할 정도가 되려면 훨씬 더 큰 선이 실현돼야 할 것이다.

여기에서 한 가지 짚고 넘어가자면, 나는 각각의 동물에 대한 개략적인 임계치조차 설정하지 않으면서 동물이 사람보다 임계치가 훨씬 낮은 의무론적 권리를 갖는다고만 계속해서 주장해왔다(정확한 임계치를 설정하지 않는 이유에 대해서는 더 이상 설명하지 않겠다). 하지만 꽤 오랫동안 논의를 이어오면서 감이 무뎌졌을 수도 있으므로 다시 한번 환기해보자. 동물의 권리에 대한 임계치가 일반적으로 매우 작은 선이 실현되는 경우에서조차 충족된다는 사실을 고려할 때, 그 정확한 수치는 설정되지 않았더라도 거의 제로(0)에 가깝다고 보면 될 것이다. 한 사람의 무고한 생명을 빼앗기 위해 최소한 1,000명의 생명(이마저도 가장 낮게 잡은 수준)을 살려야 했던 사례를 떠올려보자. 사람이 이런데 하물며 동물은 어떨까? 동물이 의무론적 입장을 취한다고 할 때, 한 마리 사자를 죽이는 행위를 정당화하고자 얼룩말 한 마리를 살리는 정도면 정말로 충분할까?

확실히 사자의 위해 당하지 않을 권리에 대한 임계치에는 도달하지 못할 것으로 보인다. 만약 얼룩말 한 마리가 아니라 매우 많은 수의 얼룩말이 위험에 처한 상황이면 이야기는 달라질 수 있을 것이다. 어쨌든 이 경

제 10장 · 동물에게 자기방어권이 있는가

우 우리는 사자의 권리가 압도됐다고 하면서 사자를 죽이는 행위를 정당화할 수 없다.

이번에는 무고한 위협에 방어적 위해를 가할 수 없다는 입장에서 생각해보자. 그러면 당연히 자기방어권을 인정하는 방식으로도 사자를 죽일 수 없다. 사자가 얼룩말에게 실질적인 위해를 가하고 있더라도, 무고한 위협이기에 방어적 위해의 대상이 되지 않는다. 결국 무고한 위협에 대한 방어적 위해가 허용되지 않는다면, 얼룩말을 구할 수 있는 유일한 방법이더라도 사자를 죽이는 행위는 도덕적으로 금지될 것이다.

그런데 만약 사자를 죽이는 게 아니라 충분히 작은 위해를 가한다는 것을 전제한다면, 사자에게 위해를 가하는 행위가 허용된다는 주장은 이 결론과 양립할 수 있다. 우리가 더 작은 위해를 생각할수록 사자의 위해당하지 않을 권리에 대한 임계치도 이에 따라 낮아지므로, 이렇게 상당히 축소된 임계치에는 도달할 수도 있게 될 것이다. 이를테면 사자에게 살짝 생채기만 내는 정도로 얼룩말의 생명을 구하는 데 충분하다면(사자가 도망침으로써) 임계치를 충족할 수 있을 것이다. 이렇게 되면 무고한 위협에 가하는 위해(살해)는 허용되지 않는다고 주장하는 사람들도 아주 작은 위해로 얼룩말을 돕는 행위 정도는 용납될 수 있다고 판단할 수 있다.

그렇다면 얼마나 작은 위해가 임계치를 충족하기에 충분히 작은 것일까? 이것이 문제다. 나는 우리가 아직까지는 이 질문에 대답할 입장이 못된다고 생각한다. 우리에게는 동물복지에 대한 보다 정교한 이론은 물론 임계치 함수에 대한 보다 적절한 이해가 필요하며, 또한 사자와 얼룩말의 도덕적 지위에 대해서도 마찬가지로 보다 확실한 도덕적 관점이 필요하다.

사자가 얼룩말을 공격하는 지금의 사례는 어떤 동물이 다른 동물을 공격하는 수도 없이 많은 사례 중 하나에 불과하다. 그렇다고 해서 각각의 사례를 모두 검토해야 할 이유는 없을 것이다. 내가 사자와 얼룩말을 사례로 든 것은 두 동물이 대략적으로 엇비슷한 도덕적 지위를 갖고 있고 잃게 될 복지의 양도 유사하므로, 우리의 이 논의에서 적절한 대상이 된다고 판단했기 때문이다. 만약 공격하는 동물과 공격받는 동물 사이에 더 큰 차이가 있는 경우라면 보다 명쾌하고 포괄적인 판단을 할 수 있을 것이다.

공격하는 동물은 상대적으로 높은 도덕적 지위를 갖고 있는 데 반해 공격을 당하는 쪽은 매우 낮은 지위를 가졌다고 생각해보자. 예컨대 개미핥기가 개미를 핥아먹는다든지 곰이 연어를 잡아먹는 경우 공격자에게 위해를 가하는 것은 실질적으로 정당화될 수 없을 것이다. 공격을 당하고 있는 동물이 얻게 되는 복지가 공격하는 동물이 잃을 복지를 상쇄하고도 남을 만큼 충분히 크지도 않을뿐더러, 있다고 해도 공격하는 동물에게 가할 수 있는 위해의 양이 너무 작아서 잠재적 희생자를 구해서 실현할 수 있는 선이 공격자를 압도할 수 없다.

이와 달리 공격하는 동물은 상대적으로 매우 낮은 도덕적 지위를 갖는 데 반해 공격을 당하는 동물은 높은 지위를 가진 경우를 생각하면 그 반대의 결론에 도달하게 된다. 이를테면 검은과부거미(black widow spider)가 캥거루를 깨물어 맹독으로 죽인다고 상상해보자. 이때에는 캥거루를 보호하는 유일한 방법이 거미를 죽이는 것일 때 거미에게 가하는 위해는 충분히 작은 게 되며, 거미의 도덕적 지위가 캥거루에 비해 매우 낮기 때문에 거미의 위해 당하지 않을 권리에 대한 임계치가 쉽게 충족된다. 캥거루의 생명을 구함으로써 실현되는 선의 크기가 거미의 권리를 압도하는 것이다. 만약 여러분이 검은과부거미에게는 도덕적 입장이 없다고 생각한다면 다른 적절한 동물, 여러분이 생각하기에 도덕적 입장은 취하지만 도덕적 지위는 상당히 낮은 동물 중에서 맹독을 가진 종류를 대입하면 될 것이다.

이처럼 어떤 사례에서는 임계치에 도달했는지 여부를 판단하기가 상대적으로 쉽다. 그러나 어느 쪽이든 간에 무고한 위협을 죽일 수 없다면, 공격하는 동물이 잠재적 희생자에게 위협을 되는 동물이라는 사실은 공격자에게 위해를 가하는 행위를 정당화하는 데 아무런 역할도 하지 못한다. 희생자를 방어해주고자 공격자에게 위해를 가하는 행위가 허용되는 경우는 생채기를 내는 정도의 충분히 작은 위해에만 국한될 것이다. 물론 이때에도 그 행위를 통해 희생자를 구할 수 있어야 한다.

반면 무고한 위협에 위해를 가하는 행위가 실제로 허용된다면, 공격하는 동물은 방어적 위해의 적절한 목표가 된다. 설령 위해 당하지 않을 권리의 임계치를 충족하지 못하더라도 희생자의 자기방어권만으로 공격자에게 해를 입히거나 죽이는 행위가 허용될 수 있다. 이는 사자가 얼룩말을 공격하던 우리의 처음 사례로 돌아가면 다른 결과를 만들어내게 될 것이다. 나는 얼룩말의 생명을 구함으로써 실현되는 선의 크기는 사자가 가진 위해 당하지 않을 권리의 임계치를 충족하지 못한다고 말했다. 그렇지만 무고한 위협에도 방어적 위해를 가할 수 있다는 것이 사실이라면, 더 복잡하게 생각할 것도 없이 사자를 죽이는 행위는 그것이 얼룩말을 구할 수 있는 유일한 방법일 때 간단히 허용되는 것이다.

물론 엄격히 말하면 방어적 위해에 대한 제한이 무고한 위협에 어떤 식의 영향을 받게 되는지 명확해지기 전까지는 확신할 수 없다. 무고한 위협에 위해를 가하는 행위가 허용된다고 생각하는 사람들조차 전형적인 고의적 공격자의 경우보다는 비례 원칙 조건이 더욱 제한된다고 여긴다. 따라서 무고한 위협에 따라 d값이 어떻게 변하는지 알기 전에는 얼룩말을 방어해주기 위해 사자를 죽이는 행위가 정당화될 수 있는지 확실히 결론 내리기 어렵다.

이 사례에서 만약 d값이 1에 상당히 가까워지지 않는다면 공격자가 잠재적 희생자에게 가하려는 위해보다 더 큰 위해를 공격자에게 가할 권리가 효과적으로 제거되므로 비례 원칙을 만족시킨다. 사자가 잃게 될 복지의 양보다 얼룩말이 얻게 될 복지가 커질 때, 공격자가 희생자에게 가하려는 위해만큼 방어적 위해를 가하는 행위가 허용된다면 비례 원칙은 충족되는 것이다.

그런데 d값이 1이 되거나 더 작아질 수도 있을까? 일반적으로는 그렇지 않다고 생각한다. 또는 무고한 위협에 위해를 가하는 행위가 허용된다고 생각하는 사람들은 그렇지 않다고 여긴다. 예를 들어 무고한 위협에 위해를 가하는 행위가 허용된다고 생각하는 사람들은 장난감 총인 줄 알고 사람을 향해 방아쇠를 당기려는 어린 아이가 있을 때, 그 사람의 생명을 구하는 방법이 아이를 죽이는 것뿐이라면, 아이를 죽이는 행위가 허용된다는 데 동의할 것이다. 이와 같은 경우에도 d값이 1보다 크다고 생각한다. 아마도 이렇게 얼룩말을 구하고자 사자를 죽이는 행위가 허용된다는 생각이 정말로 정당화될 수 있어 보인다.

하지만 그럼에도 불구하고 이 결론마저도 너무 이른 감이 있다. 왜냐하면 총을 든 아이의 사례처럼 어떤 사람이 다른 사람을 위협하고 있는 상황이 아닌 어떤 동물이 다른 동물을 위협하는 경우라는 사실을 여전히 제대로 고려하지 못했기 때문이다. d값은 공격자의 도덕적 지위뿐 아니라 잠재적 희생자의 지위에 따라서도 변한다는 사실을 떠올려보자. 무고한 위협은 사자이고 희생자는 얼룩말일 때, 이 상황이 방어적 위해의 허용 가능성에 어떤 방식으로 영향을 미칠지 질문할 필요가 있는 것이다.

한편으로는 공격자가 사람이 아닌 사자라는 사실이 d값을 올리는 데 기여한다. 이는 얼룩말을 구하기 위해 사자를 죽이는 행위가 쉽게 정당화된다는 의미다. 그런데 다른 한편으로는 희생자가 사람이 아닌 얼룩말이라는 사실이 d값을 낮추는 데 기여한다. 이는 반대로 얼룩말을 구하기 위해 사자를 죽이는 행위가 정당화되기 어려워진다는 뜻이다. 이렇게 무고한 위협과 희생자가 모두 사람인 경우에서 모두 동물인 경우로 옮겨갈 때 d값을 반대 방향으로 끌어당기는 두 개의 영향력이 작용하게 된다.

이 두 가지 상반된 힘이 어우러진 결과는 어떻게 될까? d값에 대한 두 개의 영향력은 각각 반대 방향으로 동일하게 강할까? 아니면 한쪽이 다른 쪽보다 더 강할까? 아쉽지만 이 질문에 대해서도 대답할 수 있는 적절한 이론이 아직 마련돼 있지 않다.

그래도 한번 시도해보자. 논의를 단순화하기 위해 사자와 얼룩말이 정확히 같은 도덕적 지위를 갖고 있다고 가정해보자. 우리는 이 가정에 따라 희생자가 얼룩말이라는 사실로 인해 설정된 d값의 '감소'와, 공격자가 사자라는 사실로 인해 설정된 d값의 '증가'가 정확히 같은 크기여서 서로 상쇄된다고 결론지을 수 있을까? 그 전에, 사자와 얼룩말의 도덕적 지위가 같다면 d값에 미치는 영향력도 같을까? 꼭 그런 것은 아니다. d는 고정값이 아니므로 우리가 희생자나 공격자의 도덕적 지위를 변경해 설정할 때마다(어느 쪽을 변경하든 도덕적 지위가 따라서 높아지거나 낮아지므로) 그 증가 및 감소폭이 달라질 수 있기 때문이다.

이런 것들을 종합해볼 때 우리가 제3자로서 무엇을 할 수 있을까? 내가 생각하기에는 거의 없는 것 같다. 특히 공격하는 포식 동물과 그 먹잇감 사이에 현저한 도덕적 지위 차이가 있는 상황으로 옮겨가면 더욱 그렇다. 곰이 연어를 잡는 모습을 상상해보자. 우리가 연어를 방어해주기 위해 곰을 공격해도 될까? 곰의 낮은 도덕적 지위(사람과 비교할 때)는 d값을 올리는 경향이 있지만, 연어의 낮은 도덕적 지위(사람과 비교할 때)는 d값을 내리는 경향이 있다. 나는 연어의 도덕적 지위가 곰보다 현저히 낮은 것을 감안할 때 결국 d값이 낮아진다고 보는 것이 합리적이라고 생각한다. 비록 무고한 위협에 위해를 가하는 행위가 허용되더라도, 비례 원칙을 충족시켜야 하는 문제에서 우리가 할 수 있는 것이 거의 없다. 연어의 실질적으로 위험에 처한 복지의 양이 매우 작다는 사실까지 더해지면, 어느 정도의 위해를 곰에게 가하는 것이 우리에게 허용되는지에 대해 대답하기가 더욱 어려워진다. 무고한 위협에 위해를 가하는 것이 허용되더라도, 우리가 비례 원칙 조건에 의해 설정된 제한을 충족시키면서 곰을 죽일 수 있을 것 같지는 않다.

더욱이 곰이 굶어 죽지 않기 위해 연어를 잡아먹으려고 한다는 사실이 추가된다면 문제는 더욱 불분명해진다. 우리는 톰의 사례에서 사람의 생명이 위험에 처했을 때 물고기를 잡아먹는 행위를 정당화하기에 충분한 선의 크기를 논의한 바 있다. 나는 연어에게 위해 당하지 않을 권리가 있다는 데 동의하더라도 사람의 생명을 구하는 문제라면 임계치를 충분히 충족한다고 생각한다. 그렇지만 구해야 할 개체가 사람이 아닌 곰인 경우에도 그럴까? 내 개인적인 생각으로 곰은 사람에 비해 충분히 적은 양의 복지가 위험에 처한 것이며, 그 복지 단위도 사람보다 더 가볍게 고려되겠지만, 이 또한 확실히 대답할 수가 없다.

단순히 논의를 위한 논의의 차원에서 곰의 복지 증가분이 연어의 위해 당하지 않을 권리를 압도하는 것으로 규정했다고 가정해보자. 이 말은 곰에게 어떠한 종류의 위해를 가하는 것도 허용되지 않는다는 것을 의미할까? 이 또한 간단한 문제는 아니다. 틀림없이 어떤 특정 경우에는 객관적으로 정당한 공격이라고 해도 잠재적 희생자가 스스로를 방어할 수 있다. 그렇다면 제3자가 나서서 희생자와 함께 방어해주는 행위도 허용될 것이다. 비록 연어가 갖고 있는 위해 당하지 않을 권리가 곰의 복지에 압도되더라도 연어를 방어해주기 위해 최소한 비례 원칙으로 제한된 위해라도 가할 수 있을지 모른다. 그러나 정말로 유감스럽지만 도덕 이론의 현재 상황을 감안할 때 나는 우리가 아직 대답을 알지 못한다고밖에 말할 수 없다.[8]

: 제5절_더 살펴야 할 비례 원칙 :

흥미로운 부분이 있으니 비례 원칙에 대해 조금 더 이야기해보자. 우리는 방어적 위해의 제한이 'H = dh'라는 함수에 의해 결정된다고 가정하고 있다. 다시 말해 적절한 d값이 정해지면 공격자가 가하려는 위해의 크기의 d배까지 방어적 위해를 가하는 행위가 허용된다.

나는 d값이 개체의 도덕적 지위에 따라 변할 수 있다고 설명했다. 잠재적 희생자(스스로를 방어하고 있거나 방어를 받고 있는)가 낮은 지위를 가질수록, 공격자가 높은 지위를 가질수록 d값은 작아진다. 여기까지만 기억하고 일단 이 논점은 잠시 치워두자. 그리고 우선 공격자와 희생자 양쪽 모두가 사람인 경우, 즉 어떤 사람이 다른 사람을 공격하고 있는 상황을 생각해보자.

이 경우에도 d값은 공격자의 공격이 고의적인 공격인지 무고한 위협인지에 따라 달라질 것이다. 무고한 위협에 대한 가해가 허용될 수 있다고 생각하는 사람들조차 일반적으로 고의적 공격에 대항하는 경우보다 허용되는 위해의 양이 더 작아진다고 말한다.

그런데 무고한 위협에 대한 위해의 허용 가능성을 믿는 사람들 중 일부는 d값이 이런 식으로 변하지 않는다고 주장할 수 있다. 아마도 d값은 상대가 무고한 위협일 때에도 고정돼 있다고 할 것이다. 하지만 대부분의 사람들은 무고한 위협에 위해를 가하는 행위가 허용되는 대신 비례원칙에 따른 조건이 더욱 엄격해진다고 여긴다. d값이 감소하는 것이다.

그렇다면 얼마나 줄어들까? 어떤 견해는 감소폭이 최소한이므로 d값은 원래와 가까운 값을 유지한다고 말한다. 다른 견해는 감소폭이 보다 커서 d값은 상당히 줄어든다고 주장한다. 내 생각에는 두 배나 세 배, 많게는 열 배까지 위해를 가하는 게 허용되는 것은 아니며, 무고한 위협이 가할 수 있는 것보다 약간 더 많은 정도의 위해를 가할 수 있다. 짐작건대 실제로 대부분의 사람들은 d값을 1에 가깝게 책정해놓고 있을 것이다.

이 논의에서 한 가지 공통적인 사안은 무고한 위협을 상대할 때 적절한 하나의 d값만 있다고 가정한다는 것이다. 물론 이와 다르게 각각 다른 유형의 무고한 위협에 대해 각각 다른 d값을 부여해 무고한 위협을 좀 더 정교하게 고려해야 한다는 사람들도 있다. 이들에 따르면 어떤 유형의 무고한 위협에서는 d값이 고의적 공격에 거의 근접한(심지어 같은) 정도인 반면, 다른 유형의 무고한 위협에서는 더 낮아지거나 현저히 낮아질 수도 있다. 아마도 일부 무고한 위협에 대해서는 d값이 1에 수렴할 것이다.

이런 견해 가운데 더욱 극단적인 관점을 상상해보면 d값이 1이 되는 경우도 있을 것이다. 이는 무고한 위협이 가할 수 있는 위해와 동일한 양의 위해만 가할 수 있다는 의미다. 그런데 실제로는 무고한 위협이 아니라 무고한 방관자일 뿐인 상대에게 위해를 가하는 상황이라면 이야기는 달라질 것이다. 여러분(또는 여러분이 방어해주고 있는 사람)이 입게 될 위해와 같은 크기의 위해만 가해야 한다는 것이 사실이더라도 무고한 방관자에게 위해를 가할 수는 없다. 여러분에게 무고한 방관자를 상대로 위해가 허용되는 경우는 여러분(또는 여러분이 방어해주고 있는 사람)에게 더 큰 위해가 가해지는 것을 막아야 할 때뿐인데, 그렇게 되면 이미 무고한 방관이 아닌 무고한 위협이라고 봐야 할 것이다.

그러나 이 이야기는 상대가 무고한 방관자일 때 d값이 1보다 작아진다고 말하는 것이나 다름없다. 상대에 대해 여러분에게 가해질 위해와 동일한 양의 위해를 가하는 게 허용되는 것이 아니라, 그보다 작은 위해만이 허용된다는 뜻이다. 다시 말해 무고한 방관자에게는 여러분이 입게 될 위해의 양을 능가하는 위해는 금지된다는 것이다.

이 같은 맥락에서 보면 위해 당하지 않을 권리에 대한 임계치는 일반적인 비례 원칙의 보다 광범위한 적용을 받는다고 할 수 있다. 방어적 위해의 대상이 어떤 경우에는 고의적 공격자일 수도 있고, 어떤 경우에는 이런저런 유형의 무고한 위협일 수도 있으며, 또 어떤 경우에는 단순히 무고한 방관자일 수도 있기 때문이다. 그래도 동일한 비례 원칙이 적용될 수 있다. d값은 고의적 공격에서부터 갖가지 무고한 위협을 거쳐 무고한 방관까지 이르면 거의 0에 가깝게 떨어지게 된다.

그렇다면 d값이 0에 가까울 정도로 매우 작은 경우일 때는 여러분이나 여러분이 돕는 희생자에게 상대에 대한 위해가 '금지되는' 양(여러분이 가할 수 없는 위해의 양)이 훨씬 커야 한다. 따라서 무고한 방관에 위해를 가하는 경우에는 d값 자체가 매우 작기 때문에 상대의 권리에 대한 임계치가 매우 커진다고 말할 수 있는 것이다.

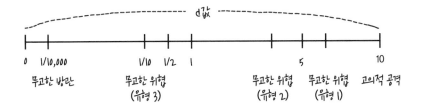

<그림 7> 가변 비례 원칙 승수 d값

〈그림 7〉에서 기본적인 개념을 보여주고 있다(정확한 비율에 맞게 그려진 것은 아니라는 데 유의하자). 고의적 공격자에 위해를 가하는 경우 또는 여러 유형의 무고한 위협의 문제일 때는 여러분(또는 여러분이 돕는 잠재적 희생자)에게 가해질 위해보다 더 큰 위해를 가하는 것이 허용된다. 하지만 무고한 방관(또는 있을지 모를 다른 유형의 무고한 위협)에 위해를 가하는 문제라면 여러분(또는 여러분이 돕는 잠재적 희생자)에게 가해질 위해보다 매우 작은 위해만 가하는 것이 허용된다. d값의 비율은 역방향으로 바뀌고 있으며, 비례 원칙이 적용되는 일반적인 사례는 모두 여기에 반영될 수 있을 것이다.[9]

이 관점이 옳다면 비례 원칙 조건으로 설정된 임계치나 자기방어권의 제한이 모두 개체의 도덕적 지위의 차이에 민감하게 반응한다고 생각하는 게 설득력을 갖는다. 임계치와 자기방어권은 사실 우리의 도덕 이론 안에서 별개의 원칙이 지배하고 있는 별개의 개념이 아니며, 동일한 기본적 주제에 대한 두 가지 다른 측면일 뿐이다. 그러므로 한쪽이 도덕적 지위에 민감하다는 사실을 발견했다면 다른 쪽도 마찬가지라고 생각하는 것이 놀라운 일은 아니다.

덧붙여 이와 같은 방식으로 이 주제를 논의하다 보면 아직까지는 명시적으로 정리되지 않은 도덕적 지위의 민감도 유형을 만들어볼 수도 있을 것이다. 비례 원칙 조건에 따라 설정된 방어적 위해의 제한은 잠재적 희생자의 지위뿐 아니라 공격자의 지위에도 반응한다는 사실을 떠올려보자. 양쪽의 힘이 반대 방향으로 작용하더라도 어쨌든 모두 d값에 영향을 미치고 있다(d값은 희생자의 지위가 높거나 공격자의 지위가 낮으면 커진다). 따라서 위해 당하지 않을 권리에 대한 임계치 문제에서도 마찬가지로 도덕적 지위가 희생자와 공격자 양방향에서 민감하게 유지되리라고 생각할 수도 있을 것이다.

우리는 이미 다른 모든 조건이 동일할 때 권리 보유자의 도덕적 지위가 낮다면 임계치도 낮아진다는 사실을 알고 있다. 그렇다면 민감도에서는 어떨까? 임계치 수준이 위해를 가함으로써 이익을 얻는 수혜 개체의 도덕적 지위에 따라서 달라질 가능성은 어떻게 봐야 할까? 수혜 개체의 도덕적 지위가 더 높다면 임계치의 상한이 더 낮아질까?

이 질문이 낯설지 않은 이유는 우리가 비교적 가까운 이전에 이런 가능성을 고려했기 때문이다. 제9장 제3절에서 나는 동일한 양의 복지가 사라질 위험에 처했더라도 도덕적 지위가 높은 개체의 복지 한 단위의 가치가 더 높기 때문에, 수혜 개체의 지위가 높은 경우 임계치를 충족하는 게 더 쉬워진다고 주장했다. 하지만 어디까지나 설정된 임계치에 어떻게 도달할 것이냐의 문제였지 어떤 식으로 임계치 수준을 결정하느냐의 문제는 아니었다.

그러면 혹시 또 다른 조치를 취해서 특정한 임계치 수준은 수혜 개체의 도덕적 지위에 따라 달라진다는 결론을 도출해내야 할까? 아니면 그렇게 애쓸 필요 없이 우리가 이미 살펴본 방식의 또 다른 설명일까? 흥미로운 질문이지만 여기에서 대답하지는 않겠다. 대신 하나의 논점에 주목하고 싶다. 나는 비례 원칙 조건을 논의할 때 허용 가능한 위해의 크기에 대한 제한을 'H = dh'라는 단순한 함수로 계산했다. 물론 우리가 지금까지 살펴온 것처럼 d값에 영향을 미치는 몇 가지 특성이 있다는 생각은 충분히 설득력이 있다. 이때 우리는 공격자가 잠재적 희생자에게 가할 수 있는 위해에 적절한 d값을 곱하는 것으로 제한을 설정했는데, 아직까지는 이 방식으로 제한이 설정된다는 가정에 의문을 갖지는 않았다.

그런데 내가 처음 이 함수를 제시할 때 제대로 된 방정식은 이보다 훨씬 복잡할 것이라고 말했듯이, 실제로 유효한 수식은 이 수식을 바탕으로 하되 이보다 더욱 복잡한 형태가 될 것이다. 위에서 언급한 것처럼 임계치와 비례 원칙에 따른 방어적 위해는 같은 동전의 양면일 수 있다. 그리고 우리는 임계치 함수가 비례 원칙에 수반되는 단순한 접근방식보다 훨씬 더 복잡해진다고 믿을 만한 이유를 알고 있다.

임계치 함수가 비례 원칙의 일반적인 사례가 될 수 있다고 할 때 방어적 위해의 제한이 함수 'H = dh'에 의해 설정되듯이 위해 당하지 않을 권리에 대한 임계치 역시 우리가 앞서 살펴본 함수 'T = mh'에 그대로 적용된다고 기대할 수 있을 것이다. 비례 원칙에서는 방어적 위해의 크기 H가 적절한 승수 d값으로 결정되므로, 임계치 T의 경우에도 위해 당하지 않을 권리를 가진 개체에게 가하는 위해에 적절한 m값을 곱함으로써 얻을 수 있어야 할 것이다.[10]

하지만 여기에서 좀 더 나아가 다수의 의무론자들은 우리가 제9장 제2절에서 검토한 바와 같이 적절한 수식은 이보다 더 복잡할 것이라고 생각한다. 'T = mh'가 아니라 'T = mh^m' 또는 'T = mh^n + b', 심지어 'T = $m[h/(c-h)]^n$ + b'과 같은 방정식을 더 선호한다. 당연한 말이지만 계산이 더 정교해지기 때문이다.

임계치 수준을 결정하는 문제에서 이런 복잡한 방정식 가운데 어느 하나가 옳다면, 비례 원칙에 따른 방어적 위해의 제한을 설정하는 데에도 이에 상응하는 더 복잡한 수식이 나와야 할 것이다. 또한 임계치 논의에서 관련 계수 m, n, b, c가 도덕적 지위에 따라 달라질 수 있다는 관점이 설득력을 얻은 것처럼, 비례 원칙에 따른 방어적 위해 제한 수준에 대한 방정식에서도 이와 비슷하게 도덕적 지위의 민감도를 숫자로 나타내는 몇 개의 계수가 있으리라고 보는 게 합리적이다.

이제는 여러분도 내가 무슨 말을 할지 알겠지만, 나는 여기에서 이 방정식을 만들려고 시도하지는 않을 것이다. 여전히 미완성이긴 하지만, 그래도 이 논의를 통해 적어도 내가 계속 반복해서 되돌아가곤 했던 논점을 강화하기에는 충분하다고 생각한다. 기존 규범윤리학의 도덕 이론을 동물로까지 확장해도 설득력 있는 이론이 되게 하려면, 그리고 동물들을 변론할 수 있는 데까지 나아가려면 각각의 견해를 수도 없이 다양한 방식으로 검증하고 더욱 정교하게 만들어야 한다. 여러분도 느꼈겠지만 그것을 시작하는 일조차도 이렇게 어렵다. 그럼에도 불구하고 다행히 우리는 그 길을 이제 막 탐사하기 시작했다고 할 수 있다.[11]

제11장

제한적 계층주의라는 대안

: 제1절_적절한 계단 함수 :

규범윤리학에 대한 계층적 접근방식은 두 가지 설득력 있는 생각에서 자연스럽게 등장한 것이다. 첫 번째 생각은 이것이다. 도덕적 입장이 근거가 되는 다양한 정신적 능력은 각각의 개체마다 그 '정도'가 다르며, 어떤 개체는 다른 개체보다 더 발달되거나 정교한 형태로 갖고 있다. 두 번째 생각은 이렇다. 그러면 안 되는 이유에 대한 특별한 설명이 없는 한, 이와 같은 능력을 보다 고차원적으로 보유한 개체들은 그렇지 않은 개체보다 도덕적 관점에서 더 큰 헤아림을 받는다. 이 두 가지 생각을 종합하면 비록 아직까지는 추상적이더라도 계층주의에 관한 설득력 있는 논의가 구성된다.

이와 같은 일련의 사고방식 중 일부는 내 생각과 완벽하게 일치한다. 많은 동물이 도덕적 입장의 근거가 되는 특성 중 일부를 갖고 있다. 따라서 이런 동물들은 도덕적으로 헤아림을 받을 수 있다. 실제로 이 동물들이 우리가 통상적으로 인지하던 것보다 더 많은 배려를 받아야 한다는 생각은 설득력을 갖는다. 그동안 인간이 동물을 대해왔던 끔찍한 방식을 떠올리면 훨씬 더 큰 헤아림을 받아야 할 것이다.

그러나 나는 이와 동시에 동물이 사람보다 이런 능력들을 적게(또는 낮은 수준) 갖고 있는 것 또한 사실이므로 동물이 사람보다 덜 헤아려진다고 생각한다. 다시 말해 도덕적 입장을 취하는 개체들은 각각 도덕적 지위에서 차이가 있으며, 사람은 동물보다 더 높은 도덕적 지위를 갖고 있다는 말이다. 이에 덧붙여 동물들끼리도 그들이 갖고 있는 도덕적 지위와 관련한 능력에서 차이가 있기 때문에, 어떤 동물은 다른 동물보다 도덕적 지위가 더 높다.

철학에서는 때때로 추상적 주장이 일견 설득력이 있더라도 받아들이기 어려운 함의를 갖는 것처럼 보이는 경우가 있다. 그러면 사람들은 그 주장과 그것이 담고 있는 개념을 받아들여야 할지, 아니면 설득력 있어 보였던 전제를 포기함으로써 그 주장에 저항(또는 회피)해야 하는지에 대한 어려운 질문에 직면하게 된다. 더욱이 이성적으로는 이해되는데 감성적으로 납득되지 않는다거나, 반대로 감성적으로는 납득이 되는데 이성적으로는 이해되지 않는 상황을 맞닥뜨리게 된다.

하지만 다행스럽게도 계층주의에 대한 논의에서는 이 같은 딜레마에 봉착하지 않는다. 이 책에서 우리가 꽤 오랫동안 살펴본 것처럼 이런 개념들은 그 자체로서도 설득력을 갖기 때문이다. 계층적 접근방식을 통하면 행여 우리가 짊어졌을지도 모를 흥미롭지 않고 불합리한 수많은 잘못된 결론을 모두 피할 수 있다. 계층적 관점은 다분히 현실적이고 직관적인 접근방식이므로 우리의 이성에 혼란을 야기하지 않는다.

물론 그렇다고 해서 계층주의가 엄청나게 놀랍다거나 받아들이기 어려운 결론을 도출하는 경우가 절대로 없다는 뜻은 아니다. 나는 사실상 동물윤리를 둘러싼 문제에서 우리가 채택할 수 있는 입장 중 허심탄회하게 받아들일 수 있는 것은 아직 없다고 생각한다. 그렇지만 이제 있어야 한다고 믿는다. 온전한 학문으로서 정립되기를 바란다. 그러려면 현재로서 선택할 수 있는 다양한 견해들의 장단점에 대해서 생각해보고, 우선 매력적이라고 판단되는 입장을 시험적으로 받아들인 다음, 다른 관점들과 비교를 통해 최선의 견해를 수용한 뒤, 그것이 문제를 일으킬 만한 여지가 있는지 계속해서 따져봐야 한다. 모든 이론은 이런 과정 속에서 발전한다.

앞에서 나는 계층적 접근방식에 대해 사람들이 제기할 수 있는 합리적 우려 가운데 세 가지를 주목한 바 있다. 이 중에는 약속 어음을 발행한 것도 있다. 다시 한번 논점을 정리해보기로 하자. 첫 번째 우려는 사람보다 '우월한 존재'에 관한 것이었다. 일반적인 인간 성인이 동물보다 더 높은 도덕적 지위를 가진 것과 마찬가지로, 계층주의 관점을 수용하는 사람이라면 필연적으로 우리보다 높은 도덕적 지위를 갖는 우월한 존재의 실재 가능성에 대해 사고를 개방해야 한다. 합리적 우려라고 소개했듯이 우월한 존재는 사람들이 쉽게 받아들이기 어려운 개념이다. 그러나 앞에서 자세히 논증한 것처럼 이 같은 존재를 부인하는 것이 계층주의를 견지하는 데 큰 걸림돌은 되지 않는다. 계층주의가 사물을 바라보는 겸손한 태도 정도로 생각해도 무방하다. 받아들이지 못할 까닭은 논리적으로 없다고 생각한다.

두 번째 우려는 '가장자리 상황'에 처해 있는 존재를 계층적 관점에서 설득력 있게 설명할 수 있느냐의 문제였다. 심각한 정신 장애를 가진 인간을 어떻게 바라볼 것인지에 대한 날카로운 지적이었다. 계층적 관점에서 이들의 결여된 정신적 능력을 감안하면 도덕적 지위가 일반적인 사람보다 낮다는 결론이 불가피해 보인다. 나는 '양식적 인격'이라는 개념을 도입해 이들의 정신적 동류인 동물보다는 높은 도덕적 지위를 부여함으로써 이 같은 우려의 날카로움을 어느 정도 약화시키기는 했지만, 결국 이들이 우리보다 덜 헤아려질 수밖에 없다는 입장을 고수했다. 그럼에도 불구하고 이에 관한 다른 대안적 관점인 '단일주의' 등이 오히려 계층주의보다 설득력 떨어지는 견해임을 논증함으로써, 그래도 계층주의가 받아들일 수 있는 입장임을 역설했다.

세 번째 우려는, 이것이 바로 내가 여러분에게 약속 어음을 발행했고 아마도 여러분이 무척 기다리고 있을 논증인데, 다름 아닌 '정상적 편차' 문제다. 우리를 한참 능가하는 능력을 가진 '우월한 존재', 우리보다 한참 낮은 능력을 가진 '가장자리 상황의 인간'처럼 일반적인 사람과 도덕적 지위에서 확연한 차이가 있는 존재를 인정하는 문제와는 다른 차원의 문제다. 우리와 같은 보통의 인간 성인들 사이에서도 도덕적 지위에 차이가 있다는 개념으로, 결국 우리 가운데 누군가는 높거나 낮은 도덕적 지위를 갖는다는 결론을 인정해야 하는 매우 골치 아픈 문제다.

'정상적 편차'는 대부분의 사람들이 받아들이기 어려운 개념이다. 물론 어디까지나 논리적·이성적으로 그렇다는 말이다. 내가 아직 확실한 논증을 제시하지 못하고 있는 까닭도 여기에 있다. 이 문제에서 논리적 설득력을 확보하지 못한다면 사람들로 하여금 계층주의를 수용케 하는 데 성공하지 못할 것이다. 우리가 도덕적 입장을 취하는 동물들 사이에서 발견할 수 있는 관련 능력들의 무시하지 못할 수준의 격차, 이를테면 파리가 가진 최소한의 행동 능력과 지각 능력 따위는 감히 범접할 수도 없는 사람의 월등한 정신적 능력을 가진 보통의 인간 성인들 사이에서 차이를 발견할 수 있다고 해봐야 무척 사소할 것이다. 그러나 그것이 '정상적 편차'다. 이 차이는 그저 신경 쓰지 않음으로써 넘어갈 수도 있다. 사람 개개인마다 갖고 있는 능력들의 작은 차이가 도덕적 지위에서의 미세한 차이를 만들지만, 우리의 통상적인 도덕적 사고에서 이런 차이는 아무런 역할도 하지 못한다. 그럼에도 불구하고 이 정상적 편차 문제를 해결해야 하는 이유는 방금 언급했듯이 계층적 관점을 정립하기 위해 불식시켜야 할 가장 큰 우려이기 때문이다.

물론 어떤 이들은 이 정도 설명으로도 충분히 이해하고 별로 괘념치 않게 넘겨버릴 수도 있을 것이다. 당연히 나도 그렇다. 나는 정상적 편차를 인정하는 데 아무런 거리낌이 없다. 하지만 나는 여전히 많은 사람들이 설령 미미하더라도 평범한 사람들 사이에서조차 도덕적 지위에 차이가 있다고 생각하는 데 상당히 불편해한다는(최소한으로 표현했을 때) 사실을 알고 있다. 이들은 정상적 편차 문제에 대한 보다 '탄탄한(robust)' 답변을 기대한다.

우리와 같은 일반적인 인간 성인들에게 동일한 도덕적 지위를 부여할 수 있는 답변을 하려면, 도덕적 입장의 기반이 되는 능력의 차이가 도덕적 지위에서의 차이를 유발한다는 가정을 어떻게든 극복해야 한다. 그렇다면 우리가 통상적인 사람들 사이에서 볼 수 있는 미세한 정신적 능력의 차이가 실질적으로는 도덕적 지위에 어떤 차이도 만들어내지 못하는 것이 돼야 한다. 도덕적 지위가 관련 능력이 증가함에 따라 함께 꾸준히 부드럽게 증가하는 게 아니라, 이보다 덜 부드럽고 느리게 올라가든지 아니면 보통의 인간 성인들 사이의 정상적 편차 범위 내에서는 '평평하고 일정하게' 유지돼 있어야 하는 것이다.

만약 단 하나의 도덕적 지위만 있다는 단일주의자들이 옳다면 우리는 이 같은 결과를 자동적으로 얻게 될 것이다. 도덕적 지위가 하나의 수준으로만 있다면 일반적인 인간 성인들 사이에서 발견할 수 있는 관련 능력의 차이가 도덕적 지위에서의 차이를 만들어내지 못한다. 어차피 도덕적 지위는 특정 수준으로 하나만 존재하기 때문이다. 단일주의 관점에서는 도덕적 입장만 취한다면 관련 능력을 얼마나 가졌는지 상관없이 모든 개체의 도덕적 지위는 서로 동일하다. 따라서 단일주의에서는 보통의 인간 성인뿐 아니라 도덕적 입장을 취한 모든 개체는 모든 범위를 통틀어 도덕적 지위가 평평하고 일정하게 유지돼 있다.

그런데 우리는 이미 단일주의를 거부해야 할 다양한 이유를 확인했다. 그렇기 때문에 여기에서 설득력을 가질 수 있는 관점은 더 복잡하고 섬세해야 한다. 계층적 관점을 토대로 내가 생각한 또 다른 대안적 견해는 관련 능력들이 증가할수록 도덕적 지위가 따라서 상승하되(동물 왕국의 진화계통도를 따라 올라가면서), 인간 성인 사이의 정상적 편차 범위에 도달하면 그 지점에서 평평하게 유지된다. 이른바 '인간 예외주의(human exceptionalism)'로, 다른 개체들은 모두 도덕적 지위에서 차이가 있지만 오직 인간만은 그렇지 않다는 것을 반영한 관점이다. 그리고 아마도 사람의 능력 범위를 넘어서게 되면(우월한 존재의 경우) 다시 능력이 증가해 도덕적 지위가 상승할 것이다. 다만 이 견해에도 문제가 있는데, 일반적인 인간 성인의 보유한 능력의 범위가 도덕적 지위에서의 차이를 만들어내지 못하면서 다른 수준에서는 그렇지 않을 정도로 특별하게 만드는 요인이 무엇인지 알기 어렵다는 점이다.

그래서 내가 생각하기에 이보다 더욱 설득력이 있는 입장은 관련 능력의 정상적 편차가 도덕적 지위의 차이에는 영향을 미치지 못하지만, 통상적인 인간 능력의 범위 안에서 반복적으로 나타난다는 관점일 것이다.

아마도 도덕적 지위는 능력의 특정 범위 안에서 평평하게 유지돼 있을 것이다. 그렇지만 관련 능력의 모든 수준에 걸쳐 똑같은 도덕적 지위를 이끌어낸다는 단일주의적 관점이 아니라, 개체마다 일정한 도덕적 지위를 생성하는 범위가 여러 개 있고 각각의 구간마다 각기 다르지만 일정한 지위를 이끌어낸다고 가정할 수 있다.

이를 그래프로 만들어 X축에는 관련 정신적 능력의 증가 수준을 표시하고, Y축에는 이에 따라 변화하는 도덕적 지위의 수준을 표시해 그려보기로 하자. 그러면 우리가 방금 논의한 네 가지 관점이 각각 〈그림 8〉처럼 구현된다.

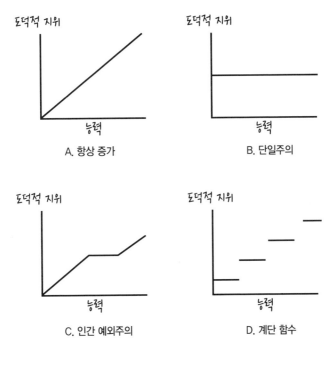

〈그림 8〉 능력에 대한 함수로서의 도덕적 지위

〈그림 8〉의 A는 본래의 관점으로, 도덕적 지위가 관련 능력이 증가하는 데 비례해 일정하게 상승하는 모습을 보여준다. 단일주의적 관점을 나타낸 B는 관련 능력의 모든 수준에서 동일한 단 하나의 도덕적 지위만을 생성한다. C는 인간 예외주의 관점을 구현한 것이며, 관련 능력의 증가에 비례해 개체의 도덕적 지위도 상승하다가 일반적인 인간 성인의 능력 범위 내에서는 평평하고 일정하게 유지된다. 그러다가 우월한 존재 구간에서는 그래프가 다시 상승한다. D는 방금 상정한 유형의 관점을 보여준다. 관련 능력이 여러 개의 구간으로 나뉘어 있고, 각각의 구간마다 대응하는 도덕적 지위가 있으며, 능력이 이 범위를 벗어나면 도덕적 지위도 상승한다. 각각의 구단 내에서는 능력이 증가해도 도덕적 지위는 그대로이기 때문에 그래프가 우상향으로 올라가는 게 아니라 평평하게 유지된다.

D의 형태를 '계단 함수(step function)'라고 부른다. 전체 그래프에서 C와 같이 한 개의 수평 절편만 갖는 게 아니라 여러 개를 가지므로 마치 계단처럼 보인다. 물론 정상적 편차 문제가 단순히 계단 함수를 사용하는 것만으로 해결된다고 보장할 수는 없다. 왜냐하면 어떤 사람들은 위쪽 계단에 위치해 있고 또 어떤 사람들은 아래쪽 계단에 있다는 접근방식과도 호환되기 때문이다. 그러나 원칙적으로는 이처럼 적절한 계단 함수를 사용해 일반적인 인간 성인들을 같은 계단(다른 계단은 다른 개체들)에 위치하도록 할 수 있으므로 사람들 사이에서 도덕적 지위에 차이가 있다는 문제를 피할 수 있다.

이 관점을 수용하면 정상적 편차 문제를 풀 수 있는 실마리를 획득할 수 있다. 아울러 동물의 도덕적 지위에 대해서도 표현할 수 있는 개념까지 확보할 수 있다. 아울러 우리의 논의에서 계속 단일 사례로 들었던 개별적인 두 마리 동물의 능력 차이가 도덕적 지위의 격차를 만들어낸다는 관점을 유지한 채 이를 동물계로 확장해 적절하고 광범위한 단계를 구축할 수 있으며, 각각의 단계마다 이에 상응하는 도덕적 지위를 부여할 수 있게 됐다. 의심할 여지없이 포유류는 양서류나 어류보다 높은 도덕적 지위를 가졌다. 물론 개체주의 관점에서 비록 같은 종의 동물끼리라도 차이가 날 수 있겠지만 그와 같은 미미한 차이가 도덕적 지위에서의 확연한 격차를 유발하지는 못한다.

동물계에서 이런 식의 계단이 얼마나 만들어져야 하는지에 관한 질문은 우리의 몫이 아닐 것이다. 지금의 논의선상에서 결정적인 논점은 이 계단 함수가 정상적 편차 문제에 대한 보다 '탄탄한' 답변을 해달라는 사람들의 요구에 부합할 수 있는 유망한 접근방식으로 보인다는 사실이다. 일반적인 인간 성인들 사이에서도 도덕적 지위의 차이가 존재하지만, 그 차이가 너무 미미해서 실질적인 격차를 만들어내지 못한다는 설명으로 만족하지 못한 사람들에게 말이다.

그리고 혹시라도 내가 방금 설명한 계단 함수 관점이 우리가 지금까지 견지해온 "개체의 도덕적 지위는 관련 능력에 따라 상승한다"는 전제와 충돌한다고 볼 필요는 없다. 내 주장의 의도는 개체의 도덕적 지위가 관련 능력이 증가함에 따라 함께 올라가야 한다는 것은 아니었다. 내가 "다른 모든 조건이 동일할 때"라는 문장을 거의 매번 쓰는 까닭도 다른 결과를 도출할 수 있는 특별한 메커니즘이 없는 경우를 감안해 설명하려는 의도에서였다. 다시 말해 이를 막을 수 있는 어떤 특별한 메커니즘이 작용하지 않는다면 도덕적 지위는 능력의 증가로 상승한다고 설명했다. 계단 함수를 받아들인다면 이에 동의할 수 있을 것이다. 여기에서 계단 함수라는 결과를 만들어낸 메커니즘은 능력 증가에 따른 도덕적 지위

상승이라는 효과를 차단함으로써, 일반적인 인간 성인들(또는 각각의 동물 종) 사이에서 평평하게 유지되는 능력의 범위가 있다는 사실을 이끌어 낸 것이다.

그런데 나는 적어도 이론적으로는 계단 함수에 끌리는 사람이라면 이와 같은 메커니즘을 상정할 필요도 없다고 생각한다. 개체의 도덕적 지위는 관련 능력에 따라 올라가지만, 원래부터 끊임없이 상승하는 게 아니라 계단 함수 형태로 상승하는 것이 도덕성의 부정할 수 없는 이치라고 주장할 수 있을 것이다. 하지만 왜 그런지 설명하라고 요구하면 현재로서는 대답이 옹색해진다.

그렇다고는 해도 어쨌든 더욱 심도 깊고 구체적인 설명이 추가된다면 훨씬 만족스럽고 설득력도 높아질 것이다. 확신에 이를 수도 있다. 따라서 이제 우리가 파헤쳐야 할 사안은 계단 함수에 대해 독립적으로 설득력 있는 설명을 제공하는 게 가능한지의 여부가 될 것이다. 이 함수는 왜 능력이 증가하는데도 도덕적 지위가 그대로 유지되는지 이해할 수 있도록 해주는 메커니즘에 대한 셈법이다. 이 작업을 마무리하기 전에는 '정상적 편차' 문제는 완전히 해결되지 않을 것이다. 이제 약속 어음을 회수하러 가보자.

: 제2절_실천적 현실주의 :

계단 함수의 셈법은 어떤 것일까? 계단 함수가 설득력을 확보할 수 있도록 뒷받침해줄 철학적 견해들이 있을까? 이제 나는 가능성 있는 한 가지 제안을 하고자 한다. 고려할 만한 다른 것들도 있지만, 나는 이 견해가 가장 유망하다고 생각한다. 궁극적으로 나는 규범윤리학의 기반이 되는 견해를 전혀 다른 관점에서 이용할 수 있다는 제안을 할 것이다.[1] 친숙한 사례로부터 출발한 다음 기본적인 발상을 분리해 이를 다시 일반화하는 방식으로 논의를 진행하겠다. 이로써 새롭게 태어나게 될 계층주의는 보다 견고한 관점이 될 것으로 보인다.

'결과주의'는 특정 행위의 옳고 그름을 평가하는 기준에 따라 '행동 결과주의(act consequentialism)'와 '규칙 결과주의(rule consequentialism)'로 나뉜다. '행동 결과주의'는 선택 가능한 다른 행동의 결과만큼 좋은 결과를 가져올 때만 해당 행위를 허용한다. 통상적으로 결과주의라고 할 때는 행동 결과주의를 지칭한다고 보면 된다. 반면 '규칙 결과주의'는 여기에서 내가 제안하려는 견해로, 특정 행동이 최선의 결과에 이르는 규칙을 통할 때만 옳다는 입장이다. 다시 말해 해당 행동은 도덕 규칙이나 원칙과의 '최적(optimal)' 조합이 확인되는 경우에만 허용된다. 어떤 규칙들의 조합에 따른 행동의 결과가 다른 교칙들의 조합이 도출해낸 것보다 더 좋을 경우 그 규칙 조합은 최적의 조합이 된다. 우선 여러 규칙들을 검토해 그 결과를 확인한 다음 최선의 결과를 낸 규칙을 유효한 규칙으로 선언한다.

나는 제7장 제1절에서 결과주의가 독자적으로 성립할 수 없으며, 반드시 '선에 관한 이론(무엇이 결과를 좋게 만드는지에 관한 이론)'으로 식별된 최선의 결과를 가져와야 한다고 설명했다. 그래야 비로소 규범윤리학의 도덕 이론이 될 수 있다. 현재 우리는 기본적인 규칙 결과주의 발상을 선에 관한 이론으로 보완할 때까지 각기 다른 규칙들의 조합에 대한 결과를 평가할 만한 입장이 아니기 때문에, 규칙 결과주의를 지금으로서는 규범윤리학 기반 이론의 잠재적 가족 구성원 정도로 생각하자. 물론 규칙 결과주의자들 사이에서도 선에 관한 이론을 접목하는 데 여러 이견이 있는 상황이다. 하지만 우리의 논의 목적에서 더 중요한 논점은 규칙 결과주의에서 규칙들을 따른 '모두(everyone)'의 결과를 평가할 때 그것이 의미하는 바가 무엇이냐다. 이 또한 규칙 결과주의자들 사이의 접근방식이 다르다.

이와 관련한 첫 번째 접근방식은 '이상적(ideal)'이라고 할 수 있는데, 규칙 결과주의를 문자 그대로의 의미로 보는 것이다. 도덕적 행동 주체들 '모두'가 말 그대로 관련 규칙들을 완벽하게 실수 없이 준수할 때 어떤 결과가 나오는지 일일이 확인한다. 우리는 모두가 그 규칙에 따라 행동할 때 어떤 결과가 나오는지 확인하는 이와 같은 방식을 규칙 결과주의의 '이상적인' 검증방식으로 생각할 수 있다. 어떤 규칙 조합도 지나치게 복잡하지 않고, 어떤 행동 주체도 검증하려는 규칙의 맥락을 파악하는 데 실패하지 않으며, 그 누구도 규칙의 개념을 잘못 이해하거나 적용하지 않을 것이다. 또한 규칙이 요구하는 행동을 위해 충분한 동기를 부여하지 못하는 사람도 없을 것이다. 우리는 규칙에 따른 행동이 현실에 부합하는지의 여부와 상관없이 그저 규칙을 수행한 결과가 무엇인지만 물으면 된다.

반면 두 번째 접근방식은 보다 '현실적(realistic)'으로 규칙 결과주의를 바라본다. 위와 같은 이상적인 방식으로 결과를 검증하지 않고 도덕적 행동 주체의 다양한 '인지적(cognitive)'이고 '동기적(motivational)'인 한계를 고려하는 것이다. 규칙들의 조합이 명확히 인지하기에 너무 복잡하거나 행동하는 데 필요한 도덕적 계산이 지나치게 복잡하면 실수가 나오리라는 사실을 감안해 검증 결과에 반영한다. 나아가 일부 규칙은 요구 사항이 까다로워 행동 주체들에게 동기를 부여하지 못하거나 모든 요구 사항에 대해 제대로 준비하지 못할 가능성 역시 고려한다. 이 대안적 접근방식에서 규칙에 따라 행동한 '모두'의 결과가 무엇인지 물을 때 우리가 실제로 생각하는 수준은 보다 '현실적인' 결과, 즉 사람들이 규칙들을 수용해 그에 따라 행동하려고 시도하지만 실질적으로는 규칙의 일부를 따르는 데에만 성공하는 결과를 어떻게 봐야 하는지가 될 것이다.

나는 이 두 가지 접근방식 중 어느 쪽이 더 설득력 있는지 논증하고 싶지는 않다. 다만 내 직관은 '이상적'이 아닌 '현실적' 규칙 결과주의를 채택하는 의미를 따르고자 한다('이상적'은 그 용어가 말해주듯이 어디까지나 '이상적'이다). 방금 설명했듯이 현실적 규칙 결과주의 관점에서 규칙들을 비교해 최적의 조합을 찾으려면 우리의 인지적·동기적 한계를 유념하는 것이 중요하다.

이 논점은 왜 현실적 규칙 결과주의자들이 최적의 규칙 조합이라고 해서 늘 최선의 결과를 가져주는 것은 아니라고 주장하는지에 대한 단서를 제공한다. 이런 종류의 결과에 초점을 맞춘 규칙은 '모든' 사람이 최선의 결과를 가져올 수 있는 행동을 완벽하게 인지할 수 있고 항상 그렇게 행동할 동기부여가 돼 있다고 확신할 수 있는 경우에 한해서만 최상의 '검증 결과(이상적 규칙 결과주의자들이 생각하는 것과 같은)'를 얻는다. 따라서 현실적 접근방식으로 규칙들을 검증할 때 어떤 규칙은 보다 인지하기 쉬운 방식으로 행동을 선별한 다른 대안들보다 결과라는 측면에서 좋지 않을 수 있다는 사실을 인식해야 한다.

바로 이런 이유 때문에 현실적 규칙 결과주의자들은 이렇게 보다 현실적인 검증 조건에서 규칙을 평가할 때 최적의 규칙 조합은 실제로 상식적인 도덕 규칙에 가깝다고 말한다. 이 도덕 규칙에 따라 '거짓말하기', '약속 어기기', '타인에게 위해 가하기' 등의 행동 유형은 도덕적으로 금지되며 그 반대의 경우에는 요구된다.

'타인에게 위해 가하기'와 같은, 이제는 우리에게 너무 친숙한 의무론적 금기 사항을 생각해보자. 어떻게 이와 같은 규칙이 현실적 규칙 결과주의로부터 도출될 수 있을까? 핵심은 타인에게 위해를 가하는 행동이 전반적으로 좋지 않은 결과를 가져오는 데 있다. 이 경우 타인에게 위해를 가하는 행동을 멈추면 결과는 전반적으로 좋아진다. 그런데 타인에게 위해를 가함으로써 결과가 좋아지는 경우도 있다. 현실적 규칙 결과주의자들은 바로 이와 같은 '예외(exception)' 사항을 식별한 뒤 기본 규칙에 포함시켜 결과가 더 좋은 규칙을 조합하고자 한다. 이것이 규칙 결과주의자가 부당한 공격에 대해 스스로를 지키는 '자기방어권'을 규칙의 한 버전으로 수용하는 이유이며, 충분한 크기의 선이 위험에 처할 때 무고한 사람에게 위해를 가하는 행위를 허용하는 '임계치' 개념을 규칙의 최적 조합에 포함시키는 이유이기도 하다.

하지만 이미 규칙으로 설정한 이와 같은 예외 사항이 있는데도 여전히 위해 행위 금지가 전반적으로 좋지 않은 결과를 내기도 하고, 위해를 가하는 행동(희생자가 무고한 방관자이며 임계치를 충족시키지 못하는데도)이 오히려 좋은 결과로 이어지기도 한다. 그렇다면 이런 결과일 때 규칙 결과주의자들은 어떻게 위해 행위 금지를 정당화할 수 있을까? 결과가 좋은 경우마다 매번 위해를 가하는 행위를 허용하는 규칙이 규칙 결과주의라는 관점에서 보자면 더 낫지 않을까?

이에 대한 답은 규칙을 평가하는 데 현실적인 접근방식을 채택한다는 것이다. 만약 도덕 규칙에 따라 결과가 좋을 때마다 위해를 가하는 행위를 허용한다면, 대부분의 사람들이 매우 빈번하게 자신의 행동이 실제로 타당한 예외 중 하나에 해당되는 것으로 오인하리라는 사실을 유념해야 한다. 때때로 타인에게 위해를 가함으로써 좀 더 좋은 결과를 낼 수 있다고 정확히 인지하는 사람도 있겠지만, 정작 그렇지 않으면서도 자신이 그런 경우에 해당한다고 잘못 생각하는 사람들이 더 많다. 그렇기 때문에 우리의 경험과 지식이 갖는 '인식적(epistemic)' 한계를 감안한다면, 예외 사항에 신경 쓰기보다 그냥 위해 행위를 금지하는 규칙을 설정하는 것이 더 좋은 결과를 이끌어낸다. 이에 따라 위해를 가하는 행위는 기본적으로 금지된다. 그런데 사라질 위기에 처한 선의 양이 충분히 크다면 상황을 오인할 위험도 그만큼 작아지므로, 위해를 실행할 가치가 있다는 생각이 설득력을 가질 것이다. 이런 이유로 규칙 결과주의자들은 규칙들의 최적 조합에 임계치 개념을 포함시킨다.

이와 관련해 말하고 싶은 것들이 더 많이 있지만, 우리의 논의선상에 걸맞은 결정적 논점으로 넘어가겠다. 규칙 결과주의자들이 최적 조합의 '후보(candidate)'가 되는 규칙들을 결과로만 평가한다는 사실에도 불구하고, 이런 접근방식에서 나오는 규칙의 내용은 결과 측면에서만 언급되지 않는다. 결과의 의미로만 이야기할 필요는 없다. 최적의 규칙 조합은 결과가 아닌 다른 개념에도 호소할 수 있으며, 결과의 기반에 정확히 일치하지 않는 차이점을 만들어내기도 한다. 우리가 가진 인식적 한계로 인해 결과의 기반이 되는 사실을 직접적으로 반영하는 것과는 다른 방식으로 도덕적 지형을 개척하는 규칙들이 오히려 최적일 수도 있다.

이와 밀접한 관련이 있는 논점은 우리가 똑같이 가진 인식적 한계를 생각해보면 규칙들의 최적 조합의 '복잡성(complexity)'에도 한계가 있을 것이다. 규칙들이 지나치게 많거나 규칙 각각의 하부 범주에 너무 많은 요소들이 작용하고 있다면, 그런 규칙들이 만들어내는 결과가 오히려 보다 단순한 조합으로 얻을 수 있는 결과보다 좋지 않을 수 있다. 이상적 규칙 결과주의자들이라면 후보 규칙들을 일일이 검증해야 한다고 여길 테니 상관없겠지만(그럼에도 불구하고 그 작업이 언제 끝날지 모르겠지만), 현실적 규칙 결과주의자들은 너무 복잡한 조합은 현실적인 행동 주체들에게 정확히 적용하기 어려워질 수 있다는 가능성을 유의해야 할 것이다. 실제로 단순화할 때 보다 좋은 결과가 나타나기도 한다. 그렇기에 비록 규칙들의 최적 조합이 궁극적으로는 결과에 대한 관심을 기반으로 하고 있다는 것이 사실이더라도, 결과에 '불완전하게(imperfectly)' 부합될 수 있는 가능성은 열어놓고 있어야 한다.

　이렇게 해서 규칙 결과주의에 현실적인 접근방식이 주어지면 '최적의' 규칙 내용이 결과의 기반이 되는 사실에 완전히 부합하지 않을 수 있겠지만, 그렇다고 전적으로 일치하지 않는 것도 아니다. 어쨌든 규칙 결과주의자의 셈법을 따를 때, 최적의 규칙이 결과의 기반이 되는 사실에 현저한 수준까지 부합하지 않는다면 어차피 최적의 규칙이라는 주장을 할 수가 없다. 그렇지만 내가 강조한 것처럼 굳이 완벽하게 부합할 필요도 없으며 실질적으로 그렇게 되기도 극히 어렵다. 대신 최적의 규칙은 여러 가지 방식으로 나눠지면서, 여기에서는 단순화되고 저기에서는 새로운 차이점을 도출해 현실적으로 적절한 도덕 규칙의 조합을 제공할 수 있다.

　그럼 이제 현실적 규칙 결과주의가 계층주의 및 도덕적 지위와 관련해 어떤 결과를 만들어낼 수 있는지 질문해보자. 내가 방금 설명한 여러 이유 때문에 최적의 규칙 조합이 정신적 능력에서의 사소한 차이가 도덕적 지위의 작은 차이라는 결과로 나타나는 지속적인 변화의 규칙이 될 가능성은 낮다. 더욱이 그와 같은 체계는 우리가 안정적으로 사용하기에는 너무 복잡해서 특정 개체가 어디에 속하는지 잘못 인지하기 십상이다. 현실적 규칙 결과주의의 관점에서는 보다 단순한 체계가 좋다.

정신적 능력은 사소하고 거의 식별하기 어려운 방식으로 변할 수 있다. 그러나 우리의 경험과 지식에는 인식적 한계가 있어서, 개체의 능력에 대한 민감하고 세밀한 인식을 요구하는 것은 최적의 규칙이 아니다. 그렇기 때문에 최적의 도덕 규칙이 동물 왕국의 진화계통도 맨 밑바닥에서부터 인간으로까지 올라가는 단계마다 끝도 없이 나타날 수 있는 도덕적 지위의 수준을 전부 포함하리라고 기대해서는 안 된다. 우리가 바라야 할 규칙은 좀 더 결이 거칠고 잠재적 수준이 합리적으로 작은 그 무엇인데, 특정 개체에게 도덕적 지위를 부여하기가 상대적으로 쉽고 정신적 능력에서의 사소한 차이가 도덕적 지위의 격차를 만들어내지 않는 그런 규칙이다.

요컨대 도덕적 지위 관련 능력들의 기반이 되는 사실이 무제한적인 변동 범위를 허용하더라도, 최적의 규칙들은 우리가 처음에 생각하는 것만큼 곧이곧대로 이를 반영하지는 않는다. 오히려 규칙 결과주의에 대한 현실적 접근은 최적의 규칙이 실제로 여러 수준의 도덕적 지위를 식별하는 계층적 접근방식을 포함할 테지만, 이 수준은 수적으로 제한이 있을 것이며 능력의 기반이 되는 사실들에 불완전하게 '띄엄띄엄' 부합하리라고 기대해야 할 것이다.

그러므로 현실적 규칙 결과주의는 앞서 〈그림 8〉의 D가 보여준 형태의 '계단 함수'로 표현할 수 있는 규칙들의 최적 조합을 생성할 수 있다. 관련 능력이 증가함에 따라 도덕적 지위가 꾸준히 상승하는 게 아니라, 각각의 개체가 놓일 수 있는 가능한 수준에 제한이 있으므로 능력에서의 차이가 도덕적 지위에 아무런 영향도 미치지 않는다. 물론 서로 다른 개체들, 이를테면 개와 물고기 또는 개와 사람 사이에서 발견되는 충분한 능력 차이는 도덕적 지위에서의 격차를 만들어낸다. 하지만 미리 밝혔듯이 현실적 규칙 결과주의로부터 나온 계층적 관점은 능력의 기반이 되는 사실에 단지 '불완전하게 띄엄띄엄' 부합한다.

자, 나는 여러분이 이 관점을 받아들일 수 있는지 묻고 싶다. 받아들일 수 있다면 나는 약속 어음을 회수한 셈이다. 아울러 '정상적 편차' 문제를 매우 불편하게 생각하는 사람들이 내게 요구한 '탄탄한' 답변이기도 하다. 계단의 수가 충분히 적고, 우리의 인식적 한계를 감안할 때 이 관점이 사실이라고 할 만한 명분이 충분하므로, 보통의 인간 성인들에게서 발견되는 정신적 능력의 차이가 너무 작기 때문에 도덕적 지위의 차이를 초래할 수 없다는 것이 이로써 잘 드러났다고 생각한다. 모든 평범한 사람들은 같은 계단 위에 위치해 있으며 동일한 도덕적 지위를 갖는다.

물론 현실적 규칙 결과주의가 계단 함수를 확실히 보장한다고 주장하려는 것은 아니다. 설령 그렇더라도 모든 일반적인 인간 성인들이 똑같은 계단 위에 놓이는 것이 보장된다고 주장하려는 것도 아니다. 이론은 실제가 아니기 때문에 아직 함부로 말할 수 없다. 그렇지만 나는 이 견해가 대단히 합리적이며 실제로도 적용할 수 있는 가능성이 충분하다고 본다.

그렇다면 이 모든 것에 대해 내가 옳고, 규칙 결과주의의 현실적 버전이 정상적 편차 문제에 대한 탄탄한 답변을 구성하는 종류의 계층적 계단 함수를 생성할 수 있다고 가정해보자. 이것으로 '사회계약론'이나 '이상적 관찰자 이론(ideal observer theory)'과 같은 규범윤리학의 또 다른 기초 이론의 대안적 견해를 선호하는 사람들은 운이 다한 걸까? 정상적 편차 문제가 불편해서 계층적 접근방식을 꺼리던 사람들도 이제 현실적 규칙 결과주의를 받아들일까? 아니면 한번 흘낏 쳐다본 뒤 자신들의 가던 길을 계속 갈까?

그럴 수도 있고 아닐 수도 있겠지만, 적어도 내가 보기에는 규칙 결과주의 외에 다른 이론에 끌리는 사람들 또한 이와 같은 해결책을 이용할 수 있다. 내가 알고 있는 한 현실적 규칙 결과주의가 마침 적절하게 계단 함수를 생성한 것은 이론의 가닥이 결과주의라서가 아니다. 오히려 이 관점이 갖고 있는 현실주의적 사고방식 덕분이며, 후보가 되는 규칙들이 이상적인 아닌 현실적 가설 아래에서 검증된 덕분이다. 다른 기초 이론들 역시 현실적인 버전으로 제시될 수 있다.

달리 말하면 다른 기초 이론들도 이와 유사하게 우리의 다양한 인지적·동기적 한계를 염두에 두면서 규칙을 검증하고 평가할 수 있다. 세부 사안은 다를 수 있으며 각각 특정 기초 이론의 세부 지침에 의존할 수 있을 것이다. 하지만 기초 이론이 무엇이든 동일한 기본 개념을 적용할 수 있다. 현실적으로 민감한 이론의 버전의 채택하고 잠재적 도덕 규칙을 평가할 때 우리의 인지적·동기적 한계를 감안한 현실적 가정을 세우면 된다.

이 생각을 온전히 정당화하는 데 요구되는 길고 자세한 논의를 이어가지는 않겠지만, 규범윤리학의 몇 가지 중요한 기초 이론들이 왜 설득력 있는 견해가 될 수 있는지만 짧게 설명하겠다. 우선 '사회계약론'은 유효한 도덕 규칙이 합리적 협상가들인 우리가 동의한 것들이라는 주장을 견지한다. 그리고 원칙적으로 합리적 협상가들은 제안된 특정 규칙을 지지할지 거부할지 결정하는 데 다양한 요소를 모두 고려할 수 있다. 우리의 심의 과정에서 가장 두드러지게 나타날 고려 사항은 사회계약의 특정 세부 사안에 달려 있다. 그러나 아마도 우리가 반드시 고려해야 할 한 가지는 실질적인 도덕적 행동 주체가 해당 규칙을 이해하고 적용해 행동하는 것이 쉬운지 어려운지의 문제일 것이다. 사회계약론의 현실적인 버전은 합리적 협상가인 우리가 그렇게 할 수 있도록 허용한다. 반면 사회계약론의 이상적인 버전에서 이와 같은 고려 사항은 배제되며 우리의 심의 과정에서 허용되지 않는다. 그러므로 여기에서도 마찬가지로 지나치게 복잡한 규칙 조합은 거부되기 쉽다. 대신 우리는 실수할 여지를 줄여주는 보다 단순한 규칙 조합을 바랄 것이다. 이렇게 해서 사회계약론에 계층주의가 도입되면, 사회계약론의 현실적인 버전은 도덕적 지위에서의 고도로 세분화된 구분을 배제하고 몇 가지 다른 수준만 인식하는 체계를 만들어낼 수 있다. 결국 '현실적 사회계약론'은 정신적 능력이 증가함에 따라 도덕적 지위가 상승하는 형태가 아닌 '계단 함수'를 생성하게 되는 것이다.

한편으로 '이상적 관찰자 이론'은 이와는 다른 견해를 갖고 있다. 이상적 관찰자 이론은 옳은 행위가 가상의 존재 '이상적 관찰자'가 취할 수 있는 태도에 의해 결정된다는 관점이다. 이상적 관찰자는 그 누구보다도 합리적이고, 상상력이 풍부하며, 공정하고, 정보에 밝은 존재다. 이 견해에 따르면 도덕적으로 옳은 행위는 이상적 관찰자에 의해 옳다고 판단될 때만 옳은 행위다. 따라서 이들은 합리적 협상가들이 무엇에 합의할지 질문하는 대신, 어떤 규칙을 이상적 관찰자가 선호할지를 묻는다. 우리가 이상적 관찰자를 상상할 때 그들은 과연 우리에게 어떤 도덕 규칙을 제공할까? 유효한 도덕 규칙은 이들이 선호하는 것들이어야 한다. 그렇지만 여기에서도 이상적 관찰자가 각각 다른 규칙들의 상대적 장점을 비교할 때 인식적 한계를 감안해 우리가 해당 규칙을 성공적으로 준수할 수 있을지를 고려한 현실적인 버전을 떠올릴 수 있을 것이다. 확실히 이상적 관찰자는 완벽하게 이성적이고 전지적이겠지만 평범한 우리는 그렇지 않기 때문에, '현실적 이상적 관찰자 이론'에서 도덕 규칙은 이상적 관찰자가 우리처럼 인지적·동기적으로 뚜렷한 한계를 가진 도덕적 행동 주체들에게 무엇이 최선인지 심의하는 과정을 통해 드러날 것이다.

다른 한편으로 '칸트주의'에서 도덕 규칙의 '보편성(universalizability)', 즉 모두가 그렇게 행동하는 것이 도덕적으로 옳은 규칙에 대한 검증을 포함하는 기초 이론도 생각해볼 수 있다. 물론 질문의 정확한 형태는 검증하는 버전마다 다르겠지만, 기본 개념은 제안된 규칙이 모두가 수용하고 그에 따라 행동하기에 타당한지를 살피는 것이다. 이를테면 특정 규칙이 보편적으로 유효한지, 모든 상황에서 모두에게 유효한지, 합리적으로 선호할 수 있는지 등을 물을 수 있다. 언뜻 생각하기에 이 관점은 현실적 접근이 어려워 보인다. 규칙의 보편성을 검증하기 위해 '모든' 사람과 '모든' 상황에서 해당 규칙들이 타당한지 고려해야 하기 때문이다. 그럼에도 불구하고 나는 보편성 검증에도 현실적인 버전이 있을 수 있다고 생각한다. 모두가 모든 상황에서 그렇게 행동하는 것이 도덕적으로 거리낌 없는 그런 규칙들을 정말로 우리 같은 평범한 행동 주체들이 제대로 준수할 수 있을까? 달리 말해 일반적인 행동 주체가 제안된 규칙들을 온전히 이해할 수 있는지, 행여 우리에게 너무 복잡하거나 혼란스럽거나 아니면 규칙의 의미를 오인하는 것은 아닌지 고려하도록 요구받을 수도 있을 것이다. 그렇다면 '현실적 보편성'에 따라 특정 규칙이 유효한지 평가하는 경우 부분적으로나마 우리의 인지적·동기적 한계에 유념하면서 포함 여부를 결정할 수 있을 것이다.[2]

이 밖에도 규범윤리학의 여러 다른 기초 이론들이 있으며, 우리가 방금 논의한 견해들에 대해서도 또 다른 현실적 접근방식이 있을 것이다. 어쨌든 이처럼 각기 다른 이론들의 현실적인 버전이 있거나 있게 만들 수 있다는 생각이 설득력 있게 다가갔기를 바란다. 내 개인적인 생각으로는 거의 대부분의 기초 이론들에서도 마찬가지일 것이다.

내가 말하고 싶은 이야기는 이것이다. 이와 같은 견해들이 공통적으로 갖고 있고 가져야 할 것은 도덕 규칙들을 평가하기 위한 '현실적인' 접근 방식이다. 물론 도덕 규칙을 유효하게 만드는 세부적인 방식에서는 다르다. 합리적 협상가들의 합의이건, 이상적 관찰자의 태도이건, 보편성이든, 아니면 우리의 원례 사례에처럼 최선의 결과이든 간에 말이다. 그래도 규칙들을 평가할 때 우리와 같은 행동 주체들이 인식하고 이해할 수 있으며 행동에 동기를 부여받을 수 있는 규칙은 '현실적'이어야 한다는 점에서 같으며 같아야 할 것이다. 이 견해들은 '실천적' 영역에서 '현실적'이라는 책무를 공유한다. 다름 아닌 '실천적 현실주의'가 돼야 한다는 책무다.[3]

그리고 내 제안은 태생적으로 갖가지 한계를 지닌 도덕적 행동 주체의 선택이 항상 옳을 수 없고 잘못될 수 있으므로, 도덕적 지위에 대한 복잡한 접근방식에서 벗어나 몇 가지 다른 수준의 도덕적 지위만을 포함하는 규범적 이론을 정립하자는 것이다. 앞서 살폈듯이 어떤 기초 이론이든 상관없다. 실천적 현실주의를 받아들이면 된다.

따라서 결론은 이렇다. '정상적 편차' 문제는 해결됐다. 또한 이제 규범 윤리학의 다른 기초 이론 중 어느 견해를 수용하든 전혀 상관없이 이 개념을 활용할 수 있다. 우리의 인지적·동기적 한계를 인정하고 이에 유념하면서 우리가 따라야 할 도덕 규칙들을 평가하는 실천적 현실주의를 수용하면, 그로써 조정된 계층적 관점이 능력치가 변할 때마다 바뀌는 도덕적 지위가 아닌 계단 함수로서의 지위를 규정할 수 있다.

: 제3절_새롭게 태어난 계층주의 :

앞에서 나는 실천적 현실주의를 수용한 규범윤리학의 기초 이론들이 규정 가능한 모든 도덕적 지위에 대한 연속 함수 대신 몇 가지 고정된 수준, 즉 정신적 능력에서 사소한 차이가 있지만 도덕적 지위에 영향을 미치지 못하는 각각의 개체를 묶어서 '계단 함수'를 구현할 수 있다고 말했다. 또한 이는 계층적 관점과 결합될 수 있다는 의미였다. 그렇다면 이제 좀 더 나아가기 위해 살펴야 할 다른 사안은 없을까? 실천적 현실주의와 함께 새롭게 태어날 계층주의 관점에서 예상될 만한 것들에는 무엇이 있을까?

당연히 나는 몇 가지 추론을 해볼 생각이다. 하지만 정말로 단지 추론임을 먼저 강조해야겠다. 그도 그럴 것이 실천적 현실주의는 우리가 준수하기에 적절한 도덕 규칙에 대한 경험적 사실을 유념해야 하는데, 어떤 규칙이 특정 기초 이론으로부터 최적으로 나올 수 있는지는 경험적 질문이기 때문이다. 그러므로 이제부터 내가 제시할 추론은 어느 정도 적절한 실증적 작업이 완료되기 전에는 어디까지나 추론이 될 뿐이다.

비슷한 맥락에서, 앞으로 제안할 규칙은 또한 규칙 결과주의, 사회계약론, 보편성 등의 견해와 연관이 있다는 점도 유념해야 할 것이다. 물론 내가 이런 이론들을 개발하려는 의도는 아니기 때문에, 내가 할 수 있는 작업은 기껏해야 공통의 셈법이 될 수 있는 몇 가지 개략적인 특징을 지적하는 정도일 것이다.

그럼에도 불구하고 몇몇 예상은 가능해 보인다. 그중 가장 중요한 것은 이미 언급했듯이 실천적 현실주의를 수용한 기초 이론들은 몇 가지 다른 수준의 도덕적 지위 범주를 설정하리라는 사실이다. 정확한 숫자를 제시할 수는 없지만 대략 대여섯 개 정도가 될 것 같다. 그리고 훗날 우리가 우월한 존재를 만나게 된다면 한두 개가 더 추가될 것이다. 사실 이 정도만 해도 적지 않다. 아마도 각각의 계단에 해당하는 개체들을 모두 더하면 우리가 쉽게 기억해낼 수 있는 수준보다 많아질 것이다.

수가 그리 많지 않은 이유는 열 개, 스무 개, 또는 그 이상 되는 도덕적 지위 수준의 범주를 구성하는 것이 너무 버겁기 때문이다. 결국 내가 이 책에서 처음에 제안한 것처럼 어떤 개체는 1, 다른 개체는 0.9, 또 다른 개체는 0.8 식으로 도덕적 지위 수준을 설정하는 것이 가장 현실적이다. 같은 범주 내에 있는 개체들은 0.99, 0.89, 0.79 식이 되겠지만, 같은 계단에 배치되므로 도덕적 지위는 동일하다. 범주가 많아지면 우리가 가진 인식적 한계로 인해 식별하기 어려워지고 결국 실수할 가능성이 높아진다.

결국 우리는 소수의 범주만 갖게 될 텐데, 한 개는 사람이고 다른 몇 개는 동물계 전체 가운데 대략 유사한 수준의 능력을 가진 개체들을 묶어서 나누어 분류하면 된다. 아마도 이렇게 분류하면 한쪽은 사람이고, 나머지 동물들 중 한쪽은 고도로 지적인 동물(상당히 발달된 정신적 능력을 가진 동물), 다른 쪽은 중간 정도의 지적인 동물, 또 다른 쪽은 최소 수준의 지적인 동물로 분류될 듯하다. 아니면 이보다 폭을 좁힐 수도 있고, 모자랄 것 같으면 더 넓힐 수도 있을 것이다.

동물심리학자가 아닌 나는 각기 다른 동물들의 정확한 능력에 대해 아는 것이 별로 없어서 이 분류 작업을 시도하기가 망설여지지만, 어쨌든 접근방식에 대해 설명은 해야 하기 때문에 내가 아는 한도 내에서 다음과 같이 분류해보겠다(여러분은 나와 생각이 다를 수 있음을 인정한다). 한쪽에는 일단 사람을 두고, 내가 알기로 동물 가운데 가장 지적인 개체(돌고래·고래·문어·유인원 등)부터 정신적 능력에 따라 그 다음으로 수준이 높은 동물(개·고양이·돼지·앵무새 등), 다음 중간 수준의 동물(소·토끼·다람쥐 등), 그보다 낮은 수준의 동물(각종 조류·어류·파충류 등), 그리고 정신적 능력이 최소 수준인 동물(곤충 및 거미류) 식으로 범주를 나눠볼 만하다. 다시 한 번 말하지만 이게 타당한 범주 분류라고 주장하는 것은 아니다. 개략적인 방식을 제안했을 뿐이며, 실질적인 분류는 어떤 동물이 어떤 수준의 범주에 포함돼야 하는지 정확한 지표에 따라야 할 것이다.

이 발상을 따르면 상대적으로 적은 수의 범주로 분류할 수 있고, 특정 동물을 관련 범주에 배정하는 작업이 비교적 용이해진다. 만약 우리에게 어떤 동물과 상호작용을 할 때마다 매번 해당 동물의 특정 정신적 능력을 분석해 범주화하라면 사실상 그 작업은 수행되지 못할 것이다. 그렇기 때문에 통상적인 상황에서 해당 동물을 그것이 속한 종을 토대로 분류하는 게 불가피한 선택이다. 최선을 다하면 보다 방대하고 일반적인 생물학적 분류를 바탕으로 이 작업을 해낼 수도 있을 것이다.

이 접근방식은 현실적 규칙 결과주의자들이 위해 행위를 금지하는 규칙을 설정하는 것과 비슷하다. 무고한 타인에게 위해를 가하는 행위가 늘 최악의 결과를 가져오는 것은 아니지만, 그렇다고 매번 위해 행위의 결과를 확인할 수는 없을뿐더러 통상적으로는 위해를 금지했을 때의 결과가 더 좋기 때문이다. 이런 이유로 완벽하거나 정교하지 않은데도 "무고한 자에게 위해를 가하지 말라"와 같은 거칠고 다듬어지지 않은 도덕 규칙이 최적 조합의 일부로 자리 잡고 있는 것이다. 이와 마찬가지로 동물 종을 기준으로 도덕적 지위 수준을 부여해 범주를 나누는 것이 특정 동물의 정신적 능력에 대한 정확하고 올바른 인식은 아니더라도, 그동안 축적된 관련 학문 분야의 연구 결과 등을 참조해 신중히 작업한다면 큰 무리는 없을 것이다. 우리 대부분이 갖고 있는 동물의 인지적·감성적 능력에 대한 무지와 몰이해를 감안할 때, 그저 우리의 주관적 판단에만 맡긴다면 아마도 대부분의 동물을 한참 낮은 수준으로 놓게 될 것이다. 더욱이 그렇게 해야 마음이 놓일 것이다.

그런데 지금의 설명대로라면 내가 일찍이 강조했던 전체 개체가 아니라 '이' 개체와 '저' 개체의 도덕적 지위라는 '개체주의적' 관점을 이제 와서 뒤집는다는 의미가 되는 것일까? 어느 정도까지는 그렇지만 완전히는 아니다. 왜냐하면 아무리 우리에게 인식적 한계가 있더라도 개별적인 특정 동물의 정신적 능력을 평가하는 능력이 전혀 없다고 생각하는 것은 어리석기 때문이다. 같은 개라도 어떤 개가 특출하다면 얼마든지 예외 사항으로 범주를 옮길 수 있다. 슈퍼비타민을 먹어서 사람이 된(그럼에도 불구하고 여전히 개로 남아 있는) 골든 리트리버의 환상적인 사례를 떠올려보자(제5장 제2절을 참조할 것). 당연히 우리는 이 특별한 개가 여느 개들과 달리 사람과 같은 정신적 능력을 가졌음을 곧바로 인식할 수 있다. 예컨대 이 개가 여러분과 내년 여름휴가 계획에 대해 의논하거나, 여러분이 쓴 시를 음미하고 있다고 상상해보자. 이럴 경우 비록 외형은 개의 모습 그대로일지 몰라도 더 이상 함부로 대하지 못할 것이며, 여러분과 같은 도덕적 지위를 부여하는 것이 적절하다고 판단할 것이다. 또는 이보다 덜 극단적이지만, 이를테면 뱀이 고양이 수준의 정신적 능력을 보여줄 때 그에 걸맞은 도덕적 지위를 부여하는 게 옳다는 사실을 인식하게 될 것이다.

이와 같은 사례들은 무고한 타인에 대한 위해 행위를 금지하면서도 위해 당하지 않을 권리에 대한 임계치를 최적 조합에 포함시키는 규칙 결과주의자들의 인식과 유사하다고도 할 수 있다. 위해를 허용해 더 큰 선을 실현시킬 수 있는 상황을 식별하는 게 마냥 쉬운 일은 아니지만, 잃게 될 위험에 처한 선의 크기가 충분히 클 때에는 그 판단의 신뢰도가 높아질 수 있기 때문이다. 우리는 예외 상황을 구분할 수 있으며 그런 경우 다시 판단하면 되는 것이다. 보통의 상황에서는 실천적 현실주의를 감안한 최적의 규칙이 개체의 도덕적 지위를 생물학적 분류를 바탕으로 하라고 권하더라도, 막상 정신적 동류보다 더 높은 지위를 부여해야 하는 특정 동물을 접하게 되면 우리는 거기에 맞게 인식할 수 있다. 반대의 경우도 마찬가지다.

하지만 한편으로 우리가 예외 상황으로 생각해야 할 것 같은 경우가 있을 텐데, 아마도 심각한 정신 장애를 입어 온전한 사람이라고 하기에는 부족한 '가장자리 상황'의 인간일 것이다. 정신적 능력이 동종의 동물을 엄청나게 능가하는 동물을 인식하는 게 가능한 것처럼, 또한 그와 같은 경우 개체주의적 관점에서 도덕적 지위를 부여하듯이, 정신적 능력이 일반적인 인간 성인에 비할 수 없을 정도로 떨어지는 인간을 인식하는 것도 분명히 가능하며 이들에게는 낮은 도덕적 지위를 부여해야 한다. 비극적인 일이지만, 우리가 이미 알고 있듯이, 사람이 된 골든 리트리버의 사례와 달리 이런 경우는 모두 '현실'이다.

그렇다면 가장자리 상황의 인간은 어떤 범주에 놓여야 할까? 이들에게는 어느 수준의 도덕적 지위가 부여돼야 할까? 계단 함수에서 사람이 위치한 것보다 아래에 배치돼야 할까? 그렇지 않다. 낮은 도덕적 지위를 갖게 된다는 것이 계단 함수에서 사람보다 낮은 계단에 올라야 한다는 것을 의미하지는 않는다. 이와 관련해 '양식적 인격'이 도덕적 지위를 올리는 데 어느 정도 역할을 했던 이전의 사례를 떠올릴 필요가 있다. 실천적 현실주의의 관점에서 보면 양식적 지위를 현저한 수준까지 끌어올릴 수 있으므로, 단순히 곧이곧대로 하위 범주에 배치돼서는 안 될 것이다.

비록 양식적 인격 개념이 우리가 지금까지 논의를 이어오는 동안 그리 강력한 역할은 수행하지 못했지만, 이제 우리는 실천적 현실주의에 따라 우리의 인지적·동기적 한계에 주의를 기울여야 한다는 사실을 안다. 따라서 심각한 장애가 있는 인간들을 이들의 정신적 동류가 있는 계단으로 인도하는 것이 우리에게 동기부여가 되지 않는다면, 실제로도 그렇겠지만, 우리는 이들이 가질 수도 있었던 능력들을 최대한 고려해 더 높은 도덕적 지위 수준의 범주로 안내하게 될 것이다.

실천적 현실주의로 나타난 최적의 분류 체계에 사람보다 약간 모자란 정도의 동물들과, 사람이지만 평균적인 인간 성인보다 능력이 제한된 인간들이 위치해 있는 계단이 있다고 가정해보자. 엄격히 말하면 이 범주로 분류된 동물들보다 덜 발달된 능력을 가졌겠지만, 가장자리 상황의 인간이 여기에 속한다고 할 수 있다. 그런데 실천적 현실주의는 여기에서 멈추지 않고 해당 범주 내에서 이보다 더하거나 덜한 가장자리 상황의 인간을 구분하라고 요구한다. 그렇게 되면 우리는 아마도 이 가운데 사람은 아니지만 합리적 수준의 행동 능력을 보여주는 개체들에게 행동 능력을 거의 또는 전혀 보여주지 못할 정도로 심각한 장애가 있는 개체들보다 더 높은 지위를 부여하려고 할 것이다. 이런 식으로 실천적 현실주의는 우리가 실천적 영역에서 현실적 판단을 하도록 지속적으로 유도한다. 결국 우리의 인식은 온전한 사람이 되기에는 부족한 가장자리 상황의 인간들을 이 범주의 동물들과 같은 수준으로 규정하지 못한다. 그렇게 마침내 실천적 현실주의를 통한 최적의 규칙이 심각한 장애를 입은 가장자리 상황의 인간들조차도 보통의 인간 성인들이 위치한 계단에 자리 잡도록 이끌고 있음을 알게 된다.

이렇게 추론은 했지만, 솔직히 고백하자면 내 개인적으로는 이런 것들 대부분이 경험적이고 실증적인 문제에 달려 있기 때문에 확신하지는 못하겠다. 특히 가장자리 상황의 인간들을 대하는 방법에 대한 동기부여적 한계가 무엇인지 불확실하다. 그렇긴 하지만 여기에서의 논점은 실천적 현실주의가 심각한 장애를 가진 인간들의 도덕적 지위를 결정하는 데 핵심적인 역할을 할 수 있으며, 우리가 생각하는 것보다 더 높은 지위를 부여하도록 만든다는 사실이다.

이제 우리가 지금까지 오랫동안 논의해오면서 조금씩 조정되고 다듬어진 계층적 관점은 실천적 현실주의와 결합해 '제한적 계층주의'로 새롭게 태어났다. 그렇다면 앞서 추론한 내용을 바탕으로 실천적 현실주의를 수용할 때 어떻게 되는지 제한적 계층주의 관점에서 개념을 요약해보자. 우선 도덕적 지위의 수준은 몇 가지 범주로 제한되며, 일반적인 상황이라면 각각의 개체가 속한 종이나 분류 체계를 기반으로 정신적 능력에 걸맞은 범주로 배치된다. 다만 특정 개체가 자신의 속한 종의 평균보다 현저히 높거나 낮은 능력을 가진 것이 명백한 경우 적절히 재배치된다. 세부 사안은 풀어나가야 할 숙제다.

나는 앞으로 동물윤리에서 제한적 계층주의를 채택해 보다 심도 깊은 논의가 이어지기를 제안한다. 현재로서 이 체계에는 수많은 도덕적 지위 수준이 포함되지 않으며, 이미 설명했듯이 많아야 대여섯 개 정도일 것이다. 물론 이론적으로는 정상적인 행동 주체로서 통상적으로 우리가 인정하는 것보다 높은 정신적 능력을 보유한 개체들이 확인된다면 범주의 수가 늘어날 수도 있다. 그렇지만 설령 내가 상상한 수보다 두 배 또는 세 배(이보다 많아진다는 데에는 회의적이지만)가 되더라도 사람의 범주가 나눠지거나 늘어날 가능성은 극히 낮다. 따라서 세부적인 작업이 어떤 식으로 진행되든지 실천적 현실주의에 입각해 정상적 편차는 문제가 되지 않을 것이다. 실질적으로 내가 제안하는 제한적 계층주의에서 모든 보통의 인간 성인의 능력과 도덕적 지위를 포괄하는 범주는 단 하나만 확보된다.

어떤 이들은 오히려 내가 실천적 현실주의를 통해 설정될 수 있는 도덕적 지위 범주를 너무 많이 책정했다고 할지도 모른다. 나는 최대 '여섯 개'를 제안했는데, 물론 이보다 적을 수도 있을 것이다. 그러나 '한 개'는 아니다. 어쨌든 범주가 몇 개인지의 문제는 내가 계속 주저하듯이 모두 (적어도 부분적으로는) 경험적이고 실증적인 문제이기 때문에, 실천적 현실주의를 받아들인다면 우리가 가진 인식적 한계를 감안할 때 도덕적 지위 부여에서 실수가 일어날 경우 잘못된 체계가 구현된다는 사실을 유념해야 할 것이다. 이 부분에서 실수를 원천적으로 방지할 수 있는 방식은 도덕적 입장을 취하는 모든 개체를 묶어 '단 하나'의 도덕적 지위 범주만을 설정하는 것이다. 그리고 이는 '단일주의' 관점이다. 이렇듯 적어도 이론적으로는 실천적 현실주의에 입각하더라도 단일주의로 나타날 수 있음을 알 수 있다.

단일주의보다는 덜 극단적이지만 여전히 내가 제안한 수보다 적은 범주, 즉 도덕적 지위에 '두 개'의 범주만 있다는 견해도 가능한데, 눈치 챘다시피 하나는 사람이고 다른 하나는 동물이다. 이 견해에 따르면 동물은 모두 동일하게 매우 낮은 도덕적 지위를 가지며, 사람만 매우 높은 지위를 갖는다. 비록 동물에게도 의무론적 입장이 부여되지만 사람에 비해 매우 낮다. 얼핏 이 견해는 변론이 가능할 것도 같으며, 또한 눈치 챘다시피 '제한적 의무론'의 일부 버전에서 이런 식으로 설득력을 호소할 것이다.

이처럼 실천적 현실주의에 입각하면 최소한 이론적으로는 단일주의나 제한적 의무론과 같은 극단적인 견해로의 연결도 가능하다는 사실을 염두에 둬야 한다. 이 말은 실천적 현실주의가 극단적인 종류의 견해들을 야기한다는 의미가 아니라, 우리가 가진 인식적 한계를 인정하되 거기에 속절없이 무너져서는 안 된다는 뜻이다. 내가 보기에 위와 같은 견해들은 우리의 정신 능력을 지나치게 비관적인 방향으로 이끈 결과다. 한계는 매몰되라고 있는 게 아니라 극복하라고 존재하는 것이다. 실천적 현실주의가 나약한 자기합리화를 유도하는 개념이라고 생각한다면 심각한 오해다. 실천적 영역에서 현실적 판단을 하는 것은 오히려 우리의 사고 역량을 믿고 나아가는 일이다. 그러나 조심스럽게 말이다.

나는 실천적 현실주의를 받아들여 우리가 가진 경험과 지식의 인식적 한계를 통해 이 세계에 존재하는 사물을 바라보면 제한적 계층주의에 이르게 된다는 사실을 강조하고자 한다. 그러면 단일주의자의 한 개나 제한적 의무론(다른 버전)의 두 개보다는 많지만 현재로서 최대 여섯 개는 넘지 않는 도덕적 지위 수준의 범주를 인식할 수 있다. 실천적 현실주의는 세상의 한계에 대해서도 현실적일 뿐 아니라 우리의 능력에 대해서도 현실적이어야 함을 요구한다. 따라서 사람과 동물을 전혀 구분하지 않는다거나 사람과 동물만으로 구분한다는 것은 우리의 경험과 지식이 가진 인식적 한계를 과도하게 왜곡하는 셈이다. 도덕적 지위에서 지나치게 많은 범주를 만들어내는 것도 실천적 현실주의에 저촉되지만, 지나치게 적은 범주도 어긋나는 것이다.

물론 제한적 계층주의가 규범윤리학에서 범용적 관점이 되려면, 각자가 선호하는 기초 이론들 또한 도덕적 지위에 대한 제한적 계층주의 견해를 지지할 수 있는지 입증해야 할 것이다. 나는 앞 절에서 몇 가지 규범윤리학의 기초 이론(사회계약론·이상적 관찰자 이론·보편성)이 실천적 현실주의를 수용했을 때('현실적' 관점이 됐을 때) 너무 많지도 않고 적지도 않은 수준의 계단 함수, 즉 도덕적 지위 범주를 구현할 수 있다고 설명했다. 그렇지만 이 가운데 어떤 견해가 가장 설득력 있다고 규정하지는 않았다. 정확히 말하면 아예 시도하지 않았다. 상관없기 때문이다. 나는 실천적 현실주의를 받아들이는 것이 가능한 기초 이론이라면 무엇이든 동물에게 도덕적 지위를 부여할 수 있으며 어떤 유형이든 계층을 생성하게 된다고 추정한다. 그러나 여기에서 그 수많은 각각의 기초 이론들이 구체적으로 어떻게 어떤 과정을 통해 제한적 계층주의와 연결될 수 있는지 탐구하지는 않을 것이다. 그 작업은 다른 기회에 해야 할 것이다.[4] 내가 이 책을 통해 확실히 정립하고자 하는 단 하나의 논점만 다시 한번 강조하겠다. 규범윤리학의 타당한 기초 이론은 실천적 현실주의와 결합해 여러 유형의 '제한적 계층주의'로 귀결된다.

: 제4절_제한적 계층주의는 편리한 허구인가 :

마지막으로 생각해봐야 할 또 다른 논점이 있다. 실천적 현실주의에 따라 제한된 몇 개의 범주만 인식하는 도덕 규칙이 설정됐으며, 각 범주 내 개체들의 사소한 정신적 능력 차이가 도덕적 지위에서 차이를 초래하지 않는다는 사실을 염두에 둔 채 다음 질문을 던져보자.

그렇다면 계단 함수의 형태를 취하는 바로 이것이 도덕적 지위의 진실이라고 결론 내릴 수 있을까? 아니면 근본적 진실에 완전히 부합하는 규칙 체계를 우리가 만들어낼 수 없다는 사실을 정당화하려는 '편리한 허구(convenient fiction)'에 불과할까? 예를 들어 독수리 두 마리가 있을 때 각각 정신적 능력에서 차이가 있는데도 이들이 같은 도덕적 지위를 가진다는 게 도덕적 진실일까? 아니면 그저 실용적 목적에 따라 대략적인 '근사치(approximation)'를 통틀어 일반적 사실이라고 생각하도록 우리 모두에게 일종의 합의를 구하는 것일까?

사실 나는 계단 함수에 대한 접근방식이 실제로 편리한 허구에 불과하다는 것이 유일하게 설득력 있는 답변이라고 말하고 싶은 충동을 느낀다. 어쨌든 이 함수는 강요된 것일 수 있기 때문이다. 어떻게 같은 계단에서는 능력의 차이가 아무런 도덕적 지위의 차이를 만들어내지 못하다가, 어떤 경우에는 상대적으로 사소한 차이가 지위에서의 큰 격차를 초래해 각각 다른 계단에 배치되게 할 수 있을까? 왜 정신적 능력의 차이가 어떤 때는 도덕적 지위의 차이를 만들고 어떤 때는 만들지 못하는 것일까?

그도 그럴 것이 제한적 계층주의는 이 두 가지 방식이 가능하다고 하지만, 도덕적 지위의 바탕이 되는 도덕적 진실이 실제로는 그렇게 작용하고 있지 않을 수도 있다. 그러면 우리의 경험과 지식의 인식적 한계를 감안할 때, 우리는 잘해봐야 자신을 합리적이라 믿고 최선의 고찰을 통해 진실에 다가가고 있다면서 스스로를 정당화하는 것일지도 모른다.

그러나 언뜻 끌리기는 하지만 나는 이 생각이 패배주의적 발상인데다 잘못 나간 논리라고 생각한다. 올바른 유형의 작은 차이가 커다란 차이로 나타날 수도 있고, 반대로 큰 차이가 아무런 차이도 만들어내지 못할 수 있는 것이 명백한 사실이기 때문이다. 이해를 돕기 위해 도덕의 영역은 아니지만 직관적인 사례 하나만 들어보자. 여러분이 운전하는 자동차가 규정 속도 시속 100킬로미터인 고속도로를 달리고 있다고 가정해보자. 속도 제한이 최대 100킬로미터이므로 여러분이 80킬로미터로 달리든 99킬로미터로 달리든 이 두 경우에는 교통법상 아무런 차이를 만들지 못한다. 시간당 19킬로미터라는 속도는 작은 차이가 아니지만, 여러분이 법을 어기는지의 여부와 관련해 어떤 영향도 미치지 않는다. 그런데 그 차이가 시속 99킬로미터와 101킬로미터라면 시간당 2킬로미터의 사소한 차이로 엄청난 차이를 유발할 수 있다. 만약 여러분이 시속 99킬로미터로 달린다면 합법적으로 운전하는 것이지만 속도를 살짝, 아주 살짝 높여서 101킬로미터로 달린다면 교통법을 위반하는 것이다.

여기에서 주목해야 할 논점은 여러분이 아무리 고작 2킬로미터라고 항변해봐야 달라질 게 없으며 그것을 사소하다고 주장할 수도 없다는 것이다. 아무리 사소한 차이더라도 명확한 경계선이 그어질 수 있다. 더욱이 그려져 있는 선이 눈에 보이고 있다면 사소한 차이가 매우 커다란 격차를 유발할 수 있다는 사실이 더욱 분명해진다. 따라서 마찬가지로 속도 제한의 본질이 그저 편리한 허구에 불과하다는 생각, 즉 교통법의 진실은 생각보다 훨씬 복잡해서 매번 속도를 높일 때마다 조금씩 불법성이 커지므로, 명확한 경계에 대한 개념은 단지 실용적 목적에 따라 스스로를 정당화하는 것이라는 생각은 잘못이다. 도덕 규칙을 설정하는 문제처럼 제한 속도를 시속 100킬로미터로 규정할지 90킬로미터를 규정할지의 근거가 되는 속도 및 안전에 관한 메커니즘은 복잡할 수 있다. 그렇더라도 규정 속도 시속 100킬로미터 구간에서 100킬로미터로 달리는 것은 합법이지만 101킬로미터는 불법이라는 관점이 편리한 허구가 될 수는 없다. 이는 사법 체계와 관련한 분명하고도 변함없는 진실인 것이다.

도덕성도 이렇게 바라볼 수 있다. 규칙 결과주의자들이 타인에 대한 위해 행위 금지를 규칙으로 설정하던 사례로 돌아가서, 위해를 가하는 행위가 더 좋은 결과로 나타나는데도 사라질 위기에 처한 선의 크기가 임계치를 충족하지 못함으로써 여전히 위해 행위가 금지되는 상황을 상상해보자. 이런 경우 위해 행위를 금지해야 한다는 주장은 편리한 허구가 아니다. 규칙 결과주의는 최적의 규칙에 준수할 것을 도덕적으로 요구한다. 임계치에 도달하기 직전이더라도, 어쨌든 도달하지 못한다면 엄연히 금지된다. 이것이 도덕성과 관련한 분명하고도 변함없는 진실이다. 위해를 가한 결과의 근거가 되는 사실이 복잡한 것이더라도, 위해 행위를 금지하는 규칙이 그런 결과에 불완전하게 부합하더라도, 위해 행위를 금지하는 것이 실천적 현실주의를 통한 최적의 규칙으로서 자리 잡고 있다면, 예외 사항으로 규칙의 최적 조합에 포함시킨 임계치를 충족하지 않는 한 그 행위는 '정말로' 금지된다. 편리한 허구가 아니다. 이것이야말로 도덕적 요구 사항을 판단하는 확고부동한 셈법이다.

그렇다면 이제 현실적 규칙 결과주의자들의 셈법이 제한된 범주의 도덕적 지위만 있으며 같은 범주 내에서 정신적 능력의 사소한 차이는 도덕적 지위에 영향을 미치지 못한다는 최적의 규칙을 설정했다고 가정해보자. 그렇다면 규칙 결과주의가 도덕 규칙에 포함시킨 이 개념은 진실에 대한 개략적 접근이 아니라 도덕적 지위에 대한 '문자 그대로의 (literal)' 일반적 진실이 된다. 따라서 실천적 현실주의가 규범윤리학의 기초 이론들을 제한적 계층주의로 이끌어간다면, 이는 도덕적 지위에 관한 편리한 허구가 아니라 일반적 사실을 구성하게 되는 것이다. 이제부터의 실질적 고려는 우리를 근사치가 아닌 도덕적 진실로 이끌어줄 것이다.

실천적 현실주의와 결합한 '현실적 규칙' 버전은 규범윤리학의 기초 이론 가운데 어떤 것을 선호하든 또 다시 결합될 수 있다. 예컨대 사회계약론이 이를 수용해 '현실적 규칙 사회계약론'의 관점이 정립되면 합리적 협상가들이 합의한 규칙들은 편리한 허구가 아니라 우리에게 '현실적

'으로' 요구되는 더 좋거나 더 나쁜 도덕적 진실이 된다. 합리적 협상가들이 합의한 도덕적 지위의 범주 분류는 도덕적 지위에 대한 사실을 구성한다. 그렇게 현실적 규칙 사회계약론이 제한적 계층주의로 귀결되면 그 모든 것들은 문자 그대로의 일반적 진실이 될 것이다.

동일한 맥락이므로 다른 기초 이론들에 대해서도 이와 같은 설명을 장황하게 늘어놓지는 않겠다. 각각의 이론들도 현실적 규칙 버전으로 생성된 도덕적 지위에 대한 관점이 편리한 허구가 아님을 입증할 수 있다. 어떤 식으로 결합될지 여러분은 이제 이해할 수 있을 것이다. 이제부터 각각의 이론은 제한적 계층주의가 문자 그대로의 일반적 진실이라는 주장을 견지하는 방향으로 발전할 수 있게 됐다.

그렇다고 이런 방식으로 제한적 계층주의의 중요성을 이해하라는 것은 아니다. 보다 복잡한 도덕적 진실에 접근하는 방식에서 실천적 현실주의에 기반을 둔 기초 이론의 여러 버전들을 개발하는 것도 가능하다. 이런 대안적 접근방식은 도덕 규칙을 옳고 그른 것들의 구성 요소가 아니라 도덕성의 유용한 지침으로 여기는 행동 결과주의자들의 관점과 유사하다. 물론 이와 같은 보다 '축소적인(deflationary)' 입장을 따르더라도 실천적 현실주의는 여전히 우리에게 인지적·동기적 한계를 감안한 현실적 규칙을 개발하도록 상기시킨다. 그리고 일반적인 상황에서 우리는 그렇게 설정된 규칙의 최적 조합을 준수하며 최선을 다해 살아간다.

하지만 이 모든 측면에도 불구하고 심지어 최적의 규칙들마저 단순히 도덕적 진실의 근사치에 불과하다면, 우리가 이와 같은 규칙을 그저 가상의 개념으로만 생각한다면, 도덕 규칙은 우리의 입맛대로 취사선택하는 편의적 도구로 전락할 것이며 그 자체로 아무런 도덕적 진실도 담고 있지 않은 것이 돼버린다. 이와 마찬가지로 우리가 가진 실질적 한계를 감안할 때 제한적 계층주의의 적절한 버전으로 스스로를 인도하는 것보다 더 나은 것이 없더라도, 이 또한 여전히 도덕적 진실의 근사치에 불과할 수 있다. 어쩌면 도덕적 지위가 개체의 능력이 변화할 때마다 달라진다는 것이 진실이 될 수도 있는 것이다.

그러나 개별 개체가 가진 실질적 도덕적 지위를 확인하는 보다 복잡한 작업을 수행하는 것이 비록 어렵더라도 실제로 가능한 것처럼, 우리가 이런 논리로 사고하는 것을 중단하고 제한된 계층주의를 단지 편의적 도구로만 여기는 것은 어리석은 일이다. 학문적 노력의 결실을 그저 상상의 향연으로 치부하는 셈이다. 만약 제한적 계층주의가 도덕적 지위를 결정하는 최적의 접근방식임이 사실로 드러난다면, 이렇게 넘겨짚어 생각하는 것은 우리가 인식적 한계를 가진 도덕적 행동 주체임을 감안할 때 잘못 판단할 가능성을 압도적으로 높이게 된다. 그 반대의 경우도 결과는 불행하다. 제한적 계층주의를 편리한 허구이자 도덕적 지위에 대한 진실의 근사치로 치부한다면, 다소 심하게 표현해 우리가 실질적인 고찰을 할 때(추상적 도덕 이론을 정립하는 것과는 다른) 그 어떤 개념적·논리적 근거로 삼아서도 안 될 것이다.

그렇다면 도대체 어느 쪽이 옳을까? 제한적 계층주의는 진실의 구성요소일까 아니면 근사치일까? 그것은 현재로서는 알 수 없으며 여기에서 우리가 확정할 수 있는 질문도 아니다. 어쩌면 끝까지 알 수 없을지도 모른다. 이와 같은 질문은 우리의 일상을 구성하고 있는 도덕 규칙들의 의미에 관한 도덕적 숙고와 더불어 규범윤리학에서 계속되고 있는 거대한 토론의 일부다. 도덕 규칙을 실제적 진실로 보는 관점도 있고 개념적 근사치로 여기는 견해도 있다. 하지만 비록 양측이 도덕 규칙의 정확한 의미에 대해서는 의견이 나뉜다고 해도, 우리의 능력과 한계 속에 공들여 설정된 도덕 규칙들은 양측의 합의에 따른 것이다. 우리의 목적에 걸맞은 충분한 합의다. 어느 쪽이든 내가 강조하는 핵심 논점은 이것이다. 우리는 동물과의 일상적인 상호작용에서 제한적 계층주의 접근방식을 따라야 한다. 그것이 최선이다.

어떻게 동물을 헤아릴 것인가

마침내 우리가 도달한 최종 관점은 사실상 '상식'이라고 부를 수 있는 내용과 놀라울 만큼 닮아 있다. 내가 알고 있는 한 대부분의 사람들은 동물을 도덕적으로 헤아려야 한다는 생각을 받아들이면서도, 그 헤아림의 정도는 사람에는 미치지 못한다고 여긴다. 이와 마찬가지로 동물을 헤아려야 하는 것은 맞지만 모든 동물을 똑같이 헤아리지는 못한다는 관점도 상식과 다름없는데, 어떤 동물은 다른 동물보다 더 헤아림을 받아야 하는 것이다.

또한 나는 대다수의 사람들이 비록 지금에서야 이론적 토대가 마련됐지만 이미 '제한적 계층주의'라는 이름이 생기기 전에 이와 같은 관점을 받아들이고 있었거나, 이제부터라도 이를 받아들이고자 할 것이라고 생각한다.

제한적 계층주의에 따르면 사람을 포함한 동물계 안에는 기껏해야 한 손에 꼽을 정도로 적은 수의 도덕적 지위 범주만 있다. 우선 사람이 있고, 그 아래 다른 계단에는 정신적 능력이 높은 침팬지·돌고래 등이 있으며, 그 아래에는 보다 능력이 낮은 개·고양이 등이, 또 그 아래에는 토끼·다람쥐, 마지막 계단에는 어류·곤충류 등이 위치하고 있다.[1]

그런데 이와 같은 분류로 인해 내가 논의를 시작하면서 우려를 표했던 부분으로 돌아갈 수 있는데, 내가 행여 현재 많은 사람들이 동물을 대하고 있는 태도나 행동을 정당화한다는 오해를 받을지도 모른다는 것이다. 결국 동물보다 사람이 우선이고 더 많은 헤아림을 받는 게 사실이지 않은가? 하지만 나는 그런 해석이 내 실제 견해에 대한 총체적 몰이해라는 점을 다시 한번 확실히 밝히고 싶다. 물론 여러분은 예외다. 여러분은 이 책을 다 읽었다.

동물은 비록 사람만큼은 아니더라도, 우리가 지금껏 가져온 생각보다는 훨씬 더 많은 헤아림을 받아야 한다. 여러분이 나와 함께 꽤 긴 논의를 진행해오는 동안 기존에 갖고 있던 생각들을 점검해볼 수 있었다면 나는 만족한다. 내가 제안한 여러 견해에 여러분이 동의한다면 더할 나위가 없겠지만, 그보다 더욱 중요한 문제는, 온전한 '사람'인 여러분이 사람의 삶을 살면서 경험했거나 경험하게 될 다양한 윤리적 문제들을 동물의 삶에 투영하는 것이 유의미한 작업임을 깨닫는 일이다. 왜냐하면 그것이 곧 '사람으로서의 가치'와 연결되기 때문이다. 사람은 모든 것을 가졌다. 이제 동물의 몫을 생각할 때다. 무엇을 줄 수 있느냐가 사람의 가치를 결정한다.

동물을 학대해온 인류의 기나긴 역사를 되돌아보면서 그 같은 행위가 불명예스럽고 치욕스럽다는 사실을 당연하게 인식할 날이 반드시 올 것이다. 그러나 유감스럽게도 아직 그 날은 오지 않았다. 우리가 오게 하지 않으면 오지 않을 날이다.

따라서 도덕철학의 가장 시급한 과제는 동물을 진정으로 헤아리는 것이며, 지금 이 순간에도 벌어지고 있는 끔찍한 학대를 멈추게 하는 실천일 것이다.

　그렇지만 인정컨대 내가 이 책에서 수행한 작업이 본격적인 실천 강령을 수립하는 일은 아니었다. 내가 생각할 때 그 실천은 사회적 공론화가 선행되지 않으면 시작조차 하기 어렵다. 더욱이 현재 주류를 이루는 견해, 즉 사람과 동물이 동등한 도덕적 지위를 갖는다는 관점은 사회적 공론을 이끌어내기는커녕 저해하고 있다. 윤리를 실천하기 위해서는 그것을 실천하려는 사람들이 많이 있어야 하며, 그러려면 절대 다수의 공감과 동의가 필요하다. 사람과 동물이 동등하다는 주장으로는 동물해방도 동물복지도 이뤄낼 수 없다. 그들만의 영원한 리그가 될 뿐이다.

　따라서 사회적 공론화를 이끌어낼 수 있는 동물윤리 이론은 반드시 제한적 계층주의 관점을 기반으로 해야 하며, 여기에서부터 세부 사안으로 뻗어나가야 한다. 동물을 헤아리되 사람보다는 덜 헤아린다는 전제가 아니면 사람들을 움직일 수 없다. 그러지 않고서 무작정 동물에 대한 부끄럼 없고 공정한 처우를 바라는 노력은 모두 수포로 돌아갈 것이라고 나는 생각한다.

　이런 생각이 지나치게 비관적인 전망일 수도 있다. 나도 그러기를 희망한다. 그럼에도 불구하고 최소한 동물윤리뿐 아니라 모든 윤리에 대한 이해가 도덕적 지위의 중요성을 제대로 고려하기 전까지는 계속해서 혼란스럽고 불완전할 것이다.

　나는 이 책에서 우리가 진행한 논의가 사회적 공론을 이끌어낼 수 있는 이론을 풀어나간다는 의미에서 적어도 표면을 긁어놓기는 했다고 믿는다. 그러나 여전히 이 책에서 전혀 다루지 못했거나, 다루긴 했으나 자세히 파고들지 못한 도덕 이론들이 많이 남아 있다. 그 모든 것들이 앞으로 다듬어나가야 할 세부 사안들이 될 것이다. 누군가 말했듯이 악마는 디테일에 있으며, 디테일은 아직 드러나지 않았다.

들어가며 | 사람과 동물은 동등하지 않다

1. 다음 책을 참조할 것. Peter Singer, 《Animal Liberation》, p. 30. David DeGrazia, 《Taking Animals Seriously》, p. 224.

2. 이 견해가 상식에 더욱 가까운 것이기는 하지만 이를 옹호하는 철학적 저술은 극소수에 불과한 실정이다. 다음 책을 참조. Jean Kazez, 《Animalkind》(특히 제5장과 제6장을 주목할 것).

제1장 | 도덕적 입장을 취하는 존재들

1. 이 구분에 대해 보다 심층적인 논의를 위해서는 다음 책을 참조. Peter Singer, 《Practical Ethics》, pp. 73~75.

2. 이런 용어들이 늘 같은 의미를 갖는 것은 아니다. 하지만 나는 용어들을 도덕적 입장에 대한 직관적 개념을 정립할 용도로만 사용할 뿐이므로, 이와 같은 용어의 구체적인 의미에 초점을 맞추는 것은 불필요한 논쟁만 불러일으킬 것이다.

3. 이에 대한 사례는 다음 책을 참조. David DeGrazia, 《Taking Animals Seriously》.

4. 다음 책과 논문을 참조. Peter Singer, 《Animal Liberation》, pp. 7~8. David DeGrazia, 《Taking Animals Seriously》, pp. 50, pp. 226~231. Martha Nussbaum, 〈Beyond 'Compassion and Humanity'〉, p. 309.

5. 다음 책을 참조. Thomas Nagel, 《What is it like to be a bat?》.

6. 다음 책에서 인용. Lori Gruen, 《Ethics and Animals》, p. 26.

7. '행동 능력'을 '합리성(rationality)'이나 '지성(intelligence)'으로 대체해 사용하는 경우에도 비슷한 제약이 따른다. 경우에 따라 이 용어는 보다 넓게 사용돼 동물이 지적인 선택을 할 수 있는 일반적인 능력을 의미하기도 한다. 하지만 대개의 철학자들은 훨씬 좁게 정의하는데, 이때의 합리성은 행동에 바탕이 되는 욕구 또는 목표를 달성하는 최선의 방법 등을 스스로의 의식 속에서 고도의 숙고 과정을 수행할 수 있는 특별한 능력을 뜻하게 된다. 이론의 여지가 있겠지만 이와 같은 좁은 의미의 합리성을 적용할 수 있는 동물은 존재하지 않거나 매우 극소수다. 그러나 우리가 앞서 인용한 문장의 내용이 동물에게 그대로 적용될 수 있다면 보다 넓은 의미로 사용되는 것이며, 더욱이 그래야만 그와 같은 능력이 호소의 핵심이 될 것임은 분명하다.

8. 다음 논문에서 인용. Mary Warren, 〈Difficulties with the Strong Animal Rights Position〉, p. 171(원문에서는 이 문장이 강조 처리돼 있다).

9. 다음 책에서 인용. Lori Gruen, 《Ethics and Animals》, p. 32.

10. 위의 책, p. 33.

11. 다음 논문에서 인용. Martha Nussbaum, 〈Beyond 'Compassion and Humanity'〉, p. 309.

12. 대표적인 사례로는 다음 책을 참조할 것. Tom Regan, 《The Case of Animal Rights》.

13. 이와 관련된 증거 일부를 보려면 다음 책을 참조. David DeGarzia, 《Taking Animals Seriously》. 곤충의 의식에 관한 최신의 기술적 논의는 다음 논문을 참조. Andrew Barron, Colin Klein, 〈What Insects Can Tell Us about the Origin of Consciousness〉.

14. 다음 논문에서 인용. Elizabeth Anderson, 〈Animal Rights and Values of Nonhuman Life〉, p. 288~299.

15. 다음 책을 참조. Christopher Belshaw, 《Death, Pain and Animal Life》, pp. 32~35.

16. 나는 쾌락과 고통을 감각적 의미, 즉 적절한 감각을 갖고 있느냐 없느냐의 문제로 해석하고 있다. 그렇지만 다른 관점에서 보면 대안적 의미로, 이를테면 "어떤 일이 일어나 무척 기쁘다"의 경우처럼 적절한 명제적 태도를 갖고 있느

냐의 뜻으로 사용될 수도 있을 것이다. 대안적 의미로 사용하면 도덕적 입장에 대한 근거로서의 지각 능력과 행동 능력이 갖는 의미의 격차는 좁혀진다. 하지만 이 경우에도 행동 능력이 도덕적 입장의 중심이라는 주장은 더욱 힘을 얻게 된다. 다음 책을 참조. Fred Feldman, 《Pleasure and the Good Life》. 특히 명제적 태도로서의 쾌락과 고통에 대해서는 다음 페이지를 참조. pp. 55~90.

제2장 | 사람과 동물은 평등해야 하는가

1. 다음 논문에서 인용. Elizabeth Harman, 〈The Potentiality Problem〉, p. 183.

2. 이 사례는 다음 두 권의 책을 참조. Peter Singer, 《Animal Liberation)》, pp. 5~6. David DeGrazia, 《Taking Animals Seriously》, pp. 44~53.

3. 다음 논문과 책을 참조. Elizabeth Harman, 〈The Potentiality Problem〉, pp. 179~182. David DeGrazia, 《Taking Animals Seriously》, pp. 251~254. 또한 톰 리건은 철저한 단일주의자는 아니지만 이와 유사한 견해를 피력하고 있다. 다음 책을 참조. Tom Regan, 《The Case for Animal Right》, pp. xxix, pp. 324.

4. 현실적으로 말할 때 유일한 예외라면 물에 빠진 사람의 평상시 삶이 차라리 죽느니만 못할 정도로 불행하고 처참해서 구조를 받지 않는 편이 더 나을 수 있는 경우일 것이다.

5. 다음 책에서 인용. Martha Nussbaum, 〈Beyond 'Compassion and Humanity'〉, p. 308.

6. 위의 책, p. 309.

7. 물고기와 관련해 이런 면을 잘 보여주는 탁월한 사례는 다음 책을 참조할 것. Jonathan Balcombe, 《What a Fish Knows》.

8. 다음 논문에서 인용. Patricia Kitcher, 〈Experimental Animals〉, p. 298. 이 문장은 이렇게 이어진다. "아마도 야생에서 날아다니다가 잠깐 동안 짝짓기를 할 기회 정도는 생기겠지만."

9. 다음 논문을 참조. Raymond Frey, 〈Response: Autonomy, Animals and

Conceptions of the Good〉, p. 13.

10. 사실 나는 이와 유사한 리스트를 만들기 위해 다음 책과 논문을 참고했다. Jeff McMahan, 《The Ethics of Killing》, pp. 195~198. Raymond Frey, 〈Moral Standing, the Value of Lives, and Speciesism〉, pp. 287~290. Ben Bramble, 〈The Case Against Meat〉, p. 148. Tom Regan, 《The Case for Animal Rights》, pp. xxxv~xxxvi.

11. 존 스튜어트 밀(John Stuart Mill)이 자신의 책 《공리주의(Utilitarianism)》에서 주창한 저 유명한 문장 "만족한 돼지보다는 불만족한 못하는 인간이 낫다(It is better to be a human being dissatisfied than a pig satisfied)"를 차용한 것이다. 경험과 상상에 의존하는 이런 종류의 비교에 대한 더 깊은 논의는 다음 책을 참조할 것. Peter Singer, 《Practical Ethics》, pp. 244~245.

12. 이 질문은 데이비드 데그라시아가 제기했다. 다음 책을 참조할 것. David DeGrazia, 《Taking Animals Seriously》, pp. 244~245.

13. 다음 논문에서 인용. Raymond Frey, 〈Moral Standing, the Value of Lives, and Speciesism〉, pp. 293~294.

14. 데이비드 데가르시아는 유사한 이익에 동일한 가중치를 부여하는 것이 도덕적 지위의 격차를 인지하는 것과 양립할 수 있으며 실제로도 이를 수반할 수 있다고 강조했다. 다음 논문을 참조. David DeGrazia, 〈The Distinction Between Equality in Moral Status and Deserving Equal Consideration〉. 그리고 이와 유사한 개념을 엘리자베스 하먼도 피력했다. 다음 논문을 참조. Elizabeth Harman, 〈The Potentiality Problem〉, pp. 197~198, 주 16. 내 기준에서 단일주의자인 데이비드 데가르시아는 한 마리 송어가 평범한 사람이 누리고 있는 것보다 낮은 도덕적 지위를 갖는 데 대해 "이를 믿지 못하겠다"라고만 말하고 있다. 다음 논문을 참조. 〈Response〉, p. 80.

제3장 | 동물에게 복지를 나눠주는 방법

1. 여기서부터 나는 다른 개체들과 연관된 어떤 개체가 하나의 결과에는 연결돼 있지만 다른 결과에는 연결되지 않은 상태에서 일어난 결과를 비교하는 식

의 특정한 문제는 다루지 않을 것이다. 이와 관련한 연구는 다음 책을 참조. Derek Parfit, 《Reasons and Persons》, 제4부. 이 문제는 주로 인구윤리학 (Population Ethics) 분야에서 사람과 사람 사이의 문제에 초점을 맞춰 이뤄지고 있지만, 현재 이와 유사한 문제가 사람과 동물과의 관계에서도 논의되고 있다. 이에 대한 몇 가지 논의는 다음 책과 내 논문을 참조할 것. Peter Singer, 《Practical Ethics》, pp. 85~90, pp. 104~219. Shelly Kagan, 〈Singer on Killing Animals〉.

2. 다음 책을 참조. Larry Temkin, 《Inequality》.

3. 해리 프랑크푸르트의 논문 두 편을 참조. Harry Frankfurt, 〈Equality as a Moral Ideal〉, pp. 146~256. 〈The Moral Irrelevance of Equality〉, pp. 87~96.

4. 다음 논문을 참조. Derek Parfit, 〈Equality or Priority?〉.

5. 다음 내 논문을 참조. Shelly Kagan, 〈Equality and Desert〉.

6. 내가 제쳐놓은 복잡한 문제가 한 가지 있는데, 현재 삶의 질이 낮은 사람들에게 도움을 주는 경우 그것이 실제로는 불평등 수준을 오히려 악화시키는 경우도 있다. 이 논점에 대해서는 다음 책을 참조할 것. Larry Temkin, 《Inequality》. 그럼에도 불구하고 나는 적절히 선별한 동물의 복지 향상은 전반적으로 불평등을 완화시킬 수 있다고 전제한다.

7. 내가 여기서 논의하고 있는 종류와 관련한 초기 연구에 관해서는 다음 논문을 참조. Jeff McMahan, 〈Cognitive Disability, Misfortune and Justice〉, p. 8. 또한 이 주제에 관한 가장 철저한 논의는 다음 논문을 참조할 것. Peter Vallentyne, 〈Of Mice and Men〉.

8. 로저 크리습(Roger Crisp)은 사람과 동물에게 동일한 기준선이 적용될 경우 요구 조건이 극도로 까다로워지는 충분주의 관점을 지적한 뒤, 그럼에도 불구하고 "이 견해를 심각하게 받아들일 각오가 돼 있다"고 말했다. 다음 논문을 참조. Roger Crisp, 〈Equality, Priority, and Compassion〉, p. 761.

9. 잉마르 페르손이 같은 견해를 지지했는데, 그는 분배에서 적절한 평등주의적 원칙 하나만을 적용하는 경우 '명백히 부조리한 결과들'을 회피할 수 있다고 생각하고 자신도 이에 동의한다고 밝혔다. 다음 논문을 참조. Ingmar Persson, 〈A Basis for (Interspecies) Equality〉, p. 192.

10. 이와 같은 견해를 제프 맥머핸이 언급한 바 있다. 다음 책을 참조할 것. Jeff McMahan, 《The Ethics of Killing》, p. 161.

11. 다음 논문을 참조. Jeff McMahan, 〈Cognitive Disability, Misfortune and Justice〉, pp. 29~31.

제4장 | 복지의 가치는 어떻게 구분되는가

1. 나는 어떤 사람이 마땅히 받을 수 있는 혜택이 변할 수 있는 여러 가지 요인 중 일부에 관한 실험을 한 바 있다. 하지만 이때의 논의는 사람에만 초점을 맞췄을 뿐 동물에 대한 문제까지 탐구하거나 응보론 전반을 모두 다룬 것은 아니었다. 실제로도 나는 전체 응보론이 현재 어디까지 진행되고 있는지는 확인하지 못했다. 다음 내 책을 참조할 것. Shelly Kagan, 《The Geometry of Desert》.

2. 이 방식은 피터 밸런타인에 의해 '실행 가설(working assumption)'로 채택됐다. 다음 논문을 참조할 것. Peter Vallentyne, 〈Of Mice and Men〉, p. 426.

3. 피터 밸런타인은 도덕적 지위를 고려해 조정한 분배 원칙들에 대해 몇 가지 비판적 수정안을 제안했다. 다음 논문을 참조. Peter Vallentyne, 〈Of Mice and Men〉.

4. 피터 밸런타인은 마이너스 복지 수준일 때 단순한 나눗셈 계산방식 때문에 발생하는 문제를 인지하고 이에 대한 수정을 제안했다. 다음 논문을 참조할 것. Peter Vallentyne, 〈Of Mice and Men〉, p. 426, 주 14.

5. 인간의 평균 수명을 79세로 봤을 때 날짜로 환산하면 2만 8,000일이 넘는다. 이를 1만으로 나눠도 2.8일이다. 여러분이 만약 나와 같은 인간으로서의 삶 하루와 파리로서의 일생을 맞바꾸지 않는다면, 파리의 삶에서 누릴 수 있는 복지는 인간의 삶에서 얻을 수 있는 복지의 1만 분의 1이라는 사실에 동의할 것이다.

6. 나는 피터 밸런타인의 논문 내용을 약간 변형해 이 논의에 사용했다. 다음 논문을 참조할 것. Peter Vallentyne, 〈Of Mice and Men〉, pp. 414~415.

7. 다음 논문을 참조. Peter Vallentyne, 〈Of Mice and Men〉, p. 426.

8. 진 커제스는 이와 유사한 사례를 고려했고 유사한 결론을 내렸다. 다음 책을 참조할 것. Jean Kazez, 《Animalkind》, pp. 91~93.

9. 다음 책을 참조. Judith Thomson, 《The Realm of Rights》, pp. 292~293.

10. 다음 두 권의 책을 참조할 것. Peter Singer, 《Animal Liberation》, p. 20. David DeGrazia, 《Taking Animals Seriously》, p. 234.

11. 다음 책에서 인용. David DeGrazia, 《Taking Animals Seriously》, p. 249(원문에서는 이 문장이 강조 처리돼 있다).

12. 다음 책에서 인용. Peter Singer, 《Animal Liberation》, p. 5.

13. 다음 책에서 인용. David DeGrazia, 《Taking Animals Seriously》, p. 46.

14. 다음 책에서 인용. Peter Singer, 《Animal Liberation》, p. 5.

15. 다음 책에서 인용. David DeGrazia, 《Taking Animals Seriously》, p. 233.

제5장 | 무엇이 도덕적 지위를 결정하는가

1. 어류는 무려 3만 종이 넘는다. 다음 책을 참조. Jonathan Balcombe, 《What a Fish Knows》, p. 11.

2. 이 목록의 상당 부분은 레이먼드 프레이가 논문 〈Moral Standing, the Value of Lives, and Speciesism〉에서 진행한 논의로부터 영감을 받았지만, 그의 논지는 세부적인 사안에서 나와 의견이 일치하지는 않았으며 논의의 목적도 달랐다.

3. 다음 논문을 참조. Richard Arneson, 〈What, if Anything, Renders All Humans Morally Equal?〉, p. 111. 리처드 아네슨은 절대로 사용하지 않는 능력을 갖고 있는 것이 개체의 지위를 향상시키는지의 문제에 대해 의문을 제기한 바 있다.

4. 사람의 본질에 관한 견해 중 하나에 따르면 성장 단계에서 초기 상태인 배아나 태아는 사람이라고 부를 수 있는 존재가 아니며, 따라서 아직 잠재력을 갖고 있지 않다. 다음 책을 참조할 것. Jeff McMahan, 《The Ethics of Killing》, pp. 267~269. 하지만 이 주제는 우리가 대답해야 할 사안은 아니다.

5. 다음 두 편의 논문을 참조할 것. Elizabeth Harman, 〈The Potentiality Problem〉〈Creation Ethics〉.

6. 이는 일반적인 경우에만 해당된다. 잠재력은 해당 개체가 관련된 능력을 모두 갖췄을 때 확보할 수 있는 도덕적 지위보다 더 높은 수준으로 끌어올릴 수는 없

기 때문에, 한창 성장하고 있는 개체가 완전히 발달한 형태에서 갖게 될 수준에 거의 근접했다면 남아 있던 잠재력으로 향상될 수 있는 도덕적 지위의 상승분은 당연히 점진적으로 줄어든다.

7. 또한 이 과정에서는 사람이라고 드러난 개체가 바로 그 동물이라는 정체성을 보존해야 한다. 다음 책을 참조할 것. Jeff McMahan, 《The Ethics of Killing》, pp. 302~305, 308~309.

8. 나는 이 개념을 다음 논문에서 처음 소개했다. Shelly Kagan, 〈What's Wrong with Speciesism?〉.

9. 나는 양식적 인간으로 무뇌증의 아이를 사례로 들면서 잘못된 주장을 한 바 있다. 다음 내 논문을 참조. Shelly Kagan, 〈What's Wrong with Speciesism?〉, pp. 17~18. 나는 무뇌증과 같은 양식적 인격에 보다 높은 도덕적 지위를 부여했는데, 그때 나는 그 아이의 경우 정신적 능력이 수반하는 도덕적 입장이 없으며(쾌락과 고통을 느끼지 못하고 행동 능력마저 없기 때문), 그렇기 때문에 양식적 인격이 증폭시킬 수 있는 '신호'도 없다는 사실을 간과했다. 논의의 목적에 부합하려면 유전적 또는 어릴 적 사고로 뇌에 손상을 입었지만 최소한의 정신적 능력은 남아 있는 인간 성인의 사례를 들었어야 했다. 이 점을 지적한 도런 스몰킨 (Doran Smolkin)에게 감사드린다.

10. 다음 책을 참조. Jeff McMahan, 《The Ethics of Killing》, pp. 308~316.

11. 위의 책, pp. 309~311.

12. 이와 같은 주장은 도덕적 지위를 내재적 가치의 일부로 해석하는 데에서 기인한다. 내재적 가치가 내재적 속성에 의해서만 결정된다고 가정하기 때문이다. 나는 이런 종류의 가정 중 한 가지 버전에 대해서 반론을 제기한 바 있다. 다음 내 논문을 참조할 것. Shelly Kagan, 〈Rethinking Intrinsic Value〉.

13. 예를 들어 뇌 손상으로 통상적인 사람이 될 잠재력을 잃게 된 신생아를 상상해 보자. 이 아이는 더 이상 사람이 될 수 없으므로 '잠재적 인간'도 아니며, 아직 사람이 되지 못했기에 '양식적 인간'도 아니다. 그렇다면 이 아이의 도덕적 지위는 무슨 수로 끌어올릴 수 있을까? 이 아이가 현재 잠재적 인간이 될 수도 있었다는 사실을 논리로 들어 '양식적 잠재적 인간'이라는 개념을 적용하면 도덕적 지위를 향상시킬 수 있을까? 이런 식으로 논의할 것들이 수두룩하다.

제6장 | 계층주의에 대한 몇 가지 우려들

1. 다음 책을 참조. Tom Regan,《The Case of Animal Rights》, p. 234. 톰 리건은 서로 다른 유형의 사람들을 구분하는 계층적 관점을 명시적으로 비판하면서 이 입장을 견지하는 철학자들을 '완벽주의자(perfectionist)'라고 불렀다. 그의 목적은 나 또한 받아들이고 있는 종류의 계층적 관점을 배격할 수 있는 근거를 마련하는 것이다.

2. 다음 웹사이트에서 인용. https://www.thefreedictionary.com/elitism.

3. 다음 책을 참조. Robert Nozick,《Anarchy, State, and Utopia》, pp. 45~47.

4. 로저 크리습은 자신의 직관이 말하기를 "이 행성에서 80년 동안 살아온 양질의 삶은 충분하고, 지구상에서 최고 수준보다 훨씬 높은 복지를 누리며 살고 있을지 모를 다른 세계의 존재들을 포함해 충분하며 아마도 그 이상으로 충분하다"고 썼다. 다음 논문을 참조할 것. Roger Crisp,〈Equality, Priority, and Compassion〉, p. 762(원문에서는 이 문장이 강조 처리돼 있다).

5. 물론 우리보다 훨씬 우월한 존재가 사람을 '노예화'하거나 다른 식으로 '학대'하는 개념을 담고 있는 계층적 관점을 세우는 것이 어려운 일은 아니다. 그러나 나는 설득력을 가진 계층적 관점에서 이를 허용한다고 여길 만한 타당한 이유를 찾지 못했다.

6. 종차별주의가 거부해야 할 편견에 불과하다는 주장은 피터 싱어에 의해 제기됐다. Peter Singer,《Animal Liberation》, pp. 1~9. 그러나 나는 종차별주의가 한낱 편견으로만 치부할 사안은 아니라는 견해를 밝힌 바 있다. Shelly Kagan,〈What's Wrong with Speciesism?〉, pp. 1~8. 종의 도덕적 중요성 문제를 의심해야 할 몇 가지 이유에 대해서는 내 논문과 다음 책을 참조할 것. Shelly Kagan,〈What's Wrong with Speciesism?〉, pp. 14~17. Jeff McMahan,《The Ethics of Killing》, pp. 209~228.

7. 어떤 형이상학적 관점에 따르면 특정 개체의 본질적인 속성은 해당 개체가 실질적으로 갖고 있는 유전자 조합과 함께 존재해온 것이다. 만약 그것들이 달라졌다면 특정 개체는 결코 존재하지 않았을 것이며, 대신 다른 형제자매가 태어났을 것이다. 그것이 사실이라면 유전적 결함 때문에 사람이 되지 못한 인간은 양식적 인간의 대상으로서도 고려되지 못한다(충분히 강한 의미에서). 나는 이와

같은 형이상학적 주장에는 회의적이나 여기서 더 이상 깊숙이 파고들지는 않을 것이다.

8. 예를 들면 톰 리건의 주장을 살펴보면 그는 (우리가 쓰는 용어로) 단일주의자라고 말할 수 있다. 그런데 그조차 올바른 도덕적 관점이 동물 그리고 충분히 복잡한 정신적 삶이 결여돼 있는 인간에게 낮은 도덕적 지위를 부여하는 것임을 인정하려는 듯 보인다. 다음 책을 참조. Tom Regan, 《The Case of Animal Rights》, pp. 243~237. 그렇다면 심각한 장애를 가진 인간은 이와 관련된 정신적 능력이 현저히 부족하므로 일반적인 사람보다 낮은 도덕적 지위를 가질 것이다. 가장자리 상황에 대해 논증할 때 적어도 일부분에서는 이를 피해가기가 대단히 어렵다.

9. 다음 논문을 참조. Richard Arneson, 〈What, if Anything, Renders All Humans Morally Equal?〉.

10. 또는 그런 인간. 심각한 정신 장애를 가진 인간 중 일부는 최소한의 개념에서 '간신히' 사람일 것이다.

제7장 | 단일주의는 의무론이 될 수 있는가

1. 또한 대부분의 의무론자들은 허용 가능한 수단 내에서 할 수 있는 한 많은 선을 행해야 한다는 결과주의자들의 주장도 거부한다. 이 견해는 제9장 제4절에서 간략히 살펴볼 것이다. 결과주의와 의무론의 차이에 관해서는 내가 다음 책에서 다룬 바 있다. Shelly Kagan, 《Normative Ethics》, 제1부.

2. 실제로 일상생활에서 동물성 음식은 절대로 섭취하지 않는 사람들이 있다. 확실히 일반적인 상황에서라면 엄격한 채식만으로도 생존할 수 있다. 그러나 육식 밖에는 굶주림을 피할 수 있는 다른 방법이 없다면 동물을 먹는 것을 금할 사람은 없을 것이다.

3. 어떤 이들은 내가 톰이 사슴을 죽였을 때 실현되는 선의 크기를 과소평가했다고 반박할 수 있다. 결국 이렇게 되면 그의 남은 삶 전체를 계산에 넣는 것이기 때문에, 만약 톰이 앞으로 50년을 더 산다고 하면 사슴을 죽이는 행위가 1년이 아닌 50년을 구하는 셈이 된다는 주장이다. 하지만 이 접근방법에는 오류가 있다.

50년 전체의 선이 실현되는 결과로 보려면 한 마리 사슴이 아니라, 톰이 50년 동안 살아남기 위해 죽여야 하는 사슴 50마리 역시 계산에 넣어야 하기 때문이다.

제8장 | 동물에게는 의무론적 권리가 없는가

1. 다음 책을 참조. Judith Thomson, 《The Realm of Rights》, p. 292.

2. 로버트 노직은 자신이 "동물에 대해서는 공리주의, 사람에 대해서는 칸트주의"라고 부르는 견해에 대해 설명한 바 있다. 공리주의는 대표적인 결과주의이며 칸트주의는 대표적인 의무론이므로, 우리의 논의와 이 접근방식은 다양한 측면에서 유사하다. 그렇지만 한 가지 지적해야 할 사실은, 그는 이 견해를 논의한 뒤 부적절한 관점이라고 결론 내렸다는 점이다. 다음 책을 참조할 것. Robert Nozick, 《Anarchy, State, and Utopia》, pp. 39~42.

3. 다음 두 권의 책을 참조할 것. Jeff McMahan, 《The Ethics of Killing》, p. 256. Robert Nozick, 《Anarchy, State, and Utopia》, pp. 48~50.

4. 피터 싱어는 덤불어치(scrub jay)라는 새가 가까운 미래에 대한 욕구(현재 가진 것과는 다른 욕구)를 충족하기 위해 지금 어떤 조치를 취하는지를 보여주는 실험에 관해 설명한 바 있다. 다음 책을 참조. Peter Singer, 《Practical Ethics》, p. 100.

5. 나는 '속성적' 선호와 '개별화된' 선호에 대한 구분을 엘리자베스 앤더슨의 다음 논문에서 차용했다. Elizabeth Anderson, 〈Animal Rights and Values of Nonhuman Life〉, p. 292, p. 295. 하지만 나는 이 구분을 선호의 '정도' 차이를 나타내는 용도로 사용한 반면, 앤더슨은 이분법적 구분(개체의 선호는 속성적이거나 개별화된 것)을 위해 쓰고 있다.

6. 의무론적 권리가 '개인의 개별성(separateness of persons)' 또는 '개인들 사이의 차이(distinction between persons)'에 기반을 두고 있다는 견해도 있다. 다음 두 권의 책을 참조. John Rawls, 《A Theory of Justice》, p. 27, p. 29. Robert Nozick, 《Anarchy, State, and Utopia》, pp. 32~33. 그런데 분명히 개별 동물 또한 형이상학적으로 개별적이고 구별되는 존재들이다. 그렇다면 이와 같은

논리 중 일부는 '개별성'이 중요하다는 생각에 힘을 실어주는 것으로 이해해야
할 것이다.

7. 다음 책을 참조할 것. Jonathan Balcombe, 《What a Fish Knows》, p. 145. 조
너선 밸컴은 자주 찾던 식당의 대형 수족관에서 관찰한 세 종류의 열대어를 언
급하면서 "자율적이고 독립적인 삶을 사는 개체들"이라고 표현했다.

8. 다음 책을 참조. Jeff McMahan, 《The Ethics of Killing》, pp. 248~251.

9. 나는 대니얼 위클러(Daniel Wikler)가 사용한 이 용어를 다음 책에서 인용했다.
Jeff McMahan, 《The Ethics of Killing》, p. 250.

10. 다음 책을 참조할 것. John Rawls, 《A Theory of Justice》, p. 508.

11. 다음 논문을 참조할 것. Richard Arneson, 〈What, if Anything, Renders All
Humans Morally Equal?〉.

12. 다음과 같은 제안은 어떨까? 도덕적 행동 능력, 즉 어떤 행위가 도덕적으로 옳
은지 그른지 예의주시하면서 행동할 수 있는 능력이라면 그 다른 특성이 될 수
있을까? 의무론적 입장의 기반이 될 수 있고, 자율성과도 연관돼 있으며, 동물
에게는 없고 사람에게만 있는 특성이니, 조건을 충족하는 듯 보인다. 하지만
이분법적인 특성이 아닌 게 문제가 될 것 같다. 이 능력은 (어린 아이들을 포함해)
사람들이 각각 다양한 정도로 보유한 특성이기 때문이다. 그래서 모든 사람이
동일한 수준의 의무론적 권리를 가진다는 제한적 의무론자들의 관점에 들어
맞지 않을 것이다. 그럼에도 불구하고 사람에게만 도덕적 행동 능력이 있는 것
은 사실로 여겨진다. 그렇다면 도덕적 행동 능력을 내세워 오직 사람만이 의무
론적 입장을 취한다는 다른 맥락의 제한적 의무론을 세울 수 있지 않을까? 그
런데 비록 동물에게는 도덕적 행동 능력이 없고 요구의 대상도 아니지만, 어쩌
면 매우 제한된 형태의 도덕적 행동 능력은 갖고 있을지 모른다는 생각에 조심
스럽다. 물론 확실히 사람은 어떤 행위가 도덕적으로 옳은지 판단해 행동할 수
있지만 동물은 그러지 못한다. 하지만 때때로 사람들도 의식적 판단 없이 도덕
적 행위에 반응한다. 나는 이런 의미라면 일부 동물은 더욱 제한된 형태로나마
도덕적 행동 능력을 가진 게 아닌가 하는 의문이 든다.

제9장 | 동물을 아우르는 계층적 의무론

1. 나는 이것이 진 커제스가 자신의 책 《Animalkind》에서 제안한 견해라고 믿고 있지만, 그는 '계층(hierarchy)'이나 '의무론(deontology)'이라는 용어는 사용하지 않았다.

2. 다음 책에서 인용. George Sher, 《Desert》, p. 147.

3. 다음 책에서 인용. Tom Regan, 《The Case for Animal Rights》, p. 268.

4. h값도 1보다 작을 경우 문제가 발생한다. 지수 함수의 맹점이라고 할 수 있는데, 이를테면 ½X단위씩 두 번의 위해를 가한다는 것은 상식적으로는 X단위의 위해를 한 번만 가하는 경우와 같다. 하지만 이 지수 함수에 적용하면 T는 각각의 경우를 어떻게 묘사하느냐에 따라 인위적으로 달라지게 된다. 예를 들어 n값이 2라고 할 때 X단위의 위해를 한 번 가할 경우 'T = X^2'이므로 문제가 없다. 그런데 ½X단위의 위해를 가하면 '½X^2 = ¼X^2'이 되기 때문에, 두 번 가하는 경우 'T = ½X^2'이 되고 만다. 즉, 두 번에 걸쳐 가한 위해가 한 번 가하는 위해의 절반에 불과하게 된다.

5. 기술적인 이유로 'T = h^m'보다 복잡하지만 더 적절한 방정식은 'T = $(h + 1)^n - 1$'이다. 이것이 내가 〈그림 2〉를 그리면서 실제로 사용한 방정식이다. n값이 1보다 크다고 전제하지 않으면 h^n이 오히려 h보다 작아진다. 그러면 'T = h^m'에서 T가 h보다 작아져 설득력 없는 개념이 된다. 보다 복잡한 방정식을 사용하면 이 문제를 피할 수 있다. 더욱이 'T = h^m'에서는 보다 높은 지위를 갖는 개체에 대해 n값을 높게 부여하고 h값을 1보다 작게 설정하면 마찬가지로 수용할 수 없는 개념이 되는데, 도덕적 지위가 높을수록 T가 작아지게 되기 때문이다. 이 또한 보다 복잡한 방정식으로 피할 수 있다. 그럼에도 불구하고 나는 임계치 함수에 대한 논의에서 이와 같은 복잡한 방정식을 제시하지 않았다. 기본적인 생각을 단순화하고 싶었기 때문이다.

6. 처음에는 곡선 형태의 임계치 함수가 단일주의적 의무론을 변론하는 데 어느 정도 기능할 수 있는 듯 보인다. 위해가 증가함에 따라 임계치가 기하급수적으로 늘어난다면 더 작은 위해 또한 기하급수적으로 임계치도 작아진다. 그렇다면 n값이 충분히 크다고 할 때 동물을 죽이는 행위가 사람을 죽이는 것보다 실질적으로 낮은 임계치를 갖게 된다. 사람에 비해 현저히 낮은 복지를 잃는 것이기 때

문이다. 그렇다면 단일주의적 의무론자들은 앞서 내가 주장한 것과 달리, 톰이 물고기는 물론 사슴을 죽이는 행위까지 정당화시킬 수 있을지 모른다. 그러나 단일주의적 의무론자들에게는 유감스러운 일이지만, 사슴을 죽이는 행위를 직 관적으로 허용할 수 있다는 답을 낼 정도로 충분히 큰 n값은 동시에 인간에게 사소한 위해를 가하는 것조차 허용할 수 없다는 답을 만들어낸다.

7. 물론 이 수치가 각각의 계수가 가질 수 있는 '논리적으로 가능한' 가장 낮은 값은 아니다. 수학적으로 말하자면 기울기와 지수가 1보다 작거나 Y절편이 0보다 작 을 수 있는 가능성을 배제할 수 없다. 그렇지만 이 수치들은 '도덕적으로' 타당한 가장 낮은 계수값이라고 할 수 있다.

8. 실제로 나는 권리가 침해당하는 경우 해당 개체의 도덕적 지위에 따라 임계치가 달라지는 몇 가지 방법을 추가적으로 모색했다. 예를 들어 임계치 수준이 '행동 주체'의 도덕적 지위에 따라서도 달라진다면 어떨까? A가 B에게 위해를 가하려 고 할 때 임계치 수준(무한대의 임계치까지 포함)은 위해 당하지 않을 권리를 가진 B의 도덕적 지위뿐 아니라 위해를 가함으로써 상응하는 선을 실현코자 하는 A 의 도덕적 지위에까지 영향을 미치지는 않을까? 다시 말해 A의 도덕적 지위가 높을수록 임계치가 낮아지므로 특정 개체에게 위해를 가하는 행위가 허용되는 것이 더욱 용이해지지는 않을까? 아직 우리는 이런 질문에 대한 답을 찾는 데 익숙지 않을뿐더러 나 또한 이 문제와 씨름할 생각은 현재로서 없지만, 만약 우 리가 사람의 도덕적 지위를 능가하는 행동 주체, 즉 사람보다 '우월한' 존재를 만 난다면 이와 같은 문제는 매우 시급하고 심각한 사안으로 대두될 것이다.

9. 이와 관련한 세부 논의가 궁금하다면 다음 책을 참조할 것. Samantha Brennan, 《Thresholds for Rights》.

10. 위의 책을 참조.

11. 일부 의무론자들은 위해 당하지 않을 권리를 가진 개체와 비슷한 수준(또는 그 이상)의 잃을 것이 하나 이상의 수혜 개체들로부터 사라질 위험에 처해야 하는 게 아닌, 스스로 전체 임계치를 충족시킬 수 있는 하나의 수혜 개체만 존재해 야 한다고 주장한다. 다시 말해 임계치에 도달하기 위해 각기 다른 개체들의 이익이 합산되는 것을 허용할 수 있다는 일반적인 온건한 의무론자들과 달리, 이들은 각 개체의 이익을 모두 합산해 관련 임계치에 적용하면 안 된다고 말하

다. 특정 임계치에 도달하려면 하나의 수혜 개체가 전체 임계치에 단독으로 도달할 수 있을 정도의 큰 잠재 이익을 얻어야 한다는 것이다. 물론 이들의 입장을 인정하면 임계치를 충족하기 불가능한 경우가 자주 생긴다. 임계치가 무한대에 수렴해서가 아니라, 실질적으로 어떤 개체든 단독으로는 임계치 총량에 도달할 만큼의 위험에 처할 수 없기 때문이다. 그렇지만 상대적으로 약한 위해에 대해서는 임계치가 충분히 낮아질 수 있다. 해를 입는 개체의 도덕적 지위가 낮으면 임계치 또한 낮아지므로 임계치를 충족시킬 가능성도 커질 것이다. 그런데 만약 이와 같은 견해를 채택하면 "임계치 충족에 영향을 미치기 위해 모든 이익이 충분히 커야 한다"는 기존의 조건은 논의 가치를 상실하게 된다.

12. 제6장 제4절에서 언급한 '간신히' 사람인 도덕적 행동 주체는 어떻게 봐야 할까? 이 경우에는 보다 제한된 도덕적 선택권이라는 개념이 적용될 수 있을까? 하지만 그 전에 이들이 도덕적 행동 주체가 될 수 있는지 여부부터 분명치 않을 것이다.

제10장 | 동물에게 자기방어권이 있는가

1. 다음 책에서 인용. Jeff McMahan, 《The Ethics of Killing》, p. 420(원문에서는 '공격자'가 대문자 'ATTACKER'로 표기돼 있다).

2. 동물을 죽이는 사람이 실제로 그 행동을 하는 데 충분한 도덕적 정당성을 갖고 있다고 가정해보자. 그렇다면 이는 우리에게 더 이상 동물을 방어해주는 행위가 허용되지 않는다는 것을 의미할까? 꼭 그렇지는 않을 것이다. 자기방어권에 관한 어떤 견해에 따르면 잠재적 희생자는 공격자의 행동이 도덕적으로 정당하더라도 스스로를 방어할 수 있다. 이를 동물의 경우로 적용해보면 설령 동물을 공격하는 행위가 허용되거나 심지어 도덕적으로 요구되더라도 최소한 일부의 경우에는 제3자가 동물의 방어에 개입하는 행위가 허용될 수 있을 것이다. 하지만 이와 같은 주제 또한 깊고 복잡한 논의가 필요하므로 여기서는 더 이상 살피지 않겠다.

3. 첫 번째 사례는 다음 책을 참조할 것. Robert Nozick, 《Anarchy, State, and Utopia》, p. 34. 두 번째 사례는 다음 책을 참조. Tom Regan, 《The Case for

Animal Rights》, p. 293.

4. 무고한 위협에 대한 자기방어권을 허용할 수 없다는 입장 가운데 눈여겨볼 만한 주장이 있다. 이 관점은 단지 '무고한 방관자'일 뿐인 개체를 무고한 위협으로 판단하는 시각을 경계한다. 자기방어권이 무고한 방관에게 위해를 가하는 행위까지 포함하지는 않는다는 견해다. 다음 책과 논문을 참조할 것. Jeff McMahan, 《The Ethics of Killing》, pp. 405~409. Michael Otsuka, 〈Killing the Innocent in Self-Defense〉. 하지만 이와 같은 관점이 무고한 위협의 일부 사례에서 주효할지는 모르겠지만 동물의 경우로까지 확장되지는 못하는데, 내가 사례로 든 사자의 경우 무고한 방관자와 달리 의식적으로 잠재적 희생자에게 위해를 가하고자 하기 때문이다. 무고한 위협은 쉽지 않은 개념이다. 보다 섬세한 이론적 토대가 요구된다. 이와 같은 이론을 구축하는 데 다음 책이 유용한 통찰을 제공할 것이다. Jeff McMahan, 《The Ethics of Killing》, pp. 400~401.

5. 여기서도 마찬가지로 유의해야 할 추가적인 문제가 있다. 무고한 위협에 대한 자기방어권이 허용되더라도, 어떤 이들은 여전히 무고한 위협에 대해 제3자가 개입하는 행위는 허용되지 않는다고 주장할 수 있다. 공격자와 희생자 양쪽 모두의 순수성을 감안할 때 제3자의 가담을 허용하지 말아야 할 일종의 '도덕적 균형'이 필요할까? 다음 논문을 참조할 것. Nancy Davis, 〈Abortion and Self-Defense〉. 나는 이 관점에 끌리지는 않지만, 무고한 위협의 각기 다른 유형을 구분하는 일은 매우 중요하다고 생각한다.

6. 그런데 톰 리건은 내가 의무론적 입장이라고 부르는 것을 그 또한 동물에게 부여하면서도, 포식 동물로부터 어떤 동물을 구하는 의무에 대해서는 반대한다. 그의 견해는 포식 당하는 동물 종이 생존을 위해 우리의 도움을 필요로 하지 않는다는 사실(그랬다면 이미 멸종했으리라는)에 근거한다. 하지만 그런 종의 특정 개체는 우리의 도움을 필요로 하는 경우가 분명히 있기 때문에 그와 같은 사실과 어떤 관련이 있는지 이해하기 어렵다. 다음 책을 참조할 것. Tom Regan, 《The Case for Animal Rights》, pp. xxxvi~xxxviii.

7. 이런 질문도 던질 수 있다. 포식 당하는 동물을 보호하고자 포식 동물을 죽이는 행위에 우리가 대규모로 개입하는 것이 허용될까? 물론 장기적으로 나타날 생태적 영향에 대한 우리의 무지를 감안할 때, 이 같은 일을 체계적으로 진행한다

면 틀림없이 재앙으로 이어질 것이다. 그렇지만 다른 한편으로 구조에 대한 의무론적 의무감을 가진 사람들이라면 이 질문을 피하는 방법의 일환으로 이와 같은 가능성을 검토하면서 머뭇거릴 것이다(제10장 제2절에도 비슷한 대목이 나온다). 어쨌든 우리는 현재의 논의 목적에 따라 개별 동물을 포식자의 공격으로부터 구하는 경우만을 생각하자. 포식 당하는 동물을 포식자로부터 체계적으로 방어하는 것과 관련된 일부 도덕적 문제에 관한 사려 깊은 논의는 다음 논문을 참조할 것. Jeff McMahan, 〈The Meat Eaters〉.

8. 내가 이 장의 '주 5'에서 언급했듯이, 곰과 연어 모두의 순수성을 감안한다면 사람인 우리가 어느 한쪽의 편을 들어 개입하는 행위는 허용될 수 없다고 생각하는 이들도 있다. 내 개인적인 생각으로는 곰은 일방적으로 연어를 공격하고 연어는 곰에게 아무런 위해를 가하지 않는다는 사실이 균형을 깨뜨리기에 충분하다는 것이다. 그렇다고는 해도 연어의 권리가 정당하게 압도돼버린 경우 연어의 편을 드는 정당성이 남아 있는지의 여부는 명확하지 않다.

9. 비례 원칙은 위협에 대한 '무고한 방패(innocent shield)'와 관련한 경우에도 적용될 수 있다. 공격자가 의도적으로 다른 누군가를 인간 방패로 사용하는 모습을 상상해보자. 모든 사람이 동의하지는 않겠지만 대부분은 부당한 공격을 멈추기 위해 필요한 경우라면 이런 인간 방패에게 위해를 가할 수 있다고 여길 것이다. 그런데 여기서도 마찬가지로 비례 원칙 조건에 따라 이 같은 인간 방패에 어느 정도의 위해를 가할 수 있는지 적절한 제한을 설정할 수 있다.

10. 보다 상세히 살펴보자면 승수 m은 $1/d$과 같다. 이유는 이렇다. 비례 원칙 조건에 따른 방어적 위해 수준을 결정하는 함수 '$H = dh$'는 잠재적 희생자인 내가 공격자에게 가할 위해의 크기(H)는 내게 가해질 위해의 크기(h)에 d를 곱한 값보다 같거나 작아야 한다는 것을 의미한다. '$H = dh$'를 치환하면 '$h = H/d$'가 되는데, 내게 가해질 위해의 크기(h)는 내가 상대에게 가할 위해의 크기(H)에 d를 곱한 값보다 같거나 커야 함을 뜻한다. 이를 다시 치환하면 '$h = (1/d)H$'가 되므로, 내게 가해질 위해의 크기(h)는 내가 상대에게 가할 위해(H)를 d로 나누거나 $1/d$을 곱한 값보다 같거나 커야 내가 상대에게 위해를 가할 수 있다는 뜻이 된다. 그런데 이것은 권리 침해가 가능한 임계치(T)는 내게 가해질 위해(h)에 $1/d$을 곱한 값이라는 말과 똑같다. 따라서 임계치 함수 '$T = mh$'에서 h는

권리가 침해될 희생자가 되고 m은 1/d이 되는 것이다.

11. 이렇게 이 장을 마무리하려다가 하나만 더 지적하고 싶다는 충동을 억제할 수 없기에 여기서 설명한다. 나는 이 장을 통틀어 방어적 위해가 필요조건을 충족한다고 전제했다. 다시 말해 공격자에게 위해를 가하는 것이 잠재적 희생자(또는 함께 방어해주는 제3자)를 구할 수 있는 유일한 방법임을 전제로 논증을 진행했다. 그러나 엄격히 말해서 방어적 위해의 필요조건에는 위해의 크기(양)와 함께 '확률'도 고려해야 한다. 위해의 크기가 어느 정도면 공격자를 무력화시키기에 충분한 확률이 나올까? 물론 나는 이에 관해 더 파고들 생각은 없지만, 필요조건을 충족하는 무력화 확률은 도덕적 지위에 따라 달라지며, 공격자의 지위가 낮을수록 또는 희생자의 지위가 높을수록 필요조건에 대한 제한이 낮아진다는 것만은 말해두고자 한다.

제11장 | 제한적 계층주의라는 대안

1. 내가 논의하려는 '규칙 결과주의'를 포함한 규범윤리학의 주요 기반 이론들에 관해 더 알고 싶다면 다음의 내 책을 참조할 것. Shelly Kagan, 《Normative Ethics》, 제2부.

2. 어떤 이들은 정작 칸트 자신은 '보편성' 검증에 이와 같은 고려는 전혀 하지 않았다고 생각할 수 있다. 하지만 그것은 잘못된 해석이다. 어떤 특정 '격률(maxim)'이 정언 명령의 보편 법칙을 충족하는지를 결정할 때, 칸트는 사람들이 제안된 격률에 대해 행동 주체로서 어떤 식으로 반응할 것인지에 대한 경험적 사실을 명백히 고려했다. 나는 칸트나 칸트주의자들이 특정 격률을 보편 법칙으로서 이성적으로 받아들일 수 있을지의 여부를 판단할 때, 사람들이 그 격률에 따라 행동하면서 부딪히게 될 어려움에 대한 경험적 사실을 고려했으리라는 판단을 배제해야 할 이유가 전혀 없다고 생각한다.

3. 이런 맥락에서의 '실천적 현실주의'는 '현실주의'라는 표제 아래 논의되는 특정 메타윤리적(metaethical) 또는 메타규범적(metanormative) 논쟁과는 아무런 관련이 없음을 밝힌다. 이런 논쟁들은 우리의 태도와 독립적인 도덕적·실천적 사실들이 존재하는지에 관한 것이다. 반면 내가 말하는 '실천적 현실주의'란 도덕 규

칙을 평가할 때 도덕적 행동 주체가 실질적으로 참여하는 방식에 주목해야 한다는 관점이다.

4. 사실 이 책에서 소개한 사고방식 가운데 많은 것들을 찾아볼 수 있는 규범윤리학의 기초 이론에 대한 접근이 적어도 하나는 있다. 나는 도덕 법칙이라면 반드시 그것이 포용하려는 존재의 종류를 적절히 반영해야 한다는 생각을 이미 강조하고 있었다. 다음 내 책을 참조할 것. Shelly Kagan, 《Normative Ethics》, pp. 280~294. 이와 같은 맥락에서 계층주의는 동물과 사람들 사이에 존재하는 정신적 능력에서의 현저한 차이를 적절히 반영하기 위한 시도로서 자연스럽게 생겨난 관점이며, 실천적 현실주의와의 결합으로 생겨난 제한적 계층주의는 일반적인 도덕적 행동 주체가 갖는 실제 능력과 한계를 적절히 반영하는 과정에서 필연적으로 나올 수밖에 없는 견해라고 할 수 있다.

나오며 | 어떻게 동물을 헤아릴 것인가

1. 동물심리학자들이라면 우리가 사용하는 제한적 형태를 넘어 도덕적 지위에 대해 보다 정교하게 다듬어진 범주를 만들 수 있지 않을까? 물론 흥미로운 가능성이긴 하지만, 여기에는 또 다시 별도의 행동 주체에게 별도의 도덕 규칙을 사용하는 것과 관련한 장점과 위험 요소에 입장을 정리해야 한다는 필요성이 제기될 것이다. 또한 우리가 해결해보고자 시도하기에는 지나치게 복잡한 문제다.

| 참고문헌 |

- Anderson, Elizabeth, "Animal Rights and the Values of Nonhuman Life", *Animal Rights,* edited by Cass Sunstein and Martha Nussbaum(Oxford University Press, 2004), pp. 277~298.

- Arneson, Richard, "What, if Anything, Renders All Humans Morally Equal?", *Singer and His Critics,* edited by Dale Jamieson(Blackwell, 1999), pp. 103~128.

- Balcombe, Jonathan, *What a Fish Knows*(Scientific American/Farrar, Straus & Giroux, 2016).

- Barron, Andrew, and Colin Klein, "What Insects Can Tell Us about the Origins of Consciousness", *Proceedings of the National Academy of Sciences* 113(2016), pp. 4900~4908.

- Belshaw, Christopher, "Death, Pain, and Animal Life", *The Ethics of Killing Animals,* edited by Tatjana Visak and Robert Garner(Oxford University Press, 2016), pp. 32~50.

- Bramble, Ben, "The Case Against Meat", *The Moral Complexities of Eating Meat,* edited by Ben Bramble and Bob Fischer(Oxford University Press, 2016), pp. 135~150.

- Brennan, Samantha, "Thresholds for Rights", *The Southern Journal of Philosophy* 33(1995), pp. 143~168.

- Crisp, Roger, "Equality, Priority, and Compassion", *Ethics* 113(2003), pp. 745~763.

- Davis, Nancy, "Abortion and Self-Defense", *Philosophy & Public Affairs* 13(1984), pp. 175~207.
- DeGrazia, David, "The Distinction Between Equality in Moral Status and Deserving Equal Consideration", *Between the Species* 7(1991), pp. 73~77.

  —, "Response", *Between the Species* 7(1991), pp. 79~80.

  —, *Taking Animals Seriously*(Cambridge University Press, 1996).
- Feldman, Fred, *Pleasure and the Good Life*(Oxford University Press, 2004).
- Frankfurt, Harry, "Equality as a Moral Ideal", *The Importance of What We Care About*(Cambridge University Press, 1988), pp. 134~58. Originally published in Ethics 98(1987), pp. 21~43.

  —, "The Moral Irrelevance of Equality", *Public Affairs Quarterly* 14(2000), pp. 87~103.
- Frey, R. G, "Moral Standing, the Value of Lives, and Speciesism", *The Ethical Life,* 4th edition, edited by Russ Shafer-Landau(Oxford University Press, 2018), pp. 283~299. Originally published in *Between the Species* 4(1988), pp. 191~201.

  —, "Response: Autonomy, Animals, and Conceptions of the Good", *Between the Species* 12(1996), pp. 8~14.
- Gruen, Lori, *Ethics and Animals*(Cambridge University Press, 2011).
- Harman, Elizabeth, "Creation Ethics: The Moral Status of Early Fetuses and the Ethics of Abortion", *Philosophy & Public Affairs* 28(1999), pp. 310~324.

  —, "The Potentiality Problem", *Philosophical Studies* 114(2003), pp. 173~198.
- Kagan, Shelly, "Equality and Desert", *What Do We Deserve?,* edited by Louis P. Pojman and Owen McLeod(Oxford University Press, 1999), pp. 298~314.

  —, *The Geometry of Desert*(Oxford University Press, 2012).

  —, *Normative Ethics*(Westview Press, 1998).

  —, "Rethinking Intrinsic Value", *The Journal of Ethics* 2(1998), pp. 277~297.

  —, "Singer on Killing Animals", *The Ethics of Killing Animals,* edited by Tatjana Visak and Robert Garner(Oxford University Press, 2016), pp. 136~153.

—, "What's Wrong with Speciesism?", *Journal of Applied Philosophy* 33(2016), pp. 1~21.

· Kazez, Jean, *Animalkind*(Wiley−Blackwell, 2010).

· Kitcher, Philip, "Experimental Animals", *Philosophy & Public Affairs* 43(2015), pp. 287~311.

· McMahan, Jeff, "Cognitive Disability, Misfortune, and Justice", *Philosophy & Public Affairs* 25(1996), pp. 3~35.

—, *The Ethics of Killing*(Oxford University Press, 2002).

—, "The Meat Eaters", *The Stone Reader*, edited by Peter Catapano and Simon Critchley(Norton/Liveright, 2015), pp. 538~545. Originally published online in "The Stone", New York Times(September 19, 2010), https://opinionator. blogs.nytimes.com/2010/09/19/the−meat−eaters.

· Mill, John Stuart, *Utilitarianism.* Originally published 1863.

· Nagel, Thomas, "What is it like to be a Bat?", *Mortal Questions*(Cambridge University Press, 1979), pp. 165~180. Originally published in *The Philosophical Review* 83(1974), pp. 435~450.

· Nozick, Robert, *Anarchy, State, and Utopia*(Basic Books, 1974).

· Nussbaum, Martha, "Beyond 'Compassion and Humanity'", *Animal Rights,* edited by Cass Sunstein and Martha Nussbaum(Oxford University Press, 2004), pp. 299~320.

· Otsuka, Michael, "Killing the Innocent in Self−Defense", *Philosophy & Public Affairs* 23(1994), pp. 74~94.

· Parfit, Derek, "Equality or Priority?", *Ratio* 10(1997), pp. 202~221.

—, *Reasons and Persons*(Oxford University Press, 1984).

· Persson, Ingmar, "A Basis for (Interspecies) Equality", *The Great Ape Project,* edited by Paola Cavalieri and Peter Singer(St. Martin's Griffin, 1993), pp. 183~193.

· Rawls, John, *A Theory of Justice*(Harvard University Press, 1971).

· Regan, Tom, *The Case for Animal Rights,* 2nd edition(University of California Press, 2004).

- Sher, George, *Desert*(Princeton University Press, 1987).
- Singer, Peter, *Animal Liberation,* updated edition(HarperCollins, 2009).
  —, *Practical Ethics,* 3rd edition(Cambridge University Press, 2011).
- Temkin, Larry, *Inequality*(Oxford University Press, 1993).
- Thomson, Judith Jarvis, *The Realm of Rights*(Harvard University Press, 1990).
- Vallentyne, Peter, "Of Mice and Men: Equality and Animals", *The Journal of Ethics* 9(2005), pp. 403~433.
- Warren, Mary Anne, "Difficulties with the Strong Animal Rights Position", *Between the Species* 2(1986), pp. 163~173.

옮긴이 김후

연세대학교 경제학과를 졸업한 뒤 독립연구가로서 역사·철학·문화·정치·사회·경제 등 다양한 분야의
지식을 바탕으로 저술 및 번역 활동을 펼치고 있다. 지은 책으로는 《활이 바꾼 세계사》(제43회 한국백
상출판문화상 수상)와 《불멸의 여인들》《불멸의 제왕들》이 있으며, 옮긴 책으로는 《밀수 이야기》《전
쟁 연대기》《맛의 제국 이탈리아의 음식문화사 Al dente》《세상이 버린 위대한 폐허 60》《설명할 수
있는 경제학》《일자리의 미래》등이 있다.

어떻게 동물을 헤아릴 것인가

사람과 동물의 윤리적 공존을 위하여

초판 1쇄 발행 2020년 6월 19일
초판 2쇄 발행 2020년 7월 17일

지은이 셸리 케이건
옮긴이 김후
펴낸이 조민호

펴낸곳 안타레스 유한회사
출판등록 2020년 1월 3일 제2020-000005호
주소 서울시 마포구 신촌로2길 19 마포출판문화진흥센터 314호
전화 070-8064-4675 팩스 02-6499-9629
이메일 antares@antaresbook.com 블로그 antaresbook.com
페이스북 facebook.com/antaresbooks 인스타그램 instagram.com/antares_book

한국어판 출판권 ⓒ 안타레스 유한회사, 2020
ISBN 979-11-969501-0-1 03190

HOW TO
COUNT
ANIMALS
MORE OR LESS